凝煉知識品味閱讀

校務評鑑理論與實務

謝文英　著

五南圖書出版公司 印行

推薦序

校務評鑑是掌握學校辦學方向與確保辦學品質非常重要的一環。規劃校務評鑑的構面內涵和實施方案，往往反映出一個社會對於學校功能與運作模式的期待；同樣地，準備學校評鑑資料的過程，也深刻展現出學校經營者的教育理念和辦學價值觀。

非常高興見到謝文英教授能夠針對校務評鑑此一重要議題，將其多年所學與親身經歷，撰寫成專書問世。謝教授親身參與過無數的校務評鑑工作，涵蓋小學、中學與大學等諸多領域的評鑑事務；也在研究所開授校務評鑑課程，並且指導研究生撰寫評鑑相關領域的學位論文。謝教授在此領域所投入的心血，有目共睹，令人讚佩。在本書的各章內容中，歷歷呈現謝教授在理論與實務上的認眞、投入與反思。

一本學術專書的出版，代表一門專業知識的完整蒐集與一個階段的學術歸納，也彰顯出這項專業議題的重要性；更重要的是一本專書的付梓，往往會引發一系列的持續共鳴、新知識的擴展和創新的思維。謝教授的《校務評鑑理論與實務》一書問世，肯定會觸發學校教育工作者，進一步思考學校單位將如何精進其教育功能與增進學校對於社會的價值貢獻。

願祝　爲教育發展而持續奉獻的人，必將看到學校和社會的發展果實！

國立雲林科技大學人文與科學學院院長

巫銘昌

自　序

學校辦學績效良窳，近則關係人才培育，遠則影響國家競爭力。因之，如何提升學校辦學績效，已成爲世界各國共同關注焦點。近年來，教育評鑑蓬勃發展，藉由評鑑檢核學校辦學績效，並尋求改善，爲學校經營的主要策略之一。透過評鑑進行校務績效檢核，發掘辦學盲點或不足之處，以尋求改善之道，不斷持續改進，追求卓越，並讓卓越成爲一種習慣，眞正落實校務評鑑以績效爲基礎，以改進爲核心之眞諦。

全球化和少子化牽動教育發展趨勢，教育面臨著前所未有的鉅大挑戰，如何確保教育品質，提升學校辦學績效，培育優秀人才，爲世界各國學校革新的主要議題。藉由校務評鑑進行教育品質管理、績效管理，進而提升學校競爭優勢，校務評鑑一則可檢核學校績效責任，二則可不斷改善持續提升品質，強化競爭優勢，進而展現其績效和特色。教育品質，決定教育價值，確保品質，從校務評鑑開始。因此，校務評鑑始於教育，終於教育，是追求卓越的專業歷程。

本書係以校務評鑑理論與實務爲撰述重點，全書共分九章，各章內容如下：第一章釐析校務評鑑的基本概念；第二章析論校務評鑑的系統與模式；第三章析述校務評鑑的方法與指標；第四章探討校務評鑑的設計與實施；第五章分析校務評鑑準備的行動策略；第六章研析自我評鑑的設計與實施；第七章論述校務評鑑人員的專業素養；第八章探究校務評鑑的實證研究；第九章評析校務評鑑的後設評鑑。本書包括目前眾所關切、重要之校務評鑑、自我評鑑等相關議題，希冀藉由本書能讓關心學校辦學品質者，有更深一層瞭解校務評鑑的理論、實務及重要議題。

本書之撰寫，受到本校巫銘昌院長的鼓舞並作序、吳婷婷助理教授的鼓勵，以及博士生林振昆主任、陳姿吟助理教授、鍾凌韻講師等的激盪，另承賴瑩蓉博士同意合撰第二章校務評鑑的系統與模式；第四章校務評鑑的設計與實施；第八章校務評鑑的實證研究；第九章校務評鑑的後設評鑑；以及李宜璇同學協助繕打事宜，至爲感謝。另本書承五南圖書出版公司楊發行人榮川先生慨允出版，責任編輯李敏華小姐的細心編校，亦一併致謝。

謝文英 謹識

於國立雲林科技大學技術及職業教育研究所博士班

2015 年 9 月 18 日

目錄

第一章

校務評鑑的基本概念

"The purpose of evaluation is to improve, not prove."（評鑑是手段，改進才是目的。）

～*D. L. Stufflebeam & A. J. Shinkfield, 1985*

杜威說：「教育即生活，生活即教育。」教育與生活密不可分，教育活動在於改善人類生活，生活在於促進教育發展。教育活動的實施須透過有關機關、機構或組織的運作，學校乃實施教育活動最重要的場所，有其目的與過程，其目的爲教育活動的核心，其實施係根據目的訂定計畫，依計畫執行，爲瞭解實施成效，有賴價值評估與改善。因此，世界各國皆共同關注學校評鑑，作爲修正與改善學校教育計畫，並付諸行動，持續改進以促進教育功能，提升辦學績效，裨益永續發展。

校務評鑑的本質有其特性、形式與內涵，爲檢視教育活動成果的最重要策略，亦是各級各類教育機關展現其績效責任的最佳途徑。爲釐清校務評鑑的本質，本章分別從學校校務評鑑的意義、目的、功能、性質及必要性等方面析論之。

第一節　校務評鑑的意義

評鑑是什麼？何以一向令人聞之色變？評鑑是非理性之作爲？亦或是上級單位宰制所屬各級各類學校的手段？或者評鑑既非理性之作爲，亦非宰制的手段，那評鑑是什麼？評鑑本就不易說清楚，但校務評鑑既是教育品質管理之重要策略，更須釐清評鑑本質與內涵，然中外學者對評鑑有不同看法，加上評鑑本身之隱諱性，增加瞭解評鑑意義之複雜性。

壹、評鑑的意義

評鑑由evaluation翻譯而來，evaluation由e＋value＋action三字結合而成，其字義具有價值衡量的意涵，所以評鑑的意義是價值判斷（吳清山，2014）。學校校務評鑑是評鑑基本原理在學校中的實踐（鄭崇趁，2007），校務評鑑是教育評鑑的次級系統，亦是教育評鑑的核心。評鑑對教育政策制訂者、方案管理人，以及課程開發者皆很重要（Borg, Borg, & Gall, 2007）。因之，在探討校務評鑑之前，有必要先探析評鑑的本質。

Stufflebeam與Shinkfield在《系統的評鑑》（*Systematic Evaluation*）一書中即對評鑑有完整的定義：「評鑑是一種規劃、蒐集並提供描述性與判斷性資訊的過程，這些資訊包括評鑑客體的目標、設計、實施和影響之功績與價值，以利決策，滿足效能需要，並增加對評鑑客體的瞭解」（引自郭昭佑，2006）。此外，他們進一步將評鑑下了更周延的定義：「評鑑不在證明（to prove），而在改進（to improve）。」（鄭崇趁，2007）

Michael Scriven把評鑑（evaluation）界定爲對事物的價值或優點做系統性的評估；Jean A. King對評鑑的定義是系統化的探究過程，以提供有關方案或政策有價值目的的特徵、活動或成果資訊；Stufflebeam et al.將評鑑界定爲：描述、獲致，以及提供有用資訊，藉供判斷以決定取捨方案的過程（引自曾淑惠，2008a）；Fitzpatrick、Sanders及Worthen更進一步將評鑑界定爲「以明確的準則來判定某種事物的價值」（引自張清濱，2007）。Gall、Gall及Borg（2007），將教育評鑑界定爲：判斷教育計畫的優點、意義或價值的過程。McMillan和Schumacher（2006）將評鑑界定爲：爲有系統蒐集和分析資料，以決定特殊教育實務或期待的實務之價值，需要正式的評鑑設計及程序。

然就教育評鑑的發展歷程而言，許多外國學者從不同面向與思維定義教育評鑑，豐富了教育評鑑的意義與內涵，更各具其代表性。Bennett於2003年提出各具代表性的教育評鑑的定義（見表1-1），在檢視這些教育評鑑的定義後，認爲評鑑至少與下列幾點有關：(一)著重在新教學方案的介紹；(二)蒐集分析依經驗所得的資料；(三)採集有關這些資料的結論及鑑定；(四)把這些發現傳達給旁觀者；(五)利用這些發現，輔助決策制定（引自郭昭佑，2006）。

表1-1　教育評鑑相關定義

教育評鑑定義
■一個決定學校課程教學達成教育目標之程度的過程（Tyler, 1949, pp.105-106）。
■蒐集並使用資訊以決定教育課程（Cronbach, 1963, p.672）。
■評鑑目的是檢驗學校課程是否達到目標或正朝著目標邁進（Kerr, 1968, p.21）。
■評鑑是取得在教學具體目標上的成就證據（Bloom, 1970, p.28）。
■衡量教學方法的價值，其過程就是課程評鑑（Hamilton, 1976, p.4）。
■教育評鑑是在描述所取得的有效資料，以提供決策參考（Jenkins, 1946, p.6）。
■評鑑是對內容加以解釋闡述（Parlett & Hamilton, 1976, p.84）。
■評鑑是有系統的檢驗當前的教學方案或隨之發生的事件——目的在協助改善受檢驗的教學方案或其他方向相同的教學方案（Cronbach et al., 1980, p.14）。
■評鑑是評估功績及價值的機制（Nevo, 1986, p.16）。
■評鑑能提供方法以實踐教育理念，並監督及加強課程發展（Hopkins, 1989, p.3）。
■教育評鑑與社會規劃、社會控制有關（Norris, 1990, p.16）。
■教育評鑑是在辨清某些變因的影響，這些變因改變了原來應有的結果（Davis et al., 2000, p.253）。

資料來源：出自郭昭佑（2006：23）。

近年來，華人世界對教育評鑑亦投入諸多的關注，對教育評鑑的定義亦有許多極具參考之價值，茲列表1-2如下：

表1-2　教育評鑑的定義

年代	提出者	定義
1993	李緒武	教育評鑑是對教育事業的價值作嚴正的品評，不僅是靜態資料數字的檢查，更是對一項教育計畫、教學過程、課程與教材，或教育政策的價值鑑定。
1997	秦夢群	對於教育現象或活動，透過蒐集、組織、分析資料，加以描述與價值判斷的歷程。
2001	林天祐 蔡菁芝	系統化地蒐集資訊，以為促進、達成教育目標的評鑑過程。

（續上表）

2001	楊振昇	教育評鑑係指針對教育現象或活動，透過蒐集、整理、分析、歸納等方式，提供給相關的決策人員，以作為價值判斷與決策之參考。
2002	鄭新輝	對教育方案或活動的表現品質，依預先設定的評鑑標準，有系統的運用科學技術，正確的蒐集與分析資料，客觀的判斷其所展現的價值與功績，並作適當處理決定的歷程。
2002	金娣 王剛	教育評鑑是指在系統的、科學的和全面的蒐集、整理、處理與分析教育資訊的基礎上，判斷教育價值的過程，目的在促進教育改革，提高教育質量。
2004	陳玉琨	教育評鑑是判斷教育活動是否滿足社會與個體需要程度的活動，是對教育活動已實現的（已經取得的）或潛在的（還未取得，但有可能取得的）價值作出判斷，以期達到教育價值的過程。
2004	蘇錦麗	有系統的採用各種有效方法，蒐集質與量的資料，對照評鑑準則（指標或標準），以判斷任一教育對象之價值或優缺點的過程，並將其結果作為教育決策之參考。
2006	郭昭佑	教育評鑑係應用方法蒐集與分析教育客體資料，並評估其功績與價值，以提供相關資訊予決策參考的歷程。
2008	林劭仁	教育評鑑即有系統的對教育活動，採用各種有效的科學方法與技術，蒐集質與量的資訊，對照預定之評鑑標準，來判斷教育對象之價值與優缺點的過程，結果並作為教育決策之參考。

吳清山（2014）綜合泰勒（R. Tyler）及其弟子塔巴（H. Taba）的看法指出，評鑑是實際表現與理想目標相比較的歷程。此外，他統合克隆巴（L. J. Cronbach）、史塔佛賓（D. L. Stufflebeam）、麥克隆納德（B. MacDonald）、貝比（C. E. Beeby）等人的看法，提出評鑑是有系統地蒐集和分析資料，透過價值判斷而進行決策的歷程。

然而潘慧玲（2002）指出，相對應於不同的評鑑模式，學者對評鑑意義的詮釋便有所不同。有人將其界定爲對既定目的是否達成的評定；有人主張是有系統地蒐集與提供資訊，以便作決策；有人將其定義爲判斷事物的價值；有人則將其等同於專業判斷。雖有不同的界定，然不可否認的是，對事物價值的評估是評鑑廣爲接受的的一種定義方式。不過，對這樣的定義，亦有學者提出異議，評鑑不僅在評估價值，亦在改進方案。這樣的主張與英國Stenhouse所提倡的教師爲課程發展者與評鑑者之想法相符應，而Hopkins更倡議發展取徑（developmental approach）的評鑑，主張評鑑與發展宜加以融合，學校評鑑是爲了學校發展。

綜上，評鑑的意義可界定爲：爲達成教育目的，以系統化程序蒐集和處理評鑑資料，進行價值判斷，作爲改進或決策之參考。

此一定義的內涵說明評鑑具有下列要素：

1. 評鑑採用科學方法，以系統化程序與技術進行資料的蒐集與處理。
2. 透過處理評鑑資料，分析、解釋其意涵，進行方案的價值判斷。
3. 評鑑的價值判斷可作爲方案改進或決策之參考。

貳、校務評鑑的意義

校務評鑑原稱學校評鑑，係指主管教育行政機關爲瞭解所屬學校辦學績效，作爲輔導或協助學校發展，制訂校務經營指標及檢核方式，提供訪評委員蒐集學校運作資料，據以分析比較賦予教育價值之歷程（鄭崇趁，2006）。吳清山與林天祐（2002）將校務評鑑界定爲：校務評鑑係指運用系統化蒐集學校發展計畫，執行及結果等相關資料，並加以客觀的分析與描述，以作爲判斷學校績效或協助學校持續改進的過程。

Stufflebeam將學校評鑑界定爲：學校評鑑是評估一些事物（object）的優點或／及價值，其中優點表示事物的長處，價值則是符合學生需求的成本效益。Sanders et al.界定學校評鑑爲：系統化探究學校的優點與價值，其中優點指將所測得的內涵與成就標準相比較來作判斷，價值則是將所測得的內涵與學校及社會需求相比較所作的判斷。肖宗六界定學校評鑑爲：根據一定的教育方針與教育宗旨，選用教育評鑑的理論與方法，對學校教育的各項工作與效果，進行客觀的價值判斷。鄭彩鳳將學校評鑑界定爲：依據學校教育目標，採取科學的方法蒐集資料，透過事實性與價值性的綜合研判，俾衡量教育目標與實際措施的差距，並提供教育人員及判定決策參考，藉以遂行教育目的之一種系統歷程（引自曾淑惠，2005）。

校務評鑑係指藉由評鑑團體的規劃，使用多樣方法，有系統地蒐集各種資料，並透過受評學校內部人員的自我評鑑與外來同僚專家的專業判斷，評定該校辦學符合評鑑指標的程度，進而提出該校辦學優缺點及待改進建議，作爲該校改善教學及提高行政效率依據之過程。此定義包含評鑑實施方案、自我評鑑、資料蒐集、資料分析、價值判斷，以及協助改進，茲分別說明如下：（顏國樑，2003，頁5）

㈠ 評鑑實施方案

實施校務評鑑，必須由教育行政機關、學校或專業團體規劃一套評鑑實施方案，通常方案的內容包括評鑑實施評鑑的目的、組織、項目、時間、對象、方式、流程、經費、獎懲等。

㈡ 自我評鑑

自我評鑑是整個校務評鑑的核心工作，學校面對校務評鑑時，應組成自我評鑑小組，透過檢核表，逐項檢討，並加以改進，以呈現學校教育的工作表現與整體績效。

㈢ 資料蒐集

校務評鑑係由評鑑人員運用有系統的方法（包括問卷調查、觀察、文件審閱、訪談和座談），透過適當的評鑑工具去蒐集學校相關資料，然後就其質性資料和量化資料加以彙整，以作爲未來進一步分析之依據。

㈣ 資料分析

資料整理完畢，評鑑人員運用科學和客觀方法分別就質性資料和量化資料加以分析，必要時可進行交叉校正，以瞭解資料之正確性，然後就其量化資料和質性資料作一整合性描述。

(五) 價值判斷

評鑑蒐集資料，經過分析和描述之後，評鑑人員依其評鑑的專業知識就這些資料加以判讀，確認學校的辦學績效及運作的缺失。

(六) 協助改進

評鑑除了告知學校運作缺失之外，最重要的提出建議改進措施，作爲學校未來校務經營的參考，而且最好能夠要求學校就評鑑人員的意見，提出具體的實際改進行動，並定期加以追蹤。

綜合上述，校務評鑑的意義可界定爲：爲達成學校教育目的，以系統化程序蒐集和處理學校評鑑資料，進行價值判斷，作爲改進或決策之參考。

此一定義說明校務評鑑的本質具有下列要件：

1. 校務評鑑係採用科學方法，以系統化程序與技術進行校務評鑑資料的蒐集與處理。

2. 進行校務評鑑資料的處理，分析、解釋其意涵，作爲學校辦學績效的價值判斷。

3. 校務評鑑的價值判斷可作爲改進校務或行政決策之參考。

第二節 校務評鑑的目的、功能及性質

各級各類學校有其不同性質、任務，因之，其評鑑目的與功能因其目標不同而異，但無論爲何，改進校務、提升教育品質爲其不變的基本要務。

壹、校務評鑑的目的

吳清山（2002）認爲校務評鑑的目的有五：(一)瞭解學校運作績效；(二)診斷學校運作缺失；(三)改進學校運作缺失；(四)確保學校教育品質；

(五)促進學校永續發展。林天佑（2002）認為校務評鑑的目的有下列三項：(一)建立學校基本資料；(二)提升校務運作品質；(三)永續發展學校特色。

校務評鑑存在的價值，在於它對學校發展能夠發揮引導功能，讓學校發展更有方向。顏國樑歸納吳清山（2002）及林天佑（2002）的看法，說明校務評鑑的目的包括：(一)建立學校基本資料；(二)瞭解學校運作績效；(三)診斷學校運作缺失；(四)改進學校運作缺失；(五)確保學校教育品質；(六)促進學校永續發展，茲分述如下：（顏國樑，2003，頁5-6）

(一) 建立學校基本資料

校務評鑑在協助學校建立基本資料，瞭解學校人員、設備、環境的條件狀況，分析其內部優點、弱點以及外部的機會、威脅，以作為學校規劃永續發展的參照基礎。同時，教育行政主管機關、家長也可以客觀瞭解學校的基本發展現況，並加以有效的評估與運作。

(二) 瞭解學校運作績效

校務評鑑所呈現各種事實性資料，經過判斷和比較之後，就可瞭解到整個學校運作績效。對於學校經營績效卓著者，行政機關應該主動給予獎勵，以示鼓勵。

(三) 診斷學校運作缺失

校務評鑑猶如個人的身體健康檢查，可以幫助瞭解校務運作過程或實行結果，在校長領導、教務、學生事務、總務、輔導、人事、經費運用、學校氣氛、專業成長、家長參與等產生了哪些問題，亟待加以解決。

(四) 改進學校運作缺失

經過校務評鑑之後，發現有任何經營上缺失，就要設法加以改進，有些是學校本身能夠自行處理；有些是需要上級機關協助，學校也要適時反應，請求協助。

㈤ 確保學校教育品質

校務評鑑本有具有激勵和警惕的雙重作用，其最主要的目的在於確保學校教育品質，俾使學校教育人員能夠確實負起責任，不敢有所懈怠，所以校務評鑑等於做品質把關工作。

㈥ 促進學校永續發展

教育事業是一項長久性的工作，需要隨著社會的發展代的潮流，不斷追求進步，方能培養時下社會所需人才，爲社會所用。爲了達到此一功能，就必須做好校務評鑑工作，以促進學校永續發展。

Kyriakides與Campbell於2004年指出：學校本位評鑑的目的有二：(一)改進學校行政的品質，包括組織成員間的互動，組織氣氛與文化、行政決定、校內外變遷的回應。(二)改進教學，包括教師效能和學校效能及決定如何把這些概念，在學校的情境中測量出來（引自張清濱，2007）。

鄭崇趁（2006）認爲校務評鑑的主要目的有三：(一)瞭解學校教育實況；(二)評比學校辦學績效；(三)增進學校校務發展。

曾淑惠（2005）則認爲學校評鑑具有診斷、決策、證明、管理與績效責任，以及改進與發展之目的。其要義爲：

㈠ 診斷：1.診斷學校教育的困難與問題；2.診斷學校教育的缺失；3.評估學校教育的成果與衝擊。

㈡ 決策：1.定義學校發展的需求；2.建立並界定學校教育目標；3.選擇達成學校教育目標的策略；4.對學校教育的繼續、擴展、修正方向、認證等決策有所貢獻。

㈢ 證明：1.獲得支持或反對學校發展的證據；2.證明教師、學校管理者或教育機構的信譽；3.證明學生在學校的成就或經過學校教育的成就。

㈣ 管理與績效責任：1.維持學校教育水準；2.監督學校運作的常軌；3.提高學校教育績效；4.確保學校教育的績效責任。

(五) 改進與發展：1.藉不斷自我研究與再計畫，促進學校進步與改進教學計畫；2.提供諮詢與協助，發展學校的教學設施；3.鼓勵學校發展特色，並完成其獨特的任務；4.藉評估教育效能的標準與指導原則，促進教育的精緻化；5.增加學校完成自訂目標的信心。

此外，校務評鑑的目的有形成性及總結性之別，形成性評鑑在於：改進校務運作之問題、癥結、困難及有關障礙，其形式以內部評鑑之自我評鑑方式爲之，其性質屬於發展性評鑑。相對而言，總結性評鑑在於決定校務運作之績效，探討校務運作之優點、特色，同時也發掘校務運作之盲點、不足、弱勢及缺失等，作爲改進建議，其形式以外部評鑑之實地訪評方式爲之，其性質屬比較評鑑。

綜合上述可知，校務評鑑的主要目的有改進、績效、自我比較，以及行政決策之機制，茲分別析論如下：

一、改進

評鑑在於改進，改進爲評鑑最先決的要務，透過形成性評鑑可促進校務發展。

二、績效

學校辦學成效之優劣得失須藉由正式評鑑活動之檢視、探討、診斷而知，透過總結性評鑑之進行，提升辦學效益與發展。

三、自我比較

學校評鑑的重點不在證明學校有多好，有多少缺失，或與他人比較，評鑑之要義在於提供自我比較之機制，現在與過去有何不同？有何利弊得失？有何創新？過去的缺失改善執行情形爲何？在改善過程中是否發揮學校辦學運作之效益？學校辦學改善效益如何作爲學校發展之基礎等。

四、行政決策

(一) 投入階段方面：評鑑任務之運作在投入階段，學校要投入多少資源？決心有多大？未來發展之願景有多高？校務規劃精準度、策略之可行性及承諾爲何？

(二) 實施過程方面：在實施過程階段之落實程度爲何？努力用心執行之程度爲何？資源統整之情形爲何？

(三) 結果方面：在結果階段可作爲自我肯定，申請優質學校認證，申請競爭型計畫之資格與條件，提升學校辦學聲譽，有利學校教育行銷，社會大衆之認同，以及招生之號召效果等。

貳、校務評鑑的功能

校務評鑑功能受到績效責任觀念的影響，因之，校務評鑑係以績效爲基礎，以改進爲核心（鄭崇趁，2007）。有關校務改進的評鑑取向，West與Hopkins提出三種層次的評鑑：（引自張清濱，2007）

(一) 校務改進的評鑑（evaluation of school improvement）：以改進的成果爲重點，學校評鑑是總結性評鑑取向。

(二) 為校務改進的評鑑（evaluation for school improvement）：在改進校務的過程中使用評鑑以塑造這個過程，學校評鑑是形成性評鑑多於總結性評鑑。

(三) 評鑑即校務改進（evaluation as school improvement）：評鑑與校務改進的歷程是同一件事情，「行動研究」更能表達學校自我評鑑的取向。

Scriven指出學校評鑑具有支持行政主管的決策、發展課程與公共關係、學生及教職員問題的諮商與診斷、教學與教育計畫等。Scriven於1967

年首先將評鑑區分爲形成性與總結性功能；Stufflebeam於1972年提出前置評鑑，傾向提供決策，以及追溯評鑑，以保留責任。形成性評鑑的功能用來改進與發展進行中的活動（或方案、個人、成果等），而在總結性功能方面，評鑑被使用於績效責任、證明或選擇。此外，評鑑的第三種功能爲心理的或社會政治的功能，在於某些評鑑活動並沒有明顯的形成性或總結性目的，而僅是爲了增進活動的認同，期使評鑑者依特定的社會與政治目的或期望發展。再次，評鑑的第四種功能爲權力的運用（exercise of authority），係指在正式組織中，上級對其下屬的評鑑特權，居於管理層級的人，常爲了強調其管理下屬的權力而有此作爲，故此功能可稱爲評鑑的管理功能。Nevo於1995年綜合各家觀點，並將動機與權力運用納入評鑑實施歷程的目的，指出評鑑的基本功能，係協助對評鑑個體及其品質取得較佳的瞭解，以提供形成性功能，如計畫、監控或促進；總結性功能如選擇、認同或責任，而評鑑實施的歷程提供增加動機或運用權力的目的（引自郭昭佑，2000）。

校務評鑑的功能旨在發展學校本位的自我評鑑機制，並可爲校務評鑑發展把脈。學校評鑑具有檢核、診斷、比較、預測、輔導及發展的功能如下：（鄭崇趁，2007）

(一) 在瞭解學校教育實況方面，具有檢核與診斷的功能

1. **檢核**：將學校的實況與既定的目標或標準比對，檢核校務基礎與運作是否符合常態。

2. **診斷**：將檢核結果進行分析，深入瞭解現況發展之深層結構與意涵。

(二) 在評比學校辦學績效方面，具有比較與預測的功能

1. **比較**：將校務評鑑結果進行多校比較，評論相對優劣得失。

2. **預測**：參照教育理論與實務的融合，探尋校務發展的更高價值與發展趨勢。

(三) 在增進學校校務發展方面，具有輔導與發展功能

1. **輔導**：協助學校釐清校務問題，發展可行因應策略。
2. **發展**：促使受評學校制訂校務發展計畫，追求更高價值之成長。

綜合上述，學校校務評鑑具自我比較、管理、檢核、自我改進之功能，依行政三聯制（計畫、執行、考核）及行動策略之理念析論如下：

一、在校務發展計畫方面具有自我比較的功能

校務評鑑爲辦學實際表現與理想目標相比較的歷程，校務評鑑結果可確定實際表現與理想目標是否一致，爲瞭解目標達成的程度，需進行比較以瞭解其達成的程度。此外，現行我國校務評鑑除大專校院進行認可制（accreditation）外，其餘中小學校務評鑑皆以等第制爲之。等第制在於跟他人比，即將校務評鑑結果與他校進行比較，評論其相對優劣得失。然而，認可制的評鑑精神在於跟自己比，強調學生的學習成效，根據學生學習結果判斷目標達成程度。要之，依評鑑目的「在於改進，而不在證明」言之，認可制較符合校務評鑑的眞諦；換言之，教育沒有個人的目的，學生的學習成效才是目的。因之，自我比較係自己要求自己，依據評鑑結果比較校務發展計畫的差異，進行自我調整，以建立新的目標與擬定計畫。

二、在校務執行方面具有管理的功能

校務評鑑具有管理之功能，在下一評鑑週期到來之前，但凡行踐校務計畫、維持校務水準、監控校務運作、提高校務績效、確保學校績效責任，在在需要依據評鑑結果之改善建議執行，因之，校務評鑑具有管理之功能。

三、在校務考核方面具有檢核之功能

校務評鑑依據評鑑指標檢核學校辦學現況及績效，蒐集、分析及解釋評鑑資料，進行成果評估，瞭解學校辦學的優劣得失，進行價值判斷，故校務評鑑具有檢核功能。

四、在行動策略方面具有自我改進之功能

透過校務評鑑的實施，除瞭解學校辦學的優點、特色外，另可釐清校務問題，據以研擬可行因應策略，修正改善校務計畫，並付諸行動，作爲改進學校教育缺失，以謀求學校教育健全發展。

綜上，在北歐挪威，一年當中有太陽的日子只有100天，但其學校教育活動仍要進行，體育課照上，他們認爲「沒有不好的天氣，只有沒有準備好的裝備。」可見裝備良窳才是關鍵。同理，學校要提升其辦學績效、特色及價值，端賴是否準備好了，若準備妥當並施以校務評鑑，可望發揮其自我比較、管理、檢核，以及自我改進之功能，展現其辦學績效、特色及價值。

參、校務評鑑的性質

教育評鑑源起於我國隋朝，在當時已有正式的評鑑活動，即科舉制度，但正式的評鑑觀念則來自於國外，教育評鑑發展之歷史進程分爲五代，Guba與Lincoln於1989年指出，第一代評鑑（1910-1930）爲測驗世代，視評鑑爲測驗（measurement），其任務在於發展測驗工具及使用測驗工具；第二代評鑑（1930-1967）爲描述世代，視評鑑爲客觀事實的陳述（description），描述對應於特定的優缺點，評鑑人員扮演著描述者的角色；第三代評鑑（1967-1981）爲判斷世代，視評鑑爲判斷（judgment），其評鑑模式有CIPP模式、差距模式、無目標模式、鑑賞與評論模式；第四代評鑑（1981-）爲協商世代，視評鑑爲協商與溝通的歷程（responsive）（鄭崇

趁，2006）；第五代評鑑爲行動研究或參與式研究世代，由Merten提出，係依情境需求提出訴求，自行訂定利害關係人，自我進行評鑑（引自陳素秋，2006；潘慧玲，2005）。

Guba與Lincoln認爲前三代評鑑面臨三個普遍性的問題：(一)管理主義傾向；(二)無法包容多元價值；(三)過度倚賴調查的科學典範。這三個普遍性問題使評鑑的妥適性及倫理性難以彰顯，有調整改善之必要。因此，Guba和Lincoln建議與政策利害關係人協商之方式，作爲評鑑進行之主軸，並採用建構主義之觀點，以所有與評鑑有關者之利益爲前提之考量下，透過資訊流形成共識，此即爲第四代評鑑，又稱爲「反應建構主義評鑑」（responsive constructivist evaluation）（引自游進年，2003）。

第四代評鑑主張將評鑑之主角由評鑑者轉移到受評鑑（利害關係）人，即評鑑方法與指標係經兩者溝通協商而決定（鄭崇趁，2007）。Guba與Lincoln於1989年提出第四代評鑑取向，第四代評鑑包括十二項步驟，各個步驟可來回移動，有時甚至跳過好幾個步驟，其運用作法與想要瞭解之議題有關，十二項步驟如下：（Gall, Gall, & Borg, 2007, pp. 584-585）

(一) 接觸：開始和案主／贊助者接觸。

(二) 組織：1.選擇訓練評鑑小組成員；2.做成允許進場評鑑的安排；3.做好後勤的安排；4.評估地方政治的因素。

(三) 確認有關人士：1.確認當事人、受益人和犧牲者；2.展示持續性的研究策略；3.評估平衡和認可；4.將同意的條件形式化。

(四) 設計組內聯合的建構：1.建立詮釋學循環（hermeneutic circles）；2.組成詮釋學循環；3.塑造新興的聯合建構；4.查核可信度。

(五) 透過新資訊擴充結合有關人士的建構趨於精緻化：1.再度組成詮釋學循環，利用文件資訊；2.交互使用訪談和觀察；3.文獻選集；4.評鑑者的外觀的建構。

(六) 選取解決的論點、關注事項和議題：1.確認一致解決的論點、關注事項和議題；2.當作個案報告成分予以取消。

(七) 安排待解決問題的優先順序：1.決定參與式排定優先順序的過程；

2.送出優先順序的項目；3.查核可信度。

(八) 蒐集資訊／增進精緻化：1.進一步利用詮釋學循環；2.蒐集現有資訊；3.使用新聞／現有使用的工具；4.執行特殊的研究。

(九) 準備協商的議程：1.界定與說明待解決的術語；2.說明具競爭性的建構；3.闡釋、支持和反駁術語；4.提供精緻化的訓練；5.測試議程。

(十) 執行協商：1.選取具代表性的詮釋學循環；2.作成詮釋學循環；3.塑造成聯合性的建構；4.查核可信度；5.決定行動。

(十一) 提出報告：1.個案報告；2.有關人士的團體報告。

(十二) 再循環：將整個過程再循環。

綜上，第四代評鑑的理念與作法可作爲校務評鑑實施之參考，此外，由於第五評鑑世代爲行動研究世代，準此而言，校務評鑑的性質即爲行動研究。因之，校務評鑑宜如行動研究般，邊做邊研究，一邊做，一邊蒐集資料，再行處理分析、解釋，將評鑑結果作爲檢討、反思、批判所作結果，再據以修正計畫，並付諸改進行動，一個循環後，再依上述原則進行另一循環之做中研究。以行動研究方式進行校務評鑑準備之實施過程，可將有關評鑑之問題、困難、癥結、弱勢、威脅等，作一番診斷、省視、檢討，研提有關策略，匯整相關資源，逐步改善、克服之，此形式猶如以知己之自我覺察採取精進行動，如此不僅落實校務評鑑準備，同時可進行紮實的自我評鑑，更可爲訪視評鑑奠定良好基礎。

第三節 校務評鑑的必要性

教育爲助人之歷程，乃成己達人之志業，所謂「己欲立而立人，己欲達而達人」，立人、達人有其中心理念及目的，因之，其評鑑實施計畫爲何？計畫如何設計？如何執行？瞭解計畫之落實程度及執行結果爲何有其必要性。蓋追求卓越爲教育既定之準則，如何將卓越變爲習慣，需一而再，再而三透過省思、檢視，將結果作爲修正改善計畫，並付諸行動，周而復始，才能因應社會變遷，配合教育政策，符合教育參與者之需求，發揮學校辦學績效責任之功能。

爲何要進行校務評鑑，道理無他，因校務評鑑爲教育評鑑之核心。校務評鑑之必要性有下列數端：校務評鑑是：(一)追求卓越，提升教育品質的歷程；(二)進行校務自我健康的檢查；(三)檢視學校團隊創新表現的機制；(四)校務評鑑增進教育資源的整合；(五)創造競爭優勢，提升教育價值的動態歷程。

壹、追求卓越，提升教育品質的歷程

唯有成長不已的學校，才能提供更優質的教育專業服務；唯有學習不已的學校團隊，才能從事優質的專業服務，學習不已的學校團隊與成長不已的學校，是確保優質學校的不二法門。優質學校提供優質、精緻教育，其基本信念及行動出發點在於追求進步，邁向卓越，好還要更好，具正向積極精神，在教育歷程中不斷改進、精益求精、精深進步，優質教育才能培育優質人才，回應教育的初衷、本質。

然達到優質學校的理想有其策略，校務評鑑在於瞭解教育理想與實務的差別，乃應然與實然的對話。校務評鑑在於鑑往知來，瞭解校務執行成效，作爲未來改進方向，促進發展，提供檢討、省思的機制，謀求改進的回饋動態歷程以促進校務發展，其擘劃在於追求卓越，其效益在於提升教育品質，追求卓越，才能永續發展。

貳、進行校務自我健康的檢查

校務評鑑即是自我健康檢查，旨在自我省視，自我檢討，進行反省性思維，以求校務發展。「以銅爲鏡，可以正衣冠；以古爲鏡，可以知興替；以人爲鏡，可以明得失。」校務評鑑像一面鏡子，在於評估績效，前事不忘，後事之師，前車之鑑可以自我視察，自我省思，自我診斷，找出問題，自我改進，以及提升自我。再者，校務評鑑以自我評鑑爲出發點，可促進專業對話，發現有關問題，研擬改進策略，發揮辦學績效責任之功能，促進競爭優勢，提升學校教育品質。因之，校務評鑑的精神具積極正向，爲校務發展把關，是健康檢查，防範有關問題，發掘問題癥結，統合有關資源，尋求改善措施，帶來成長、希望。

參、檢視學校團隊創新表現的機制

新校園運動的要義在於全員參與、團隊合作、創造革新，以求永續發展。實現優質學校端賴學校團隊全員參與、通力合作，創造更新。團隊創新（team innovation，簡稱爲TEAM-I）表現之檢視，繫於校務發展計畫目標（T, target）之確立；爲達成其目標，學校宜實施教育（E, education）成長活動，以瞭解行政政策、法令、課程教學的實施或教育任務的執行，在在都需要進行有關的研討修習；對教育議題有適當認識與理解後，才可採取行動（A, action），進行計畫之執行；計畫執行良窳有賴對其成果之檢討衡量（M, measurement），以瞭解計畫目標之落實情形、達成程度、評估成果，並探討其利弊得失；而計畫目標執行欠佳部分需改善計畫，並付諸行動，付諸行動有賴創新（I, innovation）作爲。因此，校務評鑑可作爲檢視學校創新表現的機制，提供學校自我省思與專業發展之契機；促進學校本位管理提升學校效能；全面品質管理，確保教育品質；以及追求教育品質卓越的動態歷程。

肆、增進教育資源整合的機制

校務評鑑爲一更新或再生之歷程，需要自我改革的勇氣與再生的決心，以創造新的未能。爲完成校務評鑑的任務，透過分析校務現況，瞭解校務發展的優勢與弱勢，探討校務發展未來的機會與威脅，再針對校務發展的弱勢及威脅，針對其需求、問題及困難研提改進策略，而其問題之解決，需有對應性的資源，校務評鑑之實施需將辦學績效顯現出來，因此，針對學校的情況須投入多少資源；整合人、事、物資源的作爲；透過資源整合可將劣勢轉變爲優勢，可創造機會，並將威脅降低，甚至消除之。此外，校務評鑑爲教育人力資源發展的一個重要機制，J. Welsh指出：人才是策略的第一個重要步驟，人對了，事情就對了，藉由校務評鑑可望激發全員參與之能量，團隊動員之效益，發揮教師領導之功能，讓教師在校務評鑑過程中成爲有效之角色，因之，資源整合與校務評鑑績效之良窳關係密切。

伍、創造競爭優勢，提升教育價值的動態歷程

競爭優勢係指組織因擁有較佳的能力、資源、策略、管理等，而能在競爭中取得優勢的一種狀態（吳清山，2002）。學校競爭優勢乃著重學校如何運用及發展既有資源、執行能力，以提升學校教育品質與服務，並滿足受教者與社會的需求，使學校得以永續經營之動態歷程。關鍵成功因素與核心資源爲評估學校競爭優勢內涵的兩個向度，關鍵成功因素是組織資源與能力的組合，不僅影響組織資源的配置，亦形成組織策略的重要基礎；核心資源乃是組織與競爭者有所差異且獨特的資產及能力，有助於組織產生優於競爭對手之表現或產品。換句話說，核心資源包括有形資產，以及知識、技術、能力等無形資產，並有助於組織調適環境變遷，改進效率與效能，提升競爭優勢的資源。學校競爭優勢的內涵兼具靜態與動態的性質，結合輸入、歷程及輸出的結果，涵蓋人員、組織、環境等三個層面，其內涵包括下列七項：(一)資源優勢；(二)行政管理優勢；(三)組織能力優勢；(四)環境設備優勢；(五)績效優勢；(六)形象優勢；(七)區位優勢（張明輝，2009）。

綜合上述競爭優勢與其評估向度之意義和內涵之探討得知，校務評鑑之實施歷程與競爭優勢息息相關，在七項競爭優勢內涵中，僅區位優勢與校

務評鑑主動積極之作爲較無關，屬客觀因素，其他如資源優勢、行政管理優勢、組織能力優勢、環境設備優勢、績效優勢、形象優勢等六項優勢，皆與校務評鑑息息相關，屬主觀因素，透過校務評鑑的積極作爲，團結的氣氛，整體的氣勢與決心，運用與發展既有資源及執行能力，可望創造學校競爭優勢，展現辦學特色，提升教育價值，因之，校務評鑑爲增進教育資源整合的機制。

本章小結

本章第一節探討評鑑與校務評鑑的意義，校務評鑑係指爲達成學校教育目的，以系統化程序蒐集和處理學校評鑑資料，進行價值判斷，作爲改進或決策之參考。校務評鑑本質具有下列三項要件：(一)校務評鑑係採用科學方法，以系統化程序與技術進行校務評鑑資料的蒐集與處理。(二)進行校務評鑑資料的處理，分析、解釋其意涵，作爲學校辦學績效的價值判斷。(三)校務評鑑的價值判斷可作爲改進校務或行政決策之參考。

第二節析論學校校務評鑑的目的與功能，校務評鑑的主要目的有改進、績效、自我比較，以及行政決策之機制。在學校校務評鑑的功能方面，校務評鑑具自我比較、管理、檢核、自我改進等四項功能：(一)在校務發展計畫方面，具有自我比較的功能；(二)在校務執行方面，具有管理的功能；(三)在校務考核方面，具有檢核之功能；(四)在行動策略方面，具有自我改進之功能。

此外，探析校務評鑑的性質，第五評鑑世代爲行動研究世代，校務評鑑性質即爲行動研究，因之，校務評鑑須如行動研究般，邊做邊研究，一邊做，一邊蒐集資料，再行處理分析、解釋，將評鑑結果進行檢討、反思、批判所作結果，再據以修正、改善計畫，並付諸行動，一個循環後，再依上述原則進行另一循環之做中研究。

第三節析述校務評鑑的必要性，包括下列五端：(一)追求卓越，提升教育品質的歷程；(二)進行校務自我健康的檢查；(三)檢視學校團隊創新表現的機制；(四)增進教育資源整合的機制；(五)創造競爭優勢，提升教育價值的動態歷程。

第二章

校務評鑑的系統與模式

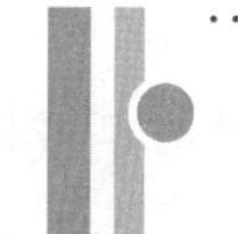

"There is nothing so practical as a good theory."

～Kurt Lewin, 1964

教育評鑑模式內涵深廣，包括動態與靜態評鑑，動態評鑑包含校長評鑑與教師評鑑；靜態部分則分為校務評鑑、教學評鑑、課程評鑑、方案評鑑等。不同評鑑領域雖有不同的內涵與專業知識，需思維其評鑑標準、規準、指標，並視需求進行各方面不同的考量，但仍可試圖在異中求同，找出相同的評鑑程序與規準。其中，可先分出評鑑系統，再從系統中分出不同的評鑑模式，不同的評鑑系統代表不同的分類思維，不同的思維又可分出許多不同的評鑑模式，茲析論教育評鑑模式的基本概念、校務評鑑系統，以及校務評鑑模式於后。

第一節　教育評鑑模式的基本概念

評鑑的概念在日常生活中隨時發生（林劭仁，2008），教育評鑑的基本步驟須由評鑑的準備開始，而其結果，亦必然為評鑑實施階段的延續（陳玉琨，2004）。本節介紹近代教育評鑑模式的基本概念，包含模式、評鑑模式及教育評鑑模式之意涵、教育評鑑模式之發展，以及教育評鑑模式與校務評鑑模式兩者之關係。

壹、教育評鑑模式之意涵

何謂模式？何謂評鑑模式？何謂教育評鑑模式？模式、評鑑模式、教育評鑑模式的概念需分別釐清，方能進行應用，試分別說明模式、評鑑模式、教育評鑑模式的概念如下：

《牛津字典》定義「模式」係指將一件事物用來作爲可供依循或模仿的範例（a thing used as an example to follow or imitate）（Oxford dictionary, 2013）。方炎明（1985）認爲在評鑑理論運作之後，評鑑形成一種「概念上的架構與組織體系」，此即所謂「評鑑模式」，而其目的在使評鑑的程序適當概念化，有助於評鑑適切進行。

劉本固（2000）認爲「教育評鑑模式」是評鑑同類實體共同特徵的示範方法，透過系統分析，將種種因素類型化、簡便化，成爲評鑑方法的基礎框架。曾淑惠（2008a）則主張「教育評鑑模式」爲評鑑理論與實務上的產物，並能有助於評鑑中的利害關係人對評鑑工作主要概念與結構的共同認知。

綜上，「模式」是一組設計好的結構，可供其他人重複呈現其適當安排；「評鑑模式」則是評鑑時依照其模式，使作法在呈現時程序化，建立標準架構；「教育評鑑模式」乃是針對教育活動的價值評定方法與架構，應具備解釋及規範的功能，並能使評鑑的程序適切進行，以期幫助相關人等建立瞭解、認知，最終達到不斷進化的循環。此三者使評鑑在方法、功能及程序上循序漸進、越趨完整。不同的教育評鑑模式背後，皆有不一的哲學基礎與理論，因此在從事校務評鑑時，可因應不同的想法、目的採取不同的教育評鑑模式，抑或綜合應用之。

貳、教育評鑑模式之發展

自Tyler評鑑模式發展之後，在時代潮流驅使下，評鑑模式分別被修正，包括：(一)Tyler的評鑑模式、(二)Metfessel與Michael的評鑑模式、(三)Stake外貌模式、(四)Provus差距模式、(五)Alkin的CSE模式、(六)Hammond評鑑結構體、(七)Anderson的認可模式、(八)Scriven的無目標（判斷）評鑑模式、(九)Stufflebeam的CIPP模式、(十)Kirkpatrick的四層評鑑模式、(十一)Friedman與Anderson的選擇模式、(十二)Rappaport與Zimmerman的賦權增能

（empowerment）評鑑模式，以及(十三)Patton「以利用爲焦點」的評鑑等十三種評鑑模式，茲析述如下（陳嘉彌等譯，2002；曾淑惠，2008a；鄭崇趁，2007）：

一、Tyler 的評鑑模式

(一) 起源

Tyler（1902-1994）評鑑模式又稱爲「目標達成模式」，焦點在評鑑目標的達成程度。1942年發表有關評鑑報告時，就已將此「目標導向」的風格奠下基礎（黃光雄，2005）。

(二) 評鑑步驟

Tyler的目標達成評鑑模式認爲評鑑應依據下列步驟進行：

1.確定目標；2.將目標分類；3.以具體行爲界定目標；4.找出最能達成目標的情境；5.發展或選擇測量的技術工具；6.蒐集現行狀況的資料；7.比較現行狀況的資料與所界定行爲目標的差異。

(三) 優點

Tyler評鑑模式的優點，有下列五點：

1. 將評鑑的焦點從學生身上轉移到其他方面，視評鑑爲一種循環過程，提供實用的回饋給相關人員。

2. 依據目標實施評鑑，可找出課程內容、教材、活動的適切性，進而剖析課程的統整性，預測最終結果。

3. 具備目標管理功能，目標達成的成效容易檢視，模式的運作按部就班，合乎理性與邏輯。

4. 此一模式簡單、易懂、容易遵從與執行，刺激了測量程序與工具等技術的發展。

5. 目標本位評鑑模式有著常識般的魅力，許多方案行政主管都有使用行為目標的技術及效標參照與常模參照測驗的經驗，因此是教育評鑑中最普及的評鑑取向。

(四) 限制

然而Tyler評鑑模式有其限制，其限制有下列五項：

1. 評鑑是終結的過程。
2. 純以目標是否達成來判定成敗的觀點太過狹隘，忽視了中間歷程的重要性。
3. 缺乏真正的評鑑要素，使評鑑過於單一與簡化。
4. 當評鑑結果未達成目標，無法知道哪裡出錯。
5. 此型態的研究不足以判斷標的之優缺與價值，最終資訊對改進方案助益較少。

二、Metfessel 與 Michael 的評鑑模式

(一) 起源

繼Tyler之後，1967年Metfessel與Michael擴增了Tyler評鑑模式，發展出評鑑教育方案的多重效標測量法（multiple criterion measures）。

(二) 發展一套八個步驟的評鑑模式

Metfessel與Michael（1967）的多重效標測量法包括下列八個評鑑步驟：

1. 評鑑過程中，讓學校的所有成員以協助者的角色參與。
2. 公式化一個目標及特定目標的凝聚性模型。
3. 將目標轉化成在學校環境中便於溝通，有助於學習。
4. 選擇或建構工具以供測量。
5. 使用有內容效度的測量。
6. 使用適切的統計方法分析。

7. 運用所有要達成的成就標準來解釋資料。
8. 發展進一步改進的建議。

(三) 優點

Metfessel與Michael既擴增了Tyler的評鑑模式，其優點有二：
1. 強調在整個評鑑過程中包含多類消費者的參與。
2. 擴大了可能用於評鑑的資料蒐集方法。

(四) 限制

Metfessel與Michael雖調整了Tyler評鑑模式的限制，但其作法仍有不足之處，由於此模式讓所有的成員參與，容易造成多頭馬車的問題，導致評鑑目的難以取決。其次，在運用所有要達成的成就標準解釋資料時，由於「多重校標」的緣故，容易模糊焦點。

三、Stake外貌模式（「反應式評鑑」、「當事人中心評鑑」）

Stake（1967）外貌模式（又稱為「反應式評鑑」、「當事人中心評鑑」），其定義、優點及限制如下：（黃光雄，2005；曾淑惠，2008a）

(一) 定義

此模式的特點在於，評鑑是「所觀察的價值」（方案整體性的價值）與「一些標準」（不同人對方案所持的複雜期望與標準）相比較，說明滿意與否的參照情形。方法上避免規劃文件及機構化的例行事務，強調以觀察及互動的方式，依賴自然的溝通而非正式的溝通。

(二) 優點

Stake（1927-）外貌模式的優點有包含行動研究等下列六點：
1. 可追蹤方案的運作。

2. 能描述複雜的教育方案。

3. 與闡明式評鑑類似，啓迪「參與導向取向」之評鑑。

4. 將當事人與方案參與人員等所感到興趣的事、語言及規定，都反映在評鑑中。

5. 在總結階段可以描述整個方案的活動，並提供其他人替代性的經驗。

6. 包含行動研究。

㈢ 限制

外貌模式有缺乏外部信度等五項限制：

1. 太注重方案參與人員關切之事務，可能失去評鑑的重要訊息。
2. 方案參與人員的參與可能產生技術方面的缺失，影響評鑑的品質。
3. 與方案參與人員協商可能會危害評鑑的有效性。
4. 方案參與人員可能隱藏方案的弱點。
5. 缺乏外部信度。

四、Provus 差距模式

曾淑惠（2008a）曾對Provus的差距模式有詳細介紹：

㈠ 起源

Provus認為評鑑在於比較「應然」與「實然」之差距，能使用其資訊界定方案之缺失，是促進方案成就與標準相比較的途徑。

㈡ 方案評鑑發展五階段

Provus認為方案評鑑的發展有設計、安置、歷程、成果及方案比較等五個階段如下：

1. 設計（design）：陳述方案目的所需要的情況和執行的途徑。

2. 安置（installation）：確定方案是否依照計畫安置，比較定義與安置資訊之差距。

3. 歷程（process）：蒐集資訊，判斷是否需要調整標準或實施，以產生預期結果。

4. 成果（product）：評估方案結果，分析方案的最終目標。

5. 方案比較（program comparison）：是一個選項階段，可以執行或不執行，主要在促進兩個或多個方案間的比較。

五、Alkin 的 CSE 模式

Alkin的CSE模式之使用頗有歷史，但是簡單明確（方炎明，1985；張清濱，2005）：

(一) 起源

Alkin擔任美國加州大學評鑑研究中心主任時所提出的評鑑模式，主張評鑑不只應列舉系統達成目標的程度，並主張評鑑應提供有關系統的投入與歷程、產出之間的關係。

(二) 步驟

Alkin的CSE模式包含需求評估等下列五個步驟：

1.需求評估（needs assessment），2.方案規劃（program planning），3.執行評鑑（implementation evaluation），4.進程評鑑（progress evaluation），5.結果評鑑（outcome evaluation）。

六、Hammond 評鑑結構體

然而，Hammond評鑑結構體中，認爲評鑑是一種歷程，目的在於回答是否眞正有效的達成目標（方炎明，1985；曾淑惠，2008a）：

(一) 模式架構分為三層面

Hammond評鑑結構體包括教學、制度及行爲等三個層面如下：

1. 教學層面：包含組織、內容、方法、用途、成本等變項。

2. 制度層面：包括學生、教師、學校行政人員、教育專家、家庭和社區等變項。

3. 行爲層面（behavioral dimension）：包括技能領域、情感領域和認知領域等變項。

(二) 評鑑步驟

Hammond評鑑結構體有以行爲語詞陳述目標等五個評鑑步驟：

1. 界定所要評鑑的方案。
2. 界定並描述變數。
3. 以行爲語詞陳述目標。
4. 評估行爲績效。
5. 分析結果。

七、Anderson 的認可模式（Accreditation model）

Anderson的認可模式強調專業判斷，其內涵、方法、優點及限制如下（方炎明，1985）：

(一) 內涵

認可模式（accreditation model）強調專業判斷，並注重內在效標，由各地認可協會或專業團體派遣專業人員訪問學校，然後根據預先決定的標準來判斷學校的品質和成效。

(二) 方法

被評鑑的學校先實施自我評鑑，而後學校聯盟代表蒞臨，依事先訂定的評鑑效標判斷，並提出報告。

(三) 優點與限制

認可評鑑的實施可經由現況的觀察與資料的蒐集，作出迅速的判斷。其自我評鑑更能引導學校、教師及學生自我改進，確實爲評鑑活動開創新途徑，然其限制爲過分依賴內在效標。

八、Scriven 的無目標（判斷）評鑑模式

Scriven爲了避免評鑑者太過注重目標而忽略其他重點，提出無目標或不受目標限制的評鑑模式（good free evaluation model）（陳嘉彌等譯，2002）：

(一) 起源

Scriven（1928-）認爲注重目標雖然重要，但太過重視目標，往往會忽略評鑑過程中重要的結果，因此提出無目標評鑑模式。

(二) 方法

執行評鑑時不需要先告訴評鑑者評鑑的目標，Scriven（1972）相信一個沒有預先設定目標的評鑑，將更能專注於實際的結果，而不是預先設定的結果。因此，無目標評鑑增加了將非預期的眞實結果被確認和紀錄的可能性。

九、Stufflebeam 的 CIPP 模式

Stufflebeam（1936-）的CIPP模式歷久不衰，其起源、內涵如下（陳嘉

彌等譯，2002；曾淑惠，2008a；Borg, Borg, & Gall, 2007）：

(一) 起源

1965年美國政府頒布《初等及中等教育法案》（Elementary and Secondary Education Act，簡稱ESEA），爲達成ESEA的教育要求，Stufflebeam受命在俄亥俄州立大學組成評鑑中心，並發展出CIPP評鑑模式。

(二) 內涵

CIPP模式重在決策的過程，注重決策者和行政人員集合所有資訊，以期能在特殊標準下趨於公正，適用於組織、機構、方案乃至個人。CIPP模式包含四個向度的評鑑內涵：背景、輸入、過程及成果，CIPP模式繪製成圖如圖2-1所示，茲分別說明如下：

1. 背景評鑑（context evaluation）：定義與計畫有關的環境，描述此環境所包含的理想情境及實際情境，設定出其欲達到的需求目標，並診斷有礙需求達成及妨礙機會運用的問題所在。

2. 輸入評鑑（input evaluation）：檢視並決定該如何運用資源來達成目標，爲變革方案指示行動方針，評鑑者可根據資源支持來設計各種因應的方案。

3. 過程評鑑（process evaluation）：對一個實施中的計劃作連續不斷的考核及檢視，以期將無形的方案實施具體呈現並訴諸文字，並及時給予該計畫回饋；同時適時地評估評鑑人員的能力和參與情形，根據狀況做合宜的調度。

4. 成果評鑑（product evaluation）：在衡量判別計畫的成就，目標在確定符合有權受益者需求的程度，並檢視方案成果與設定目標之間的差異爲何。要評估意圖與非意圖的、以及正向和負向的結果。有時成果評鑑也可以擴展應用於長期成果的評估。

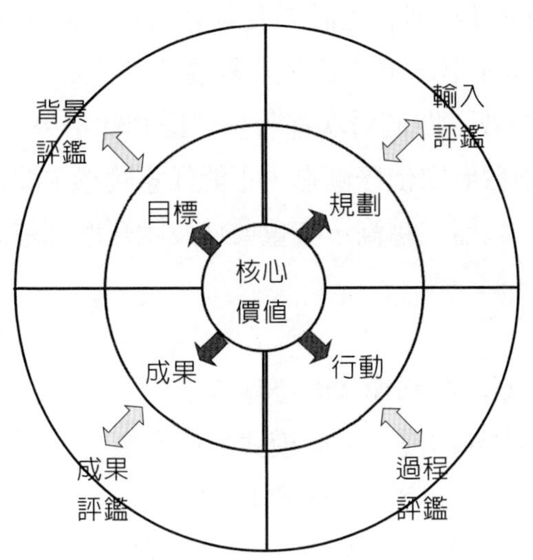

圖 2-1　Stufflebeam 的 CIPP 模式圖

資料來源：曾淑惠（2008b：86）。

十、Kirkpatrick 的四層次評鑑模式

克伯屈（Donald Kirkpatrick）的四層次評鑑模式在進行職業訓練時十分常見，起源於不同傳統的研究，判定企業管理訓練計畫的品質、效率與效能，此模式可應用於校務評鑑中，茲說明如下：（李隆盛，2008；陳嘉彌等譯，2002；曾淑惠，2008a）

㈠ 內涵

克伯屈自1950年後期以來，持續針對訓練班次（training program）的評鑑，發展出一個系統化模式，被稱爲克伯屈模式（Kirkpatrick model）或四層次模式（four-level model）。其評鑑訓練方案包含下列四層次：I.反應（reaction）、II.學習（learning）、III.行爲（behavior）、IV.結果（results）。層次I、II、III依序著重評鑑受訓者的滿意程度、習得知能、行爲改

變與學習遷移，第IV層次則著重評鑑受訓者行爲改變與學習遷移對其所屬組織產生的成果，亦即第III層次評鑑訓練產生個人的績效，第IV層次則評鑑訓練形成組織的績效。四個層次都著重評鑑訓練結果（outcome）。此四要素間之關係須從學習層次依序漸進，不能任意跳過中間任何階段，不僅使用的機率依次降低，且層次越高，其重要性及困難度都越高。

㈡ 優點

Kirkpatrick的四層次評鑑模式的優點有三：

1. 最廣被採用的評鑑模式，此模式對於多樣化的訓練情境而言，提供了一個綜合性、簡單、且可適用的評鑑取向。

2. 不僅描述一般情境下的做法，同時也提供評鑑人員在特定評鑑中一系列的建議。

3. 淺顯易懂，並幫助訓練人員訓練評鑑準則的思考，提供了評鑑最基本的內涵與分類依據。

㈢ 十個有效能訓練方案規劃與實施的重要元素

Kirkpatrick提出十個有效能訓練方案規劃與實施的重要元素包括如下：

1.決定需求，2.設定目標，3.決定主題內容，4.選擇參與者，5.決定最佳時程，6.選擇適當設備，7.選擇適當的教學者，8.選擇並準備視聽輔助教具，9.協調方案，以及10.評鑑方案。

㈣ 克伯屈四層次評鑑模式在校務評鑑的應用

校務評鑑可應用克伯屈四層次評鑑模式於技專校院各種學制系所科班的教育／訓練班次（educational/training program）之評鑑。例如，技專校院開設的教育／訓練班次可直接援用克伯屈模式，以及參考已被發展出的許多手冊、指引、表單等，但技專校院的教育／訓練班次在採用克伯屈模式時，宜多做下列考慮或留意（李隆盛，2008）：

1. 每門課或每個班次結束時和進行中都可藉由詢問、傾聽或填表等瞭解學生的反應（第I層次），這種反應評鑑主要是「學生對教師課程與教學的評鑑」（student evaluation of teaching and course），涵蓋面比時下許多校院實施的「學生對教師教學的評鑑」（student evaluation of teaching）寬廣。

2. 學生喜歡這門課或這個班次（第I層次），並不等於他／她已學到該學的知能與態度（第II層次）。

3. 校院已常借重平常考、作業、期中考和期末考等方式評鑑學生的知能與態度（第II層次），除持續留意其信、效度之外，該加強進行施教前的評鑑，以便更明瞭學生起始能力和習得能力。

4. 校院應更清晰瞭解到，必須評鑑學生在職場應用所學的資訊（人事時地物或5W1H），才能做好第III層次的評鑑，特別是對在職進修、建教合作、校外實習班次，尤須落實評鑑學生在眞實工作環境中應用所學的程度。

5. 校院在資源與資料許可時，宜做到第IV層次的評鑑，擬訂第IV層次評鑑計畫有助於提前發現受評班次的弱點，而透過第IV層次評鑑獲得的正面結果，也最能肯定受評班次的價值。

十一、Friedman 與 Anderson 的選擇模式

Friedman與Anderson（1979）的選擇模式可幫評鑑者將評鑑簡化，其目的、實施過程四階段，以及特點如下：（曾淑惠，2008a）

(一) 目的：提供實際而簡單的模式來解決教育問題。

(二) 實施過程四階段：包括：1.認識問題，2.研擬解決問題方案，3.評鑑方案實施，4.評鑑方案成效。

(三) 特點

Friedman與Anderson的選擇模式有下列七個特點：

1. 目的在解決教育問題，而非僅爲決策者提供資料。
2. 評鑑者必須瞭解問題所在，否則無法提供適切解決方案。
3. 評鑑程序隨實際需要而定，擁有較大彈性。

4. 將可供選擇的方案減少，以簡化決定的程序。

5. 在本質上與現存問題處理系統有關聯，不用再指示如何與現存問題結合。

6. 評鑑者隨評鑑情況而改變角色。

7. 模式明確有系統，不至於窒礙難行。

十二、Rappaport與Zimmerman賦權增能（empowerment）的評鑑模式

Rappaport與Zimmerman賦權增能評鑑模式的內涵、實施步驟如下：（曾淑惠，2008a）

㈠ 內涵

賦權增能藉由對自己所定義爲重要的議題採取行動，因而促進權力的歷程。其模式是一種運用評鑑的概念來創造方案改進及自我決定的環境。由方案的成員主動參與，開放性的檢驗整個社群所關切的議題，外部評鑑的人員指示提供指導或輔助以幫助方案中的成員幫助自己。

㈡ 實施步驟

Rappaport與Zimmerman賦權增能評鑑模式有下列三個實施步驟：1.定義任務（mission），2.檢討評估（taking stock），3.爲未來進行規劃（planning for the future）。實施賦權增能評鑑的主要目的，不再爲受評主體的運作成果進行價值判斷，而在藉由規劃階段所習得的知識與技能，以及對改進方案運作策略的思考，透過評鑑的歷程達到賦權增能的實際效用。

十三、Patton「以利用為焦點」的評鑑

Patton提出「以利用爲焦點」支持個人因素的重要性之評鑑內涵，其步

驟包括行動、反應及調整如下：（曾淑惠，2008a）

(一) 內涵

Patton在他所發表的相關論述中，強調有關焦點與主要議題的決策是由主要使用者的使用意圖來指引，因此支持「個人因素」的重要性。

(二) 步驟

Patton「以利用為焦點」的評鑑步驟，包括行動、反應及調適。

1. 行動：評鑑人首先要界定意圖使用者，並將焦點置於有用的問題。

2. 反應：聆聽意圖使用者的意見，對評鑑特定的情境做出回應。

3. 調適：在評鑑問題與設計中，增加對情境的瞭解及對環境改變的適應。

參、教育評鑑模式與校務評鑑模式之關係

校務評鑑為教育評鑑之一環，探討上述十三種教育評鑑模式後，可發現校務評鑑模式與其關係有六端：(一)在目標達成需求方面取自Tyler評鑑模式；(二)在校務評鑑實施過程中，由於分成許多不同項目（如校長領導、行政管理、課程教學、學務輔導、環境設備、社群互動，以及績效表現等），可說取法自Metfessel與Michael之多重效標測量法及Hammond評鑑結構體；(三)在評鑑過程中的人事互動，具有Stake「反應式評鑑」、「當事人中心評鑑」的內涵；(四)而在評鑑之中，評鑑者不斷衡量「應然」與「實然」之間的差距，又具有Provus的差距模式與Anderson認可模式的精神；(五)在整個評鑑之中強調全部過程的完整性來說，與Alkin的CSE模式與Stufflebeam的CIPP模式相同；(六)在評鑑的「自我評鑑」時，能強調自我改進，具有Rappaport與Zimmerman的賦權增能精髓。總之，隨著評鑑模式的發展，評鑑人員除須擁有評鑑的專業知識與技能外，亦須覺察評鑑模式的功能性與時代性。

第二節 校務評鑑的系統

「系統」是複合單位，因此「評鑑系統」是一套評鑑的政策、程序、過程及工具，以指導參與者的態度與活動（吳和堂，2007）。「校務評鑑系統」亦須由許多複合單位組成，在符合評鑑政策、程序與過程及整體評鑑規準、精神的前提下進行。有關校務評鑑之內涵，許多單位建立了評鑑標準的建構系統，本節分別介紹美國三大具代表性的評鑑系統，包括聯合委員會方案評鑑標準的標準、評鑑協會（AEA）提供評鑑者的引導準則，以及評鑑研究協會的評鑑方案內容。

壹、美國教育評鑑聯合委員會方案評鑑標準

美國教育評鑑聯合委員會（The Joint Committee on Standards for Educational Evaluation）在1999年發展「方案評鑑標準」，提出執行評鑑時四大評鑑標準，分別是效用性標準（utility standards）、可行性標準（feasibility standards）、適切性標準（propriety standards），以及精確性標準（accuracy standards）（吳和堂，2007；趙康伶，2006；Gall, Gall, & Borg, 2007）；其後，該委員會於2011年新增「績效性標準」（evaluation accountability）（林劭仁，2015）。

一、效用性標準

效用性標準是確認評鑑滿足預期使用者在資料上的需求度；換言之，效用性標準旨在確保一項評鑑能夠爲使用者提供所需要的資料，其相關規準爲：

㈠ 確認利害關係人（stakeholder identification）：確認出與評鑑有關的人員或是會受到影響的人。

㈡ 評鑑人員的可信度（evaluator credibility）：執行評鑑的人員應當要值得信任，且有能力履行任務。

㈢ 資料的範圍及選擇（information credibility）：資料蒐集要廣泛，期能處理與方案有關聯的問題，也能反應評鑑委託人及其他特定利害關係人的需求與關切事項。

㈣ 價值的確認（values identification）：詮釋評鑑發現的觀點、程序及理論依據，因此應該要詳細敘述，使其價值判斷能清楚明白。

㈤ 報告的清晰度（report clarity）：評鑑報告應該要清楚描述，包括情境及評鑑的目的、程序與發現，使其能夠提供並且容易瞭解重要的資料。

㈥ 報告的時效性及傳播（report timeliness and dissemination）：重要的期中發現及評鑑報告應該傳遞給相關的使用者，讓他們可以適時的加以應用。

㈦ 評鑑的影響力（evaluation impact）：評鑑要能鼓勵利害關係人繼續完成其工作的方式來規劃、執行及報導評鑑，以便提升評鑑會被加以應用的可行性。

二、可行性標準

可行性標準在於確認評鑑是實際、審慎、圓融及具有檢視力的；換言之，可行性標準乃在確保一項評鑑，將確合實際、謹慎、靈敏，以及節約的要求，包含：

㈠ 務實的程序（practical procedures）：評鑑程序應該務實，在能取得所需資料的情形下，儘量降低阻礙。

㈡ 政治上的可行性（political viability）：評鑑應該要事先預期各種利益團體的不同立場，以便能夠得到他們的合作，防止這些團體心存偏見或加以誤用。

㈢ 成本效益（cost effectiveness）：評鑑應該有效率，使資料具有價值，證明所花費的資源有其必要。

三、適切性標準

適切性標準是評鑑工作執行時要確認評鑑合法、合乎倫理，並適當的尊重與評鑑有關人員的福祉；易言之，試圖確保一項評鑑，能合法與合倫理地執行，並且適度考量涉入評鑑哪些人，以及會受到評鑑結果影響的那些人的福利，包括下列八項規準：

㈠ 服務導向（service orientation）：評鑑的設計要協助各個組織內受影響的對象。

㈡ 正式協議（formal agreements）：評鑑要與當事人有書面同意資料（做什麼、如何做、由誰做、何時做），使之在具有協議的條件下履行義務或重新協商。

㈢ 受試者權益（rights of human subjects）：評鑑的規劃及執行應該要尊重並保護受試者的權力與福祉。

㈣ 人類的互動（human interactions）：評鑑人員在和其他與評鑑有關的人員互動時，應該要尊重人類的尊嚴及價值，使參與者不會受到威脅或傷害。

㈤ 完整與公平的評價（complete and fair assessment）：評鑑在檢驗及記錄被評鑑方案的優、缺點時，應該要完整且公平，使其優點得到宣傳，問題能被處理。

㈥ 結果的報導（disclosure of findings）：正式的評鑑團體應確保受評價影響者和其他具合法權力的相關人員，可以取得完整的評鑑發現及其相關的限制。

㈦ 利益上的衝突（conflict of interest）：利益上的衝突應該要公開而真誠的加以處理，使其不會損及評鑑的過程及結果。

㈧ 財務上的責任（fiscal responsibility）：評鑑人員對資源的分配及支出應該要反應出正當的績效責任程序，在其他方面也要審慎，並且擔任道德上的責任、支出適切。

四、精確性標準

精確性標準要確認評鑑對用來判斷被評鑑方案的價值，要能揭露及充分傳達資料；換言之，確保評鑑能以技術揭示和傳送受評方案的優點或價值之特性的適當資訊，其規準有十二項如下：

(一) 方案的書面資料（program documentation）：接受評鑑的方案要清楚而精確的加以描述及做成書面資料，以便該方案能夠清楚的予以確認。

(二) 情境分析（context analysis）：仔細檢驗方案所存在的情境，以便確認該方案可能的影響因素。

(三) 對目的及程序的描述（described purposes and procedures）：加以描述方案的目的及程序，以期能確認及評估。

(四) 有證據力的資料來源（defensible information sources）：方案評鑑所使用的資料來源要加以確認，以便評估其妥適性。

(五) 有效的資料（valid information）：蒐集資料的程序要加以選擇，以確保其有效性。

(六) 可信的資料（reliable information）：蒐集資料的程序要加以選擇，以確保其可信度。

(七) 系統的資料（systematic information）：所蒐集、處理及報導的資料應該系統化的呈現。

(八) 量化資料的分析（analysis of quantitative information）：量化資料應該要加以系統化分析，使評鑑的問題能夠得到有效的答覆。

(九) 質性資料的分析（analysis of qualitative information）：質性資料應該系統化的分析，使評鑑的問題能夠得到有效的答覆。

(十) 證明正當的結論（justified conclusions）：評鑑所得到的結論應該要加以辨明，使利害關係人能夠得到明確的結論。

(十一) 不偏不倚的報導（impartial reporting）：報導的過程與結果應該要避免任何個人情緒及偏見，使評鑑的結果可以公平反應發現。

(十二) 後設評鑑（meta-evaluation）：評鑑本身應該參照上述標準，進行形成性和總結性評鑑，使實施過程獲得適當指引，並在完成評鑑後，利害關係人能仔細查核優缺點。

五、績效性標準

美國教育評鑑聯合委員會於2011年出版最新的「方案評鑑標準」，再次修改及更新部分標準及說明，並新增一類「績效性」標準，下含三項標準，並特別強調總結性及形成性後設評鑑的重要（林劭仁，2015）。

績效性標準是在促使評鑑文件能滿足需求，且後設評鑑觀點聚焦在評鑑過程及結果的改善和績效性。評鑑績效性研究的評估可從四方面來看：評鑑如何被實施？評鑑如何被改進？評鑑對利害關係人而言其價值、重大意義或重要性爲何？評鑑價值爲多少，包括機會成本、比較利益？簡而言之，用文件證明或改進評鑑績效性皆需「評鑑的評鑑」（an evaluation of the evaluation），也就是所謂的「後設評鑑」。如何引用內部及外部後設評鑑爲此層面所要探討的內容。因之，評鑑績效性標準包括評鑑文件、內部後設評鑑、外部後設評鑑等三項規準：（朱筱婷，2012）

(一) 評鑑文件（evaluation documentation）：評鑑應該完全用檔案說明他們協商的目的、實施設計、程序、資料和結果。

(二) 內部後設評鑑（internal meta-evaluation）：評鑑者應使用合適的標準檢查評鑑設計、程序使用、資料蒐集，以及評鑑結果等的績效性。

(三) 外部後設評鑑（external meta-evaluation）：方案評鑑贊助者、顧客評鑑者和其他利害關係人，應該鼓勵使用合適的標準，實施外部後設評鑑。

六、小結

美國教育評鑑聯合委員會在執行評鑑時提出效用性、可行性、適切性、精確性及績效性五大評鑑標準，可作爲評鑑的指導原則，畢竟評鑑在於能「有效」瞭解目前執行情形；在程序或效益上須「可行」；且需兼顧公平正義的「適切性」；也要能「精確」瞭解分析後的結論；以及評鑑是「績效」責任的回應，方能幫助被評鑑單位「苟日新、日日新、又日新」的進步。

回應我國校務評鑑而言，亦具有此五大評鑑標準的精神，例如評鑑指標與參考效標處處可見「效用性」、「可行性」、「適切性」、「精確性」及「績效性」蹤影，既求能「有效」進行價值確認，也要實際「可行」，更需要「適切」、合法、合理與公平，能「精確」根據這些資料進行描述，以致能瞭解校務評鑑的「績效」價值。然而在這五大評鑑標準中，我國目前校務評鑑宜加強績效性標準，尤其是後設評鑑之實施，以證明或改進評鑑的績效性。由是觀之，可見不論是何種校務評鑑模式，若能具有這五大評鑑標準，則可望確保評鑑品質。

貳、美國評鑑學會（AEA）提供評鑑者引導準則

美國評鑑學會所提供的準則是對專業評鑑者的預期模式，而非一組用來應用於特定研究的標準，期待評鑑者須在每日工作活動中，實踐系統性探究、專業發展、誠實、尊重和關心社會（趙康伶，2006），AEA的引導準則如下：

一、系統性探究

評鑑者必須以資料爲基礎，對受評對象實施系統的探究。

(一) 無論是量化或質性資料，評鑑者應該在實施工作者堅持最高且適當的技術標準，以便增加評鑑資料之正確性及可靠性。

(二) 評鑑者應該和委託人探究各種評鑑問題的優、缺點，據此回答評鑑問題。

(三) 評鑑者應該清楚評鑑的限制及結果，透過適當的討論，形成概念並應用在所有評鑑面向。

二、能力

AEA預設評鑑者必須是有能力的，其引導準則有下列三項：

(一) 評鑑者應該擁有適當的教育能力、技巧和經驗，以保證評鑑的工作計畫。

(二) 評鑑者應該清楚評鑑可能產生的限制並尋求他人的支援。

(三) 持續的專業發展。

三、公正／誠實

AEA認為評鑑者應確保評鑑過程的誠實和公正。

(一) 評鑑者應該對成本、工作內容、方法論的限制、評鑑資料與相關利害關係人誠實地商議。

(二) 評鑑者應該記錄評鑑計畫改變的理由。

(三) 評鑑者應該做成適當明確的決定（包含財務、政治和事業的利益）。

(四) 評鑑者應該揭露評鑑中的衝突並顯示於評鑑報告中。

(五) 評鑑者不應誤傳他們的程序、資料或發現。

(六) 若評鑑者的決定無法被利害關係人所認同，評鑑者有責任解釋其決定。

(七) 評鑑報告中應該列出評鑑財務來源與支出。

四、尊重他人

評鑑者必須尊重與他們互動的人員，包括回應者、方案參與者、委託人及其他利害關係人的安全、自尊及自我價值。

(一) 評鑑者必須接受專業道德和標準的規範。如留意可能發生的評鑑參與危機、傷害和負擔；留意評鑑參與的告知一致性，並留意告知參與者關於機密性的範圍和限制。

(二) 必須清楚描述負面或批判的結論，因爲評鑑結論有時將損及委託人或利害關係人的利益。

(三) 評鑑者應該導引評鑑和傳達結果，並尊重利害關係人的尊嚴與自我價值。

(四) 評鑑者應企圖促進評鑑的社會公平性。

(五) 評鑑者應尊重參與者間的差異性。如文化、宗教、性別、殘疾、年齡、性別、種族關係之不同。

五、對一般大衆福利的責任

AEA認爲評鑑者應清楚的說明，以及考慮對一般大衆福利有關的利益和價值之差異性。

(一) 計畫和報導評鑑時，評鑑者應該考慮全部關係人的意見。

(二) 評鑑者應該考量評鑑的影響力。

(三) 允許相關的利害關係人獲取評鑑相關資料。

(四) 評鑑者應該維持委託人需求及其他關係人需求的平衡。

(五) 評鑑者有義務促進大衆利益與福利。

綜合上述，在AEA的準則中，評鑑者須系統化的以其能力進行公正、誠實、尊重彼此，並在考量大衆福利的責任下進行評鑑工作，此亦符應我們對評鑑者的期許。

參、評鑑研究協會方案內容

評鑑研究協會方案的內容有六：(一)規劃和協商（formulation and negotiation）、(二)結構和設計（structure and design）、(三)資料蒐集和準備

（data collection and preparation）、(四)資料分析和解釋（data analysis and interpretation）、(五)溝通和公布（communication and disclosure），以及(六)結果的使用（use of results）（邱子葳，2007）。

一、規劃和協商（formulation and negotiation）

「規劃和協商」有十二項標準，建議評鑑者在進行評鑑之前，須盡可能地向委託人或客戶說明，並以書面方式詳述評鑑的事項，包括如何完成此項工作、誰去做、誰受到服務、如何避免受到利益衝突的影響、如何保護參與者和人員對象、評鑑的經費預算，以及評鑑的限制等。這十二項標準旨在提出警告，當評鑑逐步展開和環境改變時，最初的評鑑規劃決定必須重新檢查及修訂。

二、結構和設計（structure and design）

「結構和設計」有六項標準，指出評鑑計畫的結構和設計需能描述系統的、合理的探究程序，且要考慮相關的脈絡情境。這些標準要求在設計評鑑時，能夠針對研究方案的價值，提出具辨明性的結論。評鑑計畫應該明確地呈現基本研究設計並證明其正當性、取樣程序、資料蒐集工具，以及和評鑑有關的方案人員、其他參與者之間必要合作關係的安排等。

三、資料蒐集和準備（data collection and preparation）

「資料蒐集和準備」有十二項標準，指出資料蒐集的過程必須事先加以規劃，包括選訓資料蒐集員、保護資料來源和人員對象的權利、監督、控制及紀錄資料的蒐集、控制偏差、評估程序和工具的信效度、降低研究過程對研究方案的妨礙與干擾，以及控制資料取得的管道等。

四、資料分析和解釋（data analysis and interpretation）

「資料分析和解釋」有九項標準，說明在評鑑設計和實際蒐集資料的限制下，如何調節資料的分析和解釋。這些標準要求評鑑者須將分析程序和評鑑目的相配合、描述特定分析程序的使用並證明其正當性、運用合適的分析單位、探究量的結果在實際上和統計上的意義、藉由參照評鑑設計和消除似是而非的對立說明以支持因果解釋，以及明確區分客觀發現、意見、判斷及臆測之間的差異。

五、溝通和公布（communication and disclosure）

「溝通和公布」有十項標準，強調評鑑者在整個評鑑過程中，須使用有效的溝通方式。這些特定的要求包括：決定發布結果的權限；配合公開資料的決策與過程以組織資料；清楚、完整、公正且正確呈現結果；說明不同結果的相對重要性；清楚說明評鑑潛在的假設與限制；以及依據事先的公布合約，將適當結果通知有權利閱聽評鑑報告者。

六、結果的使用（use of results）

「結果的使用」有六項標準，強調評鑑者在評鑑的任何階段中，都必須小心地關照所有潛在使用者的訊息需求。故評鑑者應該在做出適當決定之前就要提出報告；對於結果的誤解與誤用；應該盡可能事先處理；指出評鑑過程可能產生的副作用；精確地區分評鑑發現和建議；謹愼地提出建議；以及小心地區分他們評鑑角色和他們可能扮演的倡議角色。

完整的評鑑工具，須包括上述六項執行程序，包括在執行之中檢閱設計以確認其可行性及合理性，且進行監督，以瞭解範圍內完成的工作，更要注意檢核工具、程序及資料報告的精確性，以期不斷檢閱、修正計畫並評估評鑑中對後設評鑑的影響。

肆、評鑑系統對校務評鑑系統的啓示

不同的評鑑目的、哲學思維影響適合評鑑的系統，由於學者對學校效能與教育評鑑的看法不一，因此，提出不同觀點，由不同向度進行研究並提供不同的模式，供不同評鑑者考量後，依照時機、目的、對象進行或使用改良方案。綜合上述，有關校務評鑑系統的啓示歸結如下：

一、不同評鑑模式在不同對象與目的上不全然適用

校務評鑑的客體爲學校之運作效能，因此校務評鑑制度中研訂評鑑工具及選擇評鑑模式，需先對學校本體進行瞭解，除不能有預設立場外，應視學校情況選擇適合方案或進行方案之改良，並非全然適用。

二、評鑑模式沒有最好，只有最適當的

校務評鑑須瞭解各種評鑑的理論與模式，配合實際情境以選擇、發展適合之方案，希望能以最少的資源，促進教育實務之改善。

三、校務評鑑宜為「發展性評鑑」，重視其「成長」勝過現況評核

學校各有不同成長與發展階段，因此可依照學校發展之不同階段採取不同評鑑方式，學校應不斷發展成長，而實施評鑑有助學校成長。

四、目前校務評鑑内涵仍為指導性質，宜培養校務評鑑專家，以提升評鑑品質

從事校務評鑑，須對「校務」與「評鑑」皆有相當瞭解。我國校務評鑑

內涵目前仍爲指導性評鑑，往往需在評定價值後，給予進一步的成長方向與建議。評鑑人員必須是「專家」，在瞭解學校情況後，以其經驗與知識給予可能行動改善的建議，助其解決問題。

此外，由國內外評鑑模式發展方向可知，合作式評鑑將爲未來之趨勢。不論是評鑑者或被評鑑者，雙方皆可能因其立場不同，而有不同的想法，因此應具備溝通能力，在充分交換意見與觀點後，交換行動方案的建議，運用各種方法以求雙方可接受的作法，爲較佳之處理方式。

第三節 校務評鑑的模式

評鑑的性質可分爲形成性與總結性兩種，當評鑑扮演形成性角色時，則評鑑應該是事前準備且有助於決策者，若評鑑扮演總結性角色，其本質爲事後且有益於績效的鑑定（張植珊，1979），因此，校務評鑑模式亦應區分爲形成性與總結性目的。就形成性功能而言，校務評鑑必須是一個繼續不斷的改善歷程，將每次評鑑結果作爲下次評鑑的追蹤依據，持續更新、永續經營；就總結性目的而言，校務評鑑應以學校整體爲出發點，從各種不同評鑑指標來分析學校情形，作爲現況的價值評定。本節將校務評鑑的模式型態依照「Stake與Stufflebeam的一般評鑑模式」、「依不同屬性分類的教育評鑑模式」，以及「校務評鑑模式」三部分依次析論之。

壹、Stake與Stufflebeam的一般評鑑模式

評鑑之分類儘管可依照其性質與取向而異，但是萬變不離其宗，評鑑皆應有助於績效的改進，並幫助決策者進行後設評鑑。以下就Stake與Stufflebeam的一般評鑑模式分類檢視之：

一、Stake 歸納九種評鑑方法

Stake將評鑑方法依其目的、主要元素、強調者、主要領導者、冒險性及結果，將評鑑模式歸納為九種，包括：(一)測驗學生的獲得（student gain by testing）、(二)學校成員的自我研究（institutional self-study by staff）、(三)特別評審小組、(四)交互觀察（transaction-observation）、(五)管理分析（management analysis）、(六)教學研究（instructional research）、(七)社會政策分析（social policy analysis）、(八)免於目標限制的評鑑（goal-free evaluation），以及(九)對抗式評鑑（adversary evaluation）（引自康自立，1992）（見表2-1）。

Stake歸納的九種評鑑模式各有其主要領導者，Stake主張可視使用者的需求與目的，逕行選擇如下不同的評鑑方法：

(一) 如意欲測量學生的成就和進展，可測驗學生的獲得，在藉由目標敘述、測驗成績分析的方法之下，雖然可確定學生的進展，卻也有過度注重目標，以致忽視過程的顧慮。

(二) 若意欲檢閱學校成員的效率，可由委員會工作、學校成員設定標準、討論專業技術與方法進行學校成員的自我研究，以增加自身瞭解與責任感，卻也有疏離某些學校成員、忽略學校之外人員價值的危險性。

(三) 在解決危機、保持機構健全的目的下，可請特別評審小組進行訪視並檢閱資料和文件，雖可能造成行動延遲與依賴直觀的缺點，卻可以蒐集許多資訊，以專家的洞察力判斷。

(四) 在提供對活動和價值的瞭解時，藉由交互觀察，可產生對方案的較大視野、瞭解價值的衝突，但要小心過度依賴主觀認知、忽視原因。

(五) 若想增加決策的合理性，則可以進行管理分析，列出各項選擇、預估、回饋、循環、價值、效率以回饋給決策，但可能會因過度注重效率而低估隱藏性的事情。

(六) 若意欲產生教學的理由與策略，可以進行教學研究的方法，尋求新的教學方法、教材，並注意別讓人因情境而忽視了人性。

(七) 在幫助學校策略發展時，可進行社會政策分析，測量社會情境和行政成果。

(八) 若使用免於目標拘束的評鑑方法，依照評量表格進行評鑑，可能有過度注重文件及記錄的風險。

(九) 在解決一個雙選項的選擇時，可採用對抗式評鑑，藉由反對者的觀點及交叉檢驗，使主張再次檢驗。這九種評鑑模式各有其優缺點，可讓評鑑者在不同情形下運用，其要素如表2-1所示。

表2-1　Stake主要評鑑模式

方法	目的	主要元素	強調者	主要領導者	冒險性	結果
測驗學生的獲得（Student Gain by Testing）	測量學生的成就和進展	目標敘述、測驗成績分析	教育心理學家	Ralph Tyler, Ben Bloom, Jim Popham, Mal Provus	過度注重目標，忽視過程	確定學生進展
學校成員的自我研究（Institutional Self-Study by Staff）	檢閱學校成員的效率	委員會工作、學校成員設定標準、討論專業技術與方法	教授、教師	National Study of School Evaluation Dressel	疏離某些學校成員、忽略學校之外人員價值	增加州的瞭解、加重責任感
特別評審小組	解決危機、保持機構健全	有聲譽的小組、訪視並檢閱資料和文件	民衆領導者	James Conant, Clark Kerr, David Henry	行動延遲、依賴直觀	蒐集最好的洞察力、判斷
交互觀察（Transaction-Observation）	提供對活動和價值的瞭解	教育爭論、教室觀察、案例研究、多元化	當事人、大衆	Lou Smith Parleft Hamilton, Bob Rippey, Bob Stake	過度依賴主觀認知、忽視原因	產生對方案的較大視野、瞭解價值的衝突

（續上表）

管理分析（Management Analysis）	增加決策的合理性	列出各項選擇、預估、回饋、循環、價值、效率	管理者、經濟學家	Leon Lessinger, Dan Stufflebeam Marv Alkin, Alan Thomas	過度注重效率、低估隱藏性的事情	回饋給決策
教學研究（Instructional Research）	產生教學的理由與策略	控制情境多變數分析，找出一般化基礎	實驗家	Lee Cronbach, Julian Stanley, Don Campbell	人造情境忽視人性	新的教學和材料發展、原則
社會政策分析（Social Policy Analysis）	幫助學校策略發展	測量社會情境和行政成果	社會學家	James Coleman, David Cohan, Aurol Weiss, Motfeller Mygnihan	忽視教育爭論、細節	社會性選擇、澄清、限制
免於目標拘束的評鑑（Goal-free Evaluation）	評鑑方案的影響	忽略贊成者的說明，依照評量表格	一般大衆記錄員	Michael Scriven	過度注重文件及記錄的保持	資料的影響少有共同選擇
對抗式評鑑（Adversary Evaluation）	解決一個雙選項的選擇	反對者的觀點，交叉檢驗、陪審團	專家、法學家	Tom Owens, Murray Levine, Bob Wolf	人格特性、表面化、受時間限制	好的訊息衝擊主張受到檢驗

資料來源：出自康自立（1992：15-16）。

二、Stufflebeam評估二十二種常用方案評鑑的取向分類

Stufflebeam評估二十二種常用方案評鑑的取向分類，分成：(一)假評鑑、(二)準評鑑—問題導向、(三)假評鑑—方法導向、(四)改進／績效責任導向評鑑取向，以及(五)社會程序／抗詰取向等五種取向，茲析述如下：（曾淑惠，2008b；蘇錦麗，2005）

㈠ 假評鑑

藉由假評鑑成果產生誤導或維護不公利益，包括有：1.公共關係評鑑及2.政治控制，說明如下：

1. 公共關係評鑑

意圖使民衆認爲方案有效，通常只呈現方案的優點或加以誇大，卻不提其缺點。例如，意識型態的行銷、廣告。常用的方法有：偏誤調查、不當使用常模表、選擇性發布發現，以及推論資訊。

2. 政治控制

委託人所需的資訊盡可能在技術上是可靠的，若其發現不能支持立場，可能保留其發現，因此違反大衆知的權利。常用的方法有：祕密調查、模擬研究及祕密民意調查。

㈡ 準評鑑—問題導向

此種取向能調查範圍狹小的問題，但不等同評鑑，包括：1.目標本位和2.績效責任。

1. 目標本位

目的在瞭解方案目標是否達成，常用的方法有：界定清楚的操作型目標，蒐集分析有關資訊，以決定每個目標達成的程度。例如，泰勒目標模式。缺點是可能相信沒有價值的目標，評鑑目的爲決定方案目標是否達成。

2. 績效責任

藉由建立績效責任，確保服務提供者會改進服務品質，對於好壞的結果能確定責任歸屬。適用於接受經費補助的組織，優點是能建立健全、公平的競爭環境，缺點是容易導致不利的比較、造成不良競爭及欺騙，評鑑目的爲提供結果績效的精確構成要素、確保明確的結果、精確指出良好／不好結果的績效責任、告知政策的決定、確保成果測量的標準化。常用的方法有：成就合約、方案規劃及預算系統、目標管理、零基預算、要求的方案監督者及指標、投入—歷程—產出資料庫、獨立的目標成就稽查員、程序承諾的審核、同儕檢視、個人或組織表現優良的報酬、集體的契約同意、委託的測驗、機構的報告卡、自我研究、專家現場訪視、方案查核。

㈢ 準評鑑—方法導向

能以適當方法進行評鑑，但是不見得是眞評鑑，包括：1.客觀測驗、2.成果評估增加價值、3.成就測驗、4.實驗研究、5.管理資訊系統、6.成本—效益分析取向、7.澄清說明會、8.個案研究、9.評論與鑑賞、10.方案理論本位，以及11.混合方法研究等方法。

1. 客觀測驗

以課程領域、目標及特定常模團體爲前導概念，若未將學生的背景特色一併考慮，這種推論就不正確，如標準化及常模參照測驗，其優點是有效率地蒐集學生各種學校課程有效度及信度的表現資訊；缺點則是在提供資料有特定目標，解釋結果時也必須依據其他資訊（如各地區文化之差異）。評鑑目的是將學生測驗成績與常模相比較；將學生測驗成績與成就相比較；診斷方案的缺點；檢驗成就的趨向與比較相互競爭方案間的成就，常用的評鑑方法爲標準化測驗與交叉紀錄表。

2. 成果評估增加價值

此強調複雜的資料分析，使用標準化的例子，將系統中不同成分的效果分離，其優點爲改進方案和提供回饋意見，如蒐集標準化測驗的結果，進行縱向或橫向的分析；其缺點爲過度依賴量化資訊；評鑑目的爲提供結果績效的精確構成要素、評估學習的進步、精確指出良好／不好結果的績效責任、診斷方案的缺點、檢驗成就的趨向、告知政策的決定、指示方案改進的方向、確保成果測量的標準化與比較相互競爭方案間的成就；常用的評鑑方法爲標準化測驗、電腦化或其他資料庫、階層式的混和模式分析與政策分析。

3. 成就測驗

1990年代以此彌補典型選擇式成就測驗的限制，如學習檔案、口頭回答、音樂演出與產品製作，其優點爲具有高表面效度，能塑造、增強學生技能；缺點則是需大量時間、欠缺比較常模、令人質疑可信度。評鑑目的爲決定方案目標是否達成、提供結果績效的精確構成要素、精確指出良好／不好結果的績效責任、將學生測驗成績與成就標準相比較、告知政策的決定與比較相互競爭方案間的成就。常用的評鑑方法爲效標參照測驗、成就測量、實驗及準實驗設計、對被排除在外者的研究與交叉紀錄表。

4. 實驗研究

實驗研究的優點爲重視結果，能提供有力的方法，建構相對明確的因果關係；缺點是教育人員很少能符合所需要的實驗條件和假設，而且只提出一組狹隘的問題來評估方案的優點和價值。評鑑目的爲提供結果績效的精確構成要素、告知政策的決定、決定方案的因果關係，以及比較相互競爭方案間的成就，評鑑方法爲系統分析。

5. 管理資訊系統

提供管理者必要的資訊以實施並報導他們的方案，採用方法爲系統分析、方案評核、批判路徑、方案規劃與預算、目標管理與定期報告，認爲要注重過程而非結果，以監控持續改進的過程，以導致較佳的結果。評鑑目的爲決定方案目標是否達成、診斷方案的缺點、指示方案改進的方向、告知管理決策與行動。評鑑方法爲方案規劃及預算系統、方案評鑑與檢視技術、目標管理、職員進步報告、財務報告與查帳、投入—歷程—產出資料庫、電腦化或其他資料庫。

6. 成本—效益分析取向

應用在方案評鑑的成本利益分析，是龐大的量化程序，最後以經濟學術語判斷方案的生產力。分爲三層次：輸入的成本分析、成本效益分析，以及成本利益分析。評鑑目的是：決定方案目標是否達成、評估收益與支出、比較相互競爭方案間的成就，評鑑方法爲：成本分析、成本—效益分析、效益—成本分析。

7. 澄清説明會

評鑑者扮演兩種角色，一爲對方案定罪的起訴，主張方案會失敗，同時爲方案辯護，主張方案會成功，陪審團由方案利害關係人組成。缺點爲與贏得訴訟相比，眞理的追求總是位居第二；其次，能實際運用此途徑的時機少。評鑑目的爲提供結果績效的精確構成要素、診斷方案的缺點、提供優缺點的平衡資訊，常用的評鑑方法爲公聽會與論壇、證詞、專家評論。

8. 個案研究

對一特定方案或其他對象，提出聚焦、深入的敘述、分析及綜合，仔細檢視。旨在描述、提供可靠的解釋，不需要引導方案的發展或是評估其優點及價值。優點是需要運用各種質性和量化的方法，不需控制實驗處理，可量身訂做。缺點是蒐集的資訊不足，容易存有偏見。評鑑目的是闡述並說明方案，評鑑方法爲：效標參照測驗、標準化測驗、成就測量、電腦化或其他資料庫、對被排除在外者的研究、分析文件、分析實物、內容分析、獨立的及參與的觀察、主要受通知者、諮詢委員會、訪談、操作分析、焦點團體、問卷、計分尺、公聽會與論壇、深度描述／圖片／評論性的事件、證詞、邏輯模式、新聞分析、交叉紀錄表，以及專家評論。

9. 評論與鑑賞

在某領域（如藝術與文學批評）中，必須依靠專家進行深入分析與評鑑，缺點是極度依賴所選定專家的資格條件，需要閱讀評鑑報告者能加以信任，也具太多主觀性。評鑑目的是診斷方案的缺點、闡述並說明方案、描述與評論方案的鑑定，評鑑方法爲專家評論。

10. 方案理論本位

能發展良好的理論，讓方案在類似情境下運作，優點爲採用既存架構可能提高方案效率並提供可靠的結構以評鑑功能，缺點爲很少有方案是由連貫良好及測試過的理論支持。評鑑目的爲指示方案改進的方向、決定方案的因果關係、評估方案理論上的健全。評鑑方法爲邏輯模式、基礎理論。

11. 混合方法研究

結合各種方法以進行方案評鑑，重在多元方法的使用而非思考廣泛評估方案的優點和價值，缺點爲質性和量化源自不同的知識觀，許多評鑑者並不同時具備各種必要知識。評鑑目的爲決定方案目標是否達成、指示方案改進的方向、提供優缺點的平衡資訊。評鑑方法爲可操作性的目標、效標參照測驗、標準化測驗、成就測量、實驗與準實驗設計、對被排除在外者的研究、分析文件、蒐集實物、日誌、內容分析、獨立的及參與的觀察、主要受通知者、諮詢委員會、訪談、焦點團體、問卷、計分尺、證詞、流程圖／決策樹、邏輯模式、基礎理論、新聞分析、交叉紀錄表與專家評論。

㈣ 改進／績效責任導向評鑑取向

能評估方案整體的優點與價值，包含：1.決策／績效責任導向、2.消費者導向，以及3.認可／資格認定取向。

1. 決策／績效責任導向

強調方案評鑑能前瞻性協助改善方案，且回溯判斷其優點及價值，能使利害關係人將焦點放在他們最重要的問題上面，彼此互動以促進決策、產生績效（形成性評鑑），評鑑者辨別問題，提供閱讀評鑑報告者適時有效的資訊。運用方法爲調查、需求評估，其缺點爲可能喪失超然獨立的看法。評鑑目的在於改進方案並提供決策的知識及價值基礎、判斷選擇權。評鑑方法：調查、需求評估、個案研究、辯護團隊、觀察、訪談、駐訪的評鑑人員、準實驗／實驗、檢核表及運用倫理守則管理。

2. 消費者導向

評鑑者被視爲代理消費者，認爲消費者的福祉應該是主要理由。使用方法爲檢核表、需求評估，評鑑者需要充足資訊，在形成性階段結束之後再從事總結性評鑑。其優點爲引導消費者採用最佳、最有效滿足其需求的方案，其缺點則爲未考量從業人員之立場，評鑑目的是提供決策的知識及價值基礎、判斷選擇權。評鑑方法爲需求評估、訪談、準實驗／實驗、檢核表、無目標評鑑、運用倫理守則管理、成本分析，以及專家小組現場訪視。

3. 認可／資格認定取向

認可／資格認定導向評鑑取向之用途可檢驗專業人員或機構是否符合其專業檢定條件。優點爲協助外行人在充足資訊下，對於組織、方案或人員進行判斷。缺點爲太強調輸入及過程，而非成果。評鑑目的是認可其專業，評鑑方法爲觀察、訪談、自我研究、專家小組現場訪視。

㈤ 社會程序／抗詰取向

確保所有教育與社會的機會與服務都平等，因此往往會提供弱勢團體優先待遇，包括：1.當事人中心、2.建構式取向、3.審議民主式，以及4.以利用爲焦點的方式。

1. 當事人中心

評鑑者必須支持並和各種委託人團體一起工作，並與其保有互動、回應其需求，反對客觀主義者的評鑑，贊成後現代的觀點，認爲世界無最好的答案而情願選擇主觀資訊。委託人需要接受質性方法與莫衷一是的研究發現，放棄嚴謹的實驗研究。優點是可以納入行動研究，缺點則爲易傷害外部信度。評鑑目的爲通知關係人有關方案的全貌、爲主要問題建構一個持續的探尋及提供在有用的資訊可供取用時提供給關係人、學習不同的群組如何看待一個方案的問題優缺點、學習關係人如何判斷一個方案、學習專家如何判斷一個方案、在方案需要做可辯護的評估時，採用民主參與的方式、提供使用者所需資訊以實踐目標。常用的評鑑方法爲個案研究、陳述目標、有目的的取樣（立意取樣）、觀察、抗詰報告、陳述故事的方式傳遞複雜的訊息、冗長的資料蒐集程序、關係人的蒐集與分析。

2. 建構式取向

將方案利害關係人置於研究過程的中心位置，以其爲評鑑之工具，評鑑者在過程中，持續向其告知與諮詢。反對實證主義，採用詮釋學、相對主義，拒絕絕對主義的正確答案，強調地方性和特殊性，而非可概括性。優點爲揭露整個評鑑過程及其示範作用，藉由參與評鑑的發展，達到有效變革，缺點爲在各階段需要完全的投入與持續的互動。評鑑目的爲主要問題建構一個持續的探尋與提供在有用的資訊可供取用時提供給關係人、學習不同的群組如何看待一個方案的問題優缺點、學習關係人如何判斷一個方案、對一個存在於關係人間的方案，決定並使不同的觀點合理、在方案需要做可辯護的評估時，採用民主參與的方式、提供使用者所需資訊以實踐目標。常用的評鑑方法爲詮釋以定義另類的建構方式、方言的交換、輿論的發展。

3. 審議民主式

在具有明確民主的架構中運作，包含三個主要層面：民主參與、進行對話以檢視和證實利害關係人的投入，以及進行審議以達成關於方案優點和價值的評估，在評鑑過程中安排有興趣的利害關係人公平參與。採用的方法是與利害關係人討論、辯論、對話。優點爲嘗試使評鑑公正、所有利益團體的意見統整，缺點爲不切實際，往往不能完全運用。評鑑目的爲主要問題建構一個持續的探尋，並提供在有用的資訊可供取用時提供給關係人、在方案需要做可辯護的評估時，採用民主參與的方式、提供使用者所需資訊以實踐目標，評鑑方法是與關係人討論、調查、辯論。

4. 以利用爲焦點

適合保證方案評鑑可以產生影響，與優先使用者標的團體共同合作，決定評鑑問題，協助標的使用者利用評鑑發現，重視實用，提供使用者所需資訊以實踐其目標。優點爲具有普遍適用性，能因應情境與評鑑任務執行。缺點爲限制參與方案者的變動。評鑑目的爲主要問題建構一個持續的探尋並提供在有用的資訊可供取用時提供給關係人、提供使用者所需資訊以實踐目標。常用的評鑑方法爲個案研究、陳述目標、有目的的取樣（立意取樣）、與關係人討論、調查、所有相關的質化與量化、形成性與總結性、自然探究與實驗的方式。

由上述可知，Stufflebeam評估二十二種常用方案的取向分類，已囊括大多數社會科學中會遇到的情境，此分類提醒評鑑者於運用時可能有所偏頗而導致不足之處，究竟應如何取捨，在各種不同情境下，往往可考驗評鑑者專業的抉擇。

貳、依不同屬性分類的教育評鑑模式

除Stufflebeam具代表性的評鑑分類取向外，尚有許多學者的見解不容忽略，茲依不同屬性劃分之教育方案評鑑探述如下：

一、康自立（1992）閱讀Lewy、Rodgers與Popham之教育方案評鑑模式後，認為他們相同之處即是將前者的價值判斷模式一分為二，形成後者的不同模式。以此分類角度看來，模式可以Tyler為代表，但其缺點為忽略其他目標外之重要存在或影響結果的中介因素。此外，價值評鑑模式為評鑑某一實體的價值或優點，並說明Scriven的主張，認為評鑑若在幫助方案之形成或修改，可以在方案發展過程中進行，稱之為形成性評鑑（formative evaluation），若在方案完成後提出，可以幫助使用者決定是否持續此方案，則稱為總結性評鑑（summative evaluation）；決策模式的基本假設為評鑑者透過評鑑的過程以幫助決策者，以CIPP模式為代表。

二、Stuffbeam與Webster（1983）在分析當時十九種評鑑時，從內涵的眞實性分為假評鑑、準評鑑、眞評鑑三種。

三、Alkin與Ellett（1990）從模式的本質來看，分為規範性（prescriptive）模式與描述性（descriptive）模式。

四、林俊成（2003）認為學校評鑑分為四種：自我評鑑、訪視評鑑、追蹤評鑑及後設評鑑。

五、吳清山（2004）則認為評鑑有三種：自我評鑑、交互觀摩評鑑及評鑑小組評鑑。

六、劉世閔（2005）認為就結構而言，評鑑可以分為內部與外部評鑑；就評鑑者而言，校務評鑑可分為自我評鑑、同儕互評及專家評鑑；就實施程序而言，可分為定期評鑑與追蹤評鑑；就實施方式而言，可粗分為量化評鑑與質性評鑑；就其實施內容而言，可分為人員評鑑與事物評鑑。

七、鄭崇趁（2007）統整歸納各評鑑模式，再搭配傳統研究取向「量化」與「質化」派典之不同，分為六大系統模式：實驗導向模式（the experiment-oriented approach）、目標導向模式（the goal-oriented approach）、歷程導向模式（the process-oriented approach）、決策導向模式（the decision-oriented approach）、理論導向模式（theory-driven evaluation approach），以及顧客導向模式（the client-oriented approach）。

八、Owen（2007）依照評鑑目的及其中包含的典型議題，將評鑑的取向分為五類：(一)活動前的評鑑（proactive evaluation），(二)澄清式評鑑（clarificative evaluation），(三)互動式評鑑（interactive evaluation），(四)監督式評鑑（monitoring evaluation），以及(五)影響評鑑（impact evaluation）。

九、曾淑惠（2008a）依照模式的本質、探究內涵的眞實性、評鑑的取向，以及評鑑的客體等四種加以歸納；

(一) 從評鑑的取向而言則分成消費者取向、參與取向、專家取向、管理取向、目標取向、績效責任取向、成果取向、成本效益分析取向等類型，或再進一步以如功利主義模式（如系統分析模式、決策模式等）、直觀主義模式（如鑑賞模式、抗詰模式等）類型來區分；又從受評的主體（評估的客體）來分，又可分成一般通用的方案評鑑模式、校務評鑑模式、訓練評鑑模式等等。

(二) 一般通用的方案評鑑模式包括目標本位模式、CIPP模式、闡明模式、反應模式、抗詰模式、差距模式、邏輯模式、評論與鑑賞模式等等。

(三) 校務評鑑模式則有學校效能模式、學校認可模式、學校發展性評鑑模式、學校整體評鑑模式等。

(四) 在評鑑訓練方案時，常用的評鑑模式包括Kirkpatrick四層次評鑑模式、Brinkerhoff六階段評鑑模式，以及Phillips五層次投資報酬模式（蔡錫濤，2001）。

由上述學者各自定義並分類評鑑模式，可見評鑑備受關注的程度，隨著專業化的追求、發展，評鑑可有效幫助我們確立專業地位，並形成在發現問題後不斷進步、進取的良性循環。因之，評鑑之影響力及潛力不容小覷。

參、校務評鑑的模式

學校如同一個小型社會，但因其有不同於社會的情境與屬性，因之，學校評鑑模式型態依照不同屬性而有不同的分類方式，茲分別引介如下：

一、Murphy、Hallinger 及 Mesa 的多層面學校效能模式

Murphy、Hallinger及Mesa（1985）提出多層面學校效能模式，強調變項間的關聯性，其模式中包含三個層面：

(一) 學校技術層面，包括課程與教學的組織、課程與教學的支援。

(二) 學校環境層面，包括規範、組織的過程、結構。

(三) 學生學習成果層面，包括學生成就、學生行爲。

二、Scheerens 的學校效能整合模式

Scheerens（1990）將影響學校不同層面的因素加以整合，以具體、結構化的方式呈現出學校效能的各項層面，建構學校效能整合模式，包含環境背景（context）、輸入（input）、過程（process）、產出（output）等層面。

三、Gallegos 的美國學校評鑑模式

Gallegos（1993）則將美國學校評鑑模式類型依不同屬性作區分。

(一) 依照目的分爲：服從、診斷、績效監督三類。

(二) 依照評鑑程序分爲：自我研究、訪視、資料、查核四類。

(三) 依照學校層級分爲：小學、國中、高中三類。

(四) 依照意圖焦點分爲：形成性、總結性。

(五) 依照資料焦點分爲：量化、質化。

(六) 依照規劃與決策類型分爲：CIPP四類。

(七) 依照績效責任標準分爲：成長、平等、可行性、卓越。

(八) 依照後設評鑑標準分爲：效用性、可行性、適切性、精確性四類標準。

四、Cheng 的多功能多層面學校效能評鑑和解釋模式

Cheng（1996）提出多功能多層面的學校效能評鑑和解釋模式，郭昭佑（2003）將其八種學校效能模式翻譯爲目標模式、資源—輸入模式、歷程模式、滿意度模式、合法模式、無效模式、組織學習模式，以及整體品質管理模式。

五、Worthen 的教育方案評鑑取向

Worthen（1997）等人將教育方案評鑑的取向簡單分爲六類：目標取向、管理取向、消費者取向、專家取向、對立取向，以及參與者取向。

六、吳清山及劉春榮的校務評鑑模式

吳清山（1992）及劉春榮（1993）則提出：(一)目標模式、(二)系統資源模式、(三)決定歷程模式、(四)參與者滿意模式，以及(五)統合模式等五種，茲將其析述於下：

(一) 目標模式（goal model）

目標模式將學校效能視爲學校達成目標的程度，如果學校運作的結果符

合學校預設的教育目標，則認定該學校是有效能的，反之則學校無效能（卓秀冬，1995）。

目標模式有以下兩項基本假定：1.學校中有一群理性的決策者，在決策者之間有一組想追求的共識目標。2.目標必須能具體界定且可實行，使參與者充分瞭解並依循實踐。若上述兩個基本假定成立，則學校決策者就能根據學校的具體目標來測量學校效能，以確定學校目標達成的程度。

由於學校組織具有層級性，不同層級所界定之目標亦有不同，一般而言，目標模式所指的目標依目標設定層級可分爲如下三種：

1. 官方目標（official goals）：指政府所訂的教育目標，通常較爲抽象、概念、原則性。

2. 作業目標（operative goals）：此種目標可反映學校眞正目的與意向，同時也代表學校實際所做的工作與活動。

3. 操作目標（operational goals）：指具有一定程序與標準，且可評鑑實際達成程度的教育目標。此類目標較爲具體，例如學生的各項學習成就等。

目標模式常應用常模參照或標準參照之成就測驗來評量學生的學習成就，其所評量的學校效能層面，包括安全和諧的環境、明確的學校任務、教學的領導、對學生高度的期望、學生學習的時間、教學課程的協調，以及家庭與學校的關係（吳清山，1992）。

(二) 系統資源模式（system resource model）

目標模式將學校視爲一種理性的封閉系統，忽略學校的動態性質。因此，系統資源模式則將學校歸類爲開放系統，注視學校與其所處的環境，因資訊和資源的交流而相互依存。因此，學校是否具有效能，取決於學校在所處的環境中是否獲得有利的地位，以及其是否善用此一地位獲得有價値的資源和資訊（卓秀冬，1995；Hoy & Miskel, 1987）。系統資源學校效能模式的基本主張學校是一個運用其環境的開放系統，且所面臨的需求非常複雜，因此不可能以少數的變項來界定有意義的組織目標。提倡該模式學者認爲學校是完整的行動體，具有獨立自主的功能，但和所生存的環境有不可分割的關係。為了使學校能健全的發展，學校必須注意有足夠的資源流動，所以溝通、協調、士氣、共識、革新、適應能力成為學校效能的重要指標。

(三) 決定歷程模式（decision-making model）

決策務程模式認為，學校透過系統整合及目標達成二者的協力，就能發展各種蒐集資料與獲取資源的方法，而這些方法是可以被觀察和評鑑的，其評鑑可分為內在和外在評鑑兩種。內在評鑑著重於學校所建立資料使用的邏輯程度；而外在評鑑則著重於系統整合和目標達成的程度（卓秀冬，1995）。因此，評鑑學校是否具有效能時，必須先建立一套具體而有效之評鑑指標。

決定歷程模式的特性及其對學校效能的基本假定如下：（卓秀冬，1995；Seashore, 1983）

1. 強調學校決策的動態歷程。
2. 具有未來效能導向。
3. 蒐集、儲存、修正、分配、操作與解釋資訊的歷程能達到完善的境界。
4. 能將各式各樣的資訊完全消化、融合與吸收。
5. 使用物理設施及人文機制以監控、過濾資訊的品質。

(四) 參與者滿意模式（participative model）

參與者滿意學校效能模式主張組織靜態結構的改善，並不能使組織發揮其高成效，必須同時針對「人」面向的問題加以改善。因為組織是人的集合體，人才是決策的主體，組織的目標只有在幫助成員滿足其需求才有意義。因此，「人性面」便成為該模式研究的重心。持此觀點的學者包括Keely（1984）、Zammuto（1982）、Pickle等人（1967）。簡言之，此模式是以學校成員之利益滿足來衡量學校效能。學校的運作須滿足成員的福利，學校所追求的目標才有意義（吳清山，1992）。

參與者滿意模式之效能高低以學校能否滿足各種需求而定，效能的指標由客觀的組織目標，改爲組織成員、參與者的主觀評量。但由於參與者的層次不同，其需求亦有所差異（吳清山，1989；蔡培村，1994；劉春榮，1993）。

參與者滿意模式之基本假定如下：1.針對組織中相關「人」面向的問題要改善，才能發揮其最高效能；2.基於「學校的目標只有在幫助成員滿足時才有意義」的前提下，研究的重心應置於對人性面的探討（卓秀冬，1995）。

㈤ 統合模式（integrated model）

主張統合模式學者們認爲學校效能爲多層面的構念，上述四種模式著重的層面雖各有不同，彼此並非無法結合，因此如果能將之統整起來，會更能闡述學校效能的特性。例如，目標模式和系統資源模式是互補的，這是因爲任一組織行爲或多或少會有具體目標導向。另外，雖然系統資源模式的組織目標是動態多元的、短期目標的達成可成爲下一個目標的新資源，這種循環的本質卻有助於目標模式的達成（卓秀冬，1995；Steer, 1977）。

統合模式的基本假定如下（卓秀冬，1995）：1.學校有開放和具體目標導向的特性，故目標並非靜態，且會隨時間改變；2.學校因組織成員的不同，而有不同的目標需求，故能同時達成學校和個人需求的學校就是有效能的學校。

統合模式採取的效能規準須兼顧多重的過程與結果，故在運用時宜注意的層面有三（卓秀冬，1995；Hoy & Miskel, 1990）。

1. 時間的層面：學校的短期目標、中期目標和長期目標會導引出學校不同的效能，因此時間是評估效能差異的因素之一。

2. 學校成員的層面：學校受到專家學者、行政人員及社區家長的影響，故評估學校效能時，應考慮到這些利益關係人的觀點。

3. 多樣化的規準層面：學校效能並無單一永久的規準，而是具多層面的，對於效能層面的選擇。

Parsons（1968）提出了能兼顧「基本資源」和「顧及組織與個人目標」的四個基本功能要項：

1. 適應（adaptation）：指對於內外的影響力能成功的調適，並不斷革新與發展。

2. 目標達成（goal achievement）：指學校決定目標，運用各種資源、策略與行動，以達成其目標。

3. 統整（integration）：指學校內部的團結和凝聚力。

4. 潛力（latency）：指維持價值體系的完整，如：學校良好的校風或特色。

七、曾淑惠的學校評鑑型態

曾淑惠（2008a）將學校評鑑的型態從管理者、時間點、規模與範圍、方法論、受評範疇特質、執行方式，以及決策者屬性，分爲七種類別：

(一) 從管理者屬性來分：內部與外部評鑑。

(二) 從時間點與作用分：形成性、總結性、CIPP評鑑。

(三) 從規模與範圍來分：專業與全面評鑑。

(四) 從方法論來分：質化與量化評鑑。

(五) 從受評範疇特質分：例行、追蹤、專案。

(六) 從執行方式分：自我、同儕、專家小組、觀摩評鑑。

(七) 從決策者屬性分：專家、參與、管理、消費者、抗詰。

綜上，每種學校效能評鑑模式，因其所著重層面不同，而有不同的論點。目標中心模式重視學校具體目標；系統資源模式著重資源取得和交流；歷程決定模式分爲內在和外在評鑑；參與者滿意模式強調組織成員的滿意度；統合模式則兼顧上述四種模式，認爲學校必須具備多層次功能。由此可見，校務評鑑的確需要兼顧各種學校效能模式的重要論點和內容，並且配合特色取向，才能兼顧完整性與獨特性。

肆、校務評鑑模式的啓示

綜觀上述評鑑模式，可發現評鑑模式之形成，有其特定的背景與實施對象，因之，不見得適合所有各類型的校務評鑑。而評鑑理論不斷發展，其模式內涵與哲學思想主軸不斷變更，可見評鑑亦有其發展歷程，由第一代評鑑（1910-1930）Tyler目標模式發展之初「視評鑑爲測量」；第二代評鑑（1930-1967）「視評鑑爲描述」，認爲測量僅是評鑑的手段，允許描述差異，並爲釐清表現與目標間的差距；第三代評鑑（1967-1987）「視評鑑爲判斷」，自社會公平的課題出發，認爲評鑑者即是判斷者；在方案評鑑中產生價値判斷的需求，而基於既定的規準，評斷表現；至Guba與Lincoln在1987年以後提出的第四代評鑑「視評鑑爲利害關係人協商」，打破原本評鑑者與受評者保持的獨立關係，將建構主義之後現代認識論所衍出的評鑑典範定義爲第四代評鑑，到2004年Merten所主張的「行動研究」第五代評鑑，評鑑模式之發展有以下啓示：

一、從生產者模式走向消費者模式

以往我國教育體制爲科層體制由上而下（top-down）生產者決定的運作方式，現今則以基層爲主體，形成由下而上（bottom-up）的消費者決定模式，所關心的對象福祉雖然沒有改變，但其作法與思考方式已全然不同，回歸重視教育的基本面：產出（學生品質），才是最重要的事。

二、由高倡導模式走向自發性行動

以往教育政策之推行皆採行學者模式，在專家決策之後，透過教育行政體系推動，下屬單位往往配合其口令進行相關動作，但隨著教育哲學觀的變動，越來越走向自發性、自主性，強調以使用者爲主，以其爲本位作爲思考之立基，因此重視教育現場第一線的行政與教學人員之覺醒，在進行相關進修活動後，使其有能力為自己的職分努力，走向重視「賦權增能」後之自發性行動。

三、由機關主導模式走向相互合作機制

教育行政之「監控功能」已由上行單位較優越的「視導方式」走向互相合作的「教育評鑑」，評鑑與其說是一種「審查」，不如說是「協助受評單位」獲取更佳的學校效能。教育視導之後，可藉由教育評鑑得知成效，並給予目前階段結果進行價值評定，兩者均需專業人員來執行，因此宜相輔相成，共同追求教育目標的實現。

本章小結

本章第一節首先探討(一)教育評鑑模式之意涵；其次，析述(二)教育評鑑模式之發展；再次分析(三)教育評鑑模式與校務評鑑模式之關係。教育評鑑模式乃是針對教育活動的價值評定方法與架構，應具備解釋及規範的功能，並能使評鑑的程序適切進行，以期幫助相關人等建立瞭解、認知，最終達到不斷進化的循環。

常見的教育評鑑模式有下列十三種：(一)Tyler的評鑑模式；(二)Metfessel與Michael的評鑑模式；(三)Stake的外貌模式（又稱為「反應式評鑑」、「當事人中心評鑑」；(四)Provus的差距模式；(五)Alkin的CSE模式；(六)Hammond的評鑑結構體；(七)Anderson的認可模式；(八)Scriven的無目標（判斷）評鑑模式；(九)Stufflebeam的CIPP模式；(十)Kirkpatrick的四層評鑑模式；(十一)Friedman與Anderson的選擇模式；(十二)Rappaport與Zimmerman的賦權增能評鑑模式；以及(十三)Patton「以利用為焦點」的評鑑。至於教育模式的應用，則有賴評鑑人員專業的抉擇。

校務評鑑是教育評鑑之一環，探析校務評鑑模式與教育評鑑模式的關

係，可發現校務評鑑模式，在(一)目標達成需求方面取自Tyler評鑑模式；在(二)校務評鑑實施過程中，由於分成許多不同評鑑項目，可說取法自Metfessel與Michael之多重效標測量法及Hammond的評鑑結構體；在(三)評鑑過程中的人事互動，具有Stake「反應式評鑑」、「當事人中心評鑑」之內涵；而在(四)評鑑之中，評鑑者不斷衡量「應然」與「實然」之間的差距，又具有Provus的差距模式與Anderson認可模式的精神；在(五)整個評鑑之中強調全部過程的完整性，與Alkin的CSE模式與Stufflebeam的CIPP模式相同；在(六)評鑑的「自我評鑑」時，能強調自我改進，具有Rappaport與Zimmerman的賦權增能精髓。總之，隨著評鑑模式的發展，評鑑人員除須擁有其評鑑的專業知識與技能外，亦須覺察評鑑的功能性與時代性。

第二節經由引介：(一)美國教育評鑑聯合委員會方案評鑑標準（提出執行評鑑時效用性、可行性、適切性、精確性及績效性等五大標準）；(二)美國評鑑學會（AEA）評鑑者引導準則；(三)評鑑研究協會方案內容，藉以析論評鑑系統對校務評鑑系統的啓示。其啓示歸納爲下列四項：(一)不同評鑑模式在不同對象與目的上不全然適用；(二)評鑑模式沒有最好，只有最適當的；(三)校務評鑑宜爲「發展性評鑑」，重視其「成長」勝過現況評核；(四)目前校務評鑑內涵仍爲指導性質，宜培養校務評鑑專家，以提升評鑑品質。

第三節藉由引介校務評鑑的模式，包括：(一)Stake與Stufflebeam的一般評鑑模式；(二)依不同屬性分類的教育評鑑模式；(三)校務評鑑的模式，探討其對校務評鑑模式的啓示。歸納其啓示有三：(一)從生產者模式走向消費者模式；(二)由高倡導模式走向自發性行動；以及(三)由機關主導模式走向相互合作機制。

校務評鑑的方法與指標

第一節　校務評鑑的方法與原則

壹、形成性評鑑與總結性評鑑

貳、校務內部評鑑、外部評鑑、自我評鑑、實地訪評

參、校務評鑑的原則

第二節　校務評鑑的程序與實例

壹、方案評鑑的步驟

貳、教育行政評鑑實施的程序

參、校務評鑑的程序

肆、校務評鑑實施程序實例

第三節　校務評鑑的項目與指標

壹、一般大學評鑑項目與指標

貳、科技校院校評鑑項目與指標

參、普通型、綜合型、單科型高級中等學校評鑑項目與指標

肆、技術型高級中等學校評鑑項目與指標

伍、國中小學校、幼兒園基礎評鑑項目與指標

陸、小結

本章小結

「悟已往之不諫，知來者之可追。實迷途其未遠，覺今是而昨非。」

～東晉陶淵明《歸去來辭》

校務評鑑是更新或再生的歷程。

校務評鑑為教育評鑑的次級系統，亦是教育評鑑的核心，是推動學校經營的重要取徑與策略，校務評鑑因其目的還有不同的評鑑，有為求改進需求之評鑑，有為瞭解學校辦學績效之評鑑。此外，另有因其自發性需求、任務性需求、評鑑設計需求、制度性需求等，而有評鑑人員、評鑑動力源，以及學校制度評鑑之不同出發點。本章旨在探討校務評鑑的方法與原則、程序與實例，以及項目與指標。

第一節　校務評鑑的方法與原則

校務評鑑包括形成性與總結性二種方法，形成性與總結性評鑑有其不同功能，為求支持改進的過程有必要實施形成性評鑑；若要決定校務或方案的績效或價值，則需實施總結性評鑑（Gall, Gall, & Borg, 2007）。

壹、形成性評鑑與總結性評鑑

在方案評鑑過程中，形成性與總結性評鑑的使用差別，在於需求評估和方案設計歷程為形成性（formative）或歷程（process）評鑑階段。而結果評鑑則為評鑑的總結性（summative）或結果（product）階段，用以決定是否獲致目標，該階段包括分析方案的優點與缺點，並為未來的修正提供適當

建議，其階段性步驟如圖3-1所示：（王文科、王智弘，2004）

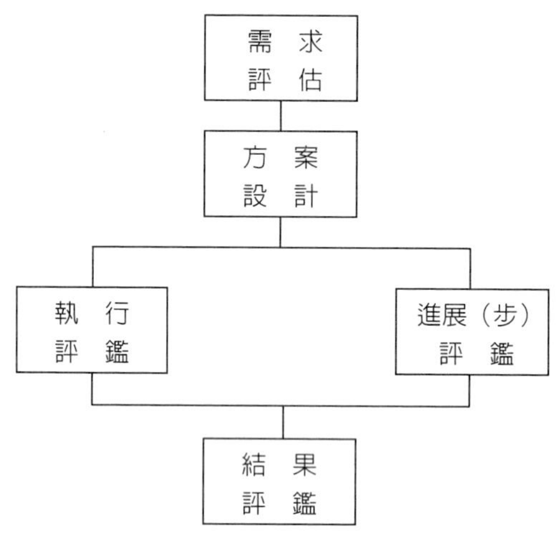

圖 3-1　方案評鑑的過程

資料來源：修訂自王文科、王智弘（2004：29）。

由上述可知，任何計畫／方案的執行，評鑑其歷程者稱爲歷程評鑑（process evaluation），評鑑其結果是否達成預定目標者叫做成果評鑑（pro-duct or outcome evaluation）。但除評鑑是否達成目標外，亦可進一步評鑑原訂目標之品質（quality of goal），如原訂目標不佳，則應加以改善，M. Scriven把兼顧歷程與結果之評鑑，稱爲混合評鑑（mediated or hybrid evaluation）（謝文全，2004）。

形成性評鑑與總結性評鑑除有不同階段性外，其牽涉之相關因素，諸如評鑑目標、有關人士、評鑑者、主要特徵、設計限制、資料蒐集的目標、資料蒐集的頻次、樣本，以及發問的問題等皆各異其趣，兩者之別如表3-1所示（張清濱，2007，頁302）。

表3-1　形成性評鑑與總結性評鑑的區別

相關因素	形成性評鑑	總結性評鑑
目　標	決定價值或品質；改進方案	決定價值或品質；對方案的未來或選用作成決定
有關人士	方案有關的行政人員和教師參與	行政人員、作決定者或／和潛力的消費者、或支持經費的單位
評鑑者	主要是由外界評鑑人員所支持的內部評鑑人員	一般言之，在獨特個案中，由內部評鑑人員所支持的外界評鑑人員
主要特徵	提供回饋，俾使方案人員能予以改良	提供資訊，使作決定者決定是否持續該方案、或使消費者決定是否採用
設計限制	需要什麼資訊？在什麼時候？	作主要決定所需的證據是什麼？
資料蒐集的目標	診斷	作判斷
資料蒐集的頻次	經常進行	有限度
樣　本	常用小樣本	通常用大樣本
發問的問題	正在做什麼？需要修正什麼？它如何獲得改良？	結果是什麼？和什麼人？在什麼情境？需要多少成本、材料與訓練？

資料來源：出自張清濱（2007：302）。

形成性與總結性評鑑在校務評鑑的應用爲，在評鑑實施的準備階段採用形成性評鑑；在訪視評鑑時採用總結性評鑑。在目標方面，前者在於改進校務；後者在於決定校務的優點或特色，並提供改善建議。因之，前者之主要特徵在於提供回饋，使學校教育人員據以改善；後者則在提供資訊，使作決定，或認可其辦學績效，抑或決定其績效等第。相對地，在資料蒐集目標方面，前者在於診斷；後者在於作判斷。而在資料蒐集過程中，前者在於瞭解學校正在作什麼？需要修正什麼？以及如何獲得改良？後者則在探討辦學績效的結果，分析學校辦學的優點或特色，以及爲未來的改善提供建議。因之，根據評鑑精神，不論形成性評鑑或總結性評鑑，其目的皆不離改進、改善之意旨。

貳、校務內部評鑑、外部評鑑、自我評鑑、實地訪評

學校因其自發性、任務性、制度性及設計需求而有不同性質之評鑑，因評鑑人員、評鑑動力源，以及評鑑目的等不同因素而有學校內部評鑑、外部評鑑、自我評鑑，以及因政策制度使然而有訪視評鑑，茲分別評析如下：

一、校務內部評鑑與外部評鑑

受到後現代思潮的影響，80年代許多國家在學校層級的評鑑發展已呈現從外部評鑑逐漸轉變爲以學校內部評鑑（internal evaluation）爲主的趨勢，或環繞在評鑑者與教師合作的過程上（郭昭佑，2004）。從評鑑典範轉移的趨勢可知，由外鑠而內發的評鑑趨勢，符合學校組織主動自發、反省性自我改進的需求。同時也反映由內而外，內部評鑑爲外部評鑑的基礎，內部評鑑爲外部評鑑的先行條件，唯有紮實的進行自我內部評鑑，才能知曉學校的問題、癥結、困難等，並將內部評鑑結果作爲改進的依據，方能提升辦學品質，確保學校辦學績效。

何謂學校內部評鑑？內部評鑑意指學校內的人員對校務所進行的評鑑活動。除表面意涵外，內部評鑑有其實質意涵，即內部評鑑係學校機構基於自動自發精神，發揮自我反省與批判能力，由學校教育機構本身規劃與執行評鑑活動。內部評鑑之實施有其優勢，內部評鑑者較熟悉學校脈絡，對學校成員不具威脅感，易眞誠溝通、評論，有利於實施，且具常駐性等優勢。其評鑑動力源自於學校內部的主動性，亦可源自於學校外部。例如，教育部國民及學前教育署推動的高級中等學校評鑑及高級職業學校評鑑，在評鑑小組進行訪視評鑑前皆要求學校先行辦理自我評鑑，其評鑑人員可爲學校內部成員，即內部評鑑，但動力來源卻來自於外。此外，何謂學校外部評鑑？外部評鑑大都爲學校教育機構以外人員對機構內相關評鑑客體進行的評鑑活動，除表面意涵外，其實質意涵則爲外部評鑑係由學校教育機構以外的團體或小組來執行評鑑活動，包括政府、督學或視導人員、評鑑或檢視小組、同儕

等。外部評鑑的優勢在於具有客觀性、公信力，較具評鑑專業素養、監控性較高等優勢（郭昭佑，2004）。

然而內部評鑑有其限制性，其一，內部評鑑易流於形式：以學校內部成員進行評鑑活動易流於形式，係因球員兼裁判，礙於情面，心慈手軟，睜一隻眼閉一隻眼，難以確實執行，較不易做到客觀化。其二，被動性較高：內部評鑑性質趨向自辦宴席，其準備評鑑之積極性、完整性、周延性、嚴謹性等，均較爲鬆散，亦即內部評鑑的被動性較高，學校成員覺得不用太拼命，因是自辦有其怠惰空間，故評鑑準備難免簡略，評鑑準備不佳，則評鑑效益自是不大。其三，評鑑知能不足：內部評鑑爲學校內部人員進行評鑑活動，然一般學校教育人員，即便是校長對評鑑的認知亦極爲有限，因之評鑑準備有諸多缺漏性，故進行內部評鑑活動之實況爲知難行更難。其四，未辦理內部評鑑：學校教育之進行，平時即有例行性的教學、行政、學生問題與活動、配合政策的計畫和活動、家長問題或互動、泛政治化議題，以及社區活動的配合等，加上尚有諸多主題式的專業評鑑活動，上述因素交相乘，其教育事務十分複雜、繁重可見一斑，然上級單位雖有規定須辦理內部自我評鑑，一般中小學學校在上述諸多因素交互作用下，便索性不辦了。

由上述可知，由於內部評鑑牽涉諸多因素而有其限制性。因之，外部評鑑有其必要性，因外部評鑑較具正式性、專業性、促動性、任務性及使命性等。

二、學校自我評鑑

歐美等主要國家受到後現代思潮的影響，學校自我評鑑成爲學校評鑑的核心，係由校內教育人員自我診斷學校問題與缺失，並據以研討改進學校發展方案。此外，學校自我評鑑係一種賦權增能的評鑑（empowerment evaluation），其特質係鼓勵內部自發的自我評鑑和自我調整，創造一種友善、激發進步的環境，而非敵對、抵抗的環境。再者，學校自我評鑑是一連串反省的歷程，是一個自我參照（self-reference）、自我觀察的歷程，以取得相關訊息並重新發現學校自身的整體性。換言之，學校經由系統的反省，可使學校系統在過程中引導並控制自己，達到所謂的合理性，學校教育的合理性須經由反省才能獲得，透過自我參照，擴展學校對各項議題的洞察力，同時也反省自身，促進學校的永續發展。因之，學校自我評鑑即是學校自我主體對學校自我客體反身向內的評鑑，是躬身自省的行為（郭昭佑，2004）。

學校自我評鑑（school self-evaluation）是內部評鑑的一種型態，類似於自我報告（self-report）。自我報告是個人擔任評鑑者或觀察者，或當作評量或觀察的對象，所測量的結果（張清濱，2007）。觀之現今學校評鑑實務，學校進行評鑑時，大都以為學校自我評鑑即是學校內部評鑑，此種迷思導致學校評鑑之限制，如同前述。因之，合宜之學校自我評鑑除內部評鑑外，尚須進行外部評鑑等兩階段，其實務應用宜為學校於準備評鑑時先進行學校自我主體對自我客體反身自省的評鑑，其概念為學校成員是觀察者，被觀察者為學校教學、行政等業務，亦即學校教育人員對學校教學、行政等業務進行躬身自省，並將校務檢核結果作為改進學校評鑑之參據。此後，再進行第二階段的外部評鑑，由學校聘請校外的學者專家進行自我評鑑，如此較具客觀性、正式性、專業性，可作為訪視評鑑的彩排。

三、訪視評鑑

訪視評鑑為正式評鑑實施評鑑組織之一環，訪視評鑑係評鑑小組進行之評鑑，評鑑小組成員由主管教育行政機關聘請學者專家，組成評鑑小組到受評學校進行實地訪評工作。為蒐集客觀的評鑑資料，訪視評鑑採用觀察法、訪談法、座談法、問卷法，以及資料檢核等方式，以瞭解學校辦學情況之優劣得失，獲致客觀的評鑑資料。

訪視評鑑以觀察法進行教學觀察，檢視學校設備、設施及活動；以訪談法訪談學生、教師、職員、家長等；以資料檢核方式檢視及查閱有關資料，核對學校辦學情形與評鑑指標之一致性與否；以座談法進行問題釐清。評鑑委員提出待釐清問題或評鑑過程中須進一步瞭解學校辦學情形，請學校說明及進行意見交換。

參、校務評鑑的原則

爲達成評鑑的目的與發揮評鑑功能，校務評鑑有其辦理原則。以高級中等學校第三期程學校評鑑之實施而言，包括普通型、綜合型、單科型及技術型高級中等學校，從評鑑架構、工具、範疇、方法、過程、委員、歷程、原則及精進發展等幾個方面，提出其評鑑辦理原則如下（教育部，2015，頁2-3）：

一、完整化—評鑑架構

本評鑑之設計可適應不同學制（普通高中、綜合高中及附設專業群科之學校），採「輸入、過程、產出」（input, process, product, IPP）模式，以校長治學理念爲動力，行政效能爲營造辦學成效之核心，並融合學校之行政管理、課程教學、師資質量、學務輔導、社群互動、環境設備、實習輔導及專業群科，最後以績效表現爲辦學成效之具體呈現。

二、導向化—評鑑工具

本評鑑之評鑑指標與效標，除了檢核普通型、綜合型、單科型高級中等學校的整體校務經營現況外，亦兼有些具發展性與理想性之指標，有引導受評學校自我檢核及導引高級中等教育發展之作用，以激勵學校開展與創新。

三、整合化—評鑑範疇

本評鑑之範疇除了原有的校務評鑑與專業群科評鑑外，另將綜合高中訪視、體育促進訪視、校長遴選考評、校務基金績效評鑑、教育儲蓄戶、原民特教訪視等等一併納入，以減輕學校的負擔，及節省多種評鑑所投入的人力、物力、財力及時間等資源。

四、多元化—評鑑方法

本評鑑之評鑑方法包括：文件檔案（含紙本與電子檔案）查閱；學校行政人員、教師、學生及家長的訪談；學校教學相關活動與學校氣氛的觀察；及學校相關設備與設施之檢視。透過多元的途徑，獲致更完整的資料以作為評鑑結果判斷之參考。

五、標準化—評鑑過程

本評鑑對於評鑑當日不管是評鑑委員所進行的項目與時間、隨行人員在各階段應處理事項與作法、訪談方式、評分原則、質性描述與量化成績之對應、報告撰寫等均有明確且標準化的作業規劃，以確保評鑑過程的一致性與公平性。

六、專業化—評鑑委員

本評鑑透過評鑑會審議通過之遴聘要點，選聘具有評鑑經驗、學科專業之評鑑委員，且需經過評鑑研習及參加行前說明並簽署應聘同意書，切結遵守相關的評鑑倫理規範。

七、民主化—評鑑歷程

本評鑑在評鑑前的工具開發、計畫擬定除了學者外，亦邀集教育行政機關代表、高級中等學校代表共同參與，甚至亦將評鑑表邀請四所不同類型學校進行模擬試評。在實地評鑑訪視當日，並提供學校充分陳述意見及問題釐清答辯機會。評鑑後，亦有完善的申復與申訴機制，因此整個評鑑的歷程深具民主化。

八、精進化—評鑑機制

本評鑑在每所學校評鑑完成之當日，均由評鑑工作小組發送該校問卷，進行受評學校對整個評鑑歷程的設計、評鑑方法、評鑑委員表現等進行後設評鑑。在各階段結束後，亦實施評鑑委員之意見調查，針對評鑑設計、評鑑隨行服務等相關問題進行調查，透過以上策略不斷精進改善評鑑機制與作法。此外，就受評學校而言，在受評前要完成自評，並在接受評鑑時要針對上次評鑑的改善情形提出報告，充分展現PDCA（plan, do, check, act，計畫、實作、檢核、執行）之特性。

第二節　校務評鑑的程序與實例

教育專業為一種科學，係社會科學之一環，其研究採科學方法為之。教育研究包括基礎研究、應用研究、評鑑研究及行動研究，第五評鑑世代為行動研究世代，從教育研究內涵觀之則包含了評鑑研究及行動研究；因之，在瞭解校務評鑑程序前，有必要知曉方案評鑑之步驟。

方案評鑑的步驟包括：(一)釐清進行評鑑之理由；(二)選擇評鑑模式；(三)確認有關人士；(四)決定評鑑項目；(五)確認評鑑問題；(六)評鑑設計和時間安排；(七)評鑑數據蒐集與分析；(八)報告評鑑結果，茲分述如下：（Gall, Gall, & Borg, 2007）

壹、方案評鑑的步驟

一、釐清進行評鑑的理由

評鑑研究可能出自於評鑑者個人的興趣、某些人或機構的要求而進行，也可能同時出自於個人和機構二者的需求下進行。為了決定評鑑的合理性，評鑑者須花時間去訪談關鍵性個人，以決定所提出的評鑑請求，是否合理或合乎倫理。

二、選擇評鑑模式

因爲不同的模式，在以下向度有所不同：(一)評鑑目標與被提問的問題；(二)蒐集資料的方法；(三)評鑑者與監督評鑑的行政人員；(四)接受評鑑的個人與組織間的關係。評鑑的實施，應視所要評鑑向度的不同，而選用合適的評鑑模式。

三、確認有關人士

所謂有關的人士，指的是投入受評方案的任何人、可能受到評鑑結果影響的人士、或對評鑑發現感興趣的人士。在評鑑研究一開始，即確認有關的人士，他們可協助釐清要求進行評鑑的理由、指引該項評鑑採用的問題、選擇研究設計、詮釋結果、提出發現報告方式和要提供給何人。

四、決定評鑑項目

方案的要素有助於設計評鑑研究，但與使用的評鑑模式無關，方案的要素包括：(一)目標：方案發展者所想要達成的目標、效應或目的；(二)資源：執行方案所需的人員、設備、空間及其他成本項目；(三)程序：與達成方案目標有關，而使用的策略、技術和其他的過程；(四)管理：一套管理系統，用以調控能有效達成方案目標的資源和程序。

五、決定評鑑問題

評鑑的問題可分成兩個階段：(一)擴散性階段：涉及產生與評鑑有關的

綜合性議題和資訊評鑑者，可邀請有關的人士提出一系列此類的問題。(二)聚斂性階段：將前一階段所列出的問題縮減成可以處理的數目。

六、評鑑設計和時間安排

評鑑研究亦涉及時間問題，許多教育研究可能沒有完成的時間壓力，但是，評鑑研究則有提出最後報告的期限，評鑑者須在其評鑑設計中，建立一份時間進度表，以確保評鑑研究能如期完成。

七、評鑑數據蒐集與分析

與一般研究相類似。

八、報告評鑑結果

評鑑報告需迎合不同相關人士之需求，而有繁簡之別，並須有簡要的後設分析。

貳、教育行政評鑑實施的程序

綜合評鑑步驟、教育行政評鑑步驟，以及評鑑計畫、形成性評鑑、總結性評鑑等三階段，教育行政評鑑的步驟可分為三階段七步驟，如圖3-2所示。第一階段為評鑑計畫階段，亦即規劃準備階段，包括：(一)決定評鑑的目的；(二)確定評鑑規準；(三)選擇評鑑工具與方法。階段二為評鑑實施階段，包括：(四)評鑑資料的蒐集；(五)評鑑資料的分析。階段三為評鑑考核階段，包括：(六)提出評鑑報告；(七)進行追蹤改進（丁一顧，2004）。

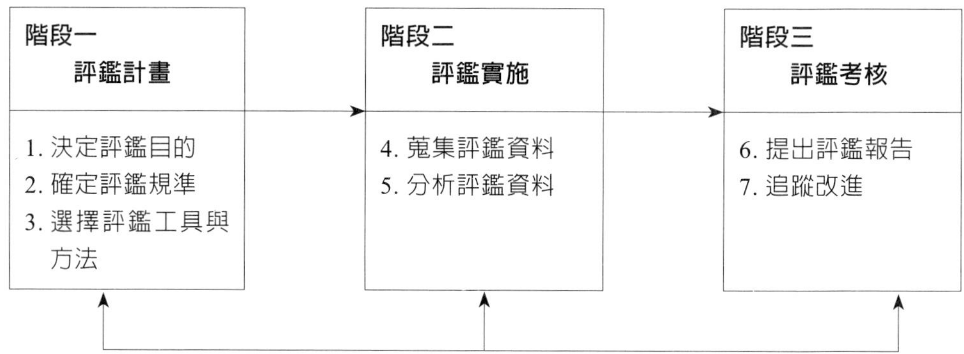

圖 3-2　教育行政評鑑步驟

資料來源：出自丁一顧（2004：331）。

參、校務評鑑的程序

學校評鑑爲一動態、有系統、有組織、有目的的活動，爲達學校評鑑效果，評鑑的實施有其嚴謹的步驟。田布林克（T. D. TenBrink）曾將評鑑程序分爲十個步驟，如圖3-3所示。步驟一爲確定須作的判斷和決定；其二爲描述需要的資料；其三爲界定可用的資料；其四爲決定何時和如何獲取所需

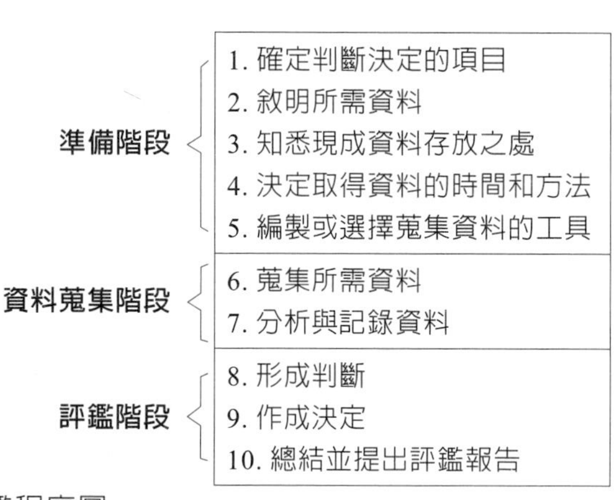

圖 3-3　田布林克評鑑程序圖

資料來源：修訂自吳清山（2014：350）。

資料；其五為選擇資料蒐集工具；其六為獲取所需資料；其七為分析和記錄資料；其八為形成判斷；其九為作決定；最後為摘要和報告詳細結果（吳清山，2014）。

肆、校務評鑑實施程序實例

由上述方案評鑑的步驟、教育行政評鑑實施程序，以及校務評鑑程序的內涵可知，不論步驟之多寡，階段之劃分為何？其主軸議題皆包括評鑑的why、what及how，亦即為何評鑑？動機為何？評鑑目的為何？要評鑑什麼？以及評鑑的方法為何等要素。而在實務應用上反映了品質管理策略PDCA之要義，亦符應行政三聯制之意旨，為充分發揮PDCA及行政三聯制之功能，校務評鑑的行動策略宜準此而行。茲以教育部第三期程普通型、綜合型、單科型及技術型高級中等學校評鑑為例，以評鑑計畫、執行及檢核三階段七個步驟，說明其評鑑程序。

一、階段一：評鑑計畫

(一) 決定評鑑目的

教育部為配合十二年國民基本教育推動實施，於100至103年辦理第二期程高中職學校評鑑，已於103年度辦理完竣，自104年起進行第三期程高中職學校評鑑。高級中等學校評鑑旨在以優質量化及質化指標，檢視學校辦學績效並建立學校自我改善機制，藉以提升教育品質。高級中等學校評鑑分為普通型、綜合型、單科型高級中等學校評鑑，以及技術型高級中等學校評鑑，其具體的目的如下：（教育部，2015，頁1）

1. 瞭解各校辦學情況及問題，謀求改進策略，提升教育品質。

2. 檢視學校教育目標達成狀況，協助學校發展特色，落實學校經營管理，促進學校自我成長能力。

3. 激勵學校教育人員士氣，強化自我評鑑效能，促進專業成長。

4. 統整部分相關評鑑，並將其融入學校評鑑中，降低學校負擔及節省教育資源。

5. 檢視各校申請均優質化輔助方案及相關教育計畫辦理績效，做爲教育資源分配與補助之參考。

6. 瞭解校長治校理念及辦學績效，提供校長遴選之參考。

7. 作爲各主管教育行政機關辦理普通型、綜合型、單科型高級中等學校發展、轉型及退場輔導作業之參考。

8. 提供教育決策單位與社會大眾有關學校辦學情況與績效之資訊。

9. 技術型高級中等學校評鑑之目的除上述八項外，另增「檢視第二期技職教育再造計畫推動現況」之目的（教育部，2015，頁1）。

(二) 確定評鑑規準

第三期程高級中等學校評鑑普通型、綜合型、單科型，以及技術型高級中等學校評鑑包括有：校長領導、行政管理、課程教學、師資質量、學務輔導、環境設備、社群互動、實習輔導，以及績效表現等九個評鑑項目與指標，如表3-2所示（教育部，2015a）。

表3-2　校務評鑑項目與指標

項目	指標數	指標內容
一、校長領導	5	包含辦學理念、專業素養、領導作為、校務經營、學校氛圍等五項指標。
二、行政管理	6;7*	1. 包含校務計畫、制度規章、行政運作、危機管理、財務管理、人事管理等六項指標。 2. 私校增列董事會運作等一項指標。
三、課程教學	7;8*	1. 包含課程設計、教材編選、多元視野、適性學習、有效教學、班級經營、補救教學等七項指標。 2. 有特殊學生之學校增列特殊教育等一項指標。

（續上表）

四、師資質量	4	包含教師人力、專業素養、教學精進、教學檔案等四項指標。
五、學務輔導	8	包含學輔機制、生活教育、增能展才、健康促進、弱勢扶助、適性輔導、生命教育、性平教育等八項指標。
六、環境設備	6	包含校園環境、空間配置、教學設施、圖書資源、安全維護、資源整合等六項指標。
七、社群互動	6	包含專業社群、親師互動、校務參與、社區關係、策略聯盟、校友服務等六項指標。
八、實習輔導（設有專業群科或專門學程之學校適用）	6	包含實習行政、技能教學、產學合作、實習場所、設備物料、職涯輔導等六項指標。
九、績效表現	5	包含學校聲望、教師效能、學生表現、社區認同、永續發展指標等五項指標。

高級中等學校評鑑普通型、綜合型、單科型，以及技術型高級中等學校「專業群科」評鑑包括培育目標、師資、課程、教學、圖儀設備（設施）、行政管理，以及辦理成效等七個評鑑項目與指標，如表3-3所示（教育部，2015b）。

表3-3　專業群科評鑑項目與指標

項目	指標數	指標內容
一、培育目標	3	包含目標發展、目標共識、目標執行等三項指標。
二、師資	3	包含師資專長、師資調配、專業成長等三項指標。
三、課程	3	包含課程計畫、課程架構、課程實施等三項指標。
四、教學	3	包含教學準備、有效教學、學習輔導等三項指標。
五、圖儀設備（設施）	3	包含教學設備、圖資設備、設施管理等三項指標。
六、行政管理	3	包含科群領導、制度建立、制度運作等三項指標。
七、辦理成效	2	包含績效表現、特色發展等二項指標。

(三) 選擇評鑑工具與方法

校務評鑑工具包括：1.評鑑表冊規劃；2.校務評鑑自我評鑑表；3.校務評鑑評分表，而其評鑑方法包括學校自我評鑑及實地訪評。

1. 校務評鑑工具

(1) 評鑑表冊規劃：校務評鑑項目與指標、專業群科評鑑項目與指標。

(2) 校務評鑑自我評鑑表。

(3) 校務評鑑評分表。

2. 校務評鑑方法

(1) 學校自我評鑑

①學校派員參加自我評鑑說明會：各受評學校需由校長或指派負責之人員參加說明會，俾瞭解評鑑實施方案與標準內容、如何實施自我評鑑、如何填寫相關表件與自我評鑑報告，以及受評學校如何配合訪問評鑑等。

②學校組成學校評鑑委員會：每所受評學校皆應組成學校評鑑委員會，委員會下依學校實際情況組成各項工作小組。

③學校評鑑委員會與各工作小組應定期召開會議，討論有關自我評鑑之內容與分工事項。

④進行自我評鑑：各項工作小組採用各種評鑑方式進行自我評鑑。

⑤撰寫各項小組自我評鑑報告。

⑥召開自我評鑑報告協調會議，以彙整學校自我評鑑報告。

各校自我評鑑小組依照自評手冊於實地訪評一個月前完成自我評鑑後，除上網填報自評資料外，並備妥書面資料十二份（須有校長核章）寄送承辦學校彙辦，並準備接受評鑑委員到校進行實地訪評或追蹤評鑑相關事宜。

(2) 實地訪視評鑑

各主管教育行政機關訪視評鑑包括下列四個部分：

①評鑑表冊規劃

a. 校務評鑑項目

b. 專業群科評鑑項目

c. 依學校類型設有專業群科、學程學校，專業群科評鑑方式以「科」進行評鑑，只設學程者，以「群」爲評鑑單位，同時有科與學程者，依其類別、特性、實際運作的合作與資源應用關係，學程納入歸屬科受評。

d. 評分參照依據：各指標之量化成績，依其達成率之高低，給予如下之計分：

5.0分：85%以上。

4.5分：78%以上未達85%。

4.0分：70%以上未達78%。

3.5分：63%以上未達70%。

3.0分：55%以上未達63%。

2.5分：48%以上未達55%。

2.0分：40%以上未達48%。

1.5分：33%以上未達40%。

1.0分：未達33%。

e. 學校特色：採用質性描述方式呈現，各校可將學校整體特色條列，並給予0-5分的評分。

② 評鑑小組委員組成：依「高級中等學校評鑑委員遴聘要點」聘請學者專家擔任評鑑委員，負責受評學校到校實地訪評工作，並置分組召集人及總召集人，負責彙整分組意見、受理各校申復事宜，並撰擬完成評鑑報告書及結果。

③ 辦理評鑑委員行前說明及講習：聯絡評鑑委員出席會議，印發評鑑工作手冊及相關表件等資料，含評鑑訪評委員倫理與保密協定，協調評鑑工作內容及評鑑報告之撰寫，增進委員之間互動及溝通以建立共識。

④ 評鑑委員進行到校實地訪評工作：當日實地訪評之主要內容爲：

a. 觀察、查閱相關檔案資料（如課程表、相關實施辦法……）。
b. 檢視學校環境設備之使用與維護情形。
c. 與校長、教職員、學生、家長會代表作廣泛而深入的訪談。
d. 對照與分析相關資料（包括量與質的資料）。
e. 委員彼此針對評鑑結果加以討論，建立共識，提出公正客觀之評鑑報告初稿。

二、階段二：評鑑實施

校務評鑑實施包括蒐集評鑑資料，以及分析評鑑資料兩部分。前者包括：(一)聽取簡報；(二)資料查閱；(三)環境參訪；(四)多元訪談；(五)綜合座談；(六)其他等六項；後者包括：(一)量化等第；(二)質性描述等二項。

(一) 蒐集評鑑資料

1. 聽取簡報

通常由校長親自簡報，包括：校長辦學理念、校長之統整能力、校務經營品質、校長及幹部投入校務經營程度、學校特色、學校發展瓶頸，以及學校組織氣氛之表徵等。

2. 資料查閱

資料需依指標分類系統陳列，包括：重要教育活動是否務實實施、計畫與成果之間落差程度、行政幹部能否系統整理資料、行政幹部對資料的說明與闡述能力、重點資料提供多元座談之話題與質性評述之素材，以及藉由重點資料充分瞭解學校特色等。

3. 環境參訪

校長及主要幹部帶領陪同，觀察整體學校建築及環境規劃、感受全校師生的校風氣氛、瞭解重要設備及專科教室使用情形、觀察學校人車動線的合宜性、蒐集行政幹部對環境設施運用，以及學校發展的看法等。

4. 多元訪談

訪評委員與教師、職員、學生、家長及行政幹部座談，旨在瞭解觀察這些成員對學校校務運作的滿意度、參與度，以及建議事項。從多元角度註解校務，給與客觀妥適的評價。

5. 綜合座談

評鑑委員提出待釐清問題或評鑑過程中需進一步瞭解學校辦學之情形，請學校說明及交換意見。

6. 其他

(二) 分析評鑑資料

評鑑資料之處哩，依量化與質性資料進行分析。

1. 量化等第

各評鑑項目等第，依其成績（評鑑指標之量化成績平均數，乘以20得之），分成下列五等第：

「優等」：得分在90分以上

「甲等」：得分爲80分以上未達90分

「乙等」：得分爲70分以上未達80分

「丙等」：得分爲60分以上未達70分

「丁等」：得分爲未達60分

2. 質性描述

就評鑑項目優缺點與改善意見，以文字描述方式呈現。針對各評鑑項目，具體評述受評學校之優點、特色與待改進之處。

三、階段三：評鑑檢核

評鑑檢核階段有下列：(一)提出評鑑報告與(二)追蹤改進等兩部分。

(一) 提出評鑑報告

實地訪視評鑑報告包括全文版及摘要版：

1. 全文版：包含完整的訪視評鑑報告。

2. 摘要版：包含優點、學校特色、對學校建議三部分。

(二) 追蹤改進

1. 經學校自我評鑑、評鑑委員到校進行實地訪評後，如需發展輔導之學校，將由主管機關組成發展輔導小組實地赴學校輔導，於輔導後組成追蹤評鑑小組進行評鑑。

2. 追蹤評鑑後仍未能改善者，依「高級中等學校發展轉型及退場輔導方案」辦理。

3. 追蹤評鑑之準則

(1)依高級中等學校追蹤評鑑作業要點辦理。

①校務評鑑項目有三項以上列爲丙等以下：列爲丙等以下之項目。

②校務評鑑項目有二項以上列爲丁等：列爲丙等之項目。

③校務評鑑整體結果列爲丙等以下：列爲丙等以下之項目。

④專業群科整體評鑑結果列爲丙等以下：列爲丙等以下之專業群。

⑤單一專業群科評鑑項目有四項列爲丙等以下：列爲丙等以下之項目。

(2)成績計算基準：依改善程度與原評鑑成績等第，評定量化成績，其評定基準如表3-4所示。

表3-4　校務評鑑成績計算基準表

改善程度	原評鑑成績等第	
	丙等	丁等
	追蹤評鑑成績	
大部分改善 （提升二個等第）	80 分—未達 90 分	70 分—未達 80 分
一半改善 （提升一個等第）	70 分—未達 80 分	60 分—未達 70 分
些微改善 （維持原等第）	60 分—未達 70 分	未達 60 分
未改善或退步 （降低一個等第）	未達 60 分 （依實際情形評分）	不適用

4. 追蹤評鑑之實地訪評，以半日爲原則，必要時，得視受評鑑項目延長爲一日；評鑑委員人數，視受評鑑項目定之。

第三節　校務評鑑的項目與指標

各級各類學校有其存在的使命、核心價値及願景，因之，有其選擇的方向及校務發展主題，而校務發展計畫之執行有其策略目標和焦點，爲瞭解策略目標達成與否，有賴衡量指標之評估。換言之，校務評鑑有賴藉由評鑑指標（效標）之衡量，以評估其績效，判斷其價値。本節旨在探討校務評鑑的項目、指標及參考效標，包括一般大學、科技校院、普通型、綜合型、單科型高級中等學校、技術型高級中等學校、國中、國小，以及幼兒園等，藉以瞭解各類各級學校校務評鑑項目及指標以供參考、比較。

壹、一般大學評鑑項目與指標

一般大學校院校務評鑑之評鑑項目有下列五項：學校自我定位、校務治理與經營、教學與學習資源、績效與社會責任，以及持續改善與品質保證機制等，參考效標分述如表3-5所示。

表3-5 一般大學評鑑項目與參考效標

項目	參考效標
1. 學校自我定位	1-1 學校分析優勢、劣勢、轉機與危機，並找出學校自我定位之作法為何？ 1-2 學校依據自我定位，擬定校務發展計畫之過程與結果為何？ 1-3 校院訂定學生應具備之基本素養與核心能力為何？ 1-4 校院相關學術單位之設置與校務發展計畫之相符程度為何？ 1-5 校院依據校務發展計畫，擬定之發展方向及重點特色為何？ 1-6 教師及學生對校院自我定位的認同與校務發展之瞭解為何？
2. 校務治理與經營	2-1 校長治校理念符應校務發展計畫情形為何？ 2-2 校務發展規劃與擬定之機制與運作情形為何？ 2-3 學校行政組織與相關委員會（如性別平等教育委員會、環保安衛管理組織、交通安全推動組織、教師評審委員會等）運作情形為何？ 2-4 學校行政人力配置之運用情形為何？是否合理並符合實際需要？ 2-5 校務行政電腦化之資訊安全與校園網路安全之管理與作業為何？ 2-6 學校檢核並提升行政服務品質之作法為何？ 2-7 學生參與校務治理之情形為何？ 2-8 私立學校董事會經營與監督機制之運作情形為何？ 2-9 私立學校會計制度之資產、負債、權益基金及餘絀、收入、支出情形為何？ 2-10 公立學校校務基金之組織運作制度、預算決算管理、營運作業管理、基金財務績效及與校務整體發展規劃的關係為何？ 2-11 學校追求國際化（含僑生教育之辦理）之作法為何？ 2-12 學校蒐集校務資訊作為自我改善並向利害關係人公布之作法為何？

（續上表）

3. 教學與學習資源	3-1 學校遴聘教師之機制及其運作為何？ 3-2 學校獎勵教師教學與研究卓越表現及協助專業成長之作法為何？ 3-3 校院評核教師學術（含教學、研究及服務）表現之機制為何？ 3-4 校院課程規劃機制之運作情形為何？ 3-5 學校通識教育整體規劃機制與實施情形為何？是否納入永續發展之議題？ 3-6 學校整體空間規劃與分配之作法為何？ 3-7 學校營造永續發展校園（含節能減碳、安全衛生與環境教育、無菸害校園）、交通安全教育、重視性別平等教育，以及安全、無障礙校園環境之作法為何？ 3-8 學校提供學術單位一般與專業教室（含實／試驗場所）之資源為何？ 3-9 學校提供資訊科技、圖書儀器及數位學習機制以滿足師生需求之作法為何？ 3-10 學校對智慧財產權保護的措施及成效為何？ 3-11 體育室（組）組織架構與運作機制為何？學校整體體育（含場地、器材、設施安全規範及經營）、體育課程（含必選修）及體育教學（含師資、提升體適能、提升游泳能力及適應體育）規劃機制與運作情形為何？ 3-12 學校對教學及學習資源之管理與維護機制為何？ 3-13 學校提供學生學習、生活輔導與住宿之情形為何？ 3-14 校院級導師制之實施情形為何？ 3-15 學校辦理畢業生生涯發展輔導之作法為何？
4. 績效與社會責任	4-1 校院學生入學資格之篩選機制為何？ 4-2 學校規劃與評核學生達成基本素養與核心能力之機制為何？ 4-3 校院學生學習評量之作法為何？ 4-4 校院學生卓越之學習表現為何？ 4-5 學校對教師教學評量之機制為何？ 4-6 學校依據教師教學評量進行輔導與改善之作法為何？ 4-7 校院教師卓越之研究與專業表現為何？ 4-8 校院教師參與推廣服務之表現為何？ 4-9 學校爭取產學合作之機制與成果為何？

（續上表）

	4-10 學校檢核績效責任，型塑為高聲望教育機構之作法為何？ 4-11 學校善盡社會公民責任（含服務學習），提供弱勢學生學習機會與照顧之作法為何？學校提供獎助學金與工讀機會（含生活學習獎助金、緊急紓困金、低收入戶免費住宿等）之作法及成效為何？另學校如何推動各類措施之宣導事宜？ 4-12 學校推動校內外競賽、運動及社團參與成果為何？
5. 持續改善與品質保證機制	5-1 學校之自我評鑑機制為何？ 5-2 學校蒐集利害關係人意見之作法為何？ 5-3 學校持續改善之品質保證機制為何？

資料來源：財團法人高等教育評鑑中心基金會（2015）。

貳、科技校院校評鑑項目與指標

科技校院校務暨系所評鑑（適用週期：科技大學103-107學年度、技術學院104-108學年度）之評鑑項目包括：學校定位與特色、校務治理與發展、教學與學習、行政支援與服務、績效與社會責任，以及自我改善等六項，參考效標列述如表3-6。

表3-6　103-108學年度科技校院校務暨系所評鑑項目與參考效標

項目	參考效標
1. 學校定位與特色	1-1 學校依據辦學宗旨、內外部條件及社會發展趨勢，擬定學校之自我定位。 1-2 學校依據自我定位，擬定校務發展目標、特色與發展計畫。 1-3 學校依據校務發展計畫，設置行政、學術單位及相關委員會，並建立法規制度。 1-4 學校訂定教育目標與學生基本素養之作法。 1-5 學校規劃永續經營之具體作法。

（續上表）

2. 校務治理與發展	2-1 學校校務決策組織之設置與運作情形。 2-2 行政管理體系之規劃、組成、人力配置與運作情形。 2-3 學校整體空間、資源規劃配置能滿足教師教學、研究、產學合作與學生學習需求之情形。 2-4 學校營造永續發展及落實友善校園（含無障礙設施）之作法。 2-5 校務發展計畫與重點特色之落實與評估。 2-6 學校推動產學合作及智慧財產經營管理之整體規劃策略與運作情形。 2-7 學校推動國際化之策略、規劃及運作情形。 2-8 學校推動性別平等之策略與運作情形。 2-9 學校推動體育運動之規劃及運作情形。 2-10 學校各項教育主題之執行情形。 2-11 學校向師生、校友、家長、業界及社會大眾公布重要訊息之作法。 2-12 其他校務發展特色。
3. 教學與學習	3-1 學校配合教育目標之課程規劃及運作機制。 3-2 學校教學規劃及運作機制。 3-3 通識教育規劃及運作情形。 3-4 性別平等教育課程與教學規劃及運作情形。 3-5 學生輔導機制規劃與落實。 3-6 學院教學與學習之整合功能及運作機制。 3-7 教學與學習方面之特色規劃及運作情形。
4. 行政支援與服務	4-1 學校內部控制制度與稽核之執行與檢討作法。 4-2 學校人事管理制度之執行與檢討作法。 4-3 學校會計制度及財務審查程序之執行與檢討作法。 4-4 學校總務行政支援之執行與檢討作法。 4-5 學校圖書館館藏使用率、館內其他服務與館際合作提升服務品質之情形。 4-6 學校各單位行政 e 化、各項資訊與網路支援服務，及資訊安全之適切性。 4-7 行政支援與服務方面之特色規劃及運作情形。

（續上表）

5. 績效與社會責任	5-1 學校依定位與發展目標評核校務之整體表現。 5-2 學校依據教育目標及學生基本素養評核學生學習成效。 5-3 學校推廣及服務成果。 5-4 學校提供弱勢學生以及因性別因素而受不利差別待遇學生之學習機會與照顧之作法與成果。 5-5 學校其他特色策略與成果。
6. 自我改善	6-1 學校自我評鑑機制及落實情形。 6-2 學校持續改善之品質保證機制。 6-3 針對前次評鑑（訪視）意見之檢討及後續處理情形。 6-4 其他措施。

資料來源：技專校院評鑑資訊網（2015）。

參、普通型、綜合型、單科型高級中等學校評鑑項目與指標

第三期程普通型、綜合型、單科型高級中等學校評鑑自2015至2019年實施，與第二期程相較，其評鑑項目與指標部分，由於評鑑範疇除校務評鑑與專業群科評鑑外，爲減輕學校負擔，節省時間及資源，將下列各項評鑑納入：綜合高中訪視、體育促進訪視、校長遴選考評、校務基金評鑑、教育儲蓄戶，以及原民特教訪視等六項。因之，評鑑項目與指標有所增加、刪除及調整。

在校務評鑑項目方面，新增「師資質量」一項，在指標內容方面之增加、刪除及調整如下：

1.「校長領導」項目方面，增加「校務經營」、「學校氛圍」二項指標。刪去的部分有：團隊整合，以及形象風格二項指標。

2.「行政管理」項目方面，增加「制度規章」一項指標；刪去制度建全、資訊管理、費用收取三項指標。

3.「課程教學」項目方面，刪去學科精進一項指標。

4.「師資質量」項目方面，增加「教師人力、專業素養、教學精進、教

學檔案」等四項指標。

5.「學務輔導」項目方面，增加「增能展才」及「健康促進」二項指標。刪去的部分有：多元展能、自治參與、體育衛生、適性發展、輔導諮商，以及性別教育等六項指標。

6.「環境設備」項目方面，增加「圖書資源」一項指標，刪去圖書館舍、圖資設備等二項指標。

7.「社群互動」項目方面，增加「專業社群」、「親師互動」二項指標；刪去教師組織、家長參與、學校氣氛、區域均衡等四項指標。

8.「實習輔導」項目方面，增加「技能教學」、「實習場所」、「設備物料」、「職涯輔導」等四項指標，刪除校訂課程指標。

9.「績效表現」項目方面，增加「教師效能」指標，刪除教師專業、就近入學二項指標。

專業群科評鑑在指標內容方面亦有所增加、刪除及調整如下：

1.「培育目標」項目方面，刪除「群科目標評鑑」，增加「目標執行」指標。

2.「師資」項目方面，增加「師資專長」指標。

3.「課程」項目方面，刪除「群科課程內容」，增加「課程實施」指標。

4.「教學」項目方面，刪除教學實施、教學資源運用等二項指標。

5.「圖儀設備（設施）」項目方面，刪除「圖資配置」，增加「圖資設備」指標。

6.「行政管理」項目方面，刪除「制度組織、行政運作」二項指標，增加「群科領導」、「制度建立」，以及「制度運作」等三項指標。

7.「辦理成效」項目方面，將項目名稱由群科績效表現、特色與其他改爲「辦理成效」。

以上評鑑項目與指標之增加、刪除及調整，詳見表3-2及表3-3。此外，各評鑑參考效標之增加、刪除及調整亦然。第三期程普通型、綜合型、單科型高級中等學校評鑑系統架構見圖3-4（教育部，2015）。

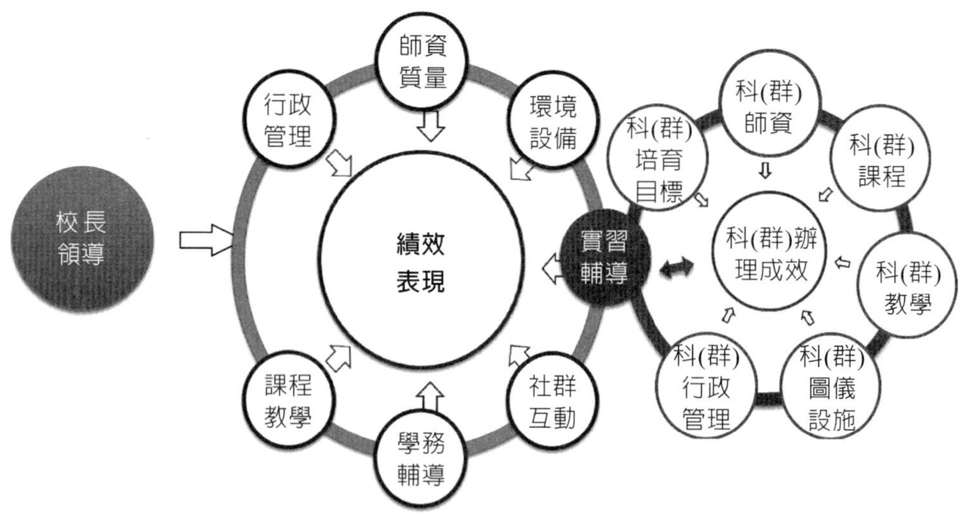

圖 3-4　第三期程普通型、綜合型、單科型高級中等學校評鑑系統架構圖

肆、技術型高級中等學校評鑑項目與指標

第三期程技術型高中評鑑以校長治學理念爲動力，融合學校行政管理、課程教學、師資質量、學務輔導、社群互動、環境設備、實習輔導、專業群科，並以績效表現爲辦學成效之具體呈現。第三期程技術型高級中等學校評鑑之校務評鑑及專業群科之評鑑項目與指標，均與普通型、綜合型、單科型高級中等學校相同，其評鑑項目與指標見表3-7（教育部，2015）。

表3-7　第三期程技術型高級中等學校評鑑項目與指標

項目	指標數	指標內容
一、校長領導	5	包含辦學理念、專業素養、領導作為、校務經營、學校氛圍等五項指標。
二、行政管理	6;7*	1. 包含校務計畫、制度規章、行政運作、危機管理、財務管理、人事管理等六項指標。 2. 私校增列董事會運作等一項指標。

（續上表）

三、課程教學	7;8*	1. 包含課程設計、教材編選、多元視野、適性學習、有效教學、班級經營、補救教學等七項指標。 2. 有特殊學生之學校增列特殊教育等一項指標。
四、師資質量	4	包含教師人力、專業素養、教學精進、教學檔案等四項指標。
五、學務輔導	8	包含學輔機制、生活教育、增能展才、健康促進、弱勢扶助、適性輔導、生命教育、性平教育等八項指標。
六、環境設備	6	包含校園環境、空間配置、教學設施、圖書資源、安全維護、資源整合等六項指標。
七、社群互動	6	包含專業社群、親師互動、校務參與、社區關係、策略聯盟、校友服務等六項指標。
八、實習輔導	6	包含實習行政、技能教學、產學合作、實習場所、設備物料、職涯輔導等六項指標。
九、績效表現	5	包含學校聲望、教師效能、學生表現、社區認同、永續發展等五項指標。

伍、國中小學校、幼兒園基礎評鑑項目與指標

國中小學校務評鑑項目與指標以臺北市與新北市為例，包括：臺北市國中評鑑項目與指標、臺北市國小評鑑項目與指標、新北市國中小評鑑項目與指標，以及教育部幼兒園基礎評鑑類別、項目與細項等四部分，茲列述於下：

一、臺北市國中學校評鑑項目與指標

臺北市國中評鑑項目有：學校領導與經營、課程發展與教學、專業知能與發展、學生事務與輔導、特教團隊與運作、資訊規劃與實踐、學生學習與表現、家長與社區參與、家長與社區參與、董事會設置與經營、學校發展特

色、困難與改進策略等十一項，其評鑑指標如表3-8所示。

表3-8　臺北市國中評鑑項目與指標

項目	評鑑指標
一、學校領導與經營	1-1 建立優質的領導品質 1-2 展現創意的學校經營 1-3 追求有效的行政運作 1-4 營造永續的校園環境 1-5 展現卓越的教育績效
二、課程發展與教學	2-1 規劃適性的課程 2-2 實施有效的教學和評量 2-3 運用合宜的資源
三、專業知能與發展	3-1 展現專業的知能與態度 3-2 規劃系統的專業成長方案 3-3 執行多元的專業發展活動 3-4 表現卓越的專業成果
四、學生事務與輔導	4-1 建置完善的學生事務與輔導系統 4-2 規劃適切的學生事務與輔導活動 4-3 推動合宜的學生事務與輔導活動 4-4 展現優質的學生事務與輔導成效
五、特教團隊與運作	5-1 發揮有效的行政運作 5-2 落實適性的課程與教學 5-3 整合優質的師資與團隊 5-4 營造完善的環境與資源 5-5 提供健全的支援服務
六、資訊規劃與實踐	6-1 規劃具體的資訊教育發展計畫 6-2 運用有效的資訊科技 6-3 涵養適切的資訊素養與倫理
七、學生學習與表現	7-1 展現學生多樣的行為表現 7-2 彰顯學生正向的情意表現 7-3 顯現學生多元的知識表現

（續上表）

八、家長與社區參與	8-1 建立完備的家長人力及社區資源資料庫 8-2 引導正向的家長參與校務 8-3 強化系統的家長與志工組織運作 8-4 協助社區與家長妥善的使用學校資源
九、董事會設置與經營	9-1 落實健全的董事會職權行使 9-2 協助學校發展具體的經營目標 9-3 訂定與落實健全的學校人事制度 9-4 執行有效的財務管理
十、學校發展特色	學校自訂
十一、困難與改進策略	學校自訂

資料來源：臺北市政府教育局（2011）。

二、臺北市國小學校評鑑項目與指標

臺北市國小評鑑項目包括：學校領導與行政管理、課程發展與評鑑運用、教師教學與專業發展、學生學習與成效表現、學生事務與國民素養、學生輔導與支持網絡、校園環境與教學設備、特殊教育與團隊運作、公共關係與家長參與，以及董事會設置與經營等十項，其評鑑指標如表3-9所示。

表3-9　國小評鑑項目與指標——臺北市

項目	評鑑指標
一、學校領導與行政管理	1-1 展現卓越的領導風格 1-2 發展完備的學校計畫 1-3 發揮有效的行政運作 1-4 追求優質的經營績效 1-5 推動適切的性別平等教育
二、課程發展與評鑑運用	2-1 提供全面的課程規劃與領導 2-2 發展切合的學校本位課程內容 2-3 進行系統的課程評鑑與檢討 2-4 規劃完善的資訊教育方案

（續上表）

三、教師教學與專業發展	3-1 提供完整的學習領域教學計畫 3-2 實施有效的教學策略與課業輔導 3-3 進行系統的教學與評量檢討 3-4 訂定完善的教師專業發展計畫 3-5 參與多元的專業發展計畫與競賽 3-6 提出具體的教師專業成長績效
四、學生學習與成效表現	4-1 培養厚實的學習力 4-2 培養持續的閱讀力 4-3 培養多元的思考力 4-4 培養豐富的創造力 4-5 培養靈活的移動力 4-6 培養優雅的品格力
五、學生事務與國民素養	5-1 推動合宜的生活教育與品德教育 5-2 推展適當的法治及自治教育 5-3 舉辦多元的學習活動與競賽 5-4 維護完善的衛生保健措施 5-5 執行有效的體育教學活動 5-6 辦理適性的社團活動與服務學習
六、學生輔導與支持網絡	6-1 建構完善有效的學生輔導機制 6-2 整合專業適性的輔導資源網絡 6-3 活絡團隊合作的輔導系統運作 6-4 營造溫馨關懷的友善校園文化 6-5 展現正向適性的輔導成效
七、校園環境與教學設備	7-1 營造安全健康的學習校園 7-2 充實完善之教學設備 7-3 推動永續發展的校園環境 7-4 開創有效的學校資源
八、特殊教育與團隊運作	8-1 發揮有效的特殊教育行政運作 8-2 整合優質的特殊教育師資與團隊 8-3 實施專業的特殊教育鑑定與安置 8-4 落實適性的特殊教育課程與教學 8-5 營造完善的特殊教育環境與資源 8-6 提供健全的特殊教育支援與服務

（續上表）

九、公共關係與家長參與	9-1 建構現代的行銷與公共關係 9-2 推展積極的學校與社區互動 9-3 營造友善的校園與親師關係 9-4 建立系統的家長會運作模式 9-5 促進有效的家長會校務參與
十、董事會設置與經營	10-1 建立完善的學校經營目標 10-2 落實適配的董事會職權行使 10-3 促進健全的學校人事制度 10-4 執行有效的財務管理與運用

資料來源：臺北市政府教育局（2013）。

三、新北市國中小學校評鑑項目與指標

學校型態中尚有國中小之類型，茲以新北市國中小為例，新北市國中小評鑑向度有：校長領導與董事會經營、行政管理、課程、教學與評量、教師專業發展、學生事務、學生輔導、校園營造、社群關係、績效表現等十項，其評鑑向度與項目如表3-10所示，其評鑑指標如附錄一所示。

表3-10　新北市國中小評鑑向度、項目及指標

評鑑向度	評鑑項目
一、校長領導與董事會經營	1. 校長辦學理念與專業素養
	2. 校務規劃與管理
	3. 領導作為與表現
	4. 董事會經營（私立學校適用）
二、行政管理	1. 校務計畫、制度、規章與組織
	2. 行政運作
	3. 安全維護與危機管理

（續上表）

三、課程	1. 課程組織與規劃
	2. 課程設計與實施
	3. 課程評鑑
四、教學與評量	1. 教學計畫與實施
	2. 適性教學
	3. 學習評量
五、教師專業發展	1. 專業素養
	2. 教學精進
	3. 班級經營與輔導
六、學生事務	1. 學生事務計畫與實施
	2. 德育與群育
	3. 衛生保健與健康體能促進
七、學生輔導	1. 學生輔導計畫與實施
	2. 生命教育
	3. 特殊教育學生輔導
	4. 高風險學生輔導
八、校園營造	1. 校園空間與環境
	2. 教學設施與設備
	3. 資源與經費
九、社群關係	1. 家長與學校
	2. 外部經營
	3. 內部經營
十、績效表現	1. 學校表現與聲望
	2. 師生表現
	3. 政策推動成效
	4. 學校特色或重點發展方向（可以屬於以上任何面向，請勿超過三項，亦可從缺）

資料來源：新北市國民中小學校務評鑑指標（2015）。

四、幼兒園基礎評鑑類別、項目及細項

幼兒園評鑑制度係依據評鑑目的之不同，分層次採取「基礎評鑑」及「專業認證評鑑」兩種機制，除了依法保障幼兒受教權益及教職員工基本就業權益，亦逐步引導幼兒園提升教保專業品質。「基礎評鑑」之目的主要在執行政府監督的責任，檢核幼兒園持續符合法令相關規定，並就各園評鑑情形予以公開。而「專業認證評鑑」則是確認幼兒園達成專業品質，並建立自我改進之良性循環機制（全國教保資訊網，2015）。

教育部幼兒園基礎評鑑類別有：設立與營運、總務與財務管理、教保活動課程、人事管理、餐飲與衛生管理，以及安全管理等六類，其項目如表3-11（教育部，2015c），其細項如附錄二所示。

表3-11　教育部幼兒園基礎評鑑類別及項目

類別	項目
1. 設立與營運	1.1 設立名稱
	1.2 設立地址
	1.3 師生比例
	1.4 資訊公開
2. 總務與財務管理	2.1 接送制度
	2.2 收費規定
	2.3 幼兒保險
	2.4 環境設備維護
3. 教保活動課程	3.1 課程規劃
	3.2 幼兒發展篩檢
	3.3 活動室環境
	3.4 午休
4. 人事管理	4.1 津貼權益
	4.2 員工保險
	4.3 退休制度

（續上表）

5. 餐飲與衛生管理	5.1 餐飲管理
	5.2 衛生保健
	5.3 緊急事件處理
6. 安全管理	6.1 交通安全
	6.2 場地安全

資料來源：教育部（2015c）。

陸、小結

本節探討各級各類學校校務評鑑項目與指標，由於各級各類學校教育目標不同，其績效評估與價值判斷之項目與指標亦有別。從表3-12觀之，高等教育方面（包括一般大學及科技校院），除校務經營管理、教學及學習項目外，特別強調大學之自我定位、社會責任及自我改善機制。後期中等教育方面（包括普通型、綜合型、單科型、技術型高級中等學校），則強調績效表現及辦理成效，特別強調辦學特色之訴求。前期中等教育（國民中學）與國民教育（國民小學）方面，以教師專業發展及特殊教育與團隊運作爲其特色。至於學前教育方面，則著重幼兒教育與照顧之合宜性。

表3-12　各級各類學校校務評鑑項目比較表

學校別	評鑑項目
一、一般大學	1. 學校自我定位
	2. 校務治理與經營
	3. 教學與學習資源
	4. 績效與社會責任
	5. 持續改善與品質保證機制

（續上表）

二、科技校院	1. 學校定位與特色
	2. 校務治理與發展
	3. 教學與學習
	4. 行政支援與服務
	5. 績效與社會責任
	6. 自我改善
三、高級中等學校	1. 校長領導
	2. 行政管理
	3. 課程教學
	4. 師資質量
	5. 學務輔導
	6. 環境設備
	7. 社群互動
	8. 實習輔導
	9. 績效表現
四、臺北市國中	1. 學校領導與經營
	2. 課程發展與教學
	3. 專業知能與發展
	4. 學生事務與輔導
	5. 特教團隊與運作
	6. 資訊規劃與實踐
	7. 學生學習與表現
	8. 家長與社區參與
	9. 董事會設置與經營
	10. 學校發展特色
	11. 困難與改進策略

（續上表）

五、臺北市國小	1. 學校領導與行政管理
	2. 課程發展與評鑑運用
	3. 教師教學與專業發展
	4. 學生學習與成效表現
	5. 學生事務與國民素養
	6. 學生輔導與支持網絡
	7. 校園環境與教學設備
	8. 特殊教育與團隊運作
	9. 公共關係與家長參與
	10. 董事會設置與經營
六、幼兒園基礎評鑑	1. 設立與營運
	2. 總務與財務管理
	3. 教保活動課程
	4. 人事管理
	5. 餐飲與衛生管理
	6. 安全管理

本章小結

本章第一節探討校務評鑑的方法與原則，包括形成性評鑑與總結性評鑑；校務內部評鑑、外部評鑑、自我評鑑、訪視評鑑的方法，以及校務評鑑的原則。形成性與總結性評鑑在校務評鑑的應用爲，在評鑑準備階段採用形成性評鑑；在實地訪評時採用總結性評鑑。在目標方面，前者在於改進校務；後者在於決定校務的優點或特色，並提供改進建議。前者之主要特徵在於提供回饋，使學校教育人員據以改善；後者則在提供資訊，使作決定，或認可其辦學績效，抑或決定其績效等第。在資料蒐集目標方面，前者在於診斷；後者在於作判斷。在資料蒐集過程中，前者在於瞭解學校正在做什麼？需要修正什麼？以及如何獲得改良？後者則在探討辦學績效結果，分析學校辦學的優點或特色，以及爲未來的改進提供建議。然根據評鑑精神，不論形成性評鑑或總結性評鑑，其目的皆不離改進或改善之意旨。

第二節析論校務評鑑的程序與實例，藉由探討方案評鑑的步驟；教育行政評鑑實施的程序；校務評鑑的程序；並以實例說明校務評鑑實施的程序。校務評鑑的步驟可分爲三階段七步驟，第一階段爲評鑑計畫準備階段，包括：(一)決定評鑑的目的；(二)確定評鑑規準；(三)選擇評鑑工具與方法。階段二爲評鑑實施資料蒐集階段，包括：(四)評鑑資料的蒐集；(五)評鑑資料的分析。階段三爲評鑑檢核階段，包括：(六)提出評鑑報告；(七)進行追蹤改進。

第三節藉由對照一般大學；科技校院；普通型、綜合型、單科型、技術型高級中等學校；以及國民中小學、幼兒園等之評鑑項目與指標，藉以瞭解各類各級學校校務評鑑項目及指標，探析其績效評估與價值判斷之重點與訴求，供參考比較。

第四章

校務評鑑的設計與實施

第一節　校務評鑑的法源依據

壹、校務評鑑共同法源依據

貳、各級各類學校校務評鑑法源依據

參、小結

第二節　校務評鑑的專業歷程

壹、校務評鑑準備

貳、校務評鑑實地訪評

參、校務評鑑訪評結果

肆、校務評鑑結果運用

伍、小結

第三節　校務評鑑實施的啟示

壹、校務評鑑有賴具積極心態的學校團隊

貳、行政人員宜養成SOP建檔習慣

參、回歸成就學生之學校教育目的

肆、評鑑單位宜即時將評鑑訊息與範本上網供參

伍、校務評鑑端賴全員參與、合作分工、檢視創造，以發揮整體效益

陸、落實自我評鑑，以發揮校務評鑑功能

本章小結

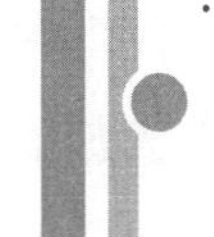

教育品質，決定教育價值，確保品質，從校務評鑑開始。

校務評鑑的實施宜結合法源依據、理論及實務經驗，依照我國目前校務評鑑的項目，在行政效能、課程發展、師資教學、學生輔導、環境設施，以及資源整合向度方面，皆分別有其重要理念。而在校務評鑑實務運作時，除依照參考指標逐項準備資料外，在訪評過程中也應注意接待禮儀，在評鑑結果呈現後，將優點作爲激勵校內士氣的內容，缺點作爲改善的目標，並作爲未來擬定校務發展計畫之依據，茲析論校務評鑑的法源依據、專業歷程，以及實施啓示於后。

第一節 校務評鑑的法源依據

法源依據爲校務評鑑提供藍圖，亦是政策實施的指南，作爲一切行爲的根本大法，爲不可或缺之準據。教育基本法爲教育最根本的母法，而我國的義務教育則以國民教育法爲主體，國民小學評鑑實施要點及十二年國民基本教育皆以校務評鑑爲重點，此外，特殊教育學校、私立學校、高中、技職校院及大學亦然。本節將校務評鑑分爲共同法源依據，以及大學、專科、高級中學、職業學校、私立學校、特殊教育學校、國民中小學、幼兒園校務評鑑等法源依據，茲分別引介如后。

壹、校務評鑑共同法源依據

《教育基本法》第九、十、十三條皆提到教育評鑑，其中分別分述教育權限之內容，說明應該設立教育審議委員會並定期召開，以及應加強教育研究及評鑑工作。教育經費編列與管理法則提到建立評鑑制度，對教育機構進行評鑑，以提升教育經費應用績效，此二法爲校務評鑑共同基本法源依據，換言之，辦理校務評鑑乃依法行政。

一、教育基本法

《教育基本法》的第九、十及十三條規範教育評鑑工作，茲羅列如下：

(一)《教育基本法》（2013年修正）第九條：「中央政府之教育權限包括教育統計、評鑑與政策研究。」

(二)《教育基本法》第十條：「直轄市及縣（市）政府應設教育審議委員會，定期召開會議，負責主管教育事務之審議、諮詢、協調及評鑑等事宜。」

(三)《教育基本法》第十三條：「政府及民間得視需要進行教育實驗，並應加強教育研究及評鑑工作，以提升教育品質，促進教育發展。」

二、教育經費編列與管理法

《教育經費編列與管理法》（2013年修正）第十六條舉出，各級主管教育行政機關爲提升教育經費使用績效，應建立評鑑制度，對於公、私立學校及其他教育機構進行評鑑，前項評鑑工作得委託相關學術團體辦理。但應於評鑑前公布評鑑項目，並於評鑑後公布評鑑結果。評鑑工作之進行方式、程序及獎補助等相關事項，由各級主管教育行政機關訂定之。

貳、各級各類學校校務評鑑法源依據

各級各類學校校務評鑑法源有下列八項：大學、專科、高中、職業學校、私立學校、特殊教育學校、國民教育，以及幼兒園等，此說明學校校務評鑑之實施皆依法有據。

一、大學校務評鑑法源依據

(一)《大學法》（2011年修正）第五條：「大學應定期對教學、研究、服務、輔導、校務行政及學生參與等事項，進行自我評鑑；其評鑑規定，由各大學定之。教育部爲促進各大學之發展，應組成評鑑委員會或委託學術團體或專業評鑑機構，定期辦理大學評鑑，並公告其結果，作爲政府教育經費補助及學校調整發展規模之參考；其評鑑辦法，由教育部定之。」

(二)《大學法》第九條第五項：「教育部及各該所屬地方政府應於校長聘期屆滿十個月前進行評鑑，作爲大學決定是否續聘之參考。」

(三)《大學法》第十六條第一項第五款：「校務會議審議下列事項：五、有關教學評鑑辦法之研議。」

(四)《大學法》第二十一條：「大學應建立教師評鑑制度，對於教師之教學、研究、輔導及服務成效進行評鑑，作爲教師升等、續聘、長期聘任、停聘、不續聘及獎勵之重要參考。前項評鑑方法、程序及具體措施等規定，經校務會議審議通過後實施。」

(五)《大學評鑑辦法》（2013年修正）第二條：「爲建立完善之大學評鑑制度，教育部（以下簡稱本部）應規劃下列大學評鑑事務：

1. 研究我國大學評鑑制度。
2. 蒐集分析國外大學評鑑相關資訊。
3. 協助大學申請各類學門國際認證。
4. 發展建立國內外專業評鑑機構資格指標。
5. 建立國內大學評鑑之人才庫及資料庫。
6. 提供大學評鑑相關人員之培訓課程。
7. 其他與評鑑制度相關之事項。前項評鑑事務之規劃，必要時得委由本部與大學共同成立之財團法人高等教育評鑑中心基金會（以下簡稱評鑑中心）爲之，並由評鑑中心擬訂工作計畫報本部核定。」

(六)《大學評鑑辦法》第三條：「大學評鑑之類別如下：

1. 校務評鑑：對教務、學生事務、總務、圖書、資訊、人事及會計等事務進行全校整體性之評鑑。
2. 院、系、所及學位學程評鑑：對院、系、所及學位學程之課程設計、教師教學、學生學習、專業表現、圖儀設備、行政管理及辦理成效等項目進行之評鑑。
3. 學門評鑑：對特定領域之院、系、所或學程，就研究、教學及服務成效進行之評鑑。
4. 專案評鑑：基於特定目的或需求進行之評鑑。

前項第一款及第二款之評鑑，每四年至七年應辦理一次，並得依需要調整之；第三款及第四款之評鑑，得依需要辦理之。」

(七)《**大學評鑑辦法**》第四條：「爲辦理大學評鑑，本部應自行組成評鑑委員會或委託學術團體或專業評鑑機構定期爲之。前項所定學術團體或專業評鑑機構，應符合下列條件：
1. 經核准立案之全國性學術團體或經核准立案且設立宗旨與大學教育相關之全國性民間團體或專業機構。
2. 有專業客觀之評鑑實施計畫，包括足夠之評鑑領域專家學者、完善之評鑑委員遴選與培訓制度、足夠之專（兼）任行政人員及健全之組織及會計制度。」

(八)《**大學評鑑辦法**》第五條：「各大學應接受本部或本部委託之學術團體或專業評鑑機構定期辦理之大學評鑑。但符合下列條件之一者，得向本部申請免接受評鑑：
1. 已建立完善自我評鑑制度，其自我評鑑機制及結果經本部認定通過。
2. 已經本部認可之其他國內外專業評鑑機構評鑑通過。本部爲辦理前項但書第一款之認定，應組成認定小組爲之，其認定之程序及基準，由本部定之；爲辦理前項但書第二款之認可，應組成認可小組爲之，其認可之程序及基準，由本部定之，經本部認可之國內外專業評鑑機構，應由本部公告其名稱。」

(九)《大學評鑑辦法》第六條：「本部或由本部委託之學術團體或專業評鑑機構，應依下列原則及程序辦理大學評鑑工作：

1. 組成評鑑委員會，統籌整體評鑑事宜。
2. 各類評鑑應於評鑑辦理一年前通知受評鑑大學。但學門評鑑及專案評鑑，不在此限。
3. 各類評鑑應編訂評鑑實施計畫，除專案評鑑外，應於辦理評鑑六個月前公告。
4. 前款評鑑實施計畫內容應包括評鑑項目、基準（指標）、程序、結果、申復、申訴與評鑑委員資格、講習、倫理、迴避及其他相關事項，經評鑑委員會通過及本部核定後，由本部或本部委託之學術團體或專業評鑑機構公告之。
5. 辦理評鑑說明會，針對評鑑計畫之實施，向受評鑑大學詳細說明。
6. 籌組評鑑小組，接受評鑑委員會之督導，執行評鑑事務。
7. 於當年度該次所有大學評鑑結束後四個月內完成評鑑報告初稿，送受評鑑大學。
8. 對評鑑報告初稿不服之受評鑑大學，應於收到報告初稿二星期內，向本部或本部委託之學術團體或專業評鑑機構提出申復；申復有理由時，本部或本部委託之學術團體或專業評鑑機構應修正評鑑報告初稿；申復無理由時，維持評鑑報告初稿，並完成評鑑報告書及評鑑結果。
9. 本部或本部委託之學術團體或專業評鑑機構應公布評鑑結果，並將評鑑報告書送受評鑑大學。
10. 對評鑑結果不服之受評鑑大學，應於結果公布一個月內，向本部或本部委託之學術團體或專業評鑑機構提出申訴；申訴有理由時，本部或本部委託之學術團體或專業評鑑機構應修正評鑑結果或重新辦理評鑑，最終之評鑑結果另行公告之。
11. 針對受評鑑大學之申復、申訴意見，應制定公正客觀之處理機制。
12. 依評鑑類別性質及目的之不同，訂定評鑑結果之處理方式，並訂定追蹤評鑑及再接受評鑑機制，定期辦理之。

13.評鑑委員及參與評鑑相關人員自評鑑工作所獲取之各項資訊，應負保密義務，不得公開。」

(十)《大學評鑑辦法》第七條：「本部得對受託辦理大學評鑑之學術團體或專業評鑑機構之規劃、設計、實施及結果報告等進行後設評鑑；其評鑑結果，得作爲本部遴選委託辦理大學評鑑之依據。」

(十一)《大學評鑑辦法》第八條第一項：「受評鑑大學對評鑑結果所列缺失事項，應依規定期限積極改進，並納入校務規劃；對未能改進事項，應提出說明。改進結果列爲下次評鑑之項目。本部得以評鑑結果作爲核定調整大學發展規模、學雜費及經費獎勵、補助之參據。」

(十二)《大學評鑑辦法》第九條第一項：「受評鑑大學經評鑑爲辦理完善，績效卓著者，應符合下列條件之一：

1. 最近一次大學校務評鑑項目全數通過、最近一次技專校院綜合評鑑行政類評鑑成績均達一等（或通過），或大學、技專校院校務項目依第五條第一項規定經本部核准免接受評鑑在有效期限內。
2. 最近一次大學院、系、所、學位學程評鑑項目全數通過、最近一次技校院綜合評鑑專業類評鑑，其院、系、所、學位學程評鑑成績均達一等（或通過），或大學、技專校院院、系、所、學位學程評鑑依第五條第一項規定經本部核准免接受評鑑在有效期限內。」

(十三)《大學評鑑辦法》第十一條第二項：「本部於必要時，得對大學辦理前條各項規定事項之成效，進行專案評鑑或考核，並以評鑑或考核結果作爲變更或廢止原核定處分之參考。」

二、專科校務評鑑法源依據

(一)《專科學校法》（2014年修正）第十二條：「專科學校應定期對教學、

服務、輔導、校務行政、學生實習、產學合作及學生參與等事項，進行自我評鑑；其評鑑規定，由各校訂之。教育部爲促進各專科學校之發展，應組成評鑑小組或委託大學、學術團體或專業評鑑機構，定期辦理專科學校評鑑。評鑑結果應公告，並得作爲教育部審酌專科學校增減、調整科、組、班數或招生名額、調整學雜費核算指標、部分或全部停辦等事項之參考。前項評鑑類別、內容、基準、方式、程序、評鑑結果之運用及其他相關事項之辦法，由教育部定之。」

(二) **《專科學校法》**第十五條第四項：「教育部或直轄市政府應於校長聘期屆滿一年前進行評鑑，作爲專科學校決定是否續聘之參考。」

(三) **《專科學校法》**第十五條第五項：「立專科學校校長於教育部或直轄市政府進行前項續聘評鑑程序時表達無續任意願，或參加續聘未獲通過者，不得參加原學校新任校長遴選。」

(四) **《專科學校法》**第二十二條第一項第五款：「校務會議審議下列事項：五、有關教學評鑑辦法之研議。」

(五) **《專科學校法》**第二十八條：「專科學校應建立教師評鑑制度，對教師之教學、研發、輔導及服務成效進行評鑑，作爲教師升等、續聘、長期聘任、停聘、不續聘及獎勵之重要參考。前項評鑑方法、程序及具體措施等規定，經校務會議審議通過後實施。」

(六) **《專科學校評鑑實施辦法》**第二條：「爲建立完善之專科學校評鑑制度，教育部（以下簡稱本部）應規劃下列專科學校評鑑事務：

1. 研究我國專科學校評鑑制度。
2. 蒐集分析國外專科學校評鑑相關資訊。
3. 建立國內專科學校評鑑之人才庫及資料庫。
4. 提供專科學校評鑑相關人員之培訓課程。
5. 其他與評鑑制度相關之事項。前項評鑑事務之規劃，必要時得委由本部與大學共同成立之財團法人高等教育評鑑中心基金會（以下簡稱評鑑中心）爲之，並由評鑑中心擬訂工作計畫報本部核定。」

(七) **《專科學校評鑑實施辦法》**第三條：「專科學校評鑑之類別及評鑑內容

如下：

1. 綜合評鑑：針對專科學校之整體校務發展進行評鑑，其內容如下：
   (1) 行政類：包括教務、學生事務、總務、圖書、資訊、人事及會計等事務。
   (2) 專業類：包括各專業科、組之教育理念與目標、師資、課程、教學、圖儀設備、行政管理及辦學成效等。
2. 專案評鑑：針對前款各目之單項評鑑項目或由本部指定之評鑑項目辦理評鑑。
3. 追蹤評鑑：各專科學校綜合評鑑、專案評鑑結果公告後，經評鑑為第七條所定三等以下者，於公告後二年內參照原評鑑類別及內容辦理之後續評鑑。前項第一款之評鑑，每四年至七年應辦理一次；第二款及第三款之評鑑，得依需要辦理之。」

(八)《**專科學校評鑑實施辦法**》第四條：「為辦理專科學校評鑑，本部應自行組成評鑑小組或委託大學、學術團體或專業評鑑機構定期為之。前項所定學術團體或專業評鑑機構，應符合下列條件：

1. 經核准立案之全國性學術團體或經核准立案且設立宗旨與專科學校教育相關之全國性民間團體或專業機構。
2. 有專業客觀之評鑑實施計畫，包括足夠之評鑑領域專家學者、完善之評鑑委員遴選與培訓制度、足夠之專（兼）任行政人員及健全之組織及會計制度。」

(九)《**專科學校評鑑實施辦法**》第五條：「本部或本部委託之大學、學術團體或專業評鑑機構，應依下列原則及程序辦理專科學校評鑑工作：

1. 組成評鑑小組，統籌整體評鑑事宜。
2. 各類評鑑應於評鑑辦理一年前通知受評鑑專科學校。但專案評鑑不在此限。
3. 各類評鑑應編訂評鑑實施計畫，除專案評鑑外，應於辦理評鑑六個月前公告。
4. 前款評鑑實施計畫內容應包括評鑑項目、基準（指標）、程序、結果、申復、申訴與評鑑委員資格、講習、倫理、迴避及其他相關事項，經評鑑小組通過及本部核定後，由本部或本部委託之大學、學術團體或專業評鑑機構公告之。

5. 辦理評鑑說明會，針對評鑑計畫之實施，向受評鑑學校詳細說明。
6. 籌組評鑑工作執行小組，接受評鑑小組之督導，執行評鑑事務。
7. 於當年度該次所有專科學校評鑑結束後四個月內完成評鑑報告初稿，送受評鑑學校。
8. 對評鑑報告初稿不服之受評鑑學校，應於收到報告初稿二星期內，向本部或本部委託之大學、學術團體或專業評鑑機構提出申復；申復有理由時，本部或本部委託之大學、學術團體或專業評鑑機構應修正評鑑報告初稿，申復無理由時，維持評鑑報告初稿，並完成評鑑報告書及評鑑結果。
9. 本部或本部委託之大學、學術團體或專業評鑑機構應公告評鑑結果，並將評鑑報告書送受評鑑學校。
10. 對評鑑結果不服之受評鑑學校，應於結果公告一個月內，向本部或本部委託之大學、學術團體或專業評鑑機構提出申訴；申訴有理由時，本部或本部委託之大學、學術團體或專業評鑑機構應修正評鑑結果或重新辦理評鑑，最終之評鑑結果另行公告之。
11. 針對受評鑑學校之申復、申訴意見，應制定公正客觀之處理機制。
12. 依評鑑類別性質及目的之不同，訂定評鑑結果之處理方式，並訂定追蹤評鑑機制，定期辦理追蹤評鑑。
13. 評鑑委員及參與評鑑相關人員對評鑑工作所獲取之各項資訊，應負保密義務，不得公開。」

(十)　**《專科學校評鑑實施辦法》**第六條：「本部得對受託辦理評鑑之大學校院、學術團體或專業評鑑機構之規劃、設計、實施及結果報告等進行後設評鑑；其評鑑結果，得作爲本部遴選委託辦理專科學校評鑑之依據。」

(十一)　**《專科學校評鑑實施辦法》**第七條：「專科學校評鑑成績分爲下列

四等：

1. 一等：八十分以上者。
2. 二等：七十分以上，未達八十分者。
3. 三等：六十分以上，未達七十分者。
4. 四等：未達六十分者。各受評學校評鑑成績，應經評鑑小組討論後議決之。但招生未滿二年之學校或科、組，給予改進建議，不另評定成績。」

(十二) **《專科學校評鑑實施辦法》**第八條：「受評鑑學校對評鑑結果所列缺失事項，應依規定期限積極改進，並納入校務規劃；對未能改進事項，應提出說明。前項改進結果列為下次評鑑之項目；評鑑結果並得作為本部審酌專科學校增減、調整科、組、班數或招生名額、調整學雜費核算指標、部分或全部停辦等事項之參考。」

(十三) **《專科學校評鑑實施辦法》**第九條：「專科學校經本部評鑑為辦理完善，績效卓著，指最近一次專科學校綜合評鑑行政類達一等，且專業類評鑑之受評科、組均達一等者。」

(十四) **《專科學校評鑑實施辦法》**第十一條第二項：「本部於必要時，得對學校辦理前條各項規定事項之成效，進行專案評鑑或考核，並以評鑑或考核結果作為變更或廢止原核定處分之參考。」

三、高級中學校務評鑑法源依據

高級中學以陶冶青年身心，培養健全公民，奠定研究學術或學習專門知能之預備為宗旨。高中校務評鑑部分依據《教育基本法》第九、十、十三條及教育經費編列與管理法之規定，進行本項評鑑工作，因此評鑑兼具改進（improvement）、績效責任（accountability）及啓發（enlightenment）等功能。

十二年國民基本教育實施計畫（2007）之子計畫6「建立高中職評鑑輔導機制」，其方案6-1「高中職校務評鑑實施方案」之子方案6-1-1「高中校務評鑑實施方案」，明定高中校務評鑑之法源依據，其七項具體目的如下：

1. 瞭解各校融入教育政策之辦學情況及問題，謀求改進策略，提升教育品質。

2. 建立校務評鑑資料庫做爲辦理十二年國民基本教育規劃實施配套措施之參考。

3. 作爲各主管教育行政機關辦理高級中等學校發展、轉型及退場輔導作業之參考。

4. 檢視學校教育目標達成狀況，協助學校發展特色，落實學校經營管理，促進學校自我成長能力。

5. 瞭解校長治校理念及辦學績效，提供校長遴選之參考。

6. 激勵學校教育人員士氣，強化自我評鑑效能，促進專業成長。

7. 提供教育決策單位與社會大衆有關學校辦學情況與績效之資訊。

(一)《**高級中學法**》（2010年修正）第十二之二條：「各該主管教育行政機關應對所屬公立高級中學校長之辦學績效及年度成績予以考核；其考核等級或結果、獎懲類別、考核委員會之組成與任務、考核程序、考核結果之通知、考核結果之申訴及其他相關事項之辦法，由中央主管教育行政機關定之。」

(二)《**高級中學法**》第二十一之一條：「各該主管教育行政機關應對所屬公立高級中學教師辦理年度成績考核；其考核等級或結果、獎懲類別、考核委員會之組成與任務、考核程序及其他相關事項之辦法，由中央主管教育行政機關定之。」

(三)《**高級中等學校評鑑辦法**》（2014年訂定）第三條：「本部爲辦理學校評鑑相關事宜，應組成評鑑會。前項評鑑會置委員十七人至二十一人，由本部就行政機關代表、學者專家、社會公正人士、學校校長與教師代表及家長代表遴聘之；任一性別委員人數應占委員總數三分之一以上。評鑑會之任務如下：

1. 審議評鑑實施計畫。

2. 訂定評鑑之申復、申訴處理程序及申訴評議會組織與評議規則。

3. 轉請申訴評議會處理受評鑑學校之申訴。
4. 確認評鑑結果。
5. 審議其他與評鑑相關事項。評鑑會委員聘期為一年，期滿得續聘。」

(四)《**高級中等學校評鑑辦法**》第四條：「本部得委託大學，或其他經核准立案之學術團體或設立宗旨與教育事業相關之專業評鑑機構（以下簡稱受託評鑑機構）辦理學校評鑑。前項受託評鑑機構，應具備學校評鑑之專業客觀能力，足以進行評鑑項目設計與分析、評鑑程序與指標研擬及評鑑基準設定，且應具有足夠之評鑑領域專家學者、完善之評鑑委員遴選制度、足夠之行政人員及健全之組織與會計制度等。」

(五)《**高級中等學校評鑑辦法**》第五條：「學校評鑑之類別及其項目內容如下：

1. 校務評鑑：指對校長領導、行政管理、課程教學、師資質量、學務輔導、環境設備、社群互動及績效表現等項目所進行之評鑑。但設有專業群科之學校，應增列實習輔導項目。
2. 專業群科評鑑：指對所設專業群科之培育目標、師資、課程、教學、圖儀設備（設施）、行政管理及辦理成效等項目所進行之評鑑。
3. 專案評鑑：指基於學校發展、轉型、退場或特定目的及需求所進行之評鑑。

受評鑑學校，其評鑑結果有下列情形之一者，本部應於一年內組成輔導小組至學校實地輔導，並於完成輔導一年內，依原評鑑類別及項目進行追蹤評鑑：

1. 校務評鑑項目有三項列為丙等以下。
2. 校務評鑑項目有二項列為丁等。
3. 校務評鑑結果列為丙等以下。
4. 專業群科評鑑結果列為丙等以下。
5. 單一專業群科評鑑項目有四項列為丙等以下。

第一項第一款及第二款之評鑑，以每五年辦理一次為原則；第三款之評鑑，得視需要辦理之。」

(六)《**高級中等學校評鑑辦法**》第六條第一項第一款：「本部或受託評鑑機構，應就前條第一項第一款及第二款之評鑑項目，進行評鑑；其基準如下：一、依各評鑑項目之性質，細分成評鑑指標，並以質量兼重方式評定之。」

(七)《**高級中等學校評鑑辦法**》第六條第一項第三款：「三、前款各指標評鑑成績，應量化為合計最高九十五分，另就學校特色以五分為最高分予以評定，整體評鑑成績總計為一百分，並分為下列五等第：

1. 優等：整體評鑑成績九十分以上。
2. 甲等：整體評鑑成績八十分以上，未達九十分。
3. 乙等：整體評鑑成績七十分以上，未達八十分。
4. 丙等：整體評鑑成績六十分以上，未達七十分。
5. 丁等：整體評鑑成績未達六十分。

前條第一項第三款專案評鑑之評鑑基準，依評鑑之特定目的或需求另定之，必要時得準用前項規定辦理。」

(八)《**高級中等學校評鑑辦法**》第七條：「本部或受託評鑑機構，應統籌整體評鑑事項，並依下列程序，辦理學校評鑑工作：

1. 各類評鑑應訂定評鑑實施計畫，除專案評鑑外，並於辦理評鑑六個月前公告。
2. 前款評鑑實施計畫，應包括評鑑類別、項目、基準、程序、結果、申復、申訴及其他相關事項，經評鑑會審議通過及本部核定後，由本部或受託評鑑機構公告之。
3. 辦理評鑑說明會，針對評鑑計畫實施，向受評鑑之學校詳細說明。
4. 籌組評鑑小組，接受評鑑會之督導，執行評鑑事務。
5. 於當梯次所有學校評鑑結束後三個月內，完成評鑑報告初稿，送各受評鑑學校。
6. 對評鑑報告初稿不服之受評鑑學校，於初稿送達後十四日內，得向本部或受託評鑑機構提出申復；申復有理由者，本部或受託評鑑機構應修正評鑑報告初稿；申復無理由者，維持評鑑報告初稿，並完成評鑑報告書及評鑑結果。

7. 評鑑結果經評鑑會確認後，本部應公布評鑑結果，並將評鑑報告書送達受評鑑之學校。

8. 對評鑑結果不服之受評鑑學校，於結果公布後十四日內，得向評鑑會提出申訴，由評鑑會轉請申訴評議會評議；申訴有理由者，本部或受託評鑑機構，應修正評鑑結果；最終之評鑑結果經評鑑會確認後，由本部另行公告之。

9. 依評鑑性質及目的，訂定評鑑結果之處理方式，並定期辦理追蹤評鑑。」

(九)《**高級中等學校評鑑辦法**》第八條第一項：「評鑑委員及參與評鑑相關人員對評鑑工作所獲取之各項資訊，應負保密義務。」

(十)《**高級中等學校評鑑辦法**》第九條：「本部必要時，得對受託評鑑機構之規劃、設計、實施及結果報告等，進行後設評鑑；其評鑑結果，得作爲本部遴選委託辦理學校評鑑之依據。」

(十一)《**高級中等學校評鑑辦法**》第十條：「受評鑑學校對評鑑所列缺失事項，應研提具體改進措施，並納入重大校務改進事項；其改進結果，應列爲下一週期評鑑之重要項目。本部得依高級中等教育法第十一條第二項及私立學校法第五十七條第二項規定，以評鑑結果作爲協助學校調整發展規模及核定私立學校經費補助之參考；並得作爲辦理學校優質認證之參酌。」

四、技術及職業學校校務評鑑法源依據

2015年公布之《技術及職業教育法》第三條（見附錄三），界定該法之用詞，定義如下：

(一) 職業試探教育：指提供學生對職業之認識、探索及體驗教育。

(二) 職業準備教育：指提供學生進入職場所需之專業知識、技術及職業倫理涵養教育，及建立技職專業之榮譽感。

(三) 職業繼續教育：指提供在職者或轉業者，再學習職場所需之專業技術或職業訓練教育。

(四) 技職校院：指技術型高級中等學校、普通型高級中等學校附設專業群科、綜合型高級中等學校專門學程、專科學校、技術學院及科技大學。

(五) 技專校院：指專科學校、技術學院及科技大學。

(六) 職業訓練機構：指依職業訓練法登記或許可設立之職業訓練機構。

由《技術及職業教育法》第三條可知，技術及職業學校包括：技術型高級中等學校、普通型高級中等學校附設專業群科、綜合型高級中等學校專門學程、專科學校、技術學院，以及科技大學，另有職業訓練機構，《職業訓練機構辦理職業繼續教育及評鑑辦法》見附錄四。

(一) **《技術及職業教育法》**（2015年公布）第二十三條：職業訓練機構所辦職業繼續教育，主管機關得委託學術團體或專業評鑑機構辦理評鑑或訪視，並公告其結果；其評鑑、訪視及其他應遵行事項之辦法，由主管機關定之。

(二) **《職業訓練機構辦理職業繼續教育及評鑑辦法》**（2015年發布）第十一條第一項：職業訓練機構辦理職業繼續教育，由其合作學校之學校主管機關自行或委託學術團體或專業評鑑機構（以下簡稱受託機構）辦理評鑑或訪視。

(三) **《職業訓練機構辦理職業繼續教育及評鑑辦法》**第十二條：學校主管機關辦理評鑑，應每三年辦理一次。但職業訓練機構經中央勞動主管機關依法令規定評核獲頒銅牌等級以上資格者，得向學校主管機關申請於該銅牌等級以上有效期間內，免接受評鑑。

(四) **《職業訓練機構辦理職業繼續教育及評鑑辦法》**第十三條：學校主管機關或受託機構辦理評鑑，應擬定評鑑計畫，其內容包括評鑑程序、方式及評鑑項目。

學校主管機關或受託機構應於評鑑完成後，公告評鑑結果。

前項結果分爲通過、有條件通過及未通過。學校主管機關得依下列規定，辦理職業訓練機構課程審核及調整事宜：

(一) 通過者：得申請繼續開設課程。

(二) 有條件通過者：所列缺失事項未改善者，得調降招生人數至改善爲止。

(三) 未通過者：停止部分或全部班別之招生，並得廢止課程認可。

五、私立學校校務評鑑法源依據

(一)《私立學校法》（2014年修正）第五十五條：「學校法人所設私立學校辦理不善、違反本法或有關教育法規，經學校主管機關糾正或限期整頓改善，屆期仍未改善者，經徵詢私立學校諮詢會意見後，視其情節輕重爲下列處分：一、停止所設私立學校部分或全部之獎勵、補助。二、停止所設私立學校部分或全部班級之招生。」

(二)《私立學校法》第五十六條：「私立學校辦理完善，成績優良，主管教育行政機關應對學校董事會校長或有關人員予以獎勵。」

(三)《私立學校法》第五十七條：「私立學校應定期對教學、研究、服務、輔導、校務行政及學生參與等事項，進行自我評鑑；其評鑑規定，由各校定之。學校主管機關爲促進各私立學校之發展，應組成評鑑會或委託學術團體或專業評鑑機構，定期辦理私立學校評鑑，並公告其結果，作爲政府教育經費補助及學校調整發展規模之參考。私立學校經學校主管機關評鑑辦理完善，績效卓著者，除依法予以獎勵外，其辦理下列事項，報經主管機關同意後，得不受本法及相關法令規定之限制：

1. 增設系、所、學程、科、組、班。
2. 招生之系、所、學程、科、組、班及人數；入學方式及其名額之分配。
3. 遴聘校長、專任教師之年齡。
4. 向學生收取費用之項目、用途及數額。但以學校具有完善之助學機制者為限。

5. 辦理學校型態之實驗教育或學校內之教育實驗。

私立國民中小學校非政府捐助設立且未接受政府獎補助者，經報請學校主管機關備查，其辦理前項各款事項，得不受本法及相關法令之限制。但其違反法令或辦理不善，經學校主管機關查證屬實者，應回復受其限制。第三項第三款之年齡，由學校定之。但以不超過七十五歲為限。第二項評鑑之項目、基準、程序與其他相關事項，第三項各款之不受限制範圍、辦理方式、程序與其他相關事項之辦法，由學校主管機關定之。第四項備查事項、查證程序、再行適用之條件與其他相關事項之準則，由教育部定之。」

(四)《私立學校法》（2014年修正）第六十六條第四項：「退休、撫卹、資遣給與依第五十七條規定放寬評鑑績優學校校長及專任教師遴聘年齡逾六十五歲之任職年資同意核給部分，所需經費由該學校法人及所設私立學校自行負擔。但大學校長未逾七十歲、專科以上學校專任教師未逾延長服務最高限齡者，不在此限。」

六、特殊教育學校校務評鑑法源依據

(一)《特殊教育法》（2014年修正）第四十七條：「高級中等以下各教育階段學校辦理特殊教育之成效，主管機關應至少每三年辦理一次評鑑。直轄市及縣（市）主管機關辦理特殊教育之績效，中央主管機關應至少每三年辦理一次評鑑。前二項之評鑑項目及結果應予公布，並對評鑑成績優良者予以獎勵，未達標準者應予追蹤輔導；其相關評鑑辦法及自治法規，由各主管機關定之。」

七、國民教育校務評鑑法源依據

(一)《國民教育法》（2011年修正）第九之三條：「依第九條第三項至第五

項組織遴選委員會之機關、師範校院及設有教育院（系）之大學，應就所屬國民小學、國民中學校長辦學績效予以評鑑，以為應否繼續遴聘之依據。」

(二)《國民教育法》第十八條第二項：「公立國民小學及國民中學校長、主任、教師應辦理成績考核；其考核等級或結果、考核委員會之組職與任務、考核程序及其他相關事項之辦法，由教育部定之。」

(三)《國民中小學教學正常化實施要點》（2015年修正）第四條第一項第一款第一目：「督導學校落實教學正常化：妥善分配教育視導人員之督導責任區，並成立專案小組，定期抽訪學校，督導學校正常教學。另應將正常教學之內涵納入校務評鑑項目，督導學校之辦學情形並加以考核。」

八、幼兒園評鑑

(一)《幼兒教育及照顧法》（民國104年修正）第五條第三項至第四項：「中央主管機關掌理下列事項：

1. 全國性教保服務之方案策劃、研究、獎助、輔導、實驗及評鑑規劃。
2. 地方教保服務行政之監督、指導及評鑑。」

(二)《幼兒教育及照顧法》第六條第二項：「直轄市、縣（市）主管機關掌理下列事項：二、幼兒園之設立、監督、輔導及評鑑。」

(三)《幼兒教育及照顧法》第三十五條第五項：「父母或監護人及各級學生家長團體得請求直轄市、縣（市）主管機關提供下列資訊，該主管機關不得拒絕：五、幼兒園評鑑報告及結果。」

(四)《幼兒教育及照顧法》第三十八條：「直轄市、縣（市）層級學生家長團體及教保服務人員組織得參與直轄市、縣（市）主管機關對幼兒園評鑑之規劃。」

(五)《幼兒教育及照顧法》第四十五條第一項至第四項：「直轄市、縣

（市）主管機關應對幼兒園辦理檢查、輔導及評鑑。

幼兒園對前項檢查、評鑑不得規避、妨礙或拒絕。

第一項評鑑應由直轄市、縣（市）主管機關自行或委託設有幼兒教育、幼兒保育相關科系、所之專科以上學校辦理，並應公布評鑑報告及結果。

第一項評鑑類別、評鑑項目、評鑑指標、評鑑對象、評鑑人員資格與培訓、實施方式、結果公布、申復、申訴及追蹤評鑑等相關事項之辦法，由中央主管機關定之。」

(六) 《幼兒教育及照顧法》第五十一條第九項：「幼兒園有下列情形之一者，處幼兒園負責人新臺幣六千元以上三萬元以下之罰鍰，並令其限期改善，屆期仍未改善者，得按次處罰，其情節重大或經處罰三次後仍未改善者，得爲減少招收人數、停止招收六個月至一年、停辦一年至三年或廢止設立許可之處分。

九、違反依第四十五條第四項所定辦法有關評鑑結果列入應追蹤評鑑，且經追蹤評鑑仍未改善。」

(七) 《幼兒教育及照顧法》第五十二條第六項：「幼兒園有下列情形之一者，應令其限期改善，屆期仍未改善者，處幼兒園負責人新臺幣三千元以上三萬元以下罰鍰，並得按次處罰，其情節重大或經處罰三次後仍未改善者，得爲減少招收人數、停止招收六個月至一年、停辦一年至三年或廢止設立許可之處分。

六、違反第四十五條第二項規定，規避、妨礙或拒絕檢查或評鑑。」

參、小結

由上述可知，校務評鑑的實施上至高等教育下至幼兒教育，各級各類學校之校務評鑑活動皆有法源依據。校務評鑑之實施，皆須依法進行，不論大學、中學、小學，其校務評鑑的共同法源爲《教育基本法》及《教育經費編列與管理法》，《教育基本法》第九、十、十三條皆規範評鑑的實施，可見最基礎、最重要的《教育基本法》已明確規範教育評鑑工作。其次，不論是《國民教育法》第九條或十二年國民基本教育實施計畫中，皆提到以校務評鑑作爲校長遴選之依據，並在《高級中學法》之中更進一步肯定教育評鑑的功能，以及大學、專科、高中、職業學校、私立學校、國民中小學、幼兒園等相關法規，皆嚴謹規範校務評鑑之實施。因之，各級各類學校宜依據有關法規自行訂定相關辦法，並據以實施，以落實教育評鑑之精神。

第二節 校務評鑑的專業歷程

專業評鑑的功能在建構有關一個學程、服務、政策、組織或其他可評鑑對象之相關資訊，以作爲品質判斷之依據（王保進，2003）。林天祐（2004）參照美國教育評鑑標準聯合委員會1994年訂頒，並經美國國家標準局認可成爲國家評鑑標準之「方案評鑑標準」，以及英國教育標準局2003年發布之「評鑑學校準則」等先進國家對於評鑑工作專業化歷程之規範，發展「專業教育評鑑過程與方法的特徵」，具有下列八項：(一)訂有明確的專業標準，(二)有具體的教育評鑑過程，(三)確定教育評鑑方法論，(四)評鑑時間長且視規模調整，(五)評鑑過程標準化，(六)重視評鑑倫理信條，(七)建立品質保證機制，(八)專業的訓練與練習。後設評鑑若能符合此八特徵，並注意評鑑四階段中，評鑑目的的達成度、評鑑項目的適切度、評鑑指標贊同度、委員及組成恰當度，以及各級人員滿意度，相信必能成爲優秀的評鑑楷模。此外，林天祐認爲校務評鑑的專業歷程應該稟持「實用、可行、準確、正當」的原則，並包含：(一)校務評鑑準備，(二)校務評鑑實地訪評，(三)校務評鑑訪評結果，(四)校務評鑑結果運用等四個循環過程，校務評鑑的實施過程如圖4-1所示，本節將依此四部分進行探討。

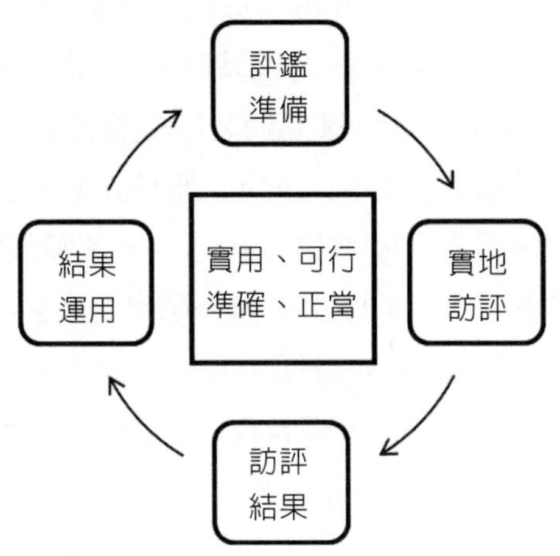

圖 4-1　校務評鑑的實施歷程

資料來源：林天祐（2004：27-51）。

壹、校務評鑑準備

校務評鑑前之準備，須先瞭解歷史發展背景、背後依據之教育及管理理論，並根據國內校務評鑑辦理原則擬定校務評鑑實施指標，再依據理論及原則進行校務評鑑之實地訪評。

一、我國校務評鑑的背景

教育評鑑在我國的發展，最先稱爲學校評鑑，後來以校務評鑑爲主，主題式教育評鑑爲輔，而兩者均可統稱爲方案評鑑，其實施方法與評鑑指標受到美國評鑑觀念的影響最大，在國立學校中，很多實質的評鑑工作，都可看到美國方案評鑑系統模式的影子（鄭崇趁，2007）。

郭昭佑（2000）將我國教育評鑑的發展分為四個時期，分別爲1964-1968年受外來刺激的啓蒙時期、1968-1975年局部試辦的醞釀時期、1975-

1990年斷續推展的奠基時期、1990年以後契機擴增的發展時期。以此為期別，在1964-1968年受外來刺激的啓蒙時期期間，在臺灣首次進行學校評鑑，並以1966年聯合國文教組織協助我國教育部教育計畫小組所進行的「國民教育發展五年計畫」（1964-1969）進行評鑑，並於1967年及1970年發表本案之期中及期末報告（盧增緒，1993），其評鑑委員會在1966年9月成立，被譽為教育評鑑在亞洲地區之先河（鄭崇趁，2006）。

1968-1975年局部試辦的醞釀時期，我國臺灣省政府教育廳公布「國民中學校務設施評量表」，並在九年國教實施後局部，教育行政機關開始局部性試辦；1975-1990年斷續推展的奠基時期則是由大專院校開始逐漸擴展至高中與國民教育的校務評鑑，只是此時評鑑並非常態性事務，國民教育學校在重視評鑑的程度也不如大專；1990年以後契機擴增的發展時期，教育部於1991年訂定「中小學校務評鑑計畫」，教育績效日漸受到重視，而高中職之學校評鑑較具規模者始自1992年，省教育廳對所屬高級中等學校進行訓導及輔導工作評鑑，並由於教育部為瞭解綜合高中教育政策之妥適性，委託國立臺灣師範大學教育研究中心自2000-2003年辦理四屆綜合高中評鑑，2005年起，則由教育部中部辦公室全面辦理公私立高中校務評鑑（林文榮，2004；教育部，1979；游家政，1994；蘇秀花，2002；鄭崇趁，2006）。

由上述校務評鑑發展沿革觀之，評鑑活動在國外教育自主的刺激下已逐漸蔚為風潮，在此趨勢下，各級各類學校將更重視教育品質，亦能令校內外人士透過校務評鑑瞭解學校辦學績效。只是，現今仍有部分人士對校務評鑑的品質及指標仍有疑慮，因此提升校務評鑑的實施品質，使之得到更多人的認同，是促進學校辦學績效的重要策略之一。

二、校務評鑑相關理論

鄭崇趁（2007）進行國民中小學校務評鑑研究，運用德懷術與焦點團體座談法，歸納分析相關理論，將其分為行政效能、課程發展、師資教學、學生輔導、環境設施，以及資源整合等六個向度，以下分別引介其重要理念，再探討其評鑑指標。

(一) 行政效能方面的重要理念

行政效能指標內涵，分爲「理念目標」、「組織管理」、「計畫執行」、「革新發展」四項，依照八個理念爲最優先基礎：1.專業分工，2.目標管理，3.賦權增能，4.願景領導，5.扁平化領導，6.全面品質管制，7.績效責任，8.本位管理。

(二) 課程發展評鑑的檢核

課程發展評鑑分爲「推動組織」、「校本課程」、「課程實施」及「課程評鑑」，係配合2001年起我國九年一貫課程的實施，及多年來推動需求而設計：分爲八部分：1.課程統整，2.課程設計模式（協同教學或主題教學），3.多元智慧理論，4.潛在課程，5.學校本位課程特色課程，6.課程領導，7.策略聯盟，8.課程評鑑。

(三) 師資教學方面的重要理念

師資教學評鑑的檢核，分別爲「專業素養」、「班級經營」、「教學歷程」、「評鑑回饋」四個分項，共計下列八個教育理念：1.專業自主，2.學習組織理論，3.知識管理，4.行動團隊與行動研究，5.協同教學或班群教學，6.團體動力學，7.激勵理論，8.形成性評量與多元評量。前四者與教師本身之專業成長攸關，後四者則與學生有效學習有關。

(四) 學生輔導方面的重要理念

輔導層面的評鑑分爲「輔導機制」、「友善校園」、「體衛保健」、「諮商輔導」四分項共二十個指標，由其中提列八個重要教育理念：1.教育愛，2.關照能，3.支持網，4.競爭力，5.訓育原理輔導化，6.教訓輔三合一方案，7.友善校園總體營造，8.建立學生輔導新體制。

㈤ 環境設施方面的重要理念

環境設施評鑑之檢核分爲「校園規劃」、「空間運用」、「設備功能」、「管理維護」四分項共二十個指標，歸納八個重要理念：1.學校建築規畫原則，2.學校經營規模，3.基本設備標準，4.學校建築學，5.心理環境與文化環境，6.永續校園，7.多功能設施，以及8.空間領域與人車動線。

㈥ 資源整合方面的重要理念

資源整合評鑑之檢核分爲「親師合作」、「社區互動」、「專業諮詢」、「支援系統」四個分項共二十個指標，歸納八個重要理念爲：1.校際整合，2.社區整合，3.垂直整合，4.水平整合，5.個案管理，6.人力資源管理，7.行銷管理，8.學習資源網路。

校務評鑑相關理論成爲評鑑指標建立的基礎，過去學者多致力於建立其指標，對於背後之理論基礎多引述國外學者，對於本土校務評鑑實施指標之建立與實際運用之間仍有距離，鄭崇趁（2007）以德懷術與焦點團體座談法歸納分析適合本土校務評鑑實施指標之相關理論，前所未見，也提供往後研究建立理論之楷模，可供校務評鑑之參考。

三、國內校務評鑑辦理原則

國內校務評鑑辦理期程以四年爲一週期，在籌備階段（學年度上學期8月至12月）：(一)完成評鑑表冊訂定，(二)各領域評鑑委員名單確認，(三)確認受評學校（以校長任期第三年並結合教育部輔助辦理「高中優質化」之學校評鑑爲原則），(四)評鑑行程及流程擬定，(五)辦理學校自我評鑑說明會，(六)辦理追蹤輔導工作，並秉持以下六項原則：（高級中學學校評鑑，2014）

(一) 統整性

統整規劃高職學校運作中之核心主題，同時考量適應於公私立學校之特性。此外，本評鑑在進行時不以現有學校行政組織爲主體，改採統整之觀點進行指標建構，有導引與促進學校整體發展之作用。

(二) 完整性

就評鑑的範圍而言，本評鑑指標以校長領導爲導入項目，結合行政管理、課程教學、實習輔導、學務輔導、環境設備、社群互動等項目及專業類科類別之互動與運作過程，產生學校的績效表現，做完整性規劃評鑑指標。

(三) 創新性

本評鑑內容兼具理論與實務，以符合高職教育發展及學校經營之發展趨勢，與高職教育之預期目標與實際現況一致。此外，將校長領導及社群互動列入，彰顯目前學校生態之特性。

(四) 導向性

具有引導受評學校自我檢視及導引高職教育發展之作用，並融入當前教育發展政策以激勵學校創新，邁向質優辦學之永續發展。

(五) 多樣性

本評鑑之方法兼採查閱、觀察、晤談、及檢視等，以增加評鑑之正確性。評鑑結果之呈現，除了量的分數呈現外，更會提供質的敘述，使受評學校瞭解現況並據以改進。

(六) 績效性

強調高職學校之績效責任，結合對學校聲望、教師專業、學生表現、社區認同、永續發展、就近入學等方面之觀點，進行整體評鑑。

在此六原則下，上承評鑑相關之教育理論，下啓校務評鑑具體指標，校務評鑑體系完整詳備，值得參考與依循。

四、擬定校務評鑑實施指標

評鑑結果是否客觀之關鍵在於評鑑指標的建立（王保進，2001），鄭崇趁（2007）進行國民中小學校務評鑑指標研究後，獲致校務評鑑過程與指標之研究結果，認爲在進行評鑑準備前，應該包含以下評鑑內容：(一)評鑑委員及學校人員均瞭解校務評鑑的目的、主題與內容；(二)評鑑手冊能有效呈獻自我評鑑及訪評流程與內涵；(三)學校能客觀完成自我評鑑，並呈現必要關連之文件；(四)學校能激勵全體教師及家長代表，共同參與自評及訪評工作；(五)評鑑委員在訪評之前，已詳閱自評報告，並初步分析教師、家長與學生對學校之看法。

匯整各類研究之校務評鑑指標（林天祐，2002；張鈿富，1999；郭昭佑，2000；顏國樑，2003；Johnson, 1989; Nevo, 1995; Stufflebeam, 1994），共包括行政管理、課程教學、專業發展、訓導輔導、家長參與、社區關係、組織氣氛及學校特色等八項，與現行國民中小學六項評鑑指標（行政效能、課程發展、師資教學、學生輔導、環境設施與資源整合）大致相符。

校務評鑑實施指標應因時制宜，因此需與時俱進，在一般大學校評鑑方面，高等教育評鑑中心（2013）多年來利用下列方式改進相關評鑑內容與業務，使評鑑更臻完善：(一)舉辦改進大學評鑑制度公聽會，會後並將公聽會結果提交「改進大學評鑑制度」專案小組，做爲大學系所評鑑實施的參考；(二)每年度評鑑結束後皆委託第三方進行後設評鑑，並將其結果作爲改進相關評鑑制度與作法之重要參考依據；(三)邀請國內、外評鑑／教育專家，針對評鑑程序與內容進行實地訪視作業，藉由外部同儕訪視的建言，提升執行高等教育評鑑工作的品質與效能；(四)設置研究發展處負責評鑑研究，將上述的意見進行研究以規劃更好、更完善的評鑑制度與指標；(五)經董事會通過後遴聘諮詢委員十二人，每年召開二至三次會議，針對高等教育評鑑之政策推動與相關問題改進等事項，提供諮詢及改善建議。如今，不論是國中小學或高中職校務評鑑之大部分作法已能參照大專院校的評鑑作業標準辦理，只是部分中小學校務評鑑的實施仍有差距，例如，召開改進評鑑制度的公聽會、召開會議及辦理評鑑研習，邀請並催化校方人士具體自主的推動、改善等仍有所不足。

貳、校務評鑑實地訪評

校務評鑑在實施階段（學年度下學期1月至5月）將進行：(一)各校實施自我評鑑並上網填報及寄送評鑑資料；(二)召開評鑑委員訪視行前工作會議；(三)協調評鑑工作內容及評鑑報告之撰寫；(四)進行各校實地訪視評鑑工作。校務評鑑實地訪評時，須配合評鑑指標，有其方法及步驟，在方法上，國內外學者皆有不同看法，以下分述之外，並探討國內校務評鑑步驟。

一、校務評鑑實地訪評的方法

郭昭佑（2007）認為應用適當的評鑑方法，可以讓資訊的蒐集、描述與判斷的過程與結果，更接近評鑑客體的眞值或全貌。國內外學者（吳清山，1995；林俊成，2003；張鈿富，2001；黃政傑，1994；Kells, 1995）認為校務評鑑的方法可以包含：(一)自我評鑑、(二)校際交互評鑑、(三)小組訪視評鑑、(四)追蹤評鑑，以及(五)後設評鑑。而我國現行之評鑑制度為：(一)自我評鑑、(二)訪視評鑑、(三)追蹤評鑑，以及(四)專案評鑑。其中專案評鑑為：學校經「高級中等學校發展轉型及退場輔導方案」之「發展輔導」或相關行政處分後，仍未能改善，經教育部或各主管教育行政機關建議需專案評鑑者。此外，為求評鑑機制之精進化，後設評鑑亦逐漸受到重視。

二、校務評鑑實地訪評的步驟

鄭崇趁（2007）進行國民中小學校務評鑑指標之研究，獲致研究成果，認為在進行評鑑時，應該包含以下評鑑步驟：(一)訪評委員能充分利用訪評時間，按照規劃程序實施評鑑；(二)訪評委員能運用適切方法，檢核各項資料成果；(三)訪評委員能與各級人員座談並有效互動，蒐集學校眞實資料；(四)訪評委員能給予適度尊重；(五)訪評委員能給予完整而有效的回應意見。

茲以高級職業學校為例，說明我國現行的校務實地訪評步驟如下：（高職學校評鑑，2014）

㈠ 學校自我評鑑

各校應建立自我評鑑機制，組成自我評鑑小組，每一至二年定期辦理自我評鑑，並邀請校內及校外人員，進行自我評鑑。此外，各校應針對自我評鑑結果，進行自我檢討與改進，並將具體成果呈現於評鑑資料中。

㈡ 高職學校評鑑表冊發展與訂定

高職學校評鑑表冊分為「校務評鑑表冊」與「專業類科評鑑表冊」兩大類別。表冊內容主要包含填表說明、基本資料表、評鑑表及附表四大部分。高職學校評鑑表冊中，各項目、指標及參考效標之發展與訂定，包括以下步驟：1.發展初稿、2.召開初稿會議、3.舉辦公聽會、4.進行網路意見調查，以及5.召開定稿會議。

㈢ 擬定訪視評鑑委員名單

1. 重新檢視目前「校務評鑑」及「專業類科評鑑」訪視評鑑委員。
2. 確認「校務評鑑」及「專業類科評鑑」訪視評鑑委員名單。

㈣ 辦理訪視評鑑委員行前說明會

1. 聯絡訪視評鑑委員出席會議，印發評鑑工作手冊及相關表件等資料，並促進各類科委員之間互動及溝通以建立共識。

2. 擔任訪視評鑑委員，均應參加訪視評鑑委員行前說明會者。

㈤ 受評學校配合辦理評鑑

1. 派員參加評鑑說明會：各受評學校均需選派人員參加說明會，俾使受評學校瞭解高職學校評鑑實施方案、如何塡寫相關表冊、如何配合訪視評鑑等。

2. 組成學校評鑑委員會：各受評學校均應組成學校評鑑委員會，委員會依學校實際情況組成各工作小組，由學校校長擔任召集人，聘請校內相關教職員代表組成。

3. 應依照高職學校評鑑表冊，於訪視評鑑前一個月，完成上網塡報資料，並備妥校務評鑑表冊十一份和專業類科評鑑表冊每科四份之書面資料（須有校長核章），函教育部委託之學術單位彙辦，並準備接受訪視評鑑或追蹤評鑑相關事宜。

4. 學校評鑑委員會與各工作小組，應定期召開相關會議，討論有關評鑑內容與分工事項。

5. 應依照評鑑表冊之規定，進行撰寫及準備佐證資料。

㈥ 安排各校訪視評鑑行程

1. 聯繫全國各公私立高職，塡寫排定各校訪視評鑑時間。

2. 私立高職之訪視評鑑時間，配合「私立高級中等學校評鑑及評鑑績優學校放寬辦學限制辦法」，儘量訂於第一、三、五階段（各年1月至6月）中。

3. 公立高職之訪視評鑑時間，應優先考量配合校長遴選時程，規劃於第一至第六階段間。

(七) 執行訪視評鑑

1. 各校塡寫高職學校評鑑表冊：高職學校評鑑表冊分爲「校務評鑑」與「專業類科評鑑」兩大類別，由受評學校塡寫各項評鑑表冊資料。

2. 訪視評鑑委員組成：由教育部聘任專家學者擔任「校務評鑑」與「專業類科評鑑」訪視評鑑委員，並置各校訪視評鑑之總召集人、「校務評鑑」分組召集人，以及「專業類科評鑑」各科召集人。

3. 訪視評鑑委員到校實地訪查與評鑑當日之主要內容有下列五項：

(1) 觀察、查閱相關檔案資料（如課程表、相關實施辦法等）。

(2) 檢視學校環境設備之使用與維護情形。

(3) 與校長、教職員、學生、家長會代表作廣泛而深入的訪談。

(4) 對照與分析相關資料（包括量與質的資料）。

(5) 委員彼此針對評鑑結果加以討論，建立共識，提出公正客觀之評鑑報告初稿。

參、校務評鑑訪評結果

校務評鑑訪評結果的流程、形式及內容之撰寫，對校務評鑑頗爲重要。就國民中小學校務評鑑報告而言，應該包含以下內容：(一)評鑑委員能及時完成報告，並在複評兩週內送交教育局及受評學校；(二)報告中的資料分析與解釋能統合運用質與量之資料；(三)評鑑報告能清楚說明評鑑發現及對受評學校之具體建議；(四)評鑑報告能依照評鑑內容具體呈現分項評鑑結果，提供價值判斷及跨校評比基礎；(五)評鑑報告內容能指出解決問題的責任歸屬，協助學校尋找著力點（鄭崇趁，2007）。

此外，依照我國目前高級中等學校校務評鑑制度，校務評鑑結束之後，於該學年度下學期6月至8月執行以下工作內容：(一)彙集與整理評鑑資料，(二)撰寫評鑑報告，(三)總評鑑報告（草案）完成，(四)全體評鑑委員檢討座談會，(五)完成評鑑總報告並付印。訪視評鑑結果之呈現將依照評鑑指標爲評定依據，每一項評鑑指標採質量並重，並檢核其執行結果。各評鑑指標之量化成績，依其達成率之高低，給予1-5分，總分以100分計。各項目之等第分有「優等」、「甲等」、「乙等」、「丙等」、「丁等」等五等第。總評結果包括整體陳述學校辦學特色、優點及改善意見及學校整體成績，各等第之量化成績，若爲優等則是得分在90分以上，甲等則是得分在80分以上，未達90分，依次直至五等則是得分未達60分（教育部，2015a、2015b）。

高級中等學校校務評鑑結果之處理程序有下列六項：（教育部，2015a、2015b）

(一) 完成評鑑報告初稿：評鑑結束後，應於三個月內完成評鑑報告初稿，並送達各受評鑑學校。

(二) 學校提出申復：對評鑑報告初稿不服之受評鑑學校，應於初稿送達後十四日內，向評鑑工作小組提出申復；經認定申復有理由時，評鑑工作小組應修正評鑑報告初稿，完成評鑑報告書或評鑑結果；經認定申復無理由時，維持評鑑報告初稿，並完成評鑑報告書及評鑑結果。

(三) 公布評鑑結果：評鑑結果經評鑑會確認後，主管教育行政機關公布評鑑結果，並將評鑑報告書送達受評鑑之學校。

(四) 學校提出申訴：對評鑑結果不服之受評鑑學校，應於結果公布後十四日內，得向評鑑會提出申訴由評鑑會轉請申訴評議會評議；申訴有理由者，應修正評鑑結果。評鑑結果經評鑑會確認後，由主管教育行政機關公告之。

(五) 評鑑會對評鑑學校所提之申復、申訴，訂定公正客觀之處理程序。

(六) 依評鑑性質及目的，訂定評鑑結果之處理方式，並訂定追蹤評鑑機制，定期辦理追蹤評鑑。

肆、校務評鑑結果運用

校務評鑑結果妥為運用，可提升其價值。國民中小學校務評鑑結果，應該包含下列五項內容：（鄭崇趁，2007）

(一) 評鑑結果能指出表現優異的學校與缺乏能力之學校。

(二) 教育局依照評鑑實施要點規定獎勵受評績優學校校長、主任、教師及有關人員，鼓舞學校人員士氣。

(三) 評鑑結果特優學校能夠辦理校際觀摩研討活動，交流校務經營理念與實務，擴增校務評鑑功能。

(四) 校務評鑑乙等以下學校能在一年內接受追蹤評鑑，有效協助學校解決困境，全面提升教育品質。

(五) 校務評鑑結果作為校長遴選之參據。

此外，依照我國高級中等學校第三期程學校評鑑制度，評鑑結果之運用包括：

1. 受評鑑學校對評鑑所列缺失事項，應研提具體改進措施，並納入重大校務改進事項。

2. 作為協助學校發展及調整之參考。

教育部得依《高級中等教育法》第十一條第二項及《私立學校法》第五十七條第二項規定。

(1) 作為協助學校調整發展規模之參考。

(2) 作為主管機關核定私立學校經費補助之參考。

(3) 作為辦理學校優質認證之參酌。

(4) 作為教育部進行學校實地輔導與追蹤評鑑之依據。

伍、小結

校務評鑑前之準備，須先瞭解歷史背景、背後依據之教育及管理理論，並依據校務評鑑辦理原則擬定校務評鑑實施指標，再根據理論及原則進行校務評鑑之實地訪評。

由我國校務評鑑之歷史背景得知，校務評鑑大約在二十多年前才受到重視（1991年教育部才訂定中小學校務評鑑計畫），有關校務評鑑的研究亦於此後才興起，不過近年來已有相當成效，高中職、國中小幾乎都十分重視校務評鑑，學校之領導者（校長）也多能依據教育及管理理論指導校內相關人等執行，並按照辦理原則及實施指標進行準備。

若是校內外相關人等之參與感不足，宜由一開始的評鑑說明會邀請社會賢達人士、家長及教育專業團體代表參與，方能傾聽不同的聲音。此外，在準備評鑑資料之費時冗長與實地訪評的短時間相比，往往成爲鮮明的對比，實宜在時間消長方面有所調整。如今學校性質趨向多元化功能、多重學制，不同學制間由於上級單位不同，在評鑑時也往往疊床架屋，造成行政資源浪費；而校務評鑑對學校造成壓力的原因是：校務評鑑結果往往與經費補助有關，造成不同背景的學校壓力遽增，因此校務評鑑開始重視立足點不同的問題，而能根據學校性質差異進行評鑑，可謂評鑑系統之進步。有關評鑑結果的運用部分，由近年來的評鑑資料顯示，不論是否爲相同的評鑑委員，皆能與之前的評鑑結果互相參照，以確保學校是否在上次校務評鑑後已然改進，抑或是重蹈覆轍，此可令學校心生警惕，在校務評鑑「健康檢查」後，各級各類學校宜依照「診斷書」之建議，加強其不足，改善其缺失，方能達成校務評鑑改進之旨趣。

第三節　校務評鑑實施的啓示

由上述可知，校務評鑑的準備茲事體大，蘊含諸多細節，須學校組織衆志成城方能達到，歸結有關因素，其啓示包括：(一)校務評鑑有賴具積極心態的學校團隊；(二)學校教育人員宜養成SOP建檔習慣；(三)回歸成就學生之學校教育目的；(四)評鑑單位宜即時將評鑑訊息與範本上網供參；(五)校務評鑑端賴全員參與、合作分工、檢視創造，以發揮整體效益；(六)落實自我評鑑，以發揮校務評鑑功能。

壹、校務評鑑有賴具積極心態的學校團隊

校務評鑑範圍既廣且博，除行政人員心態必須求新外，教師、社區家長等人亦需瞭解評鑑的精神，方能全力配合，而良好的評鑑更需要群策群力，方能整合，這即是爲何評鑑指標不只是教學或學生成果，須是教學、行政甚至社區、家長相互影響互動後的結果，由此可見，「人」才是最根本的問題，與其花費太多心力在「控制」，不如加強有關人員的素養，營造積極心態，以準備校務評鑑，大家合作分工，戮力從事，方才有適切合宜的績效展現。此外，校務評鑑工作龐大，不可能由少數人力完成，須群策群力、同心協力，在資源整合、互助合作與分工負責之前提下，方能完整呈現，因此，學校團隊宜精誠團結，不可有內部權力相互傾軋、言語攻訐等情事，否則可能造成不利的影響。

貳、學校教育人員宜養成SOP建檔習慣

校務評鑑業務若能形成例行事務，就能事先規劃。只是，學校行政人員兼職比例大，更替亦頻繁，在計畫、執行及接受評鑑者可能皆非同一人，因此在職務交接時難免有所疏漏，而有青黃不接之時，若能建立SOP建檔模式，不論何人、何時承接何種職務，都可順利交接並完成任務。現今有些組織會將資料上網，其功用不僅是可供借鏡的「他山之石」，甚至可相互激盪出更好的機制與內容，也可爲職務進行檔案備份，至於「資料上網借鑑」是

否變成「資料抄襲」、資料不眞實的問題，則應從加強學校行政人員專業素養做起。

參、回歸成就學生之學校教育目的

校務評鑑無庸置疑可成就深具才能的教育人員，但學校辦學是否具備效能，重點在其培育的學生是否具備眞才實學，而學校每一行政事務大都爲活動事項，皆在培養能力的契機，因此可藉此培養學生承辦活動的能力，給予學生參與感，培養其完成任務的榮譽感，讓學生多瞭解校務，如此一來，學生或可瞭解校務評鑑的眞諦。因之，學生在配合或協助評鑑時，就更能發自內心，校內成員上下齊心、同舟共濟，可望助益校務評鑑之進行。

肆、評鑑單位宜即時將評鑑訊息與範本上網供參

校務評鑑需費時準備，評鑑辦理單位於評鑑前公告事項與評鑑後之結果，宜即時上傳有關網頁供各校查詢，既便利又能使評鑑資料供參。此外，評鑑分數呈現亦可如同基測或學測寫作分數之標準化，將大、中、小型學校與其得分之差異以範本呈現。甚至若獲得績優受評學校同意的話，可將大、中、小型各績優學校之評鑑結果，以匿名方式，公布在教育評鑑中心網頁，提供衆人參考、檢驗、比較。

伍、校務評鑑端賴全員參與、合作分工、檢視創造，以發揮整體效益

校務評鑑的實施歷程包括：(一)評鑑準備；(二)實地訪評；(三)訪評結果；以及(四)結果運用。善用校務評鑑的實施可望提升學校整體辦學效益，在接受評鑑的過程中，可發揮全員參與、通力合作及檢視創造的效能。然而

校務評鑑效益的彰顯，首重實施歷程，評鑑準備的過程若只是行政人員的事，則效益有限；若校務評鑑只是分工合作而非合作分工，效力亦不高，唯有把評鑑當作自己的事，全員參與、合作分工，發揮整體效能，才能將校務評鑑的效益達到極致。

陸、落實自我評鑑，以發揮校務評鑑功能

評鑑最重要的目的不在證明，而在改進。評鑑重點不在證明辦學績效良窳，其精神在於改進，唯有持續改進，滾動式改進，才能永續發展。評鑑是檢視、反省的過程，在校務評鑑實地訪視前，學校若能進行自我檢視、反思，並將自我評鑑結果作爲改善修正校務評鑑的依據，如此可望在整個評鑑歷程中發揮加乘的效果。然而一般學校若非未落實辦理校務自我評鑑，便是誤以爲學校籌備評鑑的過程即是自我評鑑，如此理念落差乃造成校務評鑑績效不彰的重要緣由。

校務自我評鑑雖爲內部評鑑，但絕非是學校內部人員自行辦理而已，尚待準備好評鑑的宴席，聘請校外學者專家前來評鑑，其形式宜視同訪視評鑑，如同戲劇、舞蹈、音樂節目的彩排，故自我評鑑宜視同正式的評鑑，形同訪視評鑑的前奏曲。要之，落實自我評鑑並據以改進才能眞確反映PDCA品質管理策略，同時亦是學校展現績效責任的行動策略。

本章小結

本章第一節探討校務評鑑之法源依據，包括共同法源依據，以及各級各類學校校務評鑑法源依據。校務評鑑共同法源依據有：《教育基本法》和《教育經費編列與管理法》等二種法規。各級各類學校校務評鑑法源依據，包括大學《大學法》、《大學評鑑辦法》；專科《專科學校法》、《專科學

校評鑑實施辦法》；高級中學《高級中等學校評鑑辦法》；技術及職業學校《技術及職業教育法》、《職業訓練機構辦理職業繼續教育及評鑑辦法》；私立學校《私立學校法》；特殊教育學校《特殊教育法》；國民中小學《國民教育法》、《國民中小學教學正常化實施要點》；幼兒園《幼兒教育及照顧法》等八項，藉以說明學校校務評鑑之實施皆於法有據。

第二節析論校務評鑑的專業歷程，包括：校務評鑑準備、校務評鑑實地訪評、校務評鑑訪評結果、校務評鑑結果運用，並以相關實例說明其運作歷程，以供參考。

第三節藉由校務評鑑專業歷程之實施，綜合歸納其啓示有下列六項：(一)校務評鑑有賴具積極心態的學校團隊；(二)學校教育人員宜養成SOP建檔習慣；(三)回歸成就學生之學校教育目的；(四)評鑑單位宜即時將評鑑訊息與範本上網供參；(五)校務評鑑端賴全員參與、合作分工、檢視創造，以發揮整體效益；以及(六)落實自我評鑑，以發揮校務評鑑功能，此六項啓示可作爲校務評鑑的設計與實施之參考。

第五章

校務評鑑準備的行動策略

第一節　校務評鑑準備實務

壹、人的層面

貳、物的層面

參、境的層面

第二節　校務評鑑簡報製作要領

壹、評鑑簡報形式層面

貳、評鑑簡報內容層面

第三節　校務評鑑準備行動策略

壹、共識化

貳、系統化

參、圖譜化

肆、合作化

伍、創新化

陸、知識管理化

柒、改進化

第四節　校務評鑑報告的撰寫要領

壹、校務評鑑報告的撰寫原則與注意事項

貳、實習輔導評鑑項目、指標、參考效標

參、專業群科評鑑項目、指標、參考效標（外語群）

肆、小結

本章小結

專業是評鑑的臉譜，校務評鑑是專業服務。

評鑑是專業服務，因之，校務評鑑為一種專業服務。校務評鑑乃上級對所屬學校或學校自發性進行評核、改善建議及促進發展的專業服務。先進國家的學校為取得評鑑專業團體認證，須接受為期數年的輔導、諮詢、訪視，以及有關問題的溝通、困難的突破、內在意願的激發、外在條件的支持、制度的建立、評鑑形式與內容的確認、表章文件的建置、專業學習的進行等。因之，校務評鑑本質內涵在於檢視現況，策劃未來，瞭解學校辦學績效與價值及待改善之處，作為校務改進的參考與學校經營擘劃發展的依據。

檢視校務現況須有縝密的規劃，嚴謹的執行，以及制度化的評核。因之，校務評鑑的準備非常重要，評鑑資料的彙整與自我評估，乃促進專業成長的機制，亦為提升校務發展之策略。茲就實施校務評鑑的準備實務、簡報製作要領、行動策略、學校評鑑表撰寫要領等析論之。

第一節　校務評鑑準備實務

校務評鑑重視學校整體與部分的表現，校務評鑑看的是整體，注重政策的配合推動、學校的創意，努力作為，整體績效，以及整體氣氛價值。既重視整體，績效的展現與作為須有一致性和連貫性，例如校務發展計畫、學校願景、辦學目標、學校總體課程計畫的整體配合程度等。此外，資料內容亦然，要能包含個別和全體，能連貫過去和現在。例如教師的教學檔案、教學觀摩、教師教學自我評鑑、行動研究等，合於這些要件，即切合教師與專業的呈現方式。再者，新興政策要注意，推動的深、廣度都會影響結果。學校有活力、重視學生權益、有教師專業空間、處室之間和諧、團結一致，都是評鑑委員重視的地方（顏國樑，2003）。由此可見，校務評鑑的準備內涵宜包括人、物及境三個層面。在人的層面有接待導引、人員氣度及組織氣氛之實務；在物的實務層面有評鑑書面資料、海報展示、桌展布置、影音實物及網路資料；在境的層面有情境布置之實務等，茲析論如后。

壹、人的層面

一、接待導引方面

校務評鑑接待導引包括歡迎評鑑委員蒞臨、安排接待與陪同人員，以及設置指示標誌等，茲分別論述如下：

(一) 歡迎評鑑委員蒞臨

校務評鑑主辦單位通常將評鑑委員集合於某定點，再以交通車接送至受評單位，受評單位對評鑑委員的蒞臨，雖不必隆重盛大，但盛情的歡迎自屬必要。受評單位宜召集有關人員對蒞臨評鑑的委員致歡迎之意，宜展現端莊、熱絡的氣氛及校務團隊整體氣勢，然後熱切的引導委員至評鑑會場，切勿冷淡、零落，以免影響觀瞻及表面效度。

(二) 安排接待陪同人員

評鑑會場上，校務評鑑資料分項陳列，評鑑委員則分工檢視之，在評鑑委員檢閱檔案資料時，受評單位宜安排與任一評鑑項目有關之主管或人員從旁提供服務或說明，迅速立即適切回應評鑑委員之需求與關切，以及提供有關評鑑資料供委員參酌。

此外，在實地訪查參觀教學活動及校園設施、設備及圖書館時，受評單位宜規劃分派人員陪同評鑑委員，每一位委員皆需至少有一位受評單位人員緊切隨行，並從旁解說及回應委員之問題。

㈢ 建置評鑑指示標誌

建置評鑑指示標誌不僅有利於評鑑之進行，更能展現受評單位完整、嚴謹的一面，若能連細節都注意，則評鑑結果自然較佳。因之，有關評鑑會場、評鑑程序、評鑑委員會議室、評鑑晤談室、綜合座談室、教學現場、設施設備、洗手間等之指示，在在皆需規劃並張貼標示。此外，亦可在某些特別地點安排指示人員，提供聯繫空間緊密性之作為。

二、人員氣度方面

無論於評鑑委員蒞臨之接待導引或評鑑進行中與委員之互動，受評單位對其教師、職員、學生等有關人員之儀態、應對，皆需給予耳提面命，切不可失禮或服務不週，以及展現輕快、怡悅、自信等之氣度，發揮接受評鑑的基本素養，表現適切之應對儀態，以及親切友善之態度。

因之，在準備校務評鑑時，宜建立晤談代表的心理準備。評鑑當天，無論是受評人員、接待人員、家長代表亦或是被抽到晤談的同學，臨場的表現將直接影響委員對學校的觀感。若能經由適當的說明，使所有同仁、家長及學生瞭解面對委員應有的儀態，以及得宜的對應方式，當有助於學校整體形象的建立。故於舉辦導師會議、行政會議、家長會及學生集會時，皆宜充分把握機會告知評鑑的意涵，以及校務評鑑的重點，以凝聚團體的向心力量（顏國樑，2003）。

三、組織氛圍方面

組織氛圍可展現受評單位之整體決心、意向及企圖心，學校團隊若能展現團結和諧、雍容大度、熱絡親切、活潑氣氛、合作無間、積極奮發等之組織氛圍，可望為校務評鑑加值。合宜之組織氛圍係準備評鑑歷程嚴謹週全之顯示，平時訓練有素，自可增強校務評鑑之動力，促進校務評鑑之效益。

貳、物的層面

有關校務評鑑物的層面包括下列四端：評鑑書面資料、海報展示、桌展布置、網路資料等。

一、評鑑書面資料

評鑑書面資料包括有關表冊、會議記錄、文案等檔案，評鑑書面資料之整理、準備，宜展現其組織性、邏輯性及系統性，各項資料作有意義之連結。評鑑表冊有自我評鑑報告、評鑑資料索引表、各項評鑑檔案、教師教學檔案、學生學習檔案，各項評鑑檔案之書背、封面、目次、摘要、隔頁、標籤等，皆需展現其脈絡性。

在學校評鑑表中學校自陳與自評部分，受評學校宜具體說明各參考效標之實際情況，並自我評估其優點或績效，宜依「評鑑參考效標」準備評鑑資料，一項評鑑參考效標準備一個評鑑資料夾，若資料頗多，可以某某「評鑑參考效標」之一、之二方式增加之。

評鑑資料可分爲屬計畫、法規、活動、會議及設備媒體教材講義等（曾淑惠，2015），其整理頗爲重要。評鑑資料屬法規者，評鑑資料夾呈現之規章、要點、辦法等，宜注意有無即時更新之日期及與時俱進之內容，另須顯示會議通過之名稱及日期，並即時通知師生、公告在網站，以及在有關場合向師生宣導。此外，可將有關法規彙編成冊以便查閱。屬會議資料者，宜呈現重要會議定期舉行之事實，例如，課程發展委員會有無依規定召開，委員會之成員有無依規定組成，有無業界代表、校友代表、學生代表等。會議資料除議程外，須有上次會議決議事項執行情形之報告，以便追蹤及檢核，回應PDCA循環系統之品質管理機制。會議記錄的呈現樣式宜爲，第一部分爲會議記錄，第二部分爲出席人員簽名頁，第三部分爲附件資料，而開會通知則不一定要有。此外，會議記錄宜有主席簽閱並註上會議當日或第二日日期，並傳閱有關單位或人員。

有關活動辦理資料之整理，宜注意有無實施計畫，有無依計畫確實實施，有無滿意度調查表，活動結果有無檢討評估，宜有完整紀錄並做成活動成果報告。有關專案計畫資料之整理，宜有相關籌備事實，例如，有無利用機會進行溝通，以利師生瞭解，其辦理過程之紀載，如照相、攝影錄音，以及書文化等皆應完備。計畫重點之進度與預算是否依預定目標實際達成，宜注意計畫有無管控機制，是否有定期檢討、評估，以及自我改善之行動，最後並做成結案報告或紀錄。

再者，有關教學檔案、教材等軟體資料，以及設備硬體實物，宜注意有無實體，有無適時更新、維護，有無列冊管理，有無使用紀錄等。例如，有關設備管理、逃生系統、滅火器、消防演練、實驗室空間、飲用水，以及環境維護等，宜有使用紀錄，並列出檢核或檢驗日期。上述評鑑資料宜按評鑑項目分檔案整理，評鑑檔案資料夾宜有編號系統，檔案內可加目次表，以利查閱。

二、評鑑海報展示

評鑑海報雖非絕對必要之準備項目，但卻是系統化整體性評鑑準備之一環，若能妥爲規劃設計，亦有加値之效。首先，評鑑海報展示宜呈現學校辦學特色，以及各校務評鑑項目之辦學績效；其次，在系所科評鑑方面，可置一教師特色專區，展現教師特色、教學理念、研究成果及專業服務成果，另可呈現全體師生獲得各項榮譽之成果等。各項海報資料之展示，宜質性文字與統計量表兼顧，以圖文並茂方式互相揮映，並注意其字體大小、行距、顏色，以及視覺效果之考量。

三、評鑑桌展布置

評鑑桌展包括評鑑資料及各項榮譽、獎盃、獎座、獎狀等之布置。陳列評鑑資料宜依各評鑑項目分組陳列，在各評鑑項目前右方置一三角立牌作爲分組標示。評鑑資料檔案之目錄，宜系統化掌握評鑑資料之順序而予以分項設計，並宜逐頁查看各項資料之放置是否有誤。另外，置放評鑑檔案夾前之桌面宜留適當空間，以方便評鑑委員翻閱資料，並宜考量評鑑會場空間及動線之規劃，以利評鑑資料檢閱之進行。此外，因陳列各項榮譽成果，可作爲評鑑之佐證，故亦宜將各項獎盃、獎座、獎狀等安排妥適陳列之。再者，各項實物布置宜考量整體性場域關係，以利評鑑之進行。

四、網路評鑑資料

評鑑委員蒞校訪評前，除審閱學校評鑑表以獲知該校之辦學情況及績效外，另一瞭解方式爲該校網路評鑑資料。網路評鑑資料可補學校評鑑表之不足，因之，宜在學校網頁上設一評鑑專區。網路評鑑資料宜將有關評鑑動態及靜態資料系統規劃設計，靜態評鑑資料可作爲學校評鑑表中各項評鑑指標之佐證，呈現有關圖片、照片、數據等，例如，有關評鑑之各項設施、設備、實驗室、教學空間、學習步道等，皆宜以照片、圖片呈現。動態評鑑資料方面，宜將學校辦理各項活動、教學活動、社區活動、家長座談、競賽活動、社區服務等，以影音動態自動播放方式呈現。

參、境的層面

合宜的情境對校務評鑑頗爲重要，境的層面在於環境知覺之情境布置，若情境細節皆注意，自有利於整體評鑑之加乘效果。境的層面在於加值評鑑的豐富性，因之，不論評鑑會場、晤談空間、會議場所、教學空間、洗手間、動線通道等，皆宜適切布置，使之展現綠美化、藝術化、裝置化、專業化等之效果，以顯示教育的潛在效果，同時亦能讓評鑑委員見到學校辦學用心之處。

反之，若環境知覺不佳，例如，環境貧瘠、未好好打理，洗手間不潔、潮溼有味道，牆壁髒兮兮、有腳印，教學空間如實驗室未清理，角落東西雜亂不堪，油漆剝落不理，檯面櫃面桌椅滿布灰塵等，未能顯現學校辦學環境宜有之適當性，自不能展現應有之教育專業氣象。況且評鑑當日若如此，平時狀況更可見一斑，若如此在各個評鑑項目都可能被扣分，例如，在環境設備這一項定不可免，此外，行政管理、校長領導等亦可能遭池魚之殃，「學校如花園，教師如園丁，學生如花草」，若環境知覺不佳，顯見教育人員無心，教育環境不良，怎能辦好教育。因之，相關評鑑項目整體性不佳，評鑑成績自然大打折扣，故環境知覺頗為重要，是校務評鑑成功的開始，學校宜特別重視之。

第二節　校務評鑑簡報製作要領

米開朗基羅・波納羅蒂（Michelangelo Buonarroti）指出：「完美不是一個小細節，但注重細節可成就完美。」意指當我們專注於做某事時，常會因急於完成而忽略需時時注意之細節，等到做完後才發現原來有很多過程需修正才能讓作品與事情更完美。我們也許專心於製作完美上，但那卻不是完美該需要的態度，而是要在做事時重視細節讓過程沒有疏忽，才是一個讓作品可完美的方法。校務評鑑簡報不是一個小細節，但重視其製作細節可增益評鑑結果。

校務評鑑簡報係「評鑑的精要」，包攝整個評鑑內容，統整評鑑績效之要義，至關重要。其形式與內容在在展現校務評鑑之表面效度及內在效度，攸關評鑑結果甚鉅。

壹、評鑑簡報形式層面

評鑑簡報形式需考量其清晰、具體、充分之效果；因之，在版面平衡配置、美感設計、色彩協調與對比等皆需特別考量。換言之，在簡報字型、字級、行距、字數、顏色、照片、圖表、影音效果等皆需有其製作原則。評鑑簡報宜有合宜之版面設計、調合色彩、適當投影片張數，以及增強效果的圖像、表格、流程圖及長條圖等之應用。此外，可利用多媒體輔助工具（影像＋音效），使成爲專業的簡報。

簡報不僅是評鑑資料之精要，其呈現之視覺效果更需重視，優質簡報有利評鑑委員瞭解該校整體脈絡及辦學績效。因之，宜清楚明確呈現該校優點、特色供委員參酌。簡報之視覺效果宜考量以影音動畫、圖文並茂、內容文字級數大小、文字色彩對比、華康中黑體之字型加上粗黑體、文字行距1.2，投影片字數以8行8個字爲原則等，茲析述如下：

一、評鑑簡報字型方面

評鑑簡報字體方面旨在求其清晰、清楚呈現評鑑欲傳達之內容，因之，評鑑簡報字體需以專業效果考量之。在中文字型方面，評鑑簡報字型宜爲華康中黑體加上粗黑體，英文及數字字型宜爲Arial加上粗黑體。評鑑簡報字型宜用華康中黑體及Arial加上粗黑體之原因在於，該字型最清晰，字的筆劃間隔大、分得最開，字拉得最大、拉得最開，單位面積上展現最大格局，筆劃不易混在一起影響閱讀。因此，即便在偌大的評鑑會場亦可讓評鑑委員一目了然，其視覺效果最佳，證之三C產品i-Phone、i-Pad、Samsung手機中，以及高速公路指標的字型等皆爲華康中黑體，其專業性效果可見一斑。茲以該字型與其他同級字型如新細明體、標楷體等進行比較，其差別如下：

1. 新細明體

哈囉你好嗎？衷心感謝，珍重再見，期待再相逢

2. 標楷體

哈囉你好嗎？衷心感謝，珍重再見，期待再相逢

3. 華康中黑體

哈囉你好嗎？衷心感謝，珍重再見，期待再相逢

由上列三種字型之比較可知，華康中黑體效果最優；反之，標楷體的字體緊縮變小，筆劃膠著聚在一起，其視覺效果最不良。

英文及數字字型以Arial與其他字型如Times New Roman、華康中黑體、標楷體及新細明體之比較如下：

1. 新細明體

abcdefghij; 1234567890

2. 華康中黑體

abcdefghij; 1234567890

3. 標楷體

abcdefghij; 1234567890

4. Times New Roman

abcdefghij; 1234567890

5. Arial

abcdefghij; 1234567890

由上可知，Arial字型在英文及數字字體之效果最優，視覺效果最佳。

二、評鑑簡報字數、字級、行距方面

評鑑簡報需考量文字的行距、字級、字數多寡等，其原因在於簡報與書面簡報之別，簡報內容爲提綱挈領之關鍵字與片語，精簡扼要重點呈現即可，輔以口頭說明，故字數不宜太多，每張簡報字數爲「8×8法則」，即除簡報標題外，以8行8個字爲原則；換言之，每張投影片除主標題外，以不超過8行文字，每行以不超過8個字爲原則。

在字體大小方面，投影片標題宜爲40點數，投影片內容之大標題字體級數宜爲36點數，次標題文字宜爲32點數，內文爲28級數，如此看起來舒坦。投影片內容最多只需兩層次的標題，字級依次遞減，如此層次井然，輕重緩急了然。此外，字與字之間隔宜爲Power Point中「多行文字」之「1.2」行距，此間隔距離較爲適當，效果較佳。再者，每張簡報宜有頁碼，頁碼爲整份簡報順序性之表示。再次，PPT簡報中標題之編目宜有其系統性，亦即宜以「標號」之層級開展簡報之內容。

三、評鑑簡報圖譜色彩方面

評鑑簡報宜強調具體性，亦即純然文字的簡報較抽象，不夠具體，宜圖文並茂，具設計感之美工編輯，視覺輔助，輔以具認知性之圖片、照片、表格、數據、長條圖、動畫等，使評鑑簡報更爲具體，易於瞭解及掌握全盤內容。此外，利用多媒體影音檔等之超連結可增強印象，提升簡報效果。再者，宜關注評鑑簡報之色彩議題，評鑑簡報圖譜色彩分簡報字體顏色，以及其底圖色彩之設定。基本上，簡報字體宜以深色字體爲之，如深紅、深紫、深藍、深綠及黑色等，強調字體對比效果，切勿以淡色爲之，否則較不清楚，影響訴求。再者，評鑑簡報之底圖切忌太華麗、太花俏，否則賓主易位，以情害意，不利內容之展現，故宜以純色背景爲之，以收幫襯之美。此外，宜善用圖表，圖表比文字更有利於資料比較，例如，長條圖可呈現評鑑資料之消長脈絡等。再者，不可將多張表格置放在同一張投影片中，宜以統計圖表呈現，不同圖表有不同功能，長條圖利於比較，圓形圖呈現比率，折線圖顯示趨勢，流程圖利於說明事件，宜依有關需求善用之。

貳、評鑑簡報內容層面

在評鑑簡報內容方面，宜對評鑑資料進行研究和統整，建立論點架構，加以投影片架構與圖像強化之設計，利用「視覺空間大綱」建立簡報架構。評鑑簡報字體顏色宜有對比效果，內容宜以具設計感之美工展現視覺效果，加上數據、圖表、動畫等，以增進簡報效果。

圖譜化意指評鑑資料之呈現宜具體、明晰、清楚，以圖表呈現評鑑資料通觀整全之概念，或表達複雜的概念，學校評鑑表的撰寫如此，實地訪評時之簡報亦若是，由於評鑑簡報係評鑑的精要，因此其撰寫要領呈現形式及效果宜特別講究之。

簡報標題對校務評鑑頗爲重要，爲辦學績效統整性之歸納，宜以正向積極的文字呈現優點、特色及創新作爲；換言之，以正向積極的文字進行價值判斷，例如「……成效良好」、「……績效優異」、「……表現優異」等，或以其他合宜之措辭方式敘寫，以收畫龍點睛之效。其次，簡報的內容宜生動活潑，多彩多姿，強調與凸顯學校優點、特色及績效，以量化數據統計，並以圖表顯示評鑑指標、參考效標之整體脈絡與要點，切忌將評鑑簡報當作是「學校簡介」，因學校簡介與校務評鑑簡報目的不同，評鑑簡報係針對評鑑項目、評鑑指標及參考效標進行辦學績效與特色之報告與說明。

歸結有關校務評鑑簡報製作之形式與內容之注意事項，校務評鑑簡報製作要領檢核表如表5-1所示，各級各類學校在準備校務評鑑簡報時，可參考應用之。

表5-1　校務評鑑簡報製作要領檢核表

項次	計畫項目	項目內容	預計完成日期	執行狀況			
				完成	完成日期	未完成	未完成原因
1	簡報標題	以正向積極文字呈現優點、特色及績效	/ /	□	/ /	□	
2	簡報內容	宜生動活潑，多彩多姿，凸顯辦學績效及特色	/ /	□	/ /	□	
3	字型	1. 中文：華康中黑體加上粗黑體 2. 英文及數字：Arial 加上粗黑體	/ /	□	/ /	□	
4	字數	8 行 8 個字為原則	/ /	□	/ /	□	
5	字級	1. 投影片標題：40 點數 2. 大標題：36 點數 3. 次標題：32 點數 4. 內文：28 點數	/ /	□	/ /	□	
6	行距	間隔為「多行文字」之「1.2」	/ /	□	/ /	□	

（續上表）

7	標號層級系統	壹、一、(一)	/ /	□	/ /	□	
8	簡報編頁碼	以阿拉伯數字編頁碼	/ /	□	/ /	□	
9	圖之應用	1. 長條圖：呈現評鑑資料之消長，利於比較 2. 圓形圖：呈現比率 3. 折線圖：顯示趨勢 4. 流程圖：利於說明事件	/ /	□	/ /	□	
10	表之應用	量化數據統計表	/ /	□	/ /	□	
11	圖譜色彩	1. 版面平衡配置 2. 深色簡報字體，顏色對比 3. 淺純色底圖	/ /	□	/ /	□	
12	視覺效果	1. 影音動畫效果 2. 圖文並茂 具認知性圖片、照片、表格、數據等 3. 美工編輯具設計感	/ /	□	/ /	□	

第三節 校務評鑑準備行動策略

藍海策略新價值曲線之「四項行動架構」（four actions framework）包括：提升（raise）、降低（reduce）、創造（create）及消除（eliminate）等四個面向之行動策略（黃秀媛譯，2005）。提升之行動策略在於提升能力、產品品質、行銷結盟、感受、溝通訴求等之優勢（strength）；降低之行動策略在於降低經營成本、投資風險、人員流失等之弱勢（weakness）；創造之行動策略在於創造空間、時間、附加價值、社群網站、群體共識等之機會（opportunity）；消除之行動策略在於消除人員抗拒、品牌疑慮、削價競爭、印象迷思等之威脅（threat）。因之，其行動策略在於提升與改進有關實務之優劣得失，以及創造機會和消除威脅。

藍海行動策略可應用於校務評鑑準備上，校務評鑑準備宜思考提升何種優勢，降低何種弱勢，創造何種機會，以及消除何種威脅。校務評鑑攸關辦學品質、績效、聲譽，其評鑑有賴結合理性與感性，以呈現科技理性與人文感性之美，展現辦學理想之熱情、創意作爲及實作表現。校務評鑑的行動策略有共識化、系統化、圖譜化、合作化、創新化、知識管理化及改進化等七化，茲析論於后。

壹、共識化

校務評鑑係評估學校組織之整體績效，凡是團隊成員皆不可自外於評鑑活動，舉凡校務評鑑的籌備、合作、分工、資料整理與檢核、資料展示、人員氣度、組織氣氛、環境設備的整理、評鑑活動進行時的教師教學、學生學習，以及評鑑訪談教師、行政人員、學生等，在在都顯示組織成員對評鑑任務須有適當的瞭解與合宜之共識。此外，組織成員對評鑑任務質性、量化資料的瞭解與體悟頗爲重要，有瞭解才能深入，深入才能體會，才能有較周全的準備，才能有信心，有信心才能展現合宜之氣質與氣勢，才能適切反應接受評鑑該有的素養水準。因之，組織領導者宜對全體教師、行政人員、學生進行評鑑溝通、宣導與簡報，讓組織成員瞭解評鑑活動是衆人之事，大家共生共榮，除行政人員外，其餘組織成員若具有同舟共濟的共識，則較能合宜的達成校務評鑑任務。否則，若部分有意見之成員於評鑑事前告狀，評鑑時製造狀況，將滋生頗大困擾，直接影響評鑑結果。此外，由於訪談是蒐集評鑑資料的重要方式；因之，組織領導者亦宜對全體學生進行評鑑溝通，簡報評鑑重點，讓學生對學校的政策、目標、措施、績效有所瞭解，以免評鑑委員晤談學生時，一問三不知，導致影響評鑑成績。

貳、系統化

系統化對評鑑資料的準備頗爲重要，評鑑有三據，即依據、證據、數據。「學校評鑑表」中的評鑑項目、指標、參考效標，即爲評鑑資料準備的「依據」，評鑑資料的整理、統整、自評皆需準此而行。所謂證據即「評鑑資料檔案」所提供之事實，能否完整充分支持評鑑項目、指標、參考效標之內涵需求。而「數據」即是學校評鑑表及評鑑資料檔案中各式各樣評鑑資料、活動、績效等「量的統計表」，數據資料須經數量統計才能整體呈現評鑑資料或績效的全貌，並據以作爲評鑑資料質性意義價值評析之依據，若未經評鑑資料數量的統計，則評鑑資料可能是流水帳式的陳述，較不易展現其整體樣貌、脈絡，亦不易看出其整體價值，故評鑑資料的數據化頗爲重要。觀之一般學校接受校務評鑑皆未能將評鑑資料作適切的數量統計，僅是將評鑑資料大雜燴般的堆砌，實非評鑑資料準備應有之方式。

評鑑資料的呈現關係校務評鑑的表現，因此，如何系統化呈現評鑑資料頗爲重要。評鑑資料依「依據」、「證據」及「數據」等評鑑三據整理後，宜再製作評鑑資料索引表以系統、脈絡式的聯結、架構所有的評鑑資料。評鑑資料索引表提供提綱挈領的思維，以及展現評鑑資料實體脈絡，對評鑑的準備與接受訪視評鑑皆頗爲重要，茲以教育部高級中等學校評鑑之「校長領導」評鑑項目、指標及參考效標爲例，評鑑資料索引表之實例如表5-2所示：

表5-2　高級中等學校校務評鑑資料索引表

評鑑項目	評鑑指標	參考效標	資料編號	資料名稱
1. 校長領導	1-1 辦學理念	1-1-1	1-1-1-1	（列出資料名稱）
			1-1-1-2	〃
		1-1-2	1-1-2-1	〃
			1-1-2-2	〃
			1-1-2-3	〃
	1-2 專業素養	1-2-1	1-2-1-1	〃
			1-2-1-2	〃
			1-2-1-3	〃
		1-2-2	1-2-2-1	〃
			1-2-2-2	〃
			1-2-2-3	〃
	1-3 領導作為	1-3-1	1-3-1-1	〃
			1-3-1-2	〃
			1-3-1-3	〃
		1-3-2	1-3-2-1	〃
			1-3-2-2	〃
			1-3-2-3	〃
	1-4 校務經營	1-4-1	1-4-1-1	〃
		1-4-2	1-4-2-1	〃
		1-4-3	1-4-3-1	〃
	1-5 學校氛圍	1-5-1	1-5-1-1	〃
		1-5-2	1-5-2-1	〃
		1-5-3	1-5-3-1	〃

參、圖譜化

圖譜化策略可分形式及內容兩方面，在形式上宜強調其表面效度，亦即注意其溝通效果，在內容上宜彰顯、強化其優勢、亮點。任一評鑑資料、文件、紀錄等皆有其溝通效益，要能清楚的溝通，有賴具體呈現評鑑資料，具體則較能明確表達。因之，學校評鑑表之呈現，除依據評鑑指標而以績效總結撰寫評鑑摘要外，另宜針對評鑑指標下各項參考效標以標號、標題系統化、積極、正向的呈現自評學校之辦學績效，並以圖表彰顯亮點，說明如何達成既有成效。圖表應用有其訣竅差別如下：(一)若「績效亮麗」，則可用「圖」表示，「長條圖」呈現績逐年提升之效，善用「圓形圖」以呈現有關資料之比率，妥用「折線圖」以顯示其發展趨勢。(二)若「績效普通」則用「表」呈現，用表呈現除可具體統合有關資料之結果外，又可適度藏拙，即當績效非逐年提升，而是有落差之故，即以三年校務評鑑的績效而言，第二年的績效比第一年及第三年差；或是第二年比第一年差，第三年比第二年差，則宜用表呈現，以淡化績效消褪之窘境。(三)若「績效不好」則以「文字敘述」即可，文字敘述呈現效果最模糊，最不清楚；因之，可達到遮瑕之效。

肆、合作化

雁行理論強調以合作取代獨力競爭，大家一起創造整體工作價值，組織成員如擁有野雁般的感覺，則將像野雁一樣互相扶持，願意接受他人協助，也願意協助他人。當有人工作不熟練時，大家互相幫助，互相成全，成就共好，共生共榮。

校務評鑑的進行，強調學校團隊整體動起來，以合作作爲進行評鑑的指導原則，大家合作分工，以合作爲基線，以分工達到合作之效益，評鑑任務之達成不分你我，故須以合作分工的方式準備評鑑資料，並對資料的檢視提出改進意見，俾供進一步之改善。

校務評鑑合作分工的工作分配宜包括評鑑項目、評鑑指標、參考效標、負責人員、預定完成日期、執行狀況等爲之，並適時召開評鑑籌備會議，就有關評鑑事項、問題提出改進意見，以謀求改善，校務評鑑準備合作分工表如表5-3所示。

表5-3　校務評鑑準備合作分工表

評鑑項目	評鑑指標	參考效標	負責人員	預計完成日期	執行狀況			
					完成	完成日期	未完成	未完成原因
1. 校長領導	1-1 辦學理念	1-1-1		/ /～/ /	☐	/ /	☐	
		1-1-2		/ /～/ /	☐	/ /	☐	
	1-2 專業素養	1-2-1		/ /～/ /	☐	/ /	☐	
		1-2-2		/ /～/ /	☐	/ /	☐	
	1-3 領導作為	1-3-1		/ /～/ /	☐	/ /	☐	
		1-3-2		/ /～/ /	☐	/ /	☐	
	1-4 校務經營	1-4-1		/ /～/ /	☐	/ /	☐	
		1-4-2		/ /～/ /	☐	/ /	☐	
		1-4-3		/ /～/ /	☐	/ /	☐	
	1-5 學校氛圍	1-5-1		/ /～/ /	☐	/ /	☐	
		1-5-2		/ /～/ /	☐	/ /	☐	
		1-5-3		/ /～/ /	☐	/ /	☐	

此外，實地訪評時宜進行組織動員，安排一至二位同仁對每一評鑑委員提供隨時解釋、說明評鑑資料及有關服務，處處以主動周到的方式進行應對。再者，訪視評鑑時，宜提供評鑑委員下列四項資料：(一)「評鑑精要」即校務評鑑簡報，宜彩色列印，至多一張A4的紙張列印兩頁簡報資料；(二)「辦學特色成果」方面，由於高級中等學校評鑑有占總分5分的「學校特色」加分部分，每一點「學校特色」加總分0.5分，因之，「辦學特色成

果」宜列出一至十點整體「學校特色」，爭取供特色加分之用。其次，再就校務評鑑各「評鑑指標」分別撰寫一至三項辦學績效。再次，各專業群科亦需撰寫其績效表現，以利評鑑委員查核、參酌，提供給評鑑委員要的答案；(三)「上次評鑑建議改進事項」，宜報告學校改善之情形及其成果；(四)校務評鑑資料索引表、評鑑流程表，以及校園平面圖。

伍、創新化

有關計畫的擬定，一般以SWOT分析法進行全面、系統、準確的研究，SWOT分析法又稱爲態勢分析法，四個英文字母分別代表：優勢（strength）、弱勢（weakness）、機會（opportunity）、威脅（threat），分析與該計畫有關的各種環境因素。在現況內部環境因素方面，包括優勢因素和弱勢因素，屬主觀因素；在未來外部環境因素方面，包括機會因素和威脅因素，屬客觀因素（平衡計分卡推廣協會，2015）。然而因SWOT分析法的策略性較弱而有其限制，而一般的SWOTA或SWOTS亦僅指出其SWOT的分析宜有A（行動）或S（策略），但卻無行動或策略之章法，若能結合藍海策略行動架構分析法（提升、降低、創造、消除），則能強化其行動策略，爲有關議題的分析提供明確、具體的方法。

藍海策略提出開拓無人競爭的全新市場之行動策略，旨在提升（raise, R）有關議題之優勢、降低（reduce, R）弱勢、創造（create, C）機會，以及消除（eliminate, E）威脅。因之，校務評鑑在提升優勢方面，宜發掘學校辦學之績效，歸納意義，呈現價值；降低有關問題、困難、議題之弱勢；消除未來發展潛藏之威脅，就學校發展困境提出解決策略；以及創造未來發展之有關機會。校務評鑑準備結合SWOT分析法和藍海策略行動架構分析法的行動策略分析表，如表5-4所示。

表5-4　校務評鑑準備行動策略分析表

議題	SWOT/ 藍海策略行動架構			
議題一	Strength 優勢	Weakness 弱勢	Opportunity 機會	Threat 威脅
	Raise 提升	Reduce 降低	Create 創造	Eliminate 消除
議題二	S	W	O	T
	R	R	C	E
議題三	S	W	O	T
	R	R	C	E

就上述藍海策略之行動策略而論，校務評鑑準備的創新化宜強調差異化（differentiation）和特色化（characterization），差異化和特色化策略在校務評鑑準備之作爲可分爲：(一)提前作業，資料、資訊蒐集齊全；(二)作好資料分類、分析與統計報告；(三)提供摘要資訊與完整資料；(四)完成優質簡報資料；(五)善用激勵策略，締造佳績；(六)訪視評鑑時，動態簡報展現學校特色，作爲引起動機，例如某校的某某團隊爲其特色，則可以視覺影音之演出方式作爲簡報之開始。

此外，展現學校特色的層次有不同的次第，有創新、績優、文化、比較、核心、聲望、滿意之別。別校沒有，本校有的叫「創新」；別校也有，本校做得更好的叫「績優」；某項已成爲該校的傳統叫「文化」；相較於該校其他項目，某項最好的叫「比較」；某項是學校經營的核心項目叫「核心」；校外人員對某項感到最滿意的叫「滿意」（教育部，2002）。校務評鑑之準備宜釐清該校特色之層級，充分整理有關資料，小題大作，加深加廣的予以設計，學校特色之展現宜提出最重要的部分，並有詳盡的說明，例如：(一)學校的特色團隊爲何？(二)特色課程爲何？(三)學校特色績效爲何？(四)與地方的互動爲何？(五)對地方的貢獻爲何等，學校特色的展現作得好，可望令評鑑委員印象深刻，增進校務評鑑價值。

陸、知識管理化

所謂知識包括四個層級：資料（data）、資訊（information）、知識（knowledge）及智慧（wisdom）。知識管理有五個次第：知識取得、知識儲存、知識應用、知識分享、知識創新。知識管理在校務評鑑的應用，在知識取得方面，宜蒐集（collect）校務評鑑指標所需的各樣資料；在知識儲存方面，宜選擇（select）各項參考檢核重點所需資料，作適當的分類、彙整，統整出有用資訊；在知識應用方面，宜將有用的知識用到最好最對的地方；在知識分享方面，宜彰顯最好的資訊，用到絕妙的智慧境界；在知識創新方面，宜統整反思（reflect）資料知識之取得、資訊知識之儲存、知識之應用情形、知識之分享效果等，省思知識應用與分享之效益，與同仁或他人互動交流之成效，進而創造更新知識。

進一步而言，四種知識在校務評鑑知識管理上的應用有皮、肉、骨、髓之層次別。資料屬皮，是事實部分，係爲一筆一筆的資料；資訊是肉，爲有意涵的資料，即合併有關資料而得的訊息；知識是骨，是驗證，學校宜對其情況作自評，進行優劣得失之判斷；智慧是髓，是辦學績效、意涵及價值所在，亦是整體評鑑歷程於訪視評鑑時之圓融展現。

柒、改進化

校務評鑑旨在改善校務發展的各項任務，是促進學校績效責任之策略。校務評鑑在於發揮PDCA品質管理策略之功能，故宜進行檢核、評估，以作爲執行之回饋。所謂有評核（check）不差，有評核即能知所不足，知反思，知所以成、所以敗之緣由，以研提因應之道，有改進行動（action）則會更好，發揮ISO（International Organization for Standardization）精神，ISO精神在於持續改進，滾動式改善，說到做到，做到寫在文書上。此外，校務評鑑在於展現理性思維與人文之美，故宜召開評鑑籌備會議，檢討改進缺漏之處，進行自我評鑑，作爲反省性思考之策略，並作爲改進之依據，持續改進，校務才能永續發展。

校務評鑑的準備除進行計畫、執行、考核、改進行動外，若能制訂整個評鑑準備活動進行的評核機制，將更能嚴謹監控校務評鑑的實施，促進其實施品質。

校務評鑑評核機制的應用，首先，宜訂定「評鑑工作進度查核點」，將有關工作、時程以橫軸時程、縱軸工作項目列出，制定評鑑工作進度查核點，並定時以「資訊系統成果檢核表」查核之。所謂「資訊系統成果檢核表」即將有關評鑑工作項目制定為「成果檢核表」放置於資訊平臺，每日由各負責單位或人員註記某項工作之執行情形，根據預定完成日期，當天執行完畢則在「完成」欄打勾，若未完成或未執行須在「未完成」欄打勾，並於備註欄註記未完成的原因。校務評鑑工作各負責單位或人員可隨時看到個人及他人的執行情形，可作為管控機制，同時學校首長或主管亦可隨時關心其執行情形。校務評鑑工作進度查核點之形式如表5-5，進度查核點一覽表如表5-6，資訊系統成果檢核表如表5-7所示。

表5-5　校務評鑑工作進度查核點

工作項目	查核點	○○○年度											
		1月	2月	3月	4月	5月	6月	7月	8月	9月	10月	11月	12月
列出工作項目	查核點				*1	*1	*1				*1	*1	*1
	查核點				*2	*2	*2				*2	*2	*2
	查核點	*3	*3	*3	*3	*3							
	查核點	*4	*4				*4		*4				
	查核點	*5		*5			*5				*5		
	查核點	*6	*6	*6	*6	*6	*6	*6	*6	*6	*6	*6	*6
	查核點					*7							
	查核點									*8			
	查核點												*9

附註：1. *代表各查核點。2. 各查核點內容說明詳如表5-6。

表5-6　校務評鑑工作進度查核點一覽表

項次	工作項目	內容說明	預定完成日期
*1			
*2			
*3			
*4			
*5			
*6			
*7			
*8			
*9			
*10			

表5-7　校務評鑑資訊系統成果檢核表

項次	工作項目	項目內容	負責人員	預計完成日期	執行狀況			
					完成	完成日期	未完成	未完成原因
*1				/ /～/ /	□	/ /	□	
*2				/ /～/ /	□	/ /	□	
*3				/ /～/ /	□	/ /	□	
*4				/ /～/ /	□	/ /	□	
*5				/ /～/ /	□	/ /	□	
*6				/ /～/ /	□	/ /	□	
*7				/ /～/ /	□	/ /	□	

校務評鑑工作之準備，除制定工作進度查核點，以及「資訊系統成果檢核表」進行形成性過程品質管控外，每月尚需進行定期管控考核會議，檢討有關評鑑工作執行情形。因之，宜依評鑑項目、指標、參考效標訂定自我評估指標，進行校務評鑑工作形成性自我評估，自我評估表之格式如表5-8所

示。藉由量化分數統計可得出形成性校務評鑑的量化成果，再藉由優點和改進意見的評核，可呈現質性品質的結果。

表5-8　校務評鑑自我評估表

<table>
<tr><th rowspan="2">評鑑項目</th><th rowspan="2">評鑑指標</th><th rowspan="2">參考效標</th><th colspan="4">執行情形</th><th rowspan="2">未執行</th></tr>
<tr><th>優</th><th>良</th><th>可</th><th>待改進</th></tr>
<tr><td rowspan="13">1.
校
長
領
導</td><td rowspan="2">1-1 辦學理念</td><td>1-1-1</td><td rowspan="2"></td><td rowspan="2"></td><td rowspan="2"></td><td rowspan="2"></td><td rowspan="2"></td></tr>
<tr><td>1-1-2</td></tr>
<tr><td rowspan="2">1-2 專業素養</td><td>1-2-1</td><td rowspan="2"></td><td rowspan="2"></td><td rowspan="2"></td><td rowspan="2"></td><td rowspan="2"></td></tr>
<tr><td>1-2-2</td></tr>
<tr><td rowspan="2">1-3 領導作為</td><td>1-3-1</td><td rowspan="2"></td><td rowspan="2"></td><td rowspan="2"></td><td rowspan="2"></td><td rowspan="2"></td></tr>
<tr><td>1-3-2</td></tr>
<tr><td rowspan="3">1-4 校務經營</td><td>1-4-1</td><td rowspan="3"></td><td rowspan="3"></td><td rowspan="3"></td><td rowspan="3"></td><td rowspan="3"></td></tr>
<tr><td>1-4-2</td></tr>
<tr><td>1-4-3</td></tr>
<tr><td rowspan="4">1-5 學校氛圍</td><td>1-5-1</td><td rowspan="4"></td><td rowspan="4"></td><td rowspan="4"></td><td rowspan="4"></td><td rowspan="4"></td></tr>
<tr><td>1-5-2</td></tr>
<tr><td>1-5-3</td></tr>
<tr><td>1-6-2</td></tr>
<tr><td colspan="3">小計次數</td><td></td><td></td><td></td><td></td><td></td></tr>
<tr><td colspan="3">各評等轉計分數比例</td><td>×5</td><td>×4</td><td>×3</td><td>×2</td><td>×1</td></tr>
<tr><td colspan="3">轉成分數小計</td><td></td><td></td><td></td><td></td><td></td></tr>
<tr><td colspan="3">合計分數</td><td colspan="5"></td></tr>
<tr><td colspan="3">按 20% 轉量表實際得分
（合計分數 ×20÷5× 本表總題數）</td><td colspan="5"></td></tr>
<tr><td colspan="8">總評意見：
一、優點

二、改進意見

</td></tr>
</table>

評鑑最重要的目的在於改進，因之校務評鑑準備除於過程中進行形成性自我評估外，於接近寄送「學校評鑑表」給評鑑主辦單位前，宜進行總結性績效評估，將評鑑目的與內容轉化爲評估指標，制定績效評估表進行總結性評估，並將評估結果作爲「學校評鑑表」中學校自陳與自評之質化資料及量化分數，績效評估表的格式如表5-9所示。

表5-9　校務評鑑績效評估表

<table>
<tr><th rowspan="2">評鑑項目</th><th rowspan="2">評鑑指標</th><th rowspan="2">參考效標</th><th colspan="5">執行情形</th></tr>
<tr><th>非常好</th><th>好</th><th>尚可</th><th>不好</th><th>非常不好</th></tr>
<tr><td rowspan="12">1.
校長領導</td><td rowspan="2">1-1 辦學理念</td><td>1-1-1</td><td rowspan="2"></td><td rowspan="2"></td><td rowspan="2"></td><td rowspan="2"></td><td rowspan="2"></td></tr>
<tr><td>1-1-2</td></tr>
<tr><td rowspan="2">1-2 專業素養</td><td>1-2-1</td><td rowspan="2"></td><td rowspan="2"></td><td rowspan="2"></td><td rowspan="2"></td><td rowspan="2"></td></tr>
<tr><td>1-2-2</td></tr>
<tr><td rowspan="2">1-3 領導作為</td><td>1-3-1</td><td rowspan="2"></td><td rowspan="2"></td><td rowspan="2"></td><td rowspan="2"></td><td rowspan="2"></td></tr>
<tr><td>1-3-2</td></tr>
<tr><td rowspan="3">1-4 校務經營</td><td>1-4-1</td><td rowspan="3"></td><td rowspan="3"></td><td rowspan="3"></td><td rowspan="3"></td><td rowspan="3"></td></tr>
<tr><td>1-4-2</td></tr>
<tr><td>1-4-3</td></tr>
<tr><td rowspan="3">1-5 學校氛圍</td><td>1-5-1</td><td rowspan="3"></td><td rowspan="3"></td><td rowspan="3"></td><td rowspan="3"></td><td rowspan="3"></td></tr>
<tr><td>1-5-2</td></tr>
<tr><td>1-5-3</td></tr>
<tr><td colspan="3">小計次數</td><td></td><td></td><td></td><td></td><td></td></tr>
<tr><td colspan="3">各評等轉計分數比例</td><td>×5</td><td>×4</td><td>×3</td><td>×2</td><td>×1</td></tr>
<tr><td colspan="3">轉成分數小計</td><td></td><td></td><td></td><td></td><td></td></tr>
<tr><td colspan="3">合計分數</td><td colspan="5"></td></tr>
<tr><td colspan="3">按 20% 轉量表實際得分
（合計分數 ×20÷5× 本表總題數）</td><td colspan="5"></td></tr>
<tr><td colspan="8">總評意見：
一、優點

二、改進意見</td></tr>
</table>

第四節 校務評鑑報告的撰寫要領

現代教育之父康美紐斯說：「假我數年指導教育活動，我就要改變世界。」康氏之言如同諾貝爾和平獎得主曼德拉所指，教育是最威猛的武器，其效益影響深遠，然而教育活動如何改變世界？此有賴教育評鑑之功，評鑑可知其改變？何以如此，在於評鑑可「悟已往之不諫，知來者之可追。實迷途其未遠，覺今是而昨非。」評鑑可鑑往知來，「此中有眞意，欲辯已忘言」，「前事不忘，後事之師」，因之，評鑑有眞意，評鑑是教育的策略。

評鑑是績效評估，「悟已往之不諫」及「實迷途其未遠」即是在找出問題，而「知來者之可追」及「覺今是而昨非」即在於自我改進，以求自我改善。欲彰顯校務評鑑績效評估之功，校務評鑑報告之撰寫頗爲關鍵。首先，在校務評鑑報告最前面，宜呈現此次評鑑辦學績效及特色之「評鑑摘要」，即「辦學特色成果」，「評鑑摘要」宜列出一至十點「辦學特色成果」，以供特色加分之用。其次，針對評鑑項下之「評鑑指標」分別撰寫一至三點辦學績效，作標題式整體性自我評估，呈現積極正向的辦學優點與特色，進行辦學績效及特色之價值判斷。再次，針對各「參考效標」逐一進行評估，析論該效標之辦理現況及效益，呈現各項效益之有關事實，佐以有關證據、數據支持之。

本節首先探討校務評鑑報告的撰寫原則與注意事項，其次，就教育部高級中等學校評鑑（附設職業類科者）評鑑項目「八、實習輔導」，以及專業群科評鑑之「外語群」爲例，析述校務評鑑報告之撰寫要領。

壹、校務評鑑報告的撰寫原則與注意事項

優質校務評鑑報告不僅可彰顯受評學校之特色全貌，且能掌握校務評鑑之重點績效，藉由資料準備過程中，發掘自我問題，並據以改善之，提升受評學校績效之明晰度，能周延的呈現校務評鑑的精要與內涵，更能讓評鑑

委員快速的瞭解受評單位之績效、優點及特色等，因之，其撰寫品質不可輕忽。

林劭仁（2015）提出評鑑報告撰寫原則和創意與圖解的呈現，評鑑報告撰寫原則包括：(一)先有草稿再逐漸修正；(二)回歸評鑑理論與目的；(三)結構精簡勝複雜冗長，以及如何以創意與圖解的方式生動呈現，大量使用圖、表讓評鑑報告更爲清楚易懂。在撰寫評鑑報告撰寫原則方面，首先，撰寫評鑑報告時，可先草擬一份簡單的草稿，再以此爲基礎逐漸修正內容。評鑑草稿大綱的產出代表將腦中思緒做出階段性整理，接著，即可據此進行修改，然後再慢慢釋放累積的知識與經驗，修正評鑑報告至符合理想的程度。其次，在回歸評鑑理論與目的的部分，在於校務評鑑報告經草擬後，再經過多次的修正，已達精緻化程度，讓校務評鑑報告變得有意義，且修正過程須有理論基礎，回歸評鑑初期所規劃的理論與目的。再次，就結構精簡勝過複雜冗長而言，在於歸納有用資料統整出結構精簡，標題明確的評鑑報告，更有助於清晰明確的顯現自我評鑑報告，評鑑者可從架構中選擇所關心的標題與內容，不必整本翻閱尋找重要訊息，增加閱讀的難度與負擔，更能爲評鑑委員所理解甚至印象深刻。因之，清楚的架構，明確的標題絕對勝過複雜冗長，所以撰寫校務評鑑報告，宜在報告的最前面位置，敘寫一段「摘要」，說明該校的辦學績效與特色，並自我評論其辦學績效與特色的價值、意義及重要性。

其次，撰寫校務評鑑報告除一般撰寫原則外，亦可以創意圖解的方式呈現。校務評鑑報告若能以創意與圖解的方式呈現，則有加分的效果。所謂創意的呈現在於以更生動的方式呈現，因此，可以大量使用圖、表，讓校務評鑑報告更爲清楚易解，也可吸引評鑑委員的目光。表的使用宜注意其適切性，利用表可將有關數據明晰的呈現，但是編輯不佳或是資料複雜且交互作用，則宜考慮之。而圖則較具視覺效果，視覺化的呈現，較易辨識掌握某議題之脈絡，因圖可包含很多訊息，且因其錯落呈現的情態，除較易於理解外，閱讀起來亦較有趣。

再次，撰寫校務評鑑報告，宜依據某項資料的屬性，妥爲應用不同類型的圖譜。例如，長條圖與直方圖（histograms）利用高低落差呈現次處多寡，所以較適合比較數量大小。折線圖與多邊圖（polygons）因可隨時間的推進畫出變化情形，所以很適合呈現數量變動的趨勢。至於圓餅圖（pie charts）可依據數字多寡切割成不同的比率區塊，很適合呈現整體構成的比例。電腦軟體可將思考過程以概念圖型的方式呈現，將結果視覺化，以多媒體的形式呈現色彩，立體感或整體性等特色，效果不僅擬眞，更能引人入勝。

曾淑惠（2015）認爲校務評鑑報告的撰寫，宜注意下列要點：(一)評鑑報告應該簡明清晰，結構分明（100頁以內爲原則）。(二)宜對照評鑑標準，分項逐條具體塡寫，不宜空白或太過簡略。(三)強調描述重要議題的規劃、執行、成效與回饋或運用，併列優勢與改進契機。(四)注意資料間縱向與橫向間的連結性、一貫性及一致性（如校務發展與系務發展等）。(五)仔細校對，減少錯誤與疏漏。(六)報告內容應採忠實與平衡的觀點，在充足證據的基礎上做成結論。(七)報告內容的資料依規定提供時限內的資料。(八)評鑑報告應有統整協商的機制以確認定稿。(九)表件塡寫按時完成。(十)爭取特色或進步的加分，包括：近年進步情形與現況；詞句明確（提供具體數據），正向陳述；若有資料可證明近兩年進步情形則更佳；合理解釋現存問題並據以形成受評單位特殊優點的說帖；凸顯自己的特色。

劉姲妏（2012）就校務評鑑報告之撰寫提出三點注意事項如下：（頁11-12）

一、用詞數據力求一致，避免前後矛盾

校務評鑑報告之撰寫工程浩大，多爲受評單位教職員生協力完成，因此，經常有部分校務評鑑報告之用詞或數據前後不一。是故，受評單位宜於自我評鑑過程中及完成後，進行用詞統整及數據一致化之作業，以避免外界於閱讀自我評鑑報告時產生混淆。

二、文字表述切中要點，避免隔靴搔癢

評鑑依不同評鑑類型限定自我評鑑報告撰寫之頁數，必要佐證資料則不限頁數，並以光碟繳交。所以，如何在有限篇幅中完整呈現受評單位之辦學現況，且一語中的、切中要點，有效輔以佐證資料則爲關鍵。受評單位之自我評鑑報告內文，宜說明辦學運作之理念或事實、呈現經系統編排或統計分析之數據爲主；佐證資料則對應自我評鑑報告內文之說明及數據，提供原始資料以資佐證。

三、效標說明呈現特色，避免侷限框架

面臨少子化的衝擊及知識創新的挑戰，發展自我特色乃爲高等教育競爭局勢中殺出重圍之利器。參考效標係於一個健全之學生學習成效評估機制架構下，所訂之基本性共同效標，僅作爲受評單位準備自我評鑑之參考，受評單位仍可依學校發展定位及己身獨特運作模式，增加或刪減參考效標。是故，受評單位無須多慮評鑑將囿限辦學發展或特色建立，而應改由積極角度思考，如何於自我評鑑報告中確切凸顯己身特色。

貳、實習輔導評鑑項目、指標、參考效標

教育部高級中等學校評鑑（附設職業類科者）評鑑項目「八、實習輔導」，之評鑑指標計有下列三項：(一)實習行政，(二)校訂課程，(三)產學合作，茲剖析其評鑑報告撰寫要領於后。

一、實習輔導評鑑項目

實習輔導評鑑項目之撰寫，首先宜以「評鑑指標」作爲撰寫自我績效評估之單位，先針對每一項評鑑項目撰寫一段摘要，再逐一針對各「參考效

標」之現況作積極正向之評述。例如，針對學校已有之優質制度：「內部控制制度」、「行政標準化作業流程」、「電腦化」、「國際化」、「國際教育」、「國際視野」等，就其辦理績效、特色進行描述。此外，若有資訊安全管理制度（ISMS），除於實習輔導項目提及外，亦宜納入各群科之優勢項目；換言之，即在各群科中亦可提及學校具有之優質制度。

(一) 實習行政評鑑指標

本評鑑指標有下列三個參考效標，各參考效標之績效評估宜針對參考效標進行積極、正向的陳述，以利價值判斷，屬知識（自評）層面，其下則列出有關資訊之陳述（自陳）佐以資料作爲證據，有關數據宜以表格呈現之。各參考績效標之撰寫要領分述如下：

1. 訂有實習輔導工作計畫，且確實執行，並能定期檢討

1.1　配合全校行事曆，訂有「實習輔導工作計畫」，並於實習輔導會議中討論執行工作內容及工作期程。

1.2　依據「實習輔導工作計畫」訂定實施辦法，並配合各科、專業教師與其他處室共同協助推展，並不定期提出檢討及改進。

1.3　訂定實習輔導制度，針對實習輔導處之業務職掌、工作事項、管理規則、實施要點等訂定標準作業流程。

1.4　每月召開一次實習輔導處處務會議，邀集各科主任檢討執行當月辦理的事項，並檢討有關事務。

1.5　配合實習場所教學輔導，實施實習課巡堂、實習報告抽查、安全衛生測驗、實習教學日誌查核、實習工場安全衛生檢核、實習增廣與補救教學、工業安全衛生漫畫比賽、辦理專題製作成果展，以及工場布置比賽等。

1.6　若學校有實習課巡堂輪值表及違規登記表，則宜指出多久巡堂一次，每學期、學年巡幾次，違規幾次？週末輔導幾人，成效如何？

1.7　多久進行各科專業教室（含實習場所）安全衛生檢查及環境設備評量，學期（年）共多少次，評量結果爲何之統計表。

2. 積極推動就業輔導，提供就業訊息，並提升學生的職能與就業準備

2.1 宜具體陳述規劃職業輔導工作計畫，以提升學生就業準備力，加強職業倫理觀念，以及就業安全須知，充實就業能力與競爭力。

2.2 宜列出辦理「升學就業博覽會」，參加廠商與學校之次數統計表。

2.3 宜列出辦理「升學就業輔導週」，有關辦理活動項目之統計表。

2.4 宜建置「職業輔導項目」於實習處網頁中，定期更新相關求職及職業訊息，並於學校首頁中與校友會網頁中不定期更新資訊。

2.5 宜列出辦理「均質化」職業試探及實境體驗幾梯次（國中部），哪些班、學校、多少人參加之統計表。

2.6 宜列出辦理「均質化」高中職種子學生研習及實境體驗幾梯次，幾個學校參加，多少人參加之統計表。

2.7 說明配合行政院青輔會「職涯探索紮根計畫」辦理相關活動結果。

2.8 宜列出辦理「職群生涯發展高職技師研習」，多少學校、教師參加之統計表。

2.9 每年辦理青輔會產業與職涯講座、雙軌訓練旗艦訓練計畫宣導，以及廠商徵才宣導等工作，讓應屆畢業生瞭解就業資訊及產業未來發展趨勢，列出宣導之廠商：……，共辦理幾次？參與人次有多少？

3. 配合政策推動技藝教育，協助辦理國中技藝教育學程或實用技能課程

3.1 評估開設「實用技能課程」以銜接國中技藝教育學程，提供學區內學生多元入學選擇，提升就近入學率之績效爲何？提供年段式就業導向課程之規劃是否明確具體，輔導分發情形如何？專業課程授課教師陣容如何？持有乙、丙級證照率如何？

3.2 自評實用技能課程訪視成效如何？

3.3 列出辦理各職科技能檢定學、術科測試，辦理多少次，多少人參加之統計表。

3.4 宜列出輔導學生參加乙丙級技能檢定、全國技藝競賽，成績爲何？學生多少人參與之統計表。

3.5 宜列出舉辦各職科實習成果發表會有多少種、多少次之統計表。

(二) 校訂課程評鑑指標

1. 訂有課程計畫，配合學校整體教育目標及學生欲達能力，並能據此規劃教學科目以及所需師資、設施、設備等配合措施

1.1 自陳開設生涯規劃，職業試探課程，讓學生瞭解自己興趣、性向，以及即早規劃自己生涯情形。

1.2 召開選課輔導活動說明會及實施選課輔導活動，協助學生做適性選擇。

1.3 制定各種「培育目標分析表」，據以規劃教學科目、師資、設施、設備等，培育目標分析表如表5-10所示。

表5-10　培育目標分析表

目標分類	培育目標	配合課程情形
1. 技術能力	1. 2. 3.	資料處理科：計算機概論、資訊應用、商業簡報、數位化資料處理
2. 專業知識		
3. 品德		
4. 進路導向		
5. 人文素養		
6. 社區互動及地方特色		
7. 發展特色及其他		

2. 透過校訂課程之規劃，因應不同類群之需求，並能提升一般科目能力之培養

說明校訂課程因應不同類群需求規劃哪些課程？例如：開設服務學習課程，結合理論與實務，進行社區服務學習，這些課程能培養何種一般能力？

3. 能夠依據學校特色與學生學習需求，透過學校本位課程規劃設計職業類科之校訂科目，並能提升學生就業或升學的競爭力

3.1 宜說明透過學校本位課程規劃哪些職業類科之科目，例如哪些課程提供學生就業或升學競爭力的能力。

3.2 例如透過學校本位之課程規劃，因應學生未來升學就業所需，課程規劃如下：

3.2.1 一年級學生加強（科名）之訓練、以利○○並奠定○○之基礎。

3.2.2 二年級學生除強調基本學科（國英數）外，並強化○○及○○課程，培養學生○○及○○能力。

3.2.3 強化三年級學生升學及就業能力，開設○○、○○、○○等科目，以利學生未來升學或就業需要。

㈢ 產學合作評鑑指標

1. 鼓勵教師至業界進修或研習，並能延攬產業專業技術人才協助教學

1.1 宜列出鼓勵教師利用時間赴公民營機構研習之who、what、when、where、how，並列出教師與業界之互動成長的事實。

1.2 制定「技專院校與高職策略聯盟計畫」，增進技職體系校際交流合作，與哪些○○大學建立夥伴關係之成果。

1.3 協助辦理某區高職建立策略聯盟——建構技職校院校際合作計畫，包括辦理策略聯盟成果展○○之成效。

1.4 每年配合行政院青輔會，辦理高中職學校「產學與職涯校園巡迴講座系列活動」，列出申請辦理○場次：○○。

1.5 配合均質化，優質化邀請業界及社區專業人才，辦相關研習及應用課程，辦理「○○講座」，「○○課程」，「○○研習」等。

1.6 加入「○○校院策略聯盟計畫」，合作之大專校院有○○，合作之高中職計有○校。

2. 透過產學合作，提供學生職場教學，且職場學習內容符合類科目標、學生權益及需求

2.1 先對此參考效標進行統整式的自我評估，例如積極與大學、產業界端建立夥伴關係，在職場教學、學習內容等符合各類科目標、學生權益及需求，成效良好。接著列出有關事實及支持此事實的證據，例如：

辦理參訪哪些業界，幫助學生擴大視野，結合理論與實務，並說明與哪些大學進行產學合作計畫。

2.2 說明辦理參訪技專校院，幫助學生擴大視野，結合理論與實務的情形。

2.3 辦理有關產學合作師生研習活動爲何？

2.4 宜列出「各科產學資源交流執行成果統計表」如表5-11所示。

表5-11　各科產學資源交流執行成果統計表

合作業務名稱	合作機構	合作期間	學校執行單位	執行情形及效益
		年月日－年月日		
升學就業博覽會	大專院校就業服務站（中心）		實習處 各科	每學年辦理升學就業博覽會，提供畢業生及業界之認識
就業陷阱講座	就業服務站（中心）		實習處 各科	每年升學就業週，藉由短劇之演出，讓畢業生對就業陷阱能有更多認識。

3. 辦理建教或產學合作之職場督導、補充教學與相關配套執行成效良好

3.1 宜列出who、what、when、where、how參加產業界主管及專家到校作職業傾向分析及職業規劃講座之結果。

3.2 列出何時帶學生（哪些科）至where參訪，並進行職場督導。

3.3 列出為增廣教學、邀請對產業與市場瞭解之講師，辦理多少場專題演講、研習、工作坊等，參與活動之人次，以增進實務常識之統計表。

參、專業群科評鑑項目、指標、參考效標（外語群）

教育部高級中等學校評鑑專業群科評鑑「外語群」的評鑑項目計有下列七項：(一)培育目標，(二)師資，(三)課程，(四)教學，(五)圖儀設備（設施），(六)行政管理，(七)辦理成效。茲以外語群應用外語科為例，析述其評鑑報告撰寫要領如后。

一、培育目標評鑑項目

(一) 群科目標發展評鑑指標

1. 群科長、中、短程訂有明確之發展目標，並合宜反應教育理念

宜說明教育理念如何反應群科短、中、長目標

短程：（○○○年8月至○○○年7月）

中程：（○○○年8月至○○○年7月）

長程：（○○○年8月至○○○年7月）

2. 群科目標符合群科需求與特性，且兼顧培養學生就業及繼續進修之能力

2.1 說明群科目標符合群科需求與特性之情況為何？

2.2 說明群科目標兼顧培養學生就業及繼續進修之能力爲何？

2.3 宜列出群科目標欲培育之能力，達成之績效爲何？

3. 群科目標與當前教育政策精神相符情形

3.1 評估落實專業證照制度之效益。

3.2 評估拓展產學緊密結合模式之效益。

3.3 評估落實學生校外實習課程之效益。

(二) 群科目標共識評鑑指標

1. 師生對群科發展目標瞭解與共識達成情形

呈現師生如何藉由群科通訊，有關會議、導師會議及班會等瞭解群科目標，每年共有幾次，辦理情形爲何？

2. 家長對群科發展目標瞭解之情形

列出家長親職日或其他活動辦理座談，進行雙向溝通以利瞭解群科發展目標之情形。

網站上成立家長專屬區塊，讓家長可隨時上網查閱，進一步瞭解群科發展目標。

3. 群科目標的訂定，經過充分討論溝通，並適切參考成員的意見

3.1 說明學校召開主管共識營與群科目標的大方向爲何？

3.2 說明科務會議、導師會議等相關會議中討論溝通，訂定群科目標之情形。

(三) 群科目標評估評鑑指標

1. 群科目標係依據分析以及需求評估的結果訂定

1.1 說明群科目標依據分析結果而訂定之情形。

1.2 說明以問卷調查及訪談相關人員蒐集訂定群科目標資料，進行需求評估之情形。

2. 群科發展目標能因應未來產業變動趨勢或社區發展之需求

說明群科發展目標如何因應未來產業變動趨勢或社區發展需求之情形。

3. 群科目標達成之狀況定期進行追蹤分析，並建立回饋機制

說明追蹤分析及回饋機制爲何？科務會議及教學研究會追蹤檢討之情形爲何？例如：每學期開會評估，評估表爲何？調查訪問相關人員，聘請學者專家進行評核及諮詢輔導的情形爲何。

二、師資評鑑項目

(一) 群科師資調配評鑑指標

1. 群科能依教師專長安排授課

說明本群科多少位合格教師，分析其依專長排課之情形爲何？說明介於最低及最高標間兼導師者12節，專任16節，兼行政者主任（1級、2級科主任7節，組長8節）之節數。

2. 群科專任教師授課時數教學負擔情形

列表呈現並說明之。

3. 群科專任教師排課穩定情形

列表呈現並說明之。

4. 群科能預估未來師資需求，研擬師資調配計畫

具體說明之，並說明若減班師資調配之因應策略。

(二) 教師專業成長評鑑指標

1. 教師進行研習、進修提升專業能力之情形

說明積極鼓勵提升教師學歷之情形。

列出每年多少次教師研習？說明參加教師專業發展評鑑計畫情形，多少教師參加過評鑑初階研習、進階研習及教學輔導教師研習之各個人次。

2. 教師和業界參訪互動之情形

說明與○○大學等辦理○○活動，並列出次數統計表。

列出參訪之業界有哪些之統計表。

3. 教師教材製作、論著發表等教學專業表現之情形

列出多少教師設計教材、教學檔案、論著發表，有多少次、多少人、多少份，各學年合計多少之統計表。

三、課程評鑑項目

(一) 群科課程計畫評鑑指標

1. 建置課程發展相關組織，並妥善調整，以配合課程發展

1.1　自陳多久召開一次課程發展委員會、開幾次會，評鑑各年度中召開次數爲何？

1.2　說明課程發展組織之業界代表及學生代表。

2. 能依群科目標、學生需求、學校資源，訂定群科課程計畫

具體評析說明群科課程計畫之訂定機制，係依據群科目標、學生需求、學校資源而訂定。

3. 透過分析課程發展的背景條件，並評估課程發展的需求，以發展策略分析進行群科課程之規劃

宜具體評析有關課程發展背景、條件、需求、策略分析，以進行群科課程之規劃。

㈡ 群科課程架構評鑑指標

1. 課程開設與學分數符合課程綱要要求，並提供學生適切的選修空間

說明開設課程與學分數符合課程綱要及學生選修之適切情形。

2. 課程規劃兼顧垂直與横向的統整與連貫，一般科目、專業知識科目及專業技能科目，調配適切

自陳課程規劃之垂直與横向統整與連貫之情形爲何？並說明一般科目、專業知識科目及專業技能科目之繼續性，順序性及統整性（知識、社會、經驗）情形爲何。

3. 適切規劃校訂一般科目與專業科目的學分數

說明適切規劃校訂一般科目與專業科目學分數之情形。

4. 群科共同開設課程、資源調配分享之情形

自陳學年度內共有幾科、多少次開設群科共同課程、資源調配分享之情形。

㈢ 群科課程內容評鑑指標

1. 各科目教學大綱編擬適切，並確切列出教學計畫或教學進度表

評估教學大綱（syllabus）編擬適切與否？並放在群科網站，以及說明期初發給學生，並依進度教學之檢視機制。

2. 設計充分涵蓋認知、情意、技能等各領域課程目標核心概念的課程內容及活動

評析如何將認知、情意、技能等各領域課程目標核心概念反應在課程設計上。

3. 設計統整及銜接良好的課程內容及活動

說明課程內容及活動如何進行學科知識、社會、經驗統整及課程順序性銜接良好之情形。

 四、教學評鑑項目

㈠ 群科教學準備評鑑指標

1. 訂有完整教學與實習（驗）計畫，並由教學研究會據以評估與檢討

宜列出有關證據，說明評估情形與檢討次數、共幾次之統計表等。

2. 科各科目教學大綱公開、教學評估與檢討之情形

指出教學大綱上網公告，於每學期初上課時發給學生，於科教學研究會檢討與評估，並將會議結果送課程發展委員會審議。

3. 群科教科書之選用情形

說明何時於各科教學研究會辦理教科書之選用及其情形爲何？

4. 教師編製課程專屬教材滿足教學需要之情形

列出多少教師／人次，編多少份課程專屬教材滿足教學需要之情形。

5. 課前教學材料與輔助教材準備之情形

說明課前教學準備，包括PPT製作、教案、學習單、引起動機、增強方式，以及輔助教材影片、動畫、多媒體等之準備情形。

㈡ 群科教學實施評鑑指標

1. 教師掌握教材核心概念，教學內容講授清楚，能適切呈現教學內容

以學生教學意見反應之內容呈現其適切性，說明有關教師如何掌握教材核心概念，教學內容是否講授清楚，以及適切呈現教學內容之情形。

2. 教師能提供學生參與教學活動的機會，並依教材性質及學生特性選擇適當教學方法

宜具體說明提供學生參與教學活動及選用適當教學方法之情形。

3. 教師能依據課程目標及學生特性實施適切的評量方式

說明能掌握多元評量精神，除傳統紙筆測量外，尚包括：書面報告、口頭報告、角色扮演，學習檔案、實作評量、動態評量，兼顧形成性與總結性評量之適切性。

㈢ 教學資源運用評鑑指標

1. 教師能善用學校各種教學設備及媒體資源

說明以問卷、晤談或其他方式調查學生對教師教學使用有關教學設備及媒體資源之反應情形。

2. 教師能善用教學媒體或數位教學平臺，以提升教學效果

宜具體說明教師如何善用教學媒體或數位教學平臺教學資源提升教學效果之情形。

3. 師生運用實習（驗）儀器、機具與實習工場等相關設備之情形

3.1 列出每學期、每學年幾次，評鑑三個年度內共幾次之統計表。

3.2 列出師生哪些設施（專業教室）、設備、媒體資源、數位教學平臺、實習儀器等，以及師生使用情形之登記。

五、圖儀設備（設施）評鑑項目

㈠ 群科圖資配置評鑑指標

1. 圖書資訊等資源足夠群科師生使用之情形

宜列出多少圖書資訊種類、多少冊或多少分？說明是否合乎教育部有關圖書資訊類別及數量之規定。

2. 群科每年購置圖書之經費與圖書數量之情形

列表呈現每年多少經費購置圖書，多少圖書數量之統計圖／表。

3. 圖書資訊等資源符合群科目標與教學需求之情形

說明係依教師推薦而購買，並評估是否符合群科目標及教學需求之情形。

4. 圖書資訊等資源配置符合相關法令規範之情形

說明圖書資訊等資源配置符合相關法令，例如，全校有多少種類，其符合智慧財產權之情形。

(二) 群科教學設備評鑑指標

1. 群科實習（驗）場所與專業教室滿足教學需求之情形

調查教師及學生對群科實習（驗）場所與專業教室設施需求滿足教學需求之情形。

2. 群科實習（驗）設備、儀器與器具滿足教學需求之情形

調查教師及學生對各項群科實習（驗）設備、儀器與器具教學設備滿足教學需求之情形。

3. 教學設備能依學校本位課程發展、經費籌措、現有設備適用情形妥善規劃，以利教學實施

評估現有教學設備使用之規劃是否妥善？是否有利教學實施之情形。

(三) 群科設施管理評鑑指標

1. 群科教學與研究的空間設備符合教學需求之情形

評析教學與研究空間設備增進與時俱進添購，符合教學需求之情形。

2. 群科實驗設備與儀器維護、保養與更新妥善

列出群科實驗設備與儀器維護、保養與更新之次數、件數、共多少次之統計表，並說明維護、保養及更新之適切性。

3. 群科之實習（驗）場所設施工安環衛相關，如危險物品與廢棄物等定期檢查和回收情形

列出實習（驗）場所設施工安環衛相關物品，定期檢查及回收之情形及次數統計表。

六、行政管理評鑑項目

(一) 群科制度組織評鑑指標

1. 群科相關制度規章訂定與修訂情形

說明哪些群科相關制度規章於何時訂定與修訂情形。

2. 群科相關制度規章執行之情形

說明何時執行群科相關制度規章，共多少項、多少次之統計表。

3. 配合政府重點教育政策，建立相關制度組織情形

宜說明配合重點教育政策之相關制度爲何？例如全民英檢在應外科推動要點之制訂、能源教育節能省碳要點之訂定等。

(二) 群科行政運作評鑑指標

1. 科務會議之召開與決議執行與追蹤情形

列出召開幾次、多少提案之統計，並說明執行情形，追蹤機制爲何？

2. 教學研究會之召開，彙整與解決教學問題情形

列出教學研究會何時召開？每學期幾次，評鑑學年度共幾次之統計表，並說明解決教學問題之情形。

3. 群科支援教學與科務行政之人力運用情形

自陳群科支援教學與科務行政之人力運用情形爲何？並說明獨到之處爲何？

4. 經費運用與支應教學需求情形

列表說明編列多少經費，買了什麼設備、辦理多少種活動等之運用情形。

七、辦理成效評鑑項目

(一) 群科績效表現評鑑指標

1. 群科學生展現良好的學習結果

列出評鑑各學年度學生分別考上國立大學及大學之情形。

列出技優甄選、體育升學、軍校升學、身心障礙升學、繁星計畫等之錄取名單，以及考取乙、丙級證照數量之統計表。

2. 群科學生參與競賽成績表現之情形

2.1　列出何人參與何種競賽，成績如何？

2.2　列出各式小論文、網路讀書會，專題製作學習成果，奇幻文學獎、學生網路文學獎、體能競賽教育獎等成績表現爲何之統計表。

3. 群科學生升學、就業呈現適性之進路發展。整體描述其情形爲何？

學生升學、就業呈現適性之進路發展情形至少包括下列幾種：

3.1　列出評鑑學年度學生進路分析表。

3.2　升學人數占幾%。

3.3　就業人數占幾%。

3.4　辦理「升學就業博覽會」暨升學就業輔導週商場。

3.5　與大學辦理產學攜手合作班，增進升學就業管道情形。

4. 學生對群科成果肯定之情形

陳述學生肯定之事實，例如於有關場合、會議、刊物，揭示群科成果並請學生表示意見之情形。

5. 學校對群科整體表現肯定之情形

列出學校肯定群科整體表現之情形，例如於何時何種場合學校公開肯定群科整體優良表現之記錄或報導。

6. 社區與家長對群科成果肯定之情形

6.1 辦理家長座談，報告群科成果，受家長肯定之情形。

6.2 呈現報章媒體報導群科得獎消息。

6.3 於何時何地辦理「實習成果展」等，深受社會好評之情形。

(二) 群科特色發展評鑑指標

1. 群科能符合學校定位與發展目標，發揮辦學特色

說明群科能符合學校定位與發展目標，並列出多項辦學特色、競賽成績、證照成績之統計表呼應之，學校特色舉例如下：

1.1 一人一證照：積極推廣專業證照。

1.2 創意導向，專題製作：整合學習、彈性應用、激發學生○○能力。

1.3 產學攜手，共創雙贏。

1.4 人文關懷，多元適性。

1.5 在地關懷，主動服務。

2. 依據先前相關評鑑建議事項，具體落實改進及進步情形

就上次校務評鑑結果待改進及建議事項，具體說明落實進步及改善情形，以表並列方式呈現「上次評鑑建議事項」，以及其「改善情形」，如表5-12所示。

表5-12 評鑑建議改進事項改善情形表

項次	上次評鑑建議改進事項	改善情形
一		
二		
三		
四		
五		

肆、小結

優質評鑑報告的撰寫可增加校務評鑑的價值，因之，宜重視評鑑報告的撰寫原則與注意事項。此外，本節另以教育部高級中等學校評鑑，評鑑項目「八、實習輔導」，以及專業群科評鑑之「外語群」爲例，析述校務評鑑報告之撰寫要領。「八、實習輔導」之評鑑指標計有下列三項：(一)實習行政，(二)校訂課程，(三)產學合作。專業群科評鑑「外語群」應用外語科的評鑑項目計有下列七項：(一)培育目標，(二)師資，(三)課程，(四)教學，(五)圖儀設備（設施），(六)行政管理，(七)辦理成效。

本章小結

本章第一節探討校務評鑑準備實務，包括有人的層面、物的層面及境的層面等三方面，人、物、境層面的策略可作爲校務評鑑準備的參考：(一)人的層面包括：接待導引方面（包括歡迎評鑑委員蒞臨、接待陪同人員之安排，以及指示標誌之設置）、人員氣度，以及組織氛圍等三部分。(二)物的層面包括下列五端：書面資料、海報展示、桌展布置、影音實務、網路資料等。(三)境的層面在於環境知覺之情境布置，加值評鑑的豐富性，評鑑情境宜適切布置，使展現綠美化、藝術化、裝置化、專業化等之效果，令評鑑委員見到學校辦學用心之處。

第二節析論校務評鑑簡報製作要領，有評鑑簡報形式及評鑑簡報內容層面等兩項。校務評鑑簡報係評鑑的精要，包攝整個評鑑內容，統整評鑑績效、特色之要義，至關重要，其形式與內容在在展現校務評鑑之表面效度及內在效度，攸關評鑑結果甚鉅。評鑑簡報形式層面宜特別強調評鑑簡報字型，評鑑簡報字數、行距、字級，以及評鑑簡報圖譜色彩對比等三方面。評鑑簡報之撰寫要領、呈現形式，以及效果宜特別講究，以增強簡報效果。

第三節探析校務評鑑準備之行動策略，校務評鑑準備宜思考如何提升何種優勢？降低何種弱勢？創造何種機會？以及消除何種威脅？其行動策略歸納為下列七項：共識化、系統化、圖譜化、合作化、創新化、知識管理化，以及改進化，以供校務評鑑準備之參考。

第四節析述校務評鑑報告的撰寫要領，其撰寫之良窳，關係校務評鑑之結果。首先，宜撰寫此次評鑑績效優點及特色之「評鑑摘要」。其次，針對評鑑項目下之「評鑑指標」作標題式整體性自我評估，評析某項評鑑指標之辦理優點、績效、價值為何？再次，針對各個「參考效標」逐一進行評估，析論該效標之辦理績效，提出各項績效表現之有關事實，佐以有關證據、數據支持之。再次，校務評鑑報告的撰寫原則與注意事項有下列七項：(一)先有草稿再逐漸修正；(二)回歸評鑑理論與目的；(三)結構精簡勝雜複冗長；(四)以創意與圖解方式生動呈現；(五)用詞數據力求一致，避免前後矛盾；(六)文字表述切中要點，避免隔靴搔癢；以及(七)效標說明呈現特色，避免侷限框架。

第六章

自我評鑑的設計與實施

校務評鑑始於教育，終於教育。

自我評鑑爲學校革新的常用策略之一，自我評鑑可強化學校發展和革新的能力，同時也提供績效責任和革新過程的管理架構（張明輝，2012）。自我評鑑機制對大學之發展與革新頗爲重要，健全的自我評鑑機制，爲健全之大學評鑑專業機制三個面向之一（王保進，2012a）。其重要性在於將評鑑視爲學校發展的一部分，可促使學校不斷地革新。尤其近年來的臺灣，教改如火如荼地展開，其精神大致吻合西方教改脈動，學校本位管理、教師彰權益能，以及促進組織學習皆是整個教改努力的核心概念。如此，擴大了學校自主空間，亦提升教師主體地位。教育評鑑在此脈絡下，不應僅被作爲績效責任評估的工具，而應化爲學校內建機制，以促進學校發展與革新，並進而帶動教師的彰權益能，此當爲評鑑所該被賦予的新意義（潘慧玲，2003）。自我評鑑即是學校內建機制，爲強化學校發展和革新的利器。

因之，以自我評鑑爲主的思考是我國學校評鑑發展的轉捩點，期望透過此一評鑑觀念的轉變，使學校評鑑產生優質的質變效果，使評鑑眞正有益於教師專業成長、學校改進發展及教育品質之提升，提供未來評鑑思維的重要導引（郭昭佑，2005）。尤有甚者，學校爲一專業組織，須建立自我革新機制，以促使學校發展出定期運轉的自我評鑑機制，爲學校的永續經營啓動源源不絕的能量（林天佑，2002）。

無論大學、高中職、國中小的校務評鑑均要求學校建立自我評鑑機制，透過自我評鑑，促進學校自我提升與發展，但綜觀我國各級各類學校評鑑實況，除大學進行自我評鑑外，其他各級各類學校均未能徹底實施，高中職、國中小皆以爲塡寫學校評鑑表即是進行自我評鑑，此謬思普遍存在中小學。如此，因學校未能建構自我評鑑系統，並依規定辦理自我評鑑，因之，欲促進學校自我提升與發展有其限制，甚至大打折扣。此外，因未能進行自我評鑑，故形成性評鑑之回饋闕如，學校發展難免受限。

學校實施自我評鑑係符合PDCA（plan, do, check, act）品質保證之精神，乃知己之策略，亦符應世紀主要國家教育評鑑機制之發展趨勢。Kells與Nilson之研究發現，世界主要國家教育評鑑機制有三個主要發展趨勢：(一)自我促進（initiative motivation）：即強化學校自我評鑑及自我管制之內部促動動機，並納入學校基本運作結構中。(二)自主發展（autonomous development）：即減少來自政府的影響或政府干預逐漸淡化。(三)回饋反思（reflective feedback）：即重視顧客對評鑑的回饋意見，強調評鑑重點在於教學、學習、服務及管理等方面之改善（引自湯堯，2011）。

由此可知，學校自我評鑑之主動性在於本身，學校若能依校務發展計畫執行之，進行自我檢核，進而發現有關問題，產生回饋作用，並據以進行改善行動，便能自我促進。本章旨在探討學校自主建構之自我評鑑機制，此非僅爲一般學校被動接受之自我評鑑，然前者之設計與實施亦可作爲後者之參考。學校自我評鑑系統之建構有其階段性、模式及方法，以及學校自我評鑑機制之建立有其法令規範，茲分別析論於后。

第一節 自我評鑑之設計

校務自我評鑑之設計旨在探討自我評鑑的意義，實施之必要條件，以及實施自我評鑑之蘊義與優勢。

壹、自我評鑑的定義

自我評鑑（self-evaluation）一詞，於1980年代即有學者提出，在文獻上相關類似的名詞，有學校本位評鑑（school-based evaluation）、學校整體評鑑（whole-school evaluation）、學校自我評鑑（school self-evaluation）

等（楊國賜，2005）。自我評鑑的意義，係指學校自訂具體目標，以自我檢討、自我調整、自我改進，是對學校的潛力與效能所做的自我分析；換言之，即學校教職員對自己學校的能力（capacity）和效能（effectivess）進行自我分析，爲學校評鑑認可過程中的核心工作（陳漢強，1997）。Kells將自我評鑑界定爲：「組織在各種外部或其他訪視進行前，由成員對組織情境、意圖、過程和結果的一種描述或分析；基本上，此過程提出報告，俾便後續的訪視順利進行。」（王保進譯，2002，頁50）

自我評鑑係由機構內全體人員在其環境中進行的評鑑過程，其動機是內發的，性質是自主的、自願的；其目的是爲促進機構進一步的發展與改進；其過程係以科學的系統程序來進行。自我評鑑主要方式有二，一爲目標達成的程度，以供外部評鑑的依據，另一爲系統的功能，即問題的解決強調由學校所有的成員參與，在校內高層的領導下，經由內發的動力機制進行評鑑，藉以達到改善的目的（楊國賜，2005）。

一般而言，「自我評鑑」即是「自評」、自我研究（self-study）、學校本位評鑑（school-based evaluation），亦是一種「內部評鑑」（internal evaluation）。自評如以機構爲評鑑客體（object），所指的是機構內部人員對於機構所作的評鑑，而內部評鑑意指機構內部的人所執行的評鑑（潘慧玲，2002）。

「自我評鑑」即是「自我研究」的概念，可由對美國認可制的系統中得到印證。潘慧玲（2003）指出，在美國認可制中，對機構所作的自我檢視，常以「self-study」稱之，例如Scriven提及現今認可制包含幾個重要要素：(一)公布的標準；(二)機構的自我研究（self-study）；(三)外部評鑑小組；(四)實地訪評；(五)實地訪評小組的報告，通常包含建議；(六)由一些知名人士組成小組審查報告；(七)最後的報告以及認可機構所做的認可決定，其中即使用「self-study」一詞。此外，美國「中部各州學院與學校學會」（Middle States Association Colleges and Schools）所提供學校自我評鑑之手冊——《機構自我評鑑手冊》（*Designs for Excellence: Handbook for Institutional Self-Study*），亦使用「self-study」一詞（潘慧玲，2005）。

但「self-evaluation」與「self-study」之意涵仍有些許不同：「self-study」較側重機構內部發動之評鑑，而「self-evaluation」則側重機構配合外部發動所執行之評鑑。爲釐清「自我評鑑」爲「self-study」抑或「self-evaluation」，以及「大學內部發動之自我評鑑」或「配合外部評鑑所進行之自我評鑑」，潘慧玲（2005）以「自發性自我評鑑」、「因應性自我評鑑」及「配合性自我評鑑」作爲「自我評鑑」之分類用詞。「自發性自我評鑑」係指學校透過內在動力的驅使，自主地實施評鑑工作；「因應性自我評鑑」及「配合性自我評鑑」則指爲配合外部人員訪視評鑑所進行的自評工作，只是「因應性自我評鑑」較之「配合性自我評鑑」，更爲強調機構的主體性。以實例言，教育部鼓勵之大學自我評鑑，是由大學內部自主發動之評鑑，故爲一種「自發性自我評鑑」，其所採的評鑑方式由學校自行決定，可採自評，也可兼採自評與訪評，即內外部評鑑兼顧。另外，美國認可制中的自我評鑑，雖是學校配合外部評鑑要求的認可標準（accreditation standards）所進行的自我檢視，然執行時係以學校之實際情境、需求爲考量，並非只是被動配合填寫評鑑表格與準備相關訪評所需資料，故爲一種「因應性自我評鑑」。至於「配合性自我評鑑」，學校的主動性與自主性最低，自評僅是機構配合外部評鑑，準備需要受評之相關資料及填寫評鑑團體所發展之表件，此類評鑑如多年來教育部發動之大學評鑑，委託台灣評鑑學會實施之大學評鑑中的學校自評。

然而「學校本位評鑑」與自我評鑑一詞，仍有其不同之處。「學校本位評鑑」多用於中小學之情境，唯其側重學校之自發性與自主性，故其意義實類似「自發性自我評鑑」。Nevo曾指出學校本位評鑑既非內部評鑑的同義詞，也非外部評鑑的同義詞，它是內外部評鑑的結合。Stufflebeam指出學校評鑑的發展趨勢是結合內外部評鑑，故學校宜兼採內部評鑑及無外部評鑑，以免生盲點之失。唯因學校本位評鑑之精神係強調學校之主體性，故學校自可因應其發展階段與實際需求，決定所採之評鑑方式。換言之，學校可先採內部評鑑之方式自我檢視，待內部評鑑實施步入正軌後，結合外部評鑑之運用，以增加檢視學校的角度與視野（潘慧玲，2003）。

綜上，為避免造成學校過度強調外部評鑑的重要性，而喪失評鑑的自我改善功能，唯有透過自發性的持續自我評鑑，才能眞正的發現問題、解決問題，有助學校之改進與發展。然而，欲竟其功，關鍵在於全校教職員對自我評鑑的認同與瞭解，尤其是如何使組織成員都能正確認知到自我評鑑是其專業實務中不可缺乏的一環（林海清，2012）。

貳、實施自我評鑑的必要條件

探討實施自我評鑑的必要條件前，有必要瞭解其實施的問題。目前，我國學校自我評鑑存在許多問題，例如「評鑑時間過短」、「無法對整體運作進行自我評鑑」、「評鑑結果成為獎懲依據」、「因應教育行政機關要求而實施」及「自我評鑑是文書性、官方性、非自願性工作」等問題，茲析述如下：（丁文玲，2003，頁71）

㈠ 自我評鑑時間過短：一個完整確實的自我評鑑通常約需一至二年的時間，目前大部分學校辦理自我評鑑，實施時程大多只有二個月，最長也只有六、七個月的時間。

㈡ 無法對整體運作進行自我評鑑：多數學校自我評鑑停留在「教學成效評鑑」，無法在整體運作（包括輸入、過程、結果及追蹤）上進行自我評鑑。

㈢ 評鑑結果成為獎懲依據：在評鑑結果將成為獎懲依據之情況下，多數學校常不敢也不願確實進行自我評鑑。

㈣ 因應教育行政機關要求而實施：自我評鑑是為因應教育行政機關要求而實施，以消極態度面對評鑑，忽略本身的角色與責任。

㈤ 自我評鑑是文書性、官方性、非自願性工作：自我評鑑缺乏規劃之流程，自評性質偏向於書面資料塡寫工作，具有文書性、官方性、非自願性，以及以外部訪評為主等性質。

此外，自我評鑑也有盲點所在，包括：(一)怕僅流於形式，為評鑑而評鑑；(二)由自己人評鑑，怕客觀性不足（摻雜恩怨、人情或其他個人目標）；(三)怕自己人「習於而不察焉」，見怪不怪或是先入爲主；(四)怕參與自我評鑑者，專業知識或眼界不足；(五)怕邀來的評鑑者（朋友）礙於面子，未便直言無諱（周華琪，2015）。

我國學校自我評鑑所存在之問題，其癥結即在於上述問題與盲點，因此，以消極態度因應自我評鑑，以致無法發揮學校自我評鑑之積極功能。學校評鑑要成爲有效能的教育評鑑和績效責任的展現，宜用正面、肯定的眼光去看待，而不是一個強迫行政管理者、教師與學生的工具與手段。因之，學校欲實施自我評鑑有其必要條件。

Kells指出爲求有效實施自我評鑑，首先，校內必須成立規劃小組，負責規劃設計有效的自我評鑑過程。一個有用的自我評鑑過程所應具備的必要條件如下：（王保進譯，2002，頁62-68）

一、領導者的主持

機構內的主要行政主管對評鑑應有相當程度的關注，以便建立一種信賴的氣氛，使評鑑過程能獲得高度且持續的優先考慮。因此最高行政主管扮演著下列重要的角色：

(一) 協助型塑自我評鑑過程的內在動機。

(二) 建立自我評鑑的優先性。

(三) 選擇出自我評鑑的最佳協調者，並給予最大的支持。

(四) 對參與自我評鑑過程者給予獎勵，提供自我評鑑過程必要的支持，包括資源與其他。

(五) 協助設計變革的策略。

(六) 對自我評鑑的過程中所可能產生的新行爲給予正面回應。

(七) 善用自我評鑑的結果。

(八) 推動持續的自我評鑑與計畫過程。

由上述可知，領導者的支持乃爲成功的自我評鑑第一要件，如行政主管對自我評鑑過程未具積極支持態度，並予以優先考量並投入適量的人力與資源，則評鑑工作無法順利推展。

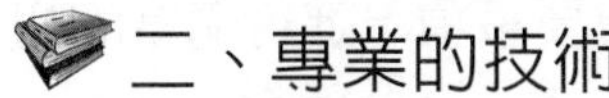

二、專業的技術

參與規劃小組的成員中，至少有一位以上的人需具備適當程度的專門技術。因爲評鑑過程涉及許多步驟，包括評鑑方法、團體技巧、內部資料蒐集的方法、設計過程上必備的策略、誘發成員必要程度的參與、確保評鑑過程獲得必要的支持等技巧。因此，要成立一個指導規劃團隊，團隊的領導者是一個具有說服力、受人尊敬的學術地位，以及廣博的評鑑與諮詢經驗的學者，團隊中每一個成員須具有評鑑的經驗及專業技識，如此才能落實自我評鑑的目的。

三、提供必要的資源

第三個必要條件，乃是機構應爲評鑑過程提供適當的人力和財務資源。所謂「巧婦難爲無米之炊」，如果沒有提供適當的人力及足夠的經費，即使有專業的團隊，該評鑑過程是無效的，所以機構應定期且持續的編列所需經費，才能使評鑑工作持續進行。

四、發展成員的內在動機

第四個必要條件，是發展成員具有適當的內在動機。由於自我評鑑乃是機構全體成員的任務，非機構領導者或規劃小組之事，而是須大家一起動員的工作。因此，在實施評鑑初期，規劃小組應該採取「持續勸導」的態度，利用各種說明會或活動，向所有成員說明自我評鑑的目的，是爲自我改進，是爲尋求整體改進的措施，並不是藉此裁撤或剝奪現有的資源，如此大家才能全心投入，而不會虛應敷衍，因此，評鑑進行大力說服成員是絕對必要的。

五、機構需求的診斷

第五個必要條件，是對機構本身問題與需求的重要事項，進行適當的初步診斷。因為機構的不同需求往往會有不同的評鑑策略，所以規劃小組應該在評鑑實施前，確定本次評鑑的特定意圖，亦即評鑑目的，是依據機構本身需求而訂定，有了明確的評鑑目的，才能發展及選擇評鑑策略，以進行各項評鑑活動，最後依據評鑑所得結果，來檢視評鑑活動是否符合機構所需，而非為評鑑而評鑑。

參、實施自我評鑑的蘊義與優勢

校務評鑑乃啓動學校成長發展的利器，行政機關辦理的校務評鑑通常三至四年才一次，如此對學校的督責作用仍有所不足，故學校宜透過定期的自我評鑑（例如每年一次），來加強學校每年的檢核與自省（鄭崇趁，2006），故有必要建立自我評鑑機制。學校實施自我評鑑的蘊義可分：(一)發揮經營管理效能，(二)建立互信的學校行政支持系統，(三)建構學校發展自我提升機制等幾方面。

一、實施自我評鑑的蘊義

(一) 發揮學校經營管理效能

自我評鑑對學校經營管理有其積極意義，學校自我評鑑，因具有較瞭解學校脈絡與問題等特色，已成為外部評鑑之外的新典範（徐鳳禎，2002）。評鑑學校是教育行政機關之權責，接受評鑑則是學校之義務。從學校之經營管理而言，與其被動接受評鑑，不如主動建立自我評鑑之機制。尤其是在目前校園民主化及學校本位管理之思潮下，探討學校自我評鑑，更具有時代之意義。因此，要發揮學校評鑑之效能，必須落實學校自我評鑑（蘇秀花，2003）。

(二) 學校自我評鑑制度的實施與推動，有賴建立互信行政支持系統

學校自我評鑑系統的行政所能扮演的支持、輔導或主動引導角色，其形成過程中，學校行政，包括校長、主任、組長等，或是教育行政，包括教育部、局處等，在行政上所應扮演的角色，期望不再是過去那種屬於監視及控制的形式化角色，而是改以支持輔導的正向角色，甚至能夠主動引導，尋求第一群種子，提供必要資源協助、專家諮詢與分享管道，或可經由中心學校的推展進而促使自我評鑑成爲學校的常駐機制。如此學校與老師間，教育行政主管機關與學校間才能眞正建立在一個彼此互信的基礎上，學校自我評鑑系統的建置也才能眞正實現（郭昭佑，2005）。

(三) 建構學校發展自我提升機制

楊國賜（2005）認爲，自我評鑑爲提供大學內部自我反省、自我覺察、自我改進，以及自我突破的機會，其最終目的在於促進大學追求自我成長與卓越，全面提升大學教育品質，增進國際競爭力。Marcus等人主張學校自我評鑑是一個適當的方法，可提高教育品質及展現績效責任。Cress也主張由於外在壓力日增，學校必須透過自我評鑑活動展現績效責任（引自丁文玲，2003）。

學校自我評鑑以爲學校評鑑中之一環，若僅將其評鑑結果作爲提供外部評鑑之依據，則此目的只是消極目的。學校若能藉由自我評鑑，檢討本身優劣，並據以檢討改進，使學校能夠進步、發展，則此目的才是其積極目的。學校對自我評鑑應有正確認知與積極態度，藉由自我評鑑，發展學校評鑑文化、培養人員自我檢核能力並建構問題解決模式，以瞭解本身之優劣，並據以檢討改進，使自我評鑑發揮促進學校發展之積極功能（丁文玲，2003）。

二、實施自我評鑑的優勢

實施自我評鑑的優勢有賴大學自我評鑑能有系統地全面自我檢視，有標竿、摒除人情因素、邀得不同「子領域」、友善、有見識、有專業、有經驗、無利害糾葛、能直言不諱、時間充裕又有使命感的評鑑委員，其效果必優於「外部評鑑」。唯有大學眞正瞭解評鑑的意義，才能成功建立一套檢視自我的機制，不會落入爲評鑑而評鑑的形式主義中（周華琪，2015）。

若將評鑑視爲教學品質管控的一種載具，則自我評鑑就和中年以後的定期健檢一樣，可瞭解自己的體能狀況如何，提醒自己應注意之所在，而非徒具形式地拿一份檢查報告。如此一來，自我評鑑比外部評鑑將更具有以下的優勢：（周華琪，2015）

(一) 時間充裕、評鑑者熟悉一切；與外部評鑑相比又可眞實坦然面對，後遺症較少。

(二) 自己最瞭解何處做得不夠實在（如：實習輔導、課程教學評鑑等，大家都在做，但做得實不實在，只有內部的人才知道）。

(三) 服務品質的成敗在執行細節，自評最能看到執行細微處（如：專業核心能力與整體課程設計符應、個別課程之教學與專業核心能力符應、上課大綱落實情形等，都不是短短的外部評鑑所能看得出來的）。

(四) 整合與協調順暢否，只有自己人知道（如：行政支援效率、跨系所整合研究有效性、教學研習有效性、傳承輔導有效性、論文品質把關度等皆然）。

(五) 可確保資料正確性。

(六) 相對而言，外部評鑑只看得到校院系所的架構、策略、制度、人員與技術，但自我評鑑卻可看到學校內的行事風格與共享之價值（style and shared values）。

綜上，教育品質，決定教育價值，確保辦學品質，從校務評鑑開始。校務評鑑始於教育，終於教育，是追求創新卓越的利器。評鑑可瞭解自身缺失，改進的重點，以及改進的順序，是教育的起點。學校自我評鑑乃發揮易經「天行健，君子以自強不息」之精神，意謂凡事只要努力不懈去做，自我力求進步，自能有成。此外，自我評鑑之本質為發展性的，可促進人、事、物之發展與革新，呼應「以績效為基礎，以改進為核心」之現代化評鑑主流。

第二節 自我評鑑之設計與模式

自我評鑑是整個校務評鑑的核心工作，學校面對校務評鑑實應組成自我評鑑小組，透過檢核表，逐項檢討，並加以改進，以呈現學校教育工作表現與整體績效（顏國樑，2003）。然而自我評鑑從準備、設計到實施，其歷程為何？為一值得重視的問題。Kyriakides及Campbell指出，自我評鑑基本程序包界定目標、創造氣氛、建立使用資料的規則，以及產生參考標準。McNamara及O'Hara認為，進行自我評鑑時要先設定機構的評鑑參考標準，其次，藉由內部評鑑蒐集並分析資料，在證據的基礎上報告優缺點及績效，最後則是供有關學校運作的口頭與書面報告給外部人員作合理的判斷（引自曾淑惠，2008）。高等教育評鑑中心在第二週期系所評鑑實施計畫中，提供第二週期系所自我評鑑作業，說明準備自我評鑑的四個階段，以及撰寫自我評鑑報告之格式，並表明系所可依實際狀況彈性建立適用之自我評鑑作業方式。茲將大學第二週期系所自我評鑑作業四步曲的內涵析述如下：（財團法人高等教育評鑑中心基金會，2015，頁215-220）

壹、準備與設計階段

準備與設計階段是整個自我評鑑過程的前置計畫，此階段若做得好，接下來的步驟將順利進行，反之則事倍功半。詳細內容如下所述：

一、成立「前置評鑑計畫小組」

成立前置評鑑計畫小組是受評單位進行自我評鑑的第一個步驟。目的是爲了診斷受評單位、建議評鑑之基本步驟和設計選擇，功能在自我評鑑開始前設計整個評鑑過程。此計畫小組會隨自我評鑑的進行，轉變成評鑑指導委員會。

二、獲得領導者的支持

「領導者的支持」爲受評單位進行自我評鑑前的先決條件。當領導者對評鑑的態度是明確且具支持性時，計畫小組成員須要求領導者對整個受評單位公開這種訊息。

三、擁有適當水準的專門技術

在自我評鑑過程中，主要參與者需有適當水準的專門技術。此可透過對其他有類似設計或執行經驗之受評單位的諮詢與參訪，以確保受評單位內參與評鑑人員的專門技術，或舉辦「自我評鑑研習會」來達到此目的。

四、適當的資源投入

適當的資源投入，能確保自我評鑑的有效進行。

五、發展適當的內部動機

計畫小組要在與領導者進行討論中，讓領導者承諾於受評單位的改善。此外，並讓所有參與者培養出這樣的知覺，使受評單位其他成員瞭解參與的原因，及對受評單位而言，其參與所代表的意義。

貳、組織階段

經過準備與設計階段，接下來的步驟是形成自我評鑑組織。組織階段須完成或準備的工作如下：

 一、成立評鑑「指導委員會」

首先受評單位須成立評鑑指導委員會，成員不宜太多，避免造成協調及運作之困境。指導委員會成員可依受評單位規模彈性調整，以三至七人爲最適宜，其成員主要來自於先前成立的計畫小組。

在自我評鑑過程中，指導委員會是一決定性角色，也是自我評鑑過程統合的中心。在組織階段，指導委員會所要做的工作包括：(一)選擇各工作小組的負責人；(二)成立各工作小組；(三)提出工作小組工作分配一覽表；(四)提供或安排小組所需的訓練，如領導、問題解決及溝通等技巧；(五)確定工作小組在自我評鑑過程中所需要的資源，如經費、行政人力、記錄取得、及資料解釋上的協助等；以及(六)提供工作小組間溝通之協調、避免工作重複，提出計畫。

二、選擇與訓練評鑑人員

爲了有效達成評鑑目標，須根據評鑑項目成立各種工作小組。爲使工作小組得以正常運作發揮功能，在自我評鑑的過程中，須對工作小組領導者進行相關訓練，使其具備規劃與從事團隊工作的能力。

三、建立協調與溝通機制

對受評單位自我評鑑的活動而言，協調者的角色相當重要，通常由指導委員會的主席擔任，須指揮所有工作人員的活動。協調者也是一位對自我評鑑過程持續不斷的提議者。

除了協調者外，指導委員會須成立一些機制，以幫助工作小組間的溝通，並讓所有受評單位成員瞭解自我評鑑的活動及需求。此種溝通機制主要有：(一)在教職員會議中，聯合工作小組和指導委員會成員進行自我評鑑報告；(二)利用時事通訊或電子郵件將簡短的工作小組書面會議記錄，傳送給所有互動關係人；以及(三)在校園定期刊物上，有週期性報告等。

四、提供資料蒐集之管道

提供與評鑑內容相關之資訊的蒐集方式，如問卷調查、晤談、測驗、文件分析、電話訪談，以及專家訪視等。

參、執行階段

執行階段主要是在指導委員會之支持與協調下，由各工作小組根據任務，基於達到改善受評單位品質、解決問題等自我評鑑目的，實際進行評鑑工作。其主要內容包括：

一、工作小組之工作主題

工作小組的結構或工作分派，可依受評單位規模進行調整，以針對每一評鑑項目之現況、優勢、缺失、問題進行評估，並提出建議。

工作小組的工作主題雖因受評單位個別條件的不同而有所差別，不過綜而言之，其工作主題包括以下幾項：目標（宗旨或目的）、學生或其他服務對象、教職員（專業成員）及其所發揮的功能、課程、教學過程、學生服務或其他案主的服務、與受評單位或學術相關的服務、學術研究之狀況、行政服務、組織與管理、財政狀況、公共服務、目標達成及結果等。受評單位可依據本身的條件及需求，參考評鑑項目之參考效標，選擇某幾個工作重點，成立特定的工作小組以進行深度的自我評鑑。

二、工作小組之運作程序

工作小組的領導者通常由「指導委員會」成員兼任，並由受評單位教職員、學生組成各種工作小組。工作小組的進行方式以目標爲工作導向，其詳細運作程序及注意事項包括：(一)確立評鑑項目、(二)提出計畫、(三)資料蒐集、(四)資料分析、(五)提出建議，以及(六)撰寫評鑑結果草案。

三、蒐集事實資料與意見

蒐集的資料可分爲事實與意見二種，事實的蒐集是針對檔案記錄或個人所撰寫的書面文件，而意見則是透過晤談或調查工具而獲得。上述資料內容所涵蓋的層面包括受評單位的輸入、過程（程序、服務）及結果。資料來源除了教師與行政人員爲主要訊息來源外，還應蒐集學生及相關外部人員（如畢業生、企業雇主、政府機關人士及其他互動關係人）的意見。針對各種事實及意見資料，若能以量化數據做爲佐證，將使自我評鑑報告更具有說服力。

肆、結果討論與撰寫

在撰寫自我評鑑報告前，工作小組可就所提出的評鑑結果草稿，對受評單位教職員、學生舉辦說明會，或是協助指導委員會舉辦受評單位最後自我評鑑報告的工作坊。此階段中，指導委員會要求工作小組對評鑑報告內容做局部修正，以及進行額外的評鑑、討論及資料撰寫，最後再由指導委員會總結所有工作小組的自我評鑑報告，形成受評單位最終的自我評鑑報告。

認可結果將對受評單位之班制分別認可，應於各評鑑項目中呈現不同班制之實際現況與表現。自我評鑑報告撰寫之格式採量化數據或質性文字，根據各評鑑項目之參考效標，整體說明受評單位在各項目，進行撰寫報告，其報告大綱樣式如表6-1所示。

表6-1　自我評鑑報告大綱樣式

自我評鑑報告大綱樣式 （以第二週期系所評鑑為例）
摘要 導論 ＊ XYZ 系所之歷史沿革 ＊自我評鑑過程 ＊自我評鑑之結果（每一個項目包括必要之現況描述、特色、問題與困難、改善策略、總結） 項目一：目標、核心能力與課程設計 （一）現況描述 【共同部分】 【學士班部分】 【碩士班部分】 【○○○碩士在職專班部分】 【博士班部分】 （二）特色 （三）問題與困難 （四）改善策略 （五）項目一之總結 項目二：教師教學與學習評量 （略） 項目三：學生輔導與學習資源 （略） 項目四：學術與專業表現 （略） 項目五：畢業生表現與整體自我改善機制 （略） 其他 總結 附錄 備註：受評系所針對每一評鑑項目之現況描述、特色、問題與困難、改善策略之撰寫方式，建議先說明整體性實際作法，再說明各班制之獨特性作法。

王保進（2012b）就大學第二週期自我評鑑作業的四個階段，進一步說明其具體作爲，作爲系所進行自我評鑑準備之參考，玆將其列述如下：（頁5-8）

 一、準備與設計階段

準備與設計階段首要之務爲成立「前置評鑑計畫小組」，該小組由系所教師與學生代表組成，若加入畢業生代表或業界代表則更爲理想。主要任務是針對學生學習成效品質保證之三個核心精神及五個評鑑項目，根據評鑑中心公布之評鑑重點，以及學者專家所撰述之論文，充分瞭解與掌握學生學習成效品質保證之全貌，並據此診斷系所現況、擬定自我評鑑之基本步驟和設計自我評鑑過程。

其次，爲使系所主要的自我評鑑參與者都能瞭解系所評鑑之精神與內涵，建議可由學校辦理相關研討會或講習，邀請設計或執行經驗之系所或學者專家提供諮詢與研討，確保系所內參與評鑑的人員都能熟悉評鑑相關作業。

二、組織階段

經過準備與設計階段，接下來的步驟便是組成自我評鑑的組織。有關自我評鑑組織，包括系所評鑑之「指導委員會」與「工作小組」。

(一) 指導委員會

指導委員會可由前述之「前置評鑑計畫小組」人員組成，其成員不宜太多（系所評鑑有五個項目，因此成員五人已能滿足需求，同時由系所主管擔任主席），避免造成協調及運作之困境。指導委員會是一個決定性的角色，也是整個自我評鑑過程整合的中心。在組織階段，指導委員會所要做的工作包括：1.選擇各工作小組的負責人（小組負責人宜由指導委員會成員擔

任）；2.成立各工作小組（每一個評鑑項目可組成一個工作小組）；3.設計蒐集評鑑資料之對象與方法；以及4.規劃自我評鑑進行之時程。

對於設計蒐集評鑑資料之對象與方法，指導委員會可根據表6-2之「自我評鑑資料蒐集對象與方法」事先進行規劃。其中，「具體量化數據」可根據每一個參考效標之重點，依據系所之實際狀況，設計可說明系所表現之量化數據。對象之決定，可根據參考效標之性質，事先勾選對象。資料蒐集方法之設計，也可依據參考效標之性質，事先勾選方法。

表6-2 自我評鑑資料蒐集對象與方法

參考效標	具體量化數據	對象					方法			
		行政人員	教師	學生	校友	雇主	文件	設施參訪	座談	問卷
1-1										
1-2										
⋮										

(二) 工作小組

工作小組由系所教師與學生組成，小組召集人由指導委員會成員擔任，可確保各小組都相當清楚所負責評鑑項目蒐集資料之作法，有利於小組間之溝通與協調。

對系所自我評鑑活動而言，「協調」是相當重要的行政工作，協調者不但指揮所有工作人員的活動，且是對自我評鑑過程持續不斷的推動者。一般而言，指導委員會的主席通常就是整個評鑑過程的協調者，宜由系所主管擔任，以能在系所相關會議中，召集指導委員會和工作小組成員進行自我評鑑報告，並利用適當管道（如電子郵件、書面資料）將相關會議紀錄或工作進度，傳送給所有利害關係人。

三、執行階段

執行階段主要是在指導委員會之支持與協調下，由各工作小組根據任務，基於達到表現系所優勢與特色、改善辦學品質，以及解決問題等自我評鑑目的，實際進行評鑑工作。

指導委員會宜定期開會，就每一工作小組工作進度進行報告，並進行必要之工作溝通與協調。其次，指導委員會主席（即系所主管）應根據表6-2中每一參考效標既定之對象，將系所在每一參考效標實際之作爲，利用相關會議或電子郵件進行說明，避免實地訪評評鑑委員進行晤談時，出現一問三不知之窘境；同時，有必要時，可視經費狀況邀請畢業生或企業雇主進行座談，以蒐集必要之資料。

工作小組的任務就是依表6-2之設計，在評鑑時程內完成具體量化數據之蒐集與計算，利用既定之方法向相關對象蒐集資料。(一)文件部分可考慮每個參考效標準備一份資料夾，每一資料夾依品質保證PDCA架構，選擇適當文件資料來說明系所辦學之現況；(二)在設施參訪部分，應確保參考效標相關設施之購置、更新、管理與維護，能滿足教師教學與學生學習需求；(三)座談部分可邀集相關教師或學生依參考效標內涵進行討論，以蒐集資料；(四)問卷部分則依參考效標內涵設計適當題目，以調查相關對象對問卷題目之「重要性」或「滿意度」。座談部分可依各工作小組決定共同時間同時進行。而問卷調查部分，則宜訂出截止期限，將各工作小組設計之題目依調查對象彙整後，由系所統一進行調查。

四、結果討論與撰寫

工作小組成員完成資料蒐集工作後，即可針對每個參考效標，分「現況」、「優點與特色」、「問題與困難」等三個部分進行資料分析，然後針對所負責之評鑑項目進行自我評鑑報告草稿之撰寫。在「現況」部分，可採段落式方式，利用所蒐集之具體量化數據或質性文字描述，說明系所在每一個參考效標之現況。在「優點與特色」、「問題與困難」部分，可以整個評鑑項目來撰寫，撰寫時可採標題式方式，先說明具體之優點與特色、問題與困難，然後針對每一個標題，再採段落式方式進行闡述。

當工作小組提出自我評鑑報告草稿後，即可由指導委員會進行最後之討論與整合，然後完成完整之自我評鑑報告草稿。其次，爲減低整合自我評鑑報告所必須之文書與排版作業，指導委員會應事先設計撰寫的格式，俾利工作小組進行撰寫。

在指導委員會完成自我評鑑報告草稿整合後，可利用適當時機，對系所教職員、學生舉辦說明會或工作坊，以做最後之補充或修正，同時也讓系所所有成員都瞭解系所在確保學生學習成效之相關作爲、優點與特色，以及問題與困難。

五、根據外部評鑑委員建議執行品質改善策略與行動

在完成上述四個階段自我評鑑工作，提出正式自我評鑑報告後，系所即可邀請適當之學者專家進行外部評鑑工作。外部評鑑之委員人數以五人爲宜，人選可考慮由評鑑中心公布之各學門評鑑委員資料庫中邀請。評鑑中心人才資料庫成員，都已參加過「評鑑實務與倫理」、「評鑑報告撰寫」，以及「學生學習成效品質保證機制內涵」三門課程之專業培訓工作，最能瞭解實地訪評之評鑑實務工作，也知應恪守之評鑑倫理，最能掌握學生學習成效品質保證機制之內涵與可行作爲，可提供系所最具效能之外部評鑑效果。

對外部評鑑後委員所提出之建議，指導委員會應立即召開會議，針對其建議進行自我評鑑報告之修正。同時依據委員之品質改善建議，提出具體的改善策略與行動，並建立完整的會議紀錄。從系所依規定的截止期限繳交自我評鑑報告，一直到評鑑中心進行實地訪評，其間至少有一個月以上時間。在這期間，系所宜根據評鑑委員的建議，規劃品質改善策略與行動，進行實際改善作爲，並應避免完全無作爲之狀況，以落實系所持續性之品質改善機制。

綜上可知，自我改善機制最適宜由學校定期辦理自我評鑑，就校務發展計畫目標，檢核其成效與缺失，並提出進一步達成目標之改善策略與行動。其次，各業務單位的相關會議，亦可就校務發展計畫中之行動方案與本身業務相關者，定期檢討執行成效與缺失，並提出提升效率與效能之解決方案，才能使學校立於永續發展之基礎。換言之，決定校務評鑑的通過與否，最主要的關鍵在於學校是否具有「自我改善的能力」，大學只要能證明具有健全的「自我改善機制」，則打造優越的學校體質，自然水到渠成（林海清，2012）。

結合自我評鑑意旨與PDCA品質管理機制而言，在PDCA的P部分，設計與準備階段宜根據各校之發展目標，規劃具豐富性、完整性之計畫，成立自我評鑑推動組織，並進行自我評鑑參與者辦理相關宣導、溝通、研習等活動，以取得共識等之心理建設。其次，在PDCA之D部分，自我評鑑實施階段宜具有相當互動性之機制，諸如，評鑑推動組織、工作小組、教職員、學生等之密切互動等，以展開其相關活動之辦理。再次，PDCA之C部分，即是爲求受評單位發展性之作爲，宜應用適當方法蒐集評鑑資料，諸如文件查閱、設備設施參訪、教學觀察、座談、問卷等方式。再根據所蒐集的資料進行質性文字及量化數據之處理，就「現況」、「優點與特色」、「問題與困難」等進行資料分析，撰寫報告初稿，對受評單位有關成員說明，令評鑑參與者瞭解自我評鑑之優點與特色，並對有關問題與困難謀求改進。在PDCA的A部分，即是可塑性之發揮，針對外部評鑑委員之品質改善建議，提出具體改善策略，並據以進行改善行動，進行實際改善作爲，落實品質改善機制，持續改進，才能與評鑑精神一致，達到自我評鑑之目的。

第三節　自我評鑑的設計模式與方法

自我評鑑對大學評鑑的重要性自不待言，潘慧玲（2005）引述陳漢強的話，指出自我評鑑是大學評鑑的「根幹」，而委員們的「實地評鑑」則只能算是「枝葉」，僅在檢視自我評鑑中所訂目標是否達成。同時他也指出國內在實施時卻未能掌握自我評鑑的精神與作法，致使大學無法透過評鑑改進自我，並建立永續發展的機制。而常將自我評鑑當成配合實地評鑑所做的問卷蒐集與整理，雖填寫了自我檢核的相關表件，卻多未能透過多類實徵或非實徵資料的蒐集，以充足的證據（evidence）作爲判斷自己利弊得失之依據。因之，有必要探討學校自我評鑑的作法，其實施步驟爲何？其設計模式爲何？其實施方法爲何？在在皆須進一步探討以明瞭其要旨，作爲辦理之參考，以免重蹈覆轍。

本節旨在探討學校自我評鑑的設計模式、方法及案例，學校自我評鑑的設計模式包括：(一)綜合模式，(二)主題選擇模式，以及(三)協作模式等三種模式，茲探述如后。

壹、自我評鑑的設計模式

教育部推動大學暨科技校院自我評鑑之政策，有其重大意義與背景因素，肇因自我評鑑乃世界主要國家教育發展之趨勢。1980年代後，許多國家的學校評鑑發展已逐漸轉爲以內部自我評鑑爲主，或是環繞在評鑑者與教師合作的過程上。受到後現代思潮影響，歐美許多重要國家，學校自我評鑑（school self-evaluation）已蔚爲學校評鑑核心，由校內教育成員自我診斷學校問題與缺失，並據以研訂改進學校發展方案。諸多國家教育制度的分權化著重學校績效責任（accountability）、反應及自我改進。一方面透過教育評鑑方法，因一方面，由於學校效能及校務改進的研究及其概念，科學的發展配合這些趨勢。此外，許多經濟合作發展組織（Organization of Economic Cooperation Development, OECD）會員國亦經常使用學校自我評鑑、學校本位評鑑（school-based evaluation）、或學校整體評鑑（whole-school evaluation）之方式協助學校改進辦學，即便日本、香港等地區，對學校自我評鑑系統的建構亦皆不遺餘力（郭昭佑，2005；張清濱，2007）。

根據Sheerens的研究，學校的自我評鑑可分爲：人際關係模式（human relations model）、開放系統模式（open system model）、內部歷程模式（internal process model），以及合理目標模式（rational goal model）等四種基本類型，其要點及指標如表6-3所示：（引自張清濱，2007）

表6-3　學校自我評鑑的四種基本類型

基本類型	要點及指標
1. 人際關係模式	· 尊重 · 參與決定 · 專業的互動 · 績效回饋 · 運用技巧的機會 · 資源 · 個人目標與組織目標並行不悖
2. 開放系統模式	· 企業精神 · 同儕關係 · 自我評鑑與學習的能量 · 外顯的學校行銷活動 · 家長參與 · 界限擴張的職位 · 外部變遷 · 學生就學人數 · 資源（校舍、設備）
3. 內部歷程模式	· 規劃檔案 · 訓導章則 · 管理資訊系統 · 職位的正式化 · 員工與領導的繼續性 · 統整課程 · 就學率 · 非固定課程

（續上表）

4. 合理目標模式	・教育領導 ・成功取向的學風 ・監控學生的進步 ・工作時間 ・包含的內容（學習的機會） ・不分年級制度 ・協同教學 ・社會、情緒、創造，及道德發展所花時間 ・學習如何學習的活動 ・診斷性測驗

資料來源：出自張清濱（2007：339）。

學校自我評鑑的設計有其模式，潘慧玲對自我評鑑的設計模式引介了一個美國範例，Kells認爲自我評鑑的設計可採取的模式或取徑（approach），可分爲綜合取徑、具特定重點的綜合取徑、主題選擇取徑、現有特別研究取徑，以及例行性機構研究取徑。在上述模式或取徑之基礎上，全美區域性的機構認可團體，各提供了學校可選擇之模式，以「中部各州學院與學校學會」（Middle States Association Colleges and Schools）爲例，其下設的「中部各州高等教育委員會」在其出版之《機構自我評鑑手冊》中，提供了綜合模式（comprehensive model）、主題選擇模式（selected topics model）及協作模式（collaborative model），鼓勵學校選擇適合自己需求的模式進行評鑑。學校須以至少一整學年的時間準備自評，且準備工作至少須於訪評前的三個學期開始，以下說明「中部各州高等教育委員會」提供之設計模式：（潘慧玲，2005，頁140-142）

一、綜合模式

(一) 基本綜合模式

一個綜合性的自我評鑑，在使大學得以針對機構的任務與目標相關聯的每一面向（例如：學程與服務、管理與支持系統、資源，以及教育成果）進行評估，而此綜合性評估係依據認可標準而執行。一個典型的綜合性自我評鑑，首先要作的是機構任務、目的及目標的重新檢視，它是後續資料蒐集與分析，甚至是設定優先改進建議的基礎工作。

(二) 具重點之綜合模式

此模式是基本綜合模式的一種變化形式，主要適用於機構意圖在開始時特別留意幾項將影響機構發展之重要議題。此模式之作法係先在「中部各州學院與學校學會」的認可標準架構下作一全面性之機構評估，再進一步針對機構所選定之重要議題或領域作深度之檢視。所選定之重點領域可以是認可標準中的一或多項，也可以是反映多項認可標準共同意涵的一項議題，而此議題對於學校須具意義性。上述重點的選擇，可如證書學程（certificate program）、科技等。有關學校對重點的選擇，須與中部各州高等教育委員會之聯絡員商談，且所選擇之重點宜具全校性意義，例如前所述及之重點—科技，要從科技對全校教學與學習影響的角度作評估，而非落到教學科技系（或學程）的檢視。

二、主題選擇模式

主題選擇模式提供已通過認可之學校，可就選擇之議題投注心力作檢視，而不需針對所有認可標準進行全面性之綜合評估分析。在議題的選擇上，學校首先必須確認在認可標準中，有哪些可用來作爲議題評鑑之依據；議題的選擇可以是服膺某一認可標準，也可以是反映幾項認可標準之共同關切，例如一所綜合大學可選擇「大學學程」作爲自我評鑑之議題。在此模式中，學校須在委員實地評鑑至少兩年前送交中部各州高等教育委員會之聯絡員一份初步計畫，說明所選擇之議題名稱、選擇該議題對於學校的重要性、在自我評鑑中將涉及之認可標準，以及描述學校將提供何種證據、文件，以顯現學校已滿足那些在自我評鑑中不會涉及的認可標準。學校所提的計畫書，將經中部各州高等教育委員會之審查，以決定是否通過該計畫，或是修正計畫改採其他模式進行學校之自我評鑑。

由於此模式所選擇之議題，僅會涉及中部各州高等教育委員會所設計之認可標準中相關連者，故爲瞭解學校是否達到其他認可標準，此模式設計兩種配合訪評的方式，進行上述工作。第一種方式是在委員實地訪評前，訪評小組召集人（如遇較爲複雜之個案，則另加一位訪評委員）先至學校進行「先期訪視」（preliminary visit），主要工作在檢視學校是否達到那些在自我評鑑未涉及之認可標準，訪評完成後撰寫一份簡要之書面報告。第二種方式，則是在委員實地訪評時，訪評小組召集人（如遇較爲複雜之個案，亦如上例，另加一位訪評委員），在其他委員針對學校選定之議題進行訪評之同時，針對其他未在學校自我評鑑涉及之認可標準，進行檢視。同樣地，檢視完亦提出一份簡要書面報告。以上兩種方式，召集人所撰寫之書面報告，將併同實地訪評小組所作之報告，提出最後之小組報告。

三、協作模式

通常學校因應需要所接受的認可類別有多種，爲能有效執行評鑑，適度整合多項評鑑，以避免準備工作之重複，乃有協作模式之產生。就實際運作而言，學校可邀請機構、學門或專業認可團體；州或聯邦認可團體；或是其他相關認可團體，加入中部各州高等教育委員會的機構評鑑。通常學校可以進行兩個以上團體的認可工作，惟第一次申請認可之學校，不符合採用此模式之資格。

在進行此模式時，通常涉及三部分：(一)學校完成機構的自我評鑑；(二)一組人馬進行實地訪評；(三)訪評小組提出一份整合性報告。各認可機構對於所要求達到之標準，彼此合作以避免重複。由於協作模式涉及不同認可團體的參與，故要執行成功，須有妥善的事前規劃，尤其自我評鑑的設計宜照顧到不同認可團體所關切之議題，且能達成共識，例如自我評鑑過程的安排，以及機構的利害關係人在過程中參與的程度與範圍；代表不同認可團體的訪評小組及其成員各應擔負的評鑑職責；以及訪評報告的結構、長度與形式等。

貳、自我評鑑的設計方法

學校自我評鑑有其方法，其歷程有三階段十步驟，曾淑惠（2006）歸納學者的論述提出評鑑能力建立的發展程序，包括如下規劃、實施及回饋等三階段十步驟：

㈠ 規劃階段：尋求評鑑的顧問團體、定義建立評鑑能力的先備要件、擬訂建立評鑑能力的行動計畫、營造建立評鑑能力的組織氣氛。

㈡ 實施階段：建立學校成員評鑑能力、分享決策的訊息與知識、執行評鑑能力建立的行動計畫。

㈢ 回饋階段：行動計畫成果運用於學校實務、反省修訂行動計畫、執行後設分析與策略評鑑。

而學校自我評鑑的方法有許多，然運用何種方法則須視學校脈絡與評鑑目的而定，亦即評鑑方法與學校脈絡和評鑑目的關係密切。陳劍賢（2002）認為，學校自我評鑑應彈性應用質化與量化之評鑑方法。

Cress指出學校可用的自我評鑑方法和技術，包括能力本位模式（competency-based models）、自我報告（self-reports）、第三人報告（third-partyreports）、焦點團體（focus groups）、深度訪談（in-depth interviews）、參與者觀察（participant observations）、個案研究（case studies）、校外調查（exit surveys）、校友調查（alumni surveys）等。此外，凱爾士則認為學校自我評鑑之方法應配合評鑑之目的，評鑑之目的主要有「改善」、「品質保證」、「品質管制」、「功能重新設計」、「資源分配」和「規模合理化與縮減」等。在以「改善」為目的的評鑑過程中，下列方法是必須的：(1)運用參與式的評鑑過程讓具有責任感的人參與評鑑；(2)使用邊際誘因（marginal incentives）激勵對評鑑不表關切的中階主管參與評鑑；(3)運用趨勢資訊和重要的外在意見來闡明組織的需求和問題；(4)善用公正、專業的同儕之補強和批評意見；而在以「規模合理化與縮減」爲目的的評鑑過程中，採用表現指標和產出的比較測量與效率的資料，同時善用威脅及誘因，並納入同儕及外在意見，是達成目的的有效方法（丁文玲，2003）。

由上述可知，自我評鑑的設計方法包括有規劃、實施及回饋等三個階段十步驟，其方法有許多，運用何種方法端視學校脈絡與評鑑目的而定，可彈性應用質化與量化的評鑑方法，包括：能力本位模式、自我報告、第三人報告、焦點團體、深度訪談、參與者觀察、個案研究、校外調查、校友調查等。而自我評鑑的成功要素（曾淑惠，2006），包括下列五項：

(一) 要做好建立自我評鑑能力的基礎建設（含信念、價值觀文化氣氛、全體共同參與等）。

(二) 有週期性內部檢視機制與適切策略。

(三) 內部評鑑時有各類領導關係的組合機制。

(四) 有外部償酬機制及無偏見的建設性意見。

(五) 有改進機制（含後設評鑑）。

參、自我評鑑之執行案例

自我評鑑之執行須有其參考案例，潘慧玲對其之執行，引介了一個美國範例作爲實際呈現自我評鑑之執行歷程。她以Kells引介之案例作說明，根據Kells之分析，此案例乃一廣受歡迎之設計，因其側重眞實議題、有用但卻非永無止盡的參與、經濟而有效的努力、充足的資料，以及能適當配合認可的要求（潘慧玲，2005，頁7-9)。

一、案例背景簡介

Briabramble College（BB學院）是一所位於南方大城市近郊的女子學院，學校規模不大，學生人數約爲一千人。此學院過去一直以培育「富家女」聞名，近年來，雖作大幅革新，諸如：現代化課程；擴大入學學生的人口組成，以助學貸款吸引學生與成人入學；加入生涯導向及密集英語學程等，然學校仍無法脫離過去之形象，致使BB學院在新任校長到任後，力圖加快變革腳步。

新任校長偕同院長、董事會主席，首就學校的財政收入與日益下墜之入學率等問題，進行分析並提出革新計畫。BB學院就在一個具有合作精神的傳統下，朝此革新方向努力。只是當學校成員正忙於型塑「學校新世界」時，正好遇上需要接受認可機構評鑑的時刻，值此關頭，BB學院的校長乃召開主管會議，研商如何讓學校一面持續進行原本之革新議程，一面又可記錄學校之運作狀況，並處理認可事宜。以下即說明BB學院配合外部認可，所進行之自我評鑑如后。

二、自我評鑑執行歷程

在BB學院校長所召集的主管會議中決議，委請幾位校內資深人員（如副院長；德文、社會學、藝術史與設計領域之教授各一名等）組成小組，設計一個同時符合BB學院與認可需求的自我評鑑過程。該小組透過對話，逐一釐析學院的背景與現況，以作出自我評鑑設計的決定。舉例而言，該小組認爲BB學院的規模小，可好好地進行研究，由此他們作出了「進行一項綜合性評鑑是可能的」決定。

整體而言，BB學院所進行之自我評鑑共分五個階段：

(一) 設計階段

學校成立指導小組，負責統整一系列有計畫的活動，並蒐集現有的報告、統計資料及其他從常設委員會、特別委員會、任務小組和各處室所得到的資料。另評鑑前置委員會則進行自我評鑑之設計，透過第一年3月份的設計工作坊研討後，將定案之設計提送認可團體進行核定，核定後即展開下一階段之工作。

(二) 常設性工作小組階段

指導小組要求各系系主任、委員會主席與各處室主管，就認可標準之相關部分與自己的組織成員作討論，提出學校如何達到標準的初步想法。這些初步想法提到第一年5月份的議題工作坊中，由教職員共同研討，作爲全校性自我評鑑活動的起始點。此工作坊的目的是，對於議題作提問，而非解答，以及瞭解是否具有適當或額外的資訊可以回應所提的問題。

(三) 資料階段

指導小組針對議題工作坊中所提出之議題，視其需要進行額外資料之蒐集，例如其利用教育測驗服務社（Educational Testing Service, ETS）編製之「大學學程評估調查」爲工具，對學生、教師及校友進行大規模調查，並彙整所蒐集之資料，對議題作回應。接著，指導小組在第一年秋季10月上旬舉辦資料工作坊，以回應春季所提出之議題，並形構下一階段工作小組所須檢視的重要議題，這些議題包括學校所提的革新計畫、財務資源、入學、課程等。

(四) 工作小組階段

在此階段，指導小組持續蒐集、分析與修正學校資料，而工作小組則以現有資料爲基礎，投注心力於所負責之議題上，此部分之工作雖留有時間彈性，惟期於120天內完成（第一年10月至第二年元月）。進行過程，指導小組監督各組進度，同時開始草擬自我評鑑報告草案之內容架構。第二年4月間，召開評鑑結果工作坊，討論工作小組所提出之自我評鑑草案報告與行動建議。如發現仍有需要檢視之議題，則指派相關工作小組負責。

(五) 報告與行動階段

依據評鑑結果工作坊的討論結果，指導小組於第二年10月提出最後的自我評鑑報告。此報告公告周知學校同仁，陳送學校董事會，並作爲學校未來幾年發展之指導方針，以及作爲第二年11月時認可機構訪評之基礎。

上述BB學院配合外部認可所進行之自我評鑑，從第一年2、3月開始，至第二年10月提出最後的自我評鑑報告，歷時超過一年半。

肆、小結

由上述之探討可知，美國大學自我評鑑設計模式可做為我國實施學校自我評鑑之他山之石，各個學校可選擇適合自己需求的模式（綜合模式、主題選擇模式或協作模式）進行評鑑，並以至少一整學年的時間準備自評，且準備工作至少須於實地訪評前的三個學期開始。而學校自我評鑑方法與學校脈絡和評鑑目的關係密切，故運用何種方法須視學校脈絡與評鑑的目的而定。再則，我國大學自我評鑑之執行歷程可以Kells所引介之案例作為借鏡。

第四節　建立自我評鑑的機制

我國開放大學申辦自我評鑑業務，已自101年7月頒布有關法規。教育部依據《大學評鑑辦法》第五條辦理大學自我評鑑機制及結果之認定，加速推動大學自我評鑑，分別對大學校院及科技校院訂頒「教育部試辦認定大學校院自我評鑑機制及結果審查作業原則」及「教育部試辦認定科技校院自我評鑑機制及結果審查作業原則」。依此二原則規定，目前計有34所一般大學校院與26所科技校院符合辦理資格（池俊吉，2015）。

本節就我國大學辦理自我評鑑的發展歷程，大學自我評鑑結果及國內外專業評鑑機構之認可，國內外專業評鑑機構之審查，以及科技校院自我評鑑機制及結果之審查，探討學校自我評鑑系統之建構。

壹、我國大學辦理自我評鑑的發展歷程

大學自我評鑑辦理情形，可分爲下列七期：第一期自1975至1990年，由教育部主導並辦理學門評鑑；第二期自1991至1994年，由教育部委託學術團體辦理學門評鑑；第三期自1995至2000年，大學法及私立學校法相繼修正後，依法辦理的大學評鑑；第四期自2001至2003年，鼓勵建立自我評鑑機制；第五期自2004至2005年，委託民間團體辦理大學校務評鑑；第六期自2006至2011年，以財團法人「高等教育評鑑中心」專責辦理第一週期一般大學評鑑；第七期自2012年起，以高等教育評鑑中心辦理的第二週期大學評鑑。而科技大學自我評鑑辦理的情形則爲：2001-2004年爲第一輪科大評鑑（台灣評鑑協會）；2005-2008年爲第二輪科大評鑑（台灣評鑑協會）；2009-2012年爲第三輪科大評鑑（台灣評鑑協會）；第四輪科技大學（技術學院）評鑑則自2014年開始辦理（曾淑惠，2015）。

我大學辦理自我評鑑的歷史並不長，然對學校評鑑而言，有其劃時代之意義，這是學校評鑑的里程碑，邁向自我回饋反省改進的大躍進，茲將其發展及辦理情形探述如下：（楊國賜，2005，頁10-11）

教育部爲能客觀且合理的分配私校獎補款，自79學年度起推動「私立大學校院四年中程校務發展計畫」，各校爲配合三年一次的外部評鑑，每一年皆會自我檢視學校各項辦學績效，雖沒有嚴謹的自我評鑑流程及實施步驟，但本質上已具有自我評鑑的雛形。國立大學部分，因學校預算編列採公務預算，學校所需的任何經費，都是國家負責提供，所以沒有經營的壓力。但自86學年起幾所大學試辦實施校務基金，學校須負責自籌部分經費，再加上大學校數日益增多，各校已感到有競爭的壓力，所以自我評鑑工作，首先在少數幾所國立大學中進行。

臺灣大學首開大學自我評鑑之風氣，該校自86學年度起展開教學研究單位自我評鑑，訂定「教學研究單位評鑑辦法」。各教學研究單位以每隔四至六年評鑑一次爲原則，學校設有校評鑑委員會及各教學研究單位評鑑委員會，校評鑑委員會由校長、副校長一人、教務長、研究發展委員會主任

委員、各學院院長組成之，並由校長擔任召集人，教務長爲執行秘書，負責推動、規劃和督導各教學研究單位評鑑委員會之成立。訂有完整的評鑑計畫及評鑑項目，評鑑結果除供受評鑑單位作爲改進之依據外，並供作校院做爲調整資源分配、修正中長程計畫及考慮決定單位之增設、變更、合併與停辦等案之參考。截至90學年度止，該校已完成95個單位第一輪的評鑑（約97%），91學年度進行文學院等九個單位自評。清華大學自87學年度開始辦理、交通大學自89學年起辦理，臺灣師大、中正大學等校陸續辦理中，各校亦依據自我評鑑的結果，做爲系所課程調整及轉型整併之因應。

此外，教育部爲鼓勵公私立大學校院辦理自我評鑑，建立自我管制機制，訂定「90年度大學校院實施自我評鑑計畫補助申請要點」，學校申請計畫以一案爲限（包含校務綜合評鑑或學門自我評鑑），依據學校所報計畫的完整性及可行性、學校行政支援情形、學校提列配合款情形及預期效益等四大項進行審查，補助金額最高80萬元，當年度共有40所學校提出，共有34所學校獲得80萬至20餘萬不等經費補助，總補助經費1,900餘萬元；91學年度繼續辦理，惟資格設定較嚴，前年已獲補助學校，本年度擬再申請者應一併提報前一年自我評鑑計畫執行成果審查，本年度共有43校申請，21所學校通過80萬至10萬不等經費補助，總補助經費爲1,400餘萬元。

經過二個年度的補助計畫，全國共65所大學及師範校院中共有44所學校獲得一次至二次的補助經費，因此91學年度已有44所大學校院進行校務綜合或學門自我評鑑，部分學校其實已進行自我評鑑而未向教育部申請補助計畫，故我國大學校院可預估應有90%以上學校已建立自我評鑑機制及正進行評鑑活動。

在高等教育評鑑中心完成第一週期系所評鑑及校務評鑑之後，臺灣各界開始思索是否可以給予一些已建立完整品保制度且對教育品質提升有具體成果之大學，更多校務治理的自主性。因此，在教育部的推動下，新的「大學自評」作法開始由34所頂尖及教學卓越大學率先實施（侯永琪，2013）。教育部於2012下半年選定34所獲頂尖與教學卓越計畫補助的大學，開放其自行規劃系所自我評鑑機制，自行辦理外部評鑑。若機制經送教育部審定後，新一輪系所評鑑不再由財團法人高等教育評鑑中心派評鑑委員進行外部訪視，而由大學各系所或學院自行完成自我評鑑，引導各校逐漸發展出具特色的自我品質保證制度（林劭仁，2015）。

大學自評的精神在於未來的大學評鑑政策，將回歸大學自主，讓大學本身主動追求自我改進與自我提升，訂定完整周延具外部監督效果之自我評鑑機制，提高大學評鑑之能動性（何卓飛，2012）。由此可見，建立學校自我評鑑機制之重要，湯堯（2011）強調評鑑可增進大學自我定位與再次確認機構本身的教育目標，同時帶來組織機構正向的自我檢視機制，以及落實不斷自我改善的功能。

自我評鑑係由學校本身依據外在評鑑規準自己規劃、執行的評鑑活動，其運作機制包括：成立規劃小組、進行評鑑準備、邀聘指導小組、組成自評小組、參加外部評鑑說明會、辦理自我評鑑研習、擬訂具體自我評鑑計畫、公布自我評鑑計畫、蒐集與分析相關資料、撰寫自評報告、公布自評報告、進行自我檢討與改進。因此，學校宜建立持續性校務評鑑的措施，包括如何透過開放參與建立反思改善的機制，就校務發展推動中的計畫目標與內容，及所訂定的學生基本素養與核心能力，展現學生學習與教師專業之績效，從而型塑成爲一所符合社會期待的學術機構，與建立一套健全之品質保證與自我改善機制（林清海，2012）。

目前大學可依學校特色與需求，自訂評鑑指標、評鑑程序、方法等實施計畫，依規定提出申請，通過者即可免接受教育部之評鑑。然其有關作法爲何？有關法令規範爲何？教育部對國內專業評鑑機構認可之規範爲何？對國外專業評鑑機構認可之作業爲何？在在須有適當的認知，以瞭解大學如何建構及辦理自我評鑑。因之，有必要探討之，尤其尚有部分大學，以及中小學校務自我評鑑機制尚未建立或未落實實施，探討自我評鑑機制，亦可作爲有關單位推動大學及中小學建立自評鑑機制之參考。

貳、大學自我評鑑結果及國內外專業評鑑機構之認可

教育部爲執行大學評鑑辦法第五條第二項規定，就已建立完善自我評鑑機制之大學，認可其自我評鑑結果，以及爲辦理國內外專業評鑑機構認可事宜，於民國98年3月25日函頒《大學自我評鑑結果及國內外專業評鑑機構認可要點》（2009），各大學凡自我評鑑制度完善，自我評鑑結果良好，經教育認可者，即可免受教育部辦理之評鑑（何卓飛，2012）。

大學就其自我評鑑結果申請認可者，其自我評鑑之實施應符合下列十項規定：（大學自我評鑑結果及國內外專業評鑑機構認可要點，2009）

(一) 已訂定自我評鑑相關辦法，落實執行，及依據評鑑結果建立持續改善機制並有具體成效。

(二) 定期針對自我評鑑工作之規劃、實施及考核進行檢討改善。

(三) 自我評鑑所定之評鑑項目確實反映校務經營之成效或院系所及學程、學門之教育品質。

(四) 已設置自我評鑑指導委員會，統籌規劃全校自我評鑑相關事宜。指導委員會之組成應明定於自我評鑑相關辦法中，且校外委員應占委員總數五分之三以上。

(五) 自我評鑑之實施包括內部評鑑及外部評鑑二個階段，外部評鑑之委員應全數由校外人士擔任，其遴聘應遵守利益迴避原則，其各評鑑類別之委員人數應明定於自我評鑑相關辦法。

(六) 校務外部評鑑委員應由對高等教育行政具研究或實務經驗之資深教授，以及對大學事務熟稔之業界代表組成；院系所及學程、學門外部評鑑應由具高等教育教學經驗之教師，以及專業領域之業界代表組成。

(七) 最近一次完成自我評鑑年度至申請年度在三年以內。

(八) 自我評鑑之外部評鑑程序包括受評單位簡報、資料檢閱、場地及設備檢視以及相關人員晤談等。

(九) 院系所及學程、學門自我評鑑之評鑑項目包含教育目標、課程、教學、師資、學習資源、學習成效及畢業生生涯追蹤機制。

(十) 參與內部評鑑之校內人員每學期至少參加一次評鑑相關課程與研習。

而大學申請認可之自我評鑑結果報告書應包含下列五項內容：

(一) 自我評鑑相關辦法。

(二) 自我評鑑規劃、實施（含評鑑目的、項目、程序、委員遴聘方式）及考核機制（含評鑑結果應用、追蹤評鑑機制及持續改善成效）等。

(三) 近三年度辦理自我評鑑之情形及其結果說明，以及評鑑委員名單及其學經歷介紹。

(四) 下一次辦理自我評鑑之期程及實施內容之規劃。

(五) 參與內部評鑑人員接受評鑑相關課程或研習之情形。

此外，以經教育部認可之國內外專業評鑑機構評鑑通過者，得向教育部申請免接受評鑑。

參、國內外專業評鑑機構之審查

教育部爲辦理大學評鑑辦法第五條第三項所定國內外專業評鑑機構之認可，執行大學自我評鑑結果及國內外專業評鑑機構認可要點之規定，於民國98年12月8日訂定「教育部認可國內外專業評鑑機構審查作業原則」（教育部，2013），作爲其辦理國內外專業評鑑機構認可之依據。

該原則用詞之定義如下：

㈠ **國內專業評鑑機構**：指經我國主管機關核准立案之全國性學術團體或經核准立案、設立宗旨與高等教育相關之全國性民間團體或專業機構。

㈡ **國外專業評鑑機構**：指經外國主管機關或國際組織核准立案之全國性學術團體或經核准立案、設立宗旨與高等教育相關之全國性或國際性非營利民間團體或專業機構。

符合下列基本條件之國內專業評鑑機構，得申請認可：

(一) 具有明確之專業性評鑑機制。

(二) 過去三年內有評鑑高等教育機構或相關系所（科）、學程之事實。

符合下列基本條件之國外專業評鑑機構，得予認可：

(一) 具有明確之專業性評鑑機制。

(二) 過去三年內有評鑑其他國家高等教育機構或相關系所（科）、學程之事實。

(三) 其專業性評鑑領域已具有國際聲譽。

目前教育部認可之國內評鑑機構爲中華工程教育學會（IEET）與台灣評鑑協會；而國外專業評鑑機構經教育部認可者，各大學向其申請評鑑獲得通過，教育部亦認可其評鑑結果，可免接受教育部之評鑑。國外專業評鑑機構由教育部認可小組依據國際評鑑資訊及相關評鑑資料庫，主動辦理認可。認可之國外評鑑機構認可原則如下：（教育部，2011）

(一) 美國專業評鑑機構：需爲高等教育品質保證國際網絡（International Network for Quality Assurance Agencies in Higher Education, INQAAHE）之會員（full member），並經美國高等教育認可審議會（Council for Higher Education Accreditation, CHEA）認可之評鑑機構。

(二) 日本、澳洲及紐西蘭專業評鑑機構：需爲高等教育品質保證國際網絡（International Network for Quality Assurance Agencies in Higher Education, INQAAHE）及亞太品質網絡（Asia-Pacific Quality Network, APQN）會員（full member）之評鑑機構。

(三) 前揭專業評鑑機構並需符合《教育部認可國內外專業評鑑機構審查作業原則》第八條所定國外專業評鑑機構之三項基本條件（「具有明確之專業性評鑑機制」、「過去三年內有評鑑其他國家高等教育機構或相關系所（科）、學程之事實」、「其專業性評鑑領域已具有國際聲譽」）。

目前國內部分大學商管學門接受國際商管學院促進協會（The Association to Advance Collegiate Schools of Business, AACSB）之評鑑並獲認可，以及銘傳大學接受美國中部各州校院高等教育評審委員會（Middle States Commission on Higher Education, MSCHE）評鑑通過，教育部皆認可其結果（何卓飛，2012）。

肆、科技校院自我評鑑機制及結果之審查

爲辦理大學評鑑辦法第五條第一項但書第一款所定自我評鑑機制及結果之認定，推動科技校院自我評鑑，教育部於民國102年11月21日頒布「教育部試辦認定科技校院自我評鑑機制及結果審查作業原則」（教育部，2013）。

科技校院自我評鑑機制及結果審查作業分二階段辦理，先辦理自我評鑑機制審查作業，再辦理自我評鑑結果認可。科技校院以自我評鑑機制及結果向教育部申請認定，其資格應符合下列條件之一：

(一) 最近一次本部主辦或委辦之綜合評鑑行政類成績爲一等（或通過），且一等（或通過）院系所占全校受評院系所80%以上一等。

(二) 曾獲教育部典範科技大學計畫補助。

(三) 曾獲教育部四年以上獎勵科技大學及技術學院教學卓越計畫補助，且獲補助金額總計達新臺幣2億元以上。

科技校院以其自我評鑑機制及結果申請認定者，其自我評鑑之實施，應符合下列規定：

(一) 已訂定評鑑相關辦法，經校務會議通過，且落實執行，並依據評鑑結果建立持續改善及輔導機制，且有具體成效。

(二) 定期針對評鑑工作之規劃、實施及考核進行檢討改善。

(三) 所定之評鑑項目及指標確實反映院、系、所與學位學程之教育品質，及學校特色。

(四) 已設置指導委員會，指導全系自我評鑑相關事宜。指導委員會之組成、任務及任期應明定於評鑑相關辦法，且校外委員人數應占委員總數五分之三以上。

(五) 評鑑委員應有五分之四以上由校外人士擔任，其遴聘應遵守利益迴避原則，其各評鑑類別之委員人數，應明定於評鑑相關辦法。

(六) 院、系、所及學位學程評鑑委員，應由具高等（技職）教育教學經驗之教師，及專業領域之業界代表擔任；其學術與評鑑專業資格及任期，於

評鑑相關辦法定之。

(七) 自我評鑑之程序，包括受評單位簡報、資料檢閱、場地與設備檢視及相關人員晤談等。

(八) 院、系、所及學位學程自我評鑑之評鑑項目，包括教育目標、課程、教學、師資、學習資源、學習成效及畢業生生涯追蹤機制，並得自訂學校特色項目。

(九) 已建立參與自我評鑑之校內相關人員（包括規劃人員及執行人員）評鑑相關知能之研習機制。

(十) 已建立申復機制，並明定申復之要件及受理單位。

(十一) 已建立評鑑支持系統，編列常態性經費、人力及行政支援辦理自我評鑑。

自我評鑑機制經教育部或受託機構認定後，科技校院據以執行，並檢附自我評鑑實施報告申請結果認定，其自我評鑑實施報告應包括下列事項：

(一) 自我評鑑相關辦法。

(二) 自我評鑑規劃、實施（包括評鑑目的、項目、程序、委員遴聘方式）及考核機制（包括評鑑結果應用、追蹤評鑑機制及持續改善成效）等。

(三) 辦理自我評鑑之情形及其結果說明，及評鑑委員名單與其學經歷介紹。

(四) 下一次辦理自我評鑑之期程及實施內容之規劃。

(五) 參與內部評鑑人員接受評鑑相關課程或研習之情形。

科技校院自我評鑑機制及結果經認定者，得免接受教育部主辦或委辦之當次或下一週期評鑑。

伍、小結

爲建立學校自我評鑑系統，各大校學可依教育部之規定辦理自我評鑑，再將其結果向教育部申請認可，獲得認可者可向教育部申請免接受評鑑。而教育部爲進行大學自我評鑑結果之認可，或科技校院申請自我評鑑機制及其結果之審查，對國內外專業評鑑機構之認可訂有相關規定。目前教育部認可之國內評鑑機構爲台灣評鑑協會和中華工程教育學會（TEET），而國外評鑑專業機構係教育部主動辦理認可，包括美國、日本、澳洲及紐西蘭之專業評鑑機構。至於科技校院自我評鑑機制及結果審查分二階段辦理，先辦理自我評鑑機制之審查，經認定後，科技校院據以執行，再辦理自我評鑑結果之認可通過者，得免接受教育部當次或下一週期之評鑑。

本章小結

本章第一節探討自我評鑑的定義，實施自我評鑑的必要條件，以及實施自我評鑑的蘊義與優勢。自我評鑑的意義在於，透過自發性的持續自我評鑑，才能眞正的發現問題、解決問題，有助學校之改進與發展。一個有用的自我評鑑過程應具備的必要條件包括：領導者的主持，專業的技術提供必要的資源，發展成員的內在動機，以及機構需求的診斷。

第二節探析自我評鑑的設計，其歷程包括：準備與設計，組織階段，執行階段，以及結果討論與撰寫等四階段。(一)準備與設計階段，宜成立「前置評鑑計畫小組」，獲得領導者的支持，擁有適當水準的專門技術，適當的資源投入，以及發展適當的內部動機。(二)組織階段，宜成立評鑑「指導委員會」，選擇與訓練評鑑人員，建立協調與溝通機制，提供資料蒐集之管道。(三)執行階段，包括：工作小組之工作主題，工作小組之運作程序，蒐集事實資料與意見。(四)結果討論與撰寫階段，可針對每個參考效標，分「現況」、「優點與特色」、「問題與困難」等三個部分。在「現況」部分，可採段落式方式，利用所蒐集之具體量化數據或質性文字描述，說明在每一個參考效標之現況。在「優點與特色」、「問題與困難」部分，可以整個評鑑項目來撰寫，撰寫時可採標題式方式，先說明具體之優點與特色、問題與困難，然後針對每一個標題，再採段落式方式進行闡述。

第三節析述自我評鑑設計的模式，以及自我評鑑設計的方法。自我評鑑設計的模式，有綜合模式（基本綜合模式及具重點之綜合模式）、主題選擇模式，以及協作模式。自我評鑑的方法有許多，運用何種方法須視學校脈絡與評鑑目的而定。

第四節探述建立自我評鑑的機制，藉由我國大學辦理自我評鑑的發展歷程；大學自我評鑑結果及國內外專業評鑑機構之認可；國內外專業評鑑機構之審查；科技校院自我評鑑機制及其自評結果之審查等，探討大學自我評鑑系統之建構，此評鑑系統之建構亦可供中小學建立自我評鑑機制之參考。

第七章

校務評鑑人員的專業素養

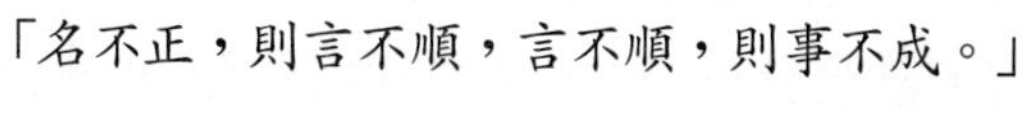

「名不正，則言不順，言不順，則事不成。」

～《論語・子路》

校務評鑑有三據：依據、證據、數據。

校務評鑑人員專業素養之必要性，在於校務評鑑人員專業性不足，以及學校教育人員缺乏評鑑觀念向為人所詬病。林劭仁（2012）在「析論評鑑委員評鑑之專業素養」一文中指出，國內高等教育評鑑發展至今，不論是校務評鑑、系所評鑑、學門評鑑，或是方案評鑑性質的專案評鑑等，評鑑過程中評鑑委員的素質一直是最受爭議的焦點之一，包括評鑑委員的公正性、客觀性及專業性等，這些問題一直沒有停止爭議與討論等。

此外，顏國樑（2003）認出，校務評鑑是一項相當專業性的工作，需要具備專門的知識人員，才能勝任愉快。然而國內各級教育行政機關辦理校務評鑑時，常借助於學者專家和相關人員，有些縣市還包括教師會與家長會代表，但因需求量過大，難免有評鑑委員參差不齊之現象，導致學校人員對評鑑的公信力和專業性大打折扣。若是以「外行」去評鑑「內行」，可能造成校務評鑑的危機，一定要設法加以避免，否則將無法達到評鑑的效果。此外，學校人員缺乏評鑑觀念，學校教師對校務評鑑的觀念較為陌生，因為他們認為這是學校行政人員的事情，不必加以過問，這也是實施校務評鑑的困難之一。

評鑑是否能作到專業、客觀、公正，人為因素之恆定極其重要，所謂恆定即評鑑人員是否專業，並能作到避免人為因素的影響，例如關說、利害關係，或利益糾葛之羈絆。不可諱言的，在以往評鑑中，難免有欠稱職的評鑑人員影響評鑑品質，其原因可能是專業知能、評鑑知能、專業倫理或是其個人主觀因素使然。譬如，某評鑑委員曾至某校招生，因其招生績效不佳，而至該校實地訪評時，給予不客觀的判斷及評分。再者，某評鑑委員至某校訪視評鑑時，帶走評鑑資料給敵對的董事會成員利用，類似的情況即有違評鑑專業倫理。其次，若是評鑑人員基於利害關係人的企求而給予較佳的評價，亦有違評鑑專業倫理。因之，強調評鑑人員的專業素養乃爲學校評鑑首要之務。

謝文全（2004）強調評鑑人員要專業化，即擔任評鑑的人應是其評鑑項目方面的專家。然則建立評鑑人員的專業素養有諸多要因，諸如評鑑人員的資格條件、評鑑人員的專業倫理，以及評鑑人員的任務等，皆有待進一步分析及釐清。在評鑑人員的條件方面，可從其專業知識、技能、經驗、心態、資格及培訓等方面探討之。在評鑑人員的專業倫理方面，可從專業倫理的意義及其內涵探析之。此外，在評鑑人員的任務方面，則有待從評鑑前、評鑑中、評鑑後界定及確認之。

第一節 校務評鑑人員的條件

在全球化與國際化浪潮下，提升教育品質，確保教育績效，有賴教育評鑑，而評鑑人員爲其執行者，扮演極重要角色，蔡進雄（2009）指出，評鑑人員素質良窳，攸關評鑑品質。因之，須強調其專業素養。此外，基於確保教育品質，教育當局有必要對學校進行辦學品質之考評，而家長關心教育績效責任，教師亦希望學校辦學機制是健全、有效的，因此，對學校評鑑投入越來越多的關注。綜言之，評鑑可確保專業、優質的教育事業，專業是教育之道，評鑑是專業之徑，而評鑑品質之良窳繫於評鑑人員之專業素養，因之，其重要性乃不言而喻。

評鑑人員的資格條件關係其專業能力、專業精神，以及專業倫理。評鑑能力是一個多維度的現象，包含應用政策知識及產生有用的評鑑發現等兩種能力，評鑑能力是從個別組織／方案，延伸至政策／系統之反省與學習的歷程（曾淑惠，2008a）。專業能力與專業知識、專業技能及專業態度關係密切；專業精神與專業經驗及專業心態有關；而專業倫理則爲評鑑的核心道德，此三者建構評鑑的核心價值。

壹、評鑑專業能力

評鑑專業知能為實施評鑑不可或缺的要素，在於其與評鑑專業倫理為確保評鑑品質之天平。瞿海源指出，建立評鑑專業倫理最重要的是「專業」，沒有評鑑專業能力，而從事評鑑工作，就是最嚴重的違反評鑑倫理的行為（引自曾美惠，2006）。評鑑專業知能為評鑑專業化的特徵之一，一般評鑑專業知能有其核心要素，所謂專業知能即具備完整的評鑑知識體系，包括研究、評鑑理論、溝通協調、決策與管理、資訊處理、特定領域及因應挑戰等七項。Russ-Eft、Bober、Tega、Foxson與Koszalka於2008年彙集當前評鑑專業團體對評鑑人員能力的規範、專書及研究報告對評鑑人員應有能力的陳述，規劃一般評鑑人員應具備的能力包括：(一)專業基礎能力，(二)規劃並設計評鑑的能力，(三)實施評鑑計畫，(四)管理評鑑等四大類十四種能力八十四項績效陳述，四大類所指的十四種能力包括如下：（引自曾淑惠，2008a，頁354）

(一) 專業基礎能力

1. 以書面、口及視覺的形式進行有效溝通。
2. 建立並維護專業的可靠度。
3. 展示有效的人際技巧。
4. 遵守倫理與法令標準。
5. 展示對評鑑政策的認知。

(二) 規劃並設計評鑑的能力

1. 發展有效的評鑑計畫。
2. 發展評鑑的管理計畫。
3. 設計資料蒐集策略以支持評鑑的問題與設計。

4. 對資料蒐集的工具及程序進行預試。

(三) 實施評鑑計畫

1. 蒐集資料。
2. 分析並解釋資料。
3. 傳播並追蹤發現與建議。

(四) 管理評鑑

1. 監督管理計畫。
2. 與關係人一起有效工作。

由上述可知，評鑑人員的專業知能有其核心素養，十四項能力有其周延性，從基本的評鑑專業知識、技能，到評鑑的計畫、執行、管控等無所不包。評鑑有關之政策、概念、歷程、方法、結果應用之專業知識，以及蒐集資料、分析處理解釋資料等專業技術，在在皆爲擔任評鑑人員不可或缺的專業知能。

除上述不分內部或外部評鑑人員均應具備的評鑑知能外，曾淑惠歸納諸多外國文獻提出新世紀評鑑人員的能力，外部評鑑人員需具備：(一)一般研究能力，(二)建構評鑑架構能力，(三)執行評鑑實務能力，(四)專業成長能力，茲羅列如下：（曾淑惠，2008a，頁347-349）

(一) 一般研究能力

1. 瞭解研究程序與研究工具的信度與效度。
2. 瞭解抽樣相關的議題。
3. 瞭解質化與量化資料蒐集的方法。
4. 瞭解質化與量化資料分析的問題與對策。
5. 組織研究問題。
6. 進行文獻分析。
7. 進行研究設計。

8. 設計有效的調查程序與工具。
9. 觀測、蒐集質化與量化的資料及檔案。
10. 管理並維護質化與量化的資料庫。
11. 設計資料程現系統。
12. 將投入、處理及產出的變項相關聯。
13. 解釋資料。
14. 報告研究的結果。

(二) 建構評鑑架構能力

1. 瞭解評鑑與研究的區別。
2. 瞭解評鑑的歷史。
3. 瞭解評鑑的專有名詞。
4. 瞭解評鑑的理論、取向與模式。
5. 瞭解並應用評鑑專業標準。
6. 瞭解歷史文化對評鑑的影響。
7. 瞭解不同評鑑過程與結果的報告策略。
8. 定義評鑑的目的、關係人及所要探究的主要問題。
9. 定義評鑑脈絡中所需的文化能力。
10. 強調評鑑人員在評鑑活動中可能面臨的挑戰。
11. 建立支持性的評鑑環境。
12. 進行情勢分析或需求評估。
13. 應用評鑑理論進行評鑑設計。
14. 編列評鑑的預算以發展評鑑計畫。
15. 取得評鑑需資源。
16. 向評鑑的觀眾傳達評鑑的取向與技能。

(三) 執行評鑑實務能力

1. 瞭解並認同評鑑目的。

2. 瞭解受評主體的脈絡及政策。
3. 瞭解評鑑的規準。
4. 克服受評主體對評鑑的抗拒力。
5. 處理評鑑中跨文化的議題。
6. 瞭解並實踐評鑑倫理。
7. 瞭解並實踐評鑑實用性的促進。
8. 獲取評鑑關係人的知情同意。
9. 管理評鑑計畫。
10. 在評鑑計畫期間抵抗壓力。
11. 提供評論建議與諮商性意見。
12. 主持並控管討論協商、腦力激盪等會議。
13. 進行價值判斷。
14. 進行整個評鑑過程中的溝通與報告。
15. 編輯摘要報告並產生溝通用的報告。
16. 適時完成工作。
17. 解決評鑑中的衝突議題。

(四) 專業成長能力

1. 認知且分享評鑑的成就。
2. 反省修訂評鑑計畫。
3. 評論評鑑的效能。
4. 具有評鑑的人際網絡。
5. 獲取評鑑專業新知能。
6. 對評鑑的基礎知識有所貢獻。
7. 評估方案／評鑑的成本－效用。

由2012年教育部選定34所獲「邁向頂尖大學計畫」及「獎勵大學教學卓越計畫」四年達2億元之大學優先試辦自我評鑑的趨勢觀之，可見大學自我評鑑之重要，在於其爲我國高等教育未來評鑑制度之發展重點。是以，大學建立起自我評鑑的意識、制度及發展相關策略，實爲大學刻不容緩的重大任務（李政翰，2015）。然而大學辦理自我評鑑的先決條件之一，在於其評鑑人員具備評鑑專業能力。再者，沒有專業能力就沒有專業倫理，學者認爲臺灣或許沒有足夠具有評鑑專業的人才，但既然是評鑑的主持人和參與者，就必須學習評鑑專業，特別是主持人及全職工作人員，應更努力學習評鑑專業，而不是自己在建立一套非專業的評鑑程序。評鑑計畫本身應該先具專業，評鑑人員也應受訓建立專業，否則其他評鑑倫理都不重要（曾美惠，2006）。因之，爲推動與實施自我評鑑制度，組織內部評鑑人員需具有適切的評鑑涵養，組織內部評鑑人員需具備的評鑑能力有下列兩方面：(一)評鑑工作小組領導者的能力，以及(二)評鑑工作小組成員的能力，茲列述如下：（曾淑惠，2008a，頁352-353）

(一) 評鑑工作小組領導者的能力

1. 能夠宏觀理解評鑑本質的意義。
2. 能參與組織機構或方案長遠策略規劃。
3. 能選擇評鑑的目標與焦點。
4. 能決定評鑑範圍與內容。
5. 能成立專責評鑑小組。
6. 能遴選合適的評鑑人員。
7. 能界定學校評鑑小組成員任務。
8. 能分配評鑑角色與權責分工。
9. 能建立選用評鑑方法的指引。
10. 能建立溝通及協調機制。
11. 能分享組織機構或方案決策資訊。
12. 能檢討評鑑過程和結果。
13. 能培訓參與評鑑的新進人員。
14. 能進行跨小組整體性的溝通與協商。
15. 能發展或評選合用的資料蒐集工具。

㈡ 評鑑工作小組成員的能力

1. 具有瞭解組織機構或方案歷史及特色的素養。
2. 能瞭解相關政策與法規。
3. 能在評鑑工作小組中和諧的團隊分工。
4. 能在時限內完成評鑑任務。
5. 能以公正誠信的態度執行評鑑任務。
6. 能依需求改變／調整評鑑方向。
7. 能持續增進自身評鑑專業知能。
8. 能尊重不同的評鑑觀點。
9. 能適度調整情緒與壓力。
10. 能進行跨單位間的溝通協調。
11. 能妥善處理評鑑過程中遭遇的困難。
12. 能具備化解衝突的技巧。
13. 能蒐集必要的評鑑資訊。
14. 能分析大量質化與量化資料。
15. 能查驗分析結果的信度與效度。
16. 能撰寫並編輯評鑑要報告。
17. 能依報告研訂改進計畫。
18. 能探究學校或教室本位的議題。
19. 能主動分享所蒐集的資料與探究的發現。

由上述可知，評鑑工作小組領導者的能力包括：理解、參與、選擇、決定、成立、遴選、界定、分配、方法、溝通、分享、檢討、培訓、跨組及發展等有關評鑑議題。而評鑑工作小組成員的能力則包括：瞭解、法規、分工、時限、公正、改變、專業、尊重、調整、跨單位、處理、化解、蒐集、分析、信效度、撰寫、計畫、本位及主動等評鑑議題。組織內部人員需具備的評鑑能力對學校自我評鑑的實施頗爲重要，若組織內部人員對此評鑑能力有適切的認知與瞭解，定能有助於自我評鑑的規劃、推動及實施。

對評鑑人員應具備的能力，國內亦有相關之研究。徐昊杲、饒達欽、黃采婕、張天民（2007）進行高職學校自我評鑑能力之研究，經由文獻探討及與十八位專家訪談後，提出高職學校自我評鑑人員應具備的五大能力，包括：(一)評鑑的認知概念：具有評鑑理論基礎，以及評鑑方法的知識。(二)資料蒐集與分析的能力：資料的控制與取用，以及質化與量化的方法論。(三)組織規劃與運作的能力：管理與設計評鑑的活動。(四)評鑑的專業：專業能力的提升與評鑑道德的養成。(五)評鑑的實務經驗：具備校務評鑑發展與推動的經驗。

此外，黃曙東（2007）探討教育評鑑人員的能力內涵，以層級分析法獲得三大項、七小項及二十九細項的能力指標。再者，徐昊杲、曾淑惠（2008）以高職學校評鑑人員爲研究對象，提出重要的評鑑能力，包括系統化的探究、評鑑技巧，以及評鑑專業等三項主要構面，共有二十七項評鑑能力，並從高職學校評鑑人員扮演不同需求的十種角色（規劃者、促進者、教育訓練者、監督稽核者、調查判斷者、診斷者、諮詢者、調停／仲裁者、倡導闡明者，以及資訊提供者），分析十種角色所應具備的評鑑能力，其中尤以扮演診斷者、諮詢者，以及促進者角色者所重視之評鑑能力較多。

貳、評鑑專業經驗與心態

評鑑人員的評鑑經驗與其專業素養關係密切，評鑑經驗愈豐富，愈能掌握評鑑的脈絡與要義，愈能展現專業對話，能深深體認評鑑乃是專業對話。此外，因能深入瞭解與體認評鑑議題的深層意涵與有關前瞻脈絡，更能提出建設性建議，以及未來發展性的建言。

由上述立論推之，評鑑人員在評鑑條件上須有其經驗上的考量，肇因資淺者受限於評鑑知能及專業領域主客觀因素。初任行政者對行政理念與業務所知有限，非理想的評鑑人員。再者，非具相同經驗者亦非適當人選，以其未具相同經驗，不僅所知囿限，且隔行如隔山，難窺廟堂之奧。反之，雖具相同經驗，但其個人特質殊異者，例如，拘泥於字詞之小文小意，或溝通能力欠佳者，因可能陷於管中窺豹，以偏概全之謬，或詞不達意，所言不能切中肯綮，在在不符評鑑專業素養之適切性。因之，嚴謹言之，未具小學教學經驗者，以不評鑑小學爲佳；未具國中教學經驗者，以不評鑑國中爲佳；未具高中教學經驗者，以不評鑑之爲佳；未具高職教學經驗，亦然；未具大學任教經驗或又未熟稔業界者，亦以不評鑑之爲佳。

再者，評鑑人員的心態亦是評鑑條件之一，不適切的心態，不正確的認知，非理性的意想等皆非得宜。例如，不能體會評鑑是專業分享，專業是服務之道，評鑑是專業服務，咸認擔任評鑑人員是上級指導員，或是威權人士者，甚至別具用心等，皆非合宜之評鑑人員心態。更有甚者，評鑑人員或有角色錯亂行爲之可能。

蔡進雄（2009）認爲，評鑑人員常見的角色錯亂行爲，包括教導訓話者、分享者、社交者，分別闡述如下：

(一) 教導訓話者

評鑑人員在評鑑過程中或最後綜合座談，不宜就個人的感想藉題發揮，對學校缺失向受評學校教師進行精神訓勉。評鑑不是演講或教學，受評對象亦非學生，因此評鑑人員不宜扮演教導訓話者的角色。

(二) 分享者

評鑑人員應避免過度分享，一方面會影響蒐集資料的時間，另一方面受評單位或受評學校之教師不一定願意聆聽，或者不一定認同評鑑人員的分享內容。

(三) 社交者

評鑑人員進行實地訪評時，難免會遇到熟識的師長或朋友，此時評鑑人員應緊記自己的評鑑角色，不宜過度進行社交活動，以免影響評鑑之進行或公平性。

劉維琪（2011）在如何降低評鑑偏誤一文中，提出評鑑委員易犯的心理偏誤，包括如下六項：

1. 過度自信偏誤：對自己專業過度自信，常憑直覺與堅持己見。

2. 代表性偏誤：以偏概全的以單一資料來源就下判斷。

3. 定錨偏誤：過分強調名校標準，忽略學校本質與特色。

4. 可取性偏誤：只依賴評鑑的便利性。

5. 維持現狀偏誤：固執於學門領域的固有發展，強調專業學閥不願變化；

6. 窄化框架偏誤：偏重特定指標，或只重視輸入性指標。

陳善德（2010）就評鑑員人格特質及其人際互動之探討，亦提出評鑑委員過度自信、以偏概全、固執己見、缺乏變化等之心理偏誤。因之，除專業知識外，個人態度與特質亦是評鑑能力的重要面向（林劭仁，2015）。根據國際標準組織文件ISO19011:2002（品質與／或環境管理系統評鑑指導綱要），在評鑑委員資格有關的議題上有如下說明：「評鑑委員須具有適切人格特質並簽署宣告書，以能從事符合評鑑原則的活動」，評鑑委員需具備誠實、正直、客觀、接納、敏銳、謙卑，以及專注等人格特質，而這些人格特質的展現，正是評鑑工作成功的重要因素（曾憲政、陳善德，2008）。

由上可知，評鑑人員心態亦與有效評鑑息息相關。然則何種心態是可欲的，Taulbert提出以下八個習慣：（引自吳如堂，2007，頁67）

(一) 保育性態度（nurturing attitude）

無私的關懷、支持性的及心甘情願地付出。

(二) 責任（responsibility）

工作上的承諾。

(三) 可靠性（dependability）

具有穩定的影響力。

㈣ 友誼（friendship）

能與同事同甘共苦。

㈤ 兄弟關係（brotherhood）

趣味相投者與相左者等同視之。

㈥ 高度期望（high expectation）

相信被評鑑者能成功，並稱讚其成就。

㈦ 勇氣（courage）

支持正確的事，敢表達看法，尤其是面對艱難與缺少支持的情境時。

㈧ 希望（hope）

相信明天會更好。

由上述可知，一定程度的評鑑專業知識與實務經驗，才算得上具基本的評鑑能力（林劭仁，2015）。因之，評鑑人員有其應扮演的角色，評鑑人員有七種應該扮演的角色，包括：資料蒐集者、領域專家者、倫理遵守者、持平批判者、激勵鼓舞者、主動溝通者，以及具體建言者等七種角色，分別逐一闡述如下：（蔡進雄，2009，頁61-62）

一、資料蒐集者

評鑑是透過各種方法，並參酌評鑑指標，蒐集受評者的表現資料，是以評鑑人員應該把握短暫的到校評鑑時間，努力蒐集各種資料。

二、領域專業者

基本上，教育評鑑人員都具有該領域的專長或實務經驗，所以評鑑人員應適時展現該領域的專業，並透過專業的眼光來評鑑受評對象，所謂「外行看熱鬧，內行看門道」即是此意。

三、倫理遵守者

評鑑人員應扮演評鑑倫理的遵守者，確實遵守相關規範，不應該接受不當的饋贈；且應尊重受評對象，盡心盡力蒐集資料並進行適切合理的價值判斷。

四、持平批判者

評鑑人員進行評鑑工作，應扮演持平批判者的角色，對於受評對象能持平提出各種批判質疑，畢竟有些評鑑的目的是爲了改進，評鑑人員有義務依其所見所聞所知，對受評對象提出批判，然而批判並非毫無依據的批評，而是針對現況之不足進行檢視批判。

五、激勵鼓舞者

有些學校或系所可藉由評鑑挖掘出許多平日沒有看見的優點，因此評鑑委員對於表現卓越的單位或人員，亦可適時給予激勵鼓舞，讓卓越表現之受評學校或良好之行爲能繼續保持下去。

六、主動溝通者

在評鑑過程中，評鑑人員對於所蒐集的資料或受評對象所提供的檔案資料有不清楚之處，應該主動與受評對象進行溝通，釐清相關問題。簡言之，評鑑人員應該更爲主動地與受評對象多進行雙向溝通，並傾聽其所陳述的內容。

七、具體建言者

教育評鑑人員應該扮演的重要角色之一是具體建言者，不論是系所或校務評鑑後，總希望評鑑人員能看出受評對象的缺失，進而提出具體建議，因此評鑑人員宜以個人專業之眼光，對受評對象提出具體而有建設性的建言，使受評對象有改進之方向。

綜言之，擔任評鑑人員需具教育的關懷，專業的責任感，理性客觀公正，以及支持鼓勵被評鑑者，評鑑人員的經驗與心態在在關係評鑑品質。擔任評鑑人員在經驗上，以經驗豐富、行政經歷資深、具相同經驗，以及雖未具相同教學經驗但熟稔業界者爲佳。而在評鑑心態上，亦宜站在促進者、輔導者的立場，以教育關懷之情，以專業是教育之道爲出發點，從事專業服務，進行專業分享，達成評鑑是專業之徑的使命。

參、校務評鑑人員的資格

評鑑人員的資格關係評鑑服務品質，與評鑑專業化的企求至關重要。系統的行事有賴標準作業流程（SOP），因之，評鑑人員的資格認定宜有其適當作業流程，評鑑人員的資格應有其明確或基本的規範。

一、評鑑人員資格的一般性規範

評鑑人員的規範可分爲兩方面，一爲一般性規範，另一爲專業化規範。一般性規範雖亦包含評鑑人員素質的要求，但其實際情況如何？評鑑專業知能是否足夠？評鑑專業化的程度如何？均不得而知，因之，此係現階段過渡性的非專業規範。

評鑑人員資格的一般性規範與其學歷、經歷、修課、服務年資及受訓與否有關。例如，國中小評鑑人員資格的基本學歷應具碩士學位以上，資深校長或一般教育人員若無碩士學位，則應具研究所40學分班應修習過教育評鑑相關課程，教學或教育行政年資五年以上（鄭崇趁，2007）；或是參予短期（半天至一天）的培訓活動即具評鑑人員的資格。鄭崇趁在國民中小學校務評鑑指標及實施方式研究中提出校務評鑑委員的規範，認為評鑑委員宜有其基本學歷及相對的多元培育課程，例如，在學者專家方面，在大學課程中具教授「教育評鑑」經驗者，宜參與半天的「某縣市校務評鑑實施方式與評鑑指標」說明會；未有講授評鑑相關課程之學者專家，宜再增加「半天」關於評鑑原理與評鑑倫理之研習。資深績優校長持有碩士學位以上且修過「教育評鑑」課程者需接受一天以上之研究；有碩士學位而無修過評鑑相關課程者，應參加五天以上（36小時以上）之研習。其他如教師會、家長會、體衛專家、訓輔專家、資訊專家、特教專家等之代表，均應任職五年以上，並以碩士為基本學歷，再加上五天（36小時）以上之研習，且通過評量者為之；如僅大學畢業，則應開設三個月左右，10學分的密集培育課程，並通過評量者為之。

以上為外部評鑑人員資格的規範，然而內部評鑑人員的資格則無任何相關文件規定。因之，現階段可著手採行的機制可包括：規劃較長時間（如2-4天）的套裝研習課程，或工作坊作為評鑑人員培訓機制、聘請評鑑相關系所畢業生擔任評鑑事務處理之工作人員、評鑑委員執行評鑑工作應有管考機制以篩除不合格者（曾淑惠，2008a）。

二、評鑑人員資格的專業化規範

評鑑人員專業化是評鑑專業的要件之一，廣義的評鑑人員指接受並為規劃、建構、報告等評鑑工作負責人，包括接受評鑑委託的規劃團隊人員，以及正式進入評鑑現場執行評鑑任務的人員，而狹義的評鑑人員則專指以評鑑工作為職業的人員（曾淑惠，2008a）。本書強調的是廣義評鑑人員中正式進入評鑑現場執行評鑑任務的人員，以及接受評鑑委託的規劃團隊人員。

評鑑人員資格的專業化規範係指從事某專業領域工作時應具備之資格條件或通過的訓練，亦即通過認證之程序，以資格認定、認可、資格檢定、持有證書等認證形式取得專業化資格，贏得大衆對執行專業的信任。例如，爲確保評鑑委員瞭解實地訪談之評鑑實務工作，以及應知道恪守之評鑑倫理，一般大學評鑑的委員須參與「評鑑實務與倫理」、「評鑑報告撰寫」，以及「學生學習成效品質保證機制內涵」等三門課程之專業培訓工作（王保進，2012a）。Worthen指出評鑑人員能力資格認定的方式有三：（引自曾淑惠，2008a，頁326）

(一) 持有證書（credentialing）

是一項個人完成一套特定的評鑑學程及／或現場經驗，並假設完成這些學程或經驗就具備擔任評鑑人員的能力。

(二) 資格檢定（certification）

是一個用以決定個人能力層次的正式程序，通過檢定就代表個人有能力完成良好的評鑑實務。

(三) 持有執照（licensure）

持有執照則是一種允許個人合法地執行評鑑工作的正式許可。

因之，對評鑑人員資格專業化的理想，學者認爲須從愼選評鑑委員及建立評鑑人員的認證入手，故主張教育部應儘速建構「評鑑委員遴選、培訓及發證」制度。此外，也企望教育學術團體拿出道德勇氣，重視評鑑委員的專業素養，有計畫地對其進行監督與批判，充分發揮其影響力，讓不稱職的評鑑委員知難而退或淘汰出局（江文雄，2004）。再者，建立評鑑人才資料庫以實施專業化的評鑑行爲亦刻不容緩（林天佑，2004）。但評鑑人才資料庫應以前述經由持有證書、資格檢定，以及持有執照取得評鑑人員資格者爲佳。

綜上，評鑑人員的專業化資格宜藉由其遴選、培訓及認證著手，培育優質、專業的評鑑人員，確保評鑑人員的專業素養，以提升校務評鑑品質。

三、校務評鑑人員資格認定實例

由上述有關評鑑人員一般性及專業化資格，觀之我國目前校務評鑑委員之認定與遴聘，茲以科技大學校務評鑑爲例，分析說明其評鑑委員產生及培育之情況。科技大學的評鑑委員以多元專長組成，係由產官學界代表組成，另亦因應系所之專業性、學校地緣性等因素加以調整。評鑑委員分爲行政類委員、專業類委員，行政類委員包含綜合校務、教務行政、學務行政，以及行政支援等四組；專業類委員則包含專業類學院及專業類系所委員。評鑑委員之主要職責爲：於訪評前審查受評學校之評鑑相關資料與進行實地訪評、撰寫評鑑報告（包括對受評學校提出建議），以及出席相關會議。茲將各類組評鑑委員遴聘、迴避及保密原則臚列如下：（社團法人台灣評鑑協會，2012，頁14-15，31）

1. 行政類委員遴聘原則

1.1　曾任大專校院校長或現任一般大學校長（技職校院現任校長除外）

1.2　曾任或現任大專校院副校長、教務長、總務長、學務長或研發長

1.3　對高等教育行政具研究或實務經驗之資深教授

1.4　對技職教育熟稔之企業負責人

2. 專業類委員遴聘原則

2.1　符合行政類委員資格者

2.2　曾任或現任大專校院院長或系所主管之教師

2.3　對技職教育熟稔之資深教師

2.4　對技職教育熟稔且於業界工作滿十年以上之高階主管

3. 評鑑委員遴聘共同原則

3.1　具實務與教學經驗

3.2　同意簽署「應聘同意書」

3.3　出席評鑑委員說明會

3.4　全程參與各校實地訪評

3.5 符合評鑑委員迴避原則

4. 評鑑委員迴避原則

4.1 二年七個月起在受評學校擔任專任或兼任授課及職務者

4.2 二年七個月起與受評學校有建教合作或其他服務關係者

4.3 一年七個月起曾擔任受評學校自我評鑑委員者

4.4 最高學歷爲受評學校畢（結）業

4.5 接受受評學校頒贈之榮譽學位

4.6 配偶或二親等爲受評學校之教職員或在學生

4.7 擔任受評學校有給或無給職之任何職務，例如董事會成員

4.8 與受評學校有任何形式之商業利益往來者

5. 保密原則

評鑑委員於實地評鑑當日僅給予建議成績，勿告知學校各校評鑑結果與資料，於教育部正式定案與公布前，委員務必遵守保密原則，亦不應在受評學校或其他場合中公開或予以批評。

評鑑委員除經上述遴聘及迴避原則確認外，評鑑行政團隊將之建立評鑑委員資料檔案，並送請教育部核定後聘爲評鑑委員。然爲確保評鑑委員之評鑑品質，校務評鑑主辦單位於實地訪評實施前辦理許多有關會議，茲以科技大學評鑑爲例分別說明如下：（社團法人台灣評鑑協會，2012，頁16）

㈠ 舉辦評鑑委員說明會

依據教育部規定，評鑑委員皆需參與評鑑委員行前會議，始能前往學校評鑑。舉辦評鑑委員說明會之主要目的，期使評鑑委員瞭解「科技大學評鑑計畫」整體實施方案、評鑑項目、評鑑指標、評鑑作業、評鑑報告、評鑑技巧與訪評注意事項等，藉以建立評鑑委員之共識及確保評鑑委員評鑑標準之一致性。

爲凝聚委員評鑑共識召開評鑑委員說明會，評鑑委員說明會之議題

爲：「技職教育評鑑之理念與作法」，其說明之重點如下：

1. 科技大學評鑑基本概念及重點。
2. 科技大學評鑑計畫之說明。
3. 科技大學評鑑原則說明。
4. 評鑑重點及原則。

此外，爲確保不同專業背景之委員對於評鑑準則均能具備一致性的認知，並期兼顧委員之基本屬性及其差異，社團法人台灣評鑑協會特規劃評鑑委員研習系列課程，以利委員能透過循序漸進的研習課程，對技專校院評鑑計畫內容有較爲深入的瞭解，並對評鑑準則能有完整且一致的概念。爲確保評鑑品質，技專校院評鑑所遴聘之評鑑委員至少皆須參與二至三堂研習課程，例如【評鑑報告撰寫研習】及【評鑑倫理實務探討】，會中除討論技專校院運作與常見問題、評鑑報告撰寫須注意事項及評鑑倫理外，更擬藉由實際範例分享討論，凝聚評鑑委員共識。

【評鑑報告撰寫研習】之主題包括下列重點：

1. 技專校院運作與常見問題說明。
2. 評鑑報告撰寫注意事項。
3. 評鑑報告範例分享。

【評鑑倫理實務探討】之主題包括下列重點：

1. 評鑑個案範例分享。
2. 評鑑倫理實務面面觀。

(二) 舉辦召集委員策略共識會議

校務評鑑主辦單位舉辦行政類、專業類學院、系所之召集委員會議，除再次說明計畫執行評鑑流程之重點與其他相關注意事項外，並期藉由召集委員策略共識會議，凝聚學年度科技大學綜合評鑑計畫之類組評鑑共識，並請召集人代爲宣達。

㈢ 舉辦分組召集委員共識會議

由召集委員透過會議向類組分組召集委員及評鑑委員，宣達注意事項和該專業類組評鑑重點，以利評鑑作業更為周延。

㈣ 舉辦各類組內委員共識及分工會議

在實地評鑑前，分別召開行政類、專業類學院、系所之分組會議，藉此凝聚小組共識並強化本次評鑑重點。

再者，教育部要求評鑑委員撰寫評鑑報告應注意事項如下：（社團法人台灣評鑑協會，2012，頁44-45）

1. 請評鑑委員於實地評鑑前，務必詳閱各受評學校之評鑑資料表、基本資料表、統計分析表及問卷調查彙整資料（教師、行政人員、學生之問卷調查）。

2. 專業類系所評鑑意見表、專業類學院評鑑意見表、行政類四組評鑑意見表之設計係以其個別之評鑑項目為主，每一評鑑項目均需填寫「特色及優點」及「建議事項」。

3. 專業類系所、專業類學院及行政類四組均設有評分欄，請評鑑委員分別就受評單位所提供之評鑑資料表、基本資料表、統計分析表、問卷調查彙整資料及實地訪評結果等評鑑資料綜合考量，給予各受評單位建議及分數。

4. 請傾聽及尊重受評學校相關人員之說明，請勿當場指責其作法及其說明內容之合適性。

5. 評鑑書面報告日後將呈送教育部並上網公告，亦將寄送至各受評學校，故請評鑑委員書寫評鑑報告時務必確實詳盡，提出建議務必慎重及選擇用語。請儘量以「宜」代替「應該」，請依事實，客觀呈現結果。

6. 請評鑑委員針對評鑑意見表內容，再次斟酌是否充分反應所得分數等第之差異，並分項書寫各受評類組之「特色及優點」與「建議事項」，明確區分出正面或負面之建議，分條敘述，陳述事項務必具體描述事實，避免使用形容詞或模稜兩可、語意不清的字句。

7. 撰寫評鑑意見表時宜注意名詞使用之一致性，所書寫之「特色及優點」與「建議事項」除可明確區分出正面或負面之意見外，請分條敘述，其條列數並宜與評鑑等第相配合。

8. 請各組評鑑委員統一使用評鑑行政團隊所提供格式撰寫評鑑報告，並務請於當日完成繳交。

9. 請各類組召集委員留意各分組評鑑委員是否寬嚴標準不一，或是否有等第過於集中或偏高的情形，以維持評鑑標準之一致性；若有等第過於集中或偏高，請務必將實際情形陳述於書面報告中。

10. 實地訪評時請就所發現之現象，依評鑑標準，給予價值判斷，請勿在與受評學校溝通或晤談或其他場合給予批評，評鑑不在於挑錯與批評，旨在瞭解現象，請避免使用刺激性語句。

11. 「特色及優點」與「建議事項」，請評鑑委員依評鑑資料表、基本資料表、統計分析表、問卷調查彙整資料及實地訪評結果等綜合考量後決定，評鑑過程中請考慮受評學校之成立條件、時間與各項背景，而非僅為表徵資料之考評。

12. 評鑑報告內容若須引用學校所提供之更正或補充數據時，請務必再次與學校主管確認數據之正確性，並請學校循正式程序進行資料更正，經學校同意與評鑑委員確認後，辦理單位將攜回一份備查。

13. 請依評鑑標準多鼓勵及肯定受評學校對於高等技職教育之貢獻。

14. 請評鑑委員務必於實地訪評當日完成評鑑意見表之填寫。

此外，在實地訪評後，為確認評鑑報告之內容及評鑑等第，召開分組評鑑報告檢討會議，進一步審慎確認有關之評鑑結果，檢討可能欠具體之評鑑報告，而以較具體之意見陳述之，茲列舉如表7-1所示。

表7-1 評鑑報告撰寫舉例說明

評鑑報告	欠具體意見	較具體意見
系務發展	系所教學目標過於廣泛，不易集中資源形成特色。	系所教育目標過於廣泛，宜更為明確把握核心重點，以展現特色。
師　　資	聘任教師宜考慮其專長，符合系所之未來發展。	專任教師專長大部分集中於○○及○○領域，宜配合系所發展目標，延攬相關專長並具實務經驗之師資。
教學品保	教學宜強化實務經驗與理論的結合。	宜增加與產業實務結合之○○類專業課程，以增進學生實務能力
研　　究	宜加強產學合作。	宜加強與地區產業及地方政府之合作，將合作研發成果申請專利進行技轉或授權。
課　　程	課程規劃宜諮詢業界與學界專家之建議，使能符合社會需求。	課程規劃在行銷、策略管理、財管、資訊運用及管理、供應鏈管理及 Logistics 等領域方面，其專業性、深度及實務方面均尚有加強空間，建議在課程規劃時宜延聘相關領域之資深教師或具相當實務經驗之專業人士參與，宜使課程更能符合社會需求。
圖儀設備	宜適度編列設備維護費。	各項儀器設備之維護與保養缺乏專人負責，宜建立較完善的管理制度，適度編列設備維護費用。

由上述可知，科技大學評鑑的評鑑人員資格之確認頗爲嚴謹，其資格之要求不僅訂有遴聘原則（分行政類及專業類委員）、遴聘共同原則、迴避原則、保密原則，此外，並辦理多項有關會議，諸如評鑑委員說明會、召集委員策略共識會議、分組召集委員共識會議、各類組內委員共識及分工會議，以及實地訪評後評鑑報告確認會議等。由此可見其對評鑑人員專業素質之要求頗高，可謂已超越評鑑人員一般性規範，達到專業化規範之持有證書（credentialing）專業水準，值得作爲其他各級各類學校評鑑委員資格確認及提升專業素質之參考。

肆、校務評鑑人員的培訓

校務評鑑人員的培訓有其必要性，在於評鑑委員的素質是優質評鑑的重要關鍵，而嚴謹的評鑑專業素養之培訓，更是建立評鑑委員素質的重要基礎，唯有重視評鑑人才的培訓，才能確保評鑑的效能，進而達到評鑑所標榜的改進目的，讓整體教育品質獲得眞正的提升（曾憲政、陳善德，2008）。Cruickshank與Haefele指出，任何評鑑系統應要求評鑑者接受訓練，如此評鑑才能客觀，且不論評鑑人員爲誰，評鑑的結果才會類似（引自吳和堂，2007）。可見爲了學校評鑑結果的客觀性和普效性，評鑑人員須接受有關培訓活動。此外，富有高技能且受過訓練的評鑑人員爲評鑑發展成一門專業的特徵之一（曾淑惠，2008a）。

評鑑委員之專業度是專業素養的核心議題，宜特別重視之。目前評鑑專責單位所遴聘之評鑑委員依評鑑類型約略可分三類：(一)對於高等教育行政具研究或實務經驗之資深教授；(二)熟稔某專業領域或大學事務之業界代表；(三)專精某專業領域之學者專家。雖則上述委員對大學行政或專業領域之教學事務有豐厚的經驗及學養，惟評鑑係高度專業化的工作，舉凡資料多元的蒐集及檢證、觀察與晤談技巧、評鑑報告撰寫的邏輯及組織等，都需加以培訓始能具備合宜適切之評鑑能力，因此，評鑑委員之評鑑知能須加以充實，完整培訓制度也亟待建立（李政翰，2015）。

專業訓練爲判斷評鑑是否成爲一門專業的參考標準之一，透過持續的專業訓練，爲獲取專業知能連鎖相應的過程。Trevison分析美國實施評鑑訓練的現況，指出當前評鑑的訓練途徑包括大學本位的單一課程計畫、專業評鑑協會的工作坊、特定訓練機構的評鑑課程，而有效的評鑑訓練方式則包括講師授課、模擬、角色扮演、實習經驗等，茲分別探析如下：（引自曾淑惠，2008a，頁355-356）

一、評鑑訓練途徑的主要類型

評鑑人員的培訓與其評鑑能力息息相關，藉由評鑑專業訓練可提升評鑑人員之評鑑能力。然而評鑑訓練途徑的主要類型及訓練方法為何？有必要探討分析之。Engle指出評鑑人員的培訓是一個持續的過程，當前評鑑人員的培訓管道有：大學、學院、政府代理商，以及專業組織，政府代理商指的是從事評鑑訓練的私人機構。Conner在歸納美國評鑑訓練課程的概況後指出，評鑑訓練途徑有三種主要類型：(一)大學本位的學程與課程（university-based program and course）；(二)協會本位的工作坊或會議（association-based workshops and session）；以及(三)特定訓練機構中的評鑑訓練（evaluation training in special training institute）。

(一) 大學本位的學程與課程

許多大學或學院有單一的評鑑課程，也有些是由一套評鑑相關課程組成的評鑑學程，但以評鑑學程為主修領域卻相對罕見。此類雖屬最普遍的評鑑訓練途徑，但卻有其限制，在於其不論是課程或學程，都存有缺乏資格認定或認可過程的問題，亦無外部組織或代理商可取用這些學程與課程的資訊，因此，無從綜合性地描繪大學本位訓練課程的圖像。

(二) 協會本位的工作坊或會議

協會本位的工作坊或會議的評鑑訓練是在評鑑專業協會的年會中有半天到一天的工作坊或會議，此類型評鑑訓練之焦點有其不同目的、先進且特定的主題。其優點在於成本低、期間短、且焦點特定，可增進參與者知識、技能或興趣，但由於此類評鑑目的之意旨不在於培訓評鑑人員，因此，無特定參考標準檢驗其訓練之成效。

(三) 特定訓練機構中的評鑑訓練

此類評鑑訓練通常由評鑑人員經營的訓練機構，辦理一、二週或數天的課程，從導論課程到先進評鑑議題都列為訓練內容。這類機構辦理評鑑訓練的優點在於仔細評估訓練課程，能持續地檢視評鑑的專業、關切國內及國際間所感興趣的評鑑議題，其限制為對某些評鑑主題而言，訓練時間較短且相對費用較高。

二、評鑑訓練的方法

評鑑訓練的有效性，有賴評鑑訓練的方法，有效評鑑訓練的方法包括：(一)模擬，(二)簡單的課程計畫，(三)角色扮演，(四)實習經驗，(五)其他常用的教學方法等，茲分述探討如下：（曾淑惠，2008a，頁356-357）

(一) 模擬

Jones指出，模擬需要對劇本或個案加以描述，且要有一套可指引學生參與在情境中的規則。實施此方法是將學生加以分組，並使學習者依據出題者描述的情境發展一個評鑑計畫，以符合假設性的規範，Trevisan如是說，他指出其優點為符合成本效益且可提供多種型態的經驗，缺點則是難以傳達個案中的全部脈絡，且所面臨的模擬並非真實情境，許多非預期的經驗有時會在真實情境中發生，但在模擬時卻不會。

(二) 簡單的課程計畫

Morris指出簡單評鑑課程計畫的樣態，有些是在一學期的課程中，學生獲得參與評鑑的建構與報告團隊之許可；有些是在課堂上發展方法論，例如統計應用、抽樣、信效度及其他與探究相關的主題；有些則強調評鑑理論，以評鑑經驗與理論相結合，或以評鑑理論架構發展實務。Trevisan則認為此種方法是使學生先學習方案評鑑的基本原理，然後再藉由短期計畫應用這些習得的評鑑知識。

㈢ 角色扮演

角色扮演需先界定評鑑的問題，發展一個劇本或個案讓學習者參與其中。學習者參與在眞實或假定的評鑑情境中，觀察每位參與者的行動與意見，用來瞭解參與者在面臨評鑑情境時的價値觀、態度及技能。角色扮演與模擬最大的區別是，前者經歷的情境是動態的，來自於扮演者的想像，而後者的情境則大部分爲結構化的。

㈣ 實習經驗

學習者習得評鑑的理論與方法論後，如何應用所學與實務結合頗爲重要。實習經驗是將學習者安置在評鑑現場，負責某一部分的任務，直接與當事人接觸，從現場的人際關係中獲取合作及實踐的經驗。

㈤ 其他常用的教學方法

除上述四種評鑑訓練的方法外，Preskill指出，評鑑訓練的歷程中，常採用的方法尚包括：分組工作、大團體討論、腦力激盪、辯論、說故事、視覺展現，以及以問卷自我評估等方式。然而正式評鑑訓練並非唯一培訓評鑑能力的途徑，顧問指導、合作、電腦系統連線作業，以及同事間的合作皆是有用的策略，建立一個評論性社群，使參與人員看見其他人員在做什麼，可以讓彼此互相學習（曾淑惠，2008a）。

三、評鑑人員培訓的現況

由於評鑑結果涉及專業判斷，因之評鑑委員素質顯得格外重要，具有高素質的評鑑委員，才能成爲一位「有效能評鑑委員」，也才會有高品質的評鑑效果。因此，如何落實評鑑委員培訓工作，提升其素質，乃成爲評鑑工作重要的一環（吳清山，2010）。評鑑人員的專業與適切性關係評鑑品質頗鉅，因之，如何提升評鑑人員的專業素養乃爲不可或缺之要務。然而在外部評鑑人員方面，雖然仍少有評鑑人員認證機制，資格認定的議題至今仍在熱烈討論中，並未獲得共識，但現階段可採用的機制爲發展以培訓爲基礎的認證制度，已成爲推動評鑑人員認證機制較爲可行的途徑（曾淑惠，2011）。

國內歷年來大學評鑑工作的實施，都會辦理評鑑委員講習，但受到委員時間不易調配，以及委員對講習工作重視程度不一，通常只舉行半天講習而已，這種短時間的講習，的確不易有效提升委員的素質。爲了讓委員眞正瞭解自己擔任評鑑的角色和任務，宜要求委員接受嚴謹的培訓課程，而非蜻蜓點水式或走馬看花式的講習方式，應規劃系統性、整體性及全面性的研習課程，讓委員能夠深入瞭解，同時也有模擬實作的機會，委員間並能進行分組討論和對話。此外，委員培訓應力求嚴謹，包括培訓課程設計、敦聘講座、委員參與、培訓成果評估等方面，都須做好品管工作。唯有如此，才能有效提升委員素質，以及確保整個評鑑的品質（吳清山，2010）。

以大學評鑑爲例，評鑑委員培訓課程的規劃，有下列原則：第一是需求性原則：進行委員對研習課程的需求調查和評估，設計符合委員需求之課程。第二是多元性原則：研習課程具有多樣化，有靜態的課程，也有動態的課程，也有實作和討論的課程，較易激起參與研習者的興趣。第三是實用性原則：研習課程不能有過多理論的講授，而是研習之後，確實能夠用在實地訪評工作，而且對訪評工作有幫助（吳清山，2010）。

評鑑委員培訓研習是落實評鑑委員專業化的重要前導機制之一，因此，高等教育評鑑中心爲確保所有評鑑委員皆具備評鑑專業知能，希冀評鑑委員透過必選修課程之研習，獲得評鑑專業重要概念與個案討論心得，進一步融入實地訪評過程中，並透過不定期的自我省思，以提升評鑑委員之評鑑專業能力（李佩如，2011）。

以大學第二週期系所評鑑爲例，高等教育評鑑中心規劃評鑑委員培訓之必修課程包括：「評鑑倫理與實務」、「評鑑報告撰寫」，以及「學生學習成效評估機制」設計爲必修課程，以強化評鑑委員對學生學習成效評估機制核心理念之認知。另外，選修課程方面係針對評鑑委員應具備評鑑基本素養課程之規劃。選修課程開設有「教育產業全球化」、「評鑑與教育品質保證」、「評鑑與法律」、「評鑑對高等教育的影響」，以及「學生學習成效評量」等，提供評鑑委員瞭解近年來國內外高等教育評鑑之新知與趨勢，並奠定評鑑委員除專業領域知能外之高等教育評鑑相關概念，逐步擴展未來大學評鑑國際化時評鑑委員須因應之國際視野，有效引導大學系所朝願景與目標邁進。評鑑委員於修習滿三門必修與一門選修課程後，將優先聘任爲評鑑中心辦理評鑑之評鑑委員，未來並進一步將此名單公布於評鑑中心網站，以供大學校院系所邀請自我評鑑委員參考（李珮如，2011）。此外，評鑑機構所提供之培訓課程，須能同時包含專業技能（hard skill），如課程知識、大學管理知識、系所知識、評鑑技巧等，以及軟技能（soft skill），如抗壓性、勇氣、彈性、機動、同理心及對品質改善的熱忱等（侯永琪，2010）。

另以科技大學評鑑計畫爲例，台灣評鑑協會對評鑑委員開設的培訓課程共有四門，包括：(一)「科技大學評鑑計畫委員說明會」，主要讓委員瞭解：1.科技大學評鑑基本概念及重點；2.科技大學評鑑計畫之說明；3.科技大學評鑑原則說明；4.評鑑重點及原則；5.訪談注意事項。其次爲(二)「科技大學之評鑑計畫說明」，讓委員瞭解此次計畫之：1.評鑑對象，2.評鑑指標，3.評鑑重點，4.評鑑注意事項，5.評鑑等第、公告作業，6.行政作業。再次爲(三)「評鑑報告撰寫實務」，在於讓委員瞭解：1.學校繳交評鑑資料內容；2.評鑑報告撰寫原則說明；3.評鑑報告撰寫實務。最後爲(四)「評鑑倫理實務面面觀」，旨在讓委員瞭解：1.評鑑倫理；2.倫理與評鑑的關連性；3.評鑑委員任務與職責，目的在協助評鑑委員適切的扮演其角色，以合乎評鑑專業倫理之企求（社團法人台灣評鑑協會，2012）。

再以第三期程高級中等學校評鑑計畫爲例（包括普通型、綜合型、單科型及技術型），國立高雄師範大學對評鑑委員開設的培訓課程共有四門，包括：(一)「行前研習－高級中等學校評鑑之運作」，主要讓委員瞭解：1.近期高級中等學校評鑑沿革；2.評鑑組織；3.辦理方式：學校自我評鑑、主管教育行政機關訪視評鑑；4.評鑑結果之處理；5.評鑑結果之應用。其次爲(二)「高級中等學校評鑑指標之檢核重點」，讓委員瞭解此次計畫之各項目指標檢核參考重點，以利評鑑委員訪視評鑑之進行。再次爲(三)「高級中等學校評鑑之理念政策與倫理」，在於讓委員瞭解：1.高級中等學校評鑑之理念政策；2.評鑑的相關法規釋析；3.高級中等學校評鑑對象及指標項目；4.評鑑人員的專業倫理規範；5.評鑑實地訪評過程中其他有關的倫理通則。最後爲(四)「高級中等學校評鑑之實務與報告撰寫」，旨在讓委員瞭解：1.評鑑委員之主要任務；2.評鑑委員注意事項；3.資料判讀與訪談；4.評鑑項目統整表撰寫要領；5.評鑑項目統整表書寫常見問題；6.被申復、申訴案例（國立高雄師範大學，2015）。

然而，一步到位的評鑑委員培訓不可能，但爲持續推動評鑑委員專業制度，精進評鑑品質，階段性的作法有其必要：（池俊吉，2010，頁22）

(一) 短期目標是確保評鑑委員的素質，沒有參加評鑑委員研習會的評鑑委員（包括實施計畫說明與評鑑報告撰寫課程），一律不能擔任實地訪評評鑑委員。此外，爲提升實地訪評召集人的評鑑專業，瞭解其所應扮演的角色，亦在97年度下半年起推行實地訪評召集人研習與培訓。

(二) 中期目標則是培育國內高等教育評鑑人才，以繼續教育的方式，對國內有意擔任或已擔任評鑑委員的學者專家，進行持續性的培訓工作。

(三) 長期目標爲希冀取得評鑑研習證書的評鑑委員人數達到一定數量後，建置高等教育評鑑人才資料庫，除可有效遴聘、培訓及考核評鑑委員外，亦藉由系統化的研習與考核機制，提升評鑑委員專業素養，除提供評鑑中心評鑑任務之用，亦可供給其他專業評鑑機構或大學自評之所需。

階段性培訓評鑑委員似乎是可行的作法，然其培訓規劃宜考量培訓效益。高等教育評鑑中對評鑑委員的培訓，爲符合評鑑委員的特質，並應用學門專業激發評鑑專業，以獲取最佳培訓成果，其規劃特色有以下三個面向：（池俊吉，2010，頁23-24）。

(一) 研習者導向

依據美國緬因州國家訓練實驗室（National Training Laboratories）發展出來的學習金字塔顯示，以講授方式進行教學，參與研習者兩週後僅保留

5%的學習成果；若改採討論及做中學，學習成果的保留率則可高達50%到75%。因此，評鑑中心的評鑑委員研習宜設計採取以研習者為主、講師為輔的研習方式。

(二) 案例實作導向

案例實作除了可加深學習印象外，評鑑中心所提供的案例，皆是以第一輪系所評鑑實地訪評過程前、中、後期所發生的眞實案例改編，以讓研習者有如置身評鑑現場，進行實務的模擬練習。

(三) 共識凝聚導向

評鑑中心的評鑑委員研習規劃，希求經由數千位研習者從訪評經驗與專業素養相互激盪所產生的共識中，找出各項評鑑專業的最佳實務方案，提供下一輪評鑑的改進參據。因此，研習將採用共識凝聚方式，而非給予制式化的標準答案。

四、評鑑人員培訓的改進

嚴謹的培訓課程，確保有效提升評鑑委員的素質。根據國際標準組織文件ISO19011：2002（品質與／或環境管理系統評鑑指導綱要），在評鑑委員資格有關的議題上有如下說明：（引自曾憲政、陳善德，2008，頁43）

「評鑑委員須參與40小時以上的評鑑專業訓練」；

「欲申請成為合格評鑑委員者，須在合格評鑑小組組長帶領與引導下，完成四次以上完整的評鑑，且不得少於二十天的評鑑天數。上述評鑑經驗應在最近連續三年內完成」；

「欲申請成為評鑑小組組長的評鑑委員，須在合格評鑑小組組長帶領與引導下，完成三次完整評鑑且不得少於十五天的評鑑天數。上述評鑑經驗應在最近連續二年內完成」；

「評鑑委員須具有適切人格特質並簽署宣告書，以能從事符合評鑑原則的活動」；

「評鑑委員須具備基礎的品質經營知識」。

由上可知，國際標準組織對評鑑委員資格的要求非常嚴謹，評鑑委員除熟悉系統性的品質經營知識外，尚需接受五天以上的評鑑專業培訓（含檢測），以及爲期不短的評鑑經驗累積，最後更須經過專業考核，才能擔任正式的評鑑工作。因之，國內對評鑑委員的培訓宜(一)揚棄技術性細節，以系統性原則避免主觀。(二)延長評鑑委員培訓時間，回歸專業認證。(三)從共識營漸進起步，強化評鑑委員培訓課程（曾憲政、陳善德，2008，頁42-44）。

(一) 揚棄技術性細節，以系統性原則避免主觀

評鑑委員若拘泥於主觀的技術性細節，就會產生因人而異的評鑑結果。因教育的技術性細節，其內涵是多元、可變，且是持續不斷更新的。對不同團體或個人而言，這些技術性細節永遠存在著分歧、莫衷一是的認定差異。這種差異認定現象的存在，並非評鑑委員或任一單位須負責的，因基本上它是一種結構性的困難，很難用單一的方法克服。若採用「系統性原則」爲基礎，把評鑑重點擺在技術性細節議題背後的不變性、通則性及可辯證性的「系統性原則」，就較可避免主觀性判斷的缺失，這將是評鑑走向客觀的必然作爲。

(二) 延長評鑑委員培訓時間，回歸專業認證

相較於國際標準組織的要求，國內對評鑑委員資格的要求顯得薄弱。因爲一般評鑑委員的培訓，評鑑委員僅參與爲時半天的評鑑作業說明會，其內容包括：說明評鑑實施計畫、目的、精神等，以及評鑑報告書的撰寫方法與注意事項等。這樣的培訓不足以讓評鑑委員對評鑑指標、參考效標形成共識，更談不上評鑑實務相關技巧或人格特質的適切展現了。

此外，校務評鑑實施以來，在以評鑑促進校務改進的目標與精神上，已普遍獲得認同，而整個評鑑過程中幾個比較讓人挑戰的問題，除了評鑑的時

程是否過短、量化指標與質性主觀的對話如何平衡之外，就是對於評鑑委員的評鑑專業不信任的問題，擔心不同類的委員標準不同，會影響評鑑結果，或是同類型的委員有同行競爭的心態。儘管有以委員分類取代分類評鑑的構想，但無論如何的因應，還是須回歸評鑑專業，所有評鑑委員都須接受專業培訓後給予認證，才能成為適任、優質的評鑑委員。

㈢ 從共識營漸進起步，強化評鑑委員培訓課程

評鑑委員培訓課程宜採系統評鑑的觀念，評鑑委員除須具有專業學識背景外，還須接受四天的專業培訓與檢測，其課程除評鑑指標、參考效標的說明與討論外，尚須包括評鑑查核、評鑑訪談的技巧與模擬演練，以求判定標準的客觀性與一致性。大學系所評鑑的委員，若要接受四天的培訓，雖然困難度一定更高，但這卻是不得不思考的改進方向。其改進作法為，方法上可循序漸進，但方向上應是迫切、勢在必行的。可先從各領域的評鑑委員從兩天左右的共識營開始，就相關的指標、參考效標與觀念進行討論，形成共識，才不至於各說各話，讓被受評的系所無所適從。

五、小結

校務評鑑人員的培訓非常重要，現階段我國對校務評鑑委員的培訓僅屬於階段性短期目標以培訓為基礎的認證制度；中期目標以繼續教育的培訓方式，則有待加強；而長期目標的評鑑認證機制則有待努力，宜展開對話與討論，尋求共識，以建立專業嚴謹的評鑑認證機制，確保評鑑品質。然而不論何種階段的培訓，皆應有系統性、整體性及全面性的規劃，為做好品管工作，宜考量其培訓效益。首先，宜採取研習導向的設計，以研習者為主、講師為輔的研習方式。其次，宜以案例實作導向進行實務模擬練習，讓研習者模擬評鑑現場進行模擬實作。再者，宜採取對話、討論及分享方式，以研習者訪評經驗與專業激盪出共識凝聚導向的方式進行研討。

伍、校務評鑑人員培訓的實例

我國校務評鑑人員的培訓尚無嚴謹的制度，宜師法國外評鑑委員培訓方式妥愼規劃課程，作爲校務評鑑人員培訓的他山之石。（吳清山，2010，頁11-13）

在歐美國家，評鑑委員培訓一直是評鑑過程必備工作之一，例如，美國西部學校學院協會高等教育認可委員會（Accrediting Commission for Senior Colleges and Universities, Western Association of Schools and Colleges, WASC）進行大學之實地訪評時，會先組成一訪評小組負責未來訪評工作。

爲了使評鑑委員在進行認可訪評時，能夠確實扮演評鑑委員的角色，WASC每年都會在實地訪評前舉辦兩次研習會，秋季進行的實地訪評研習會在5月舉行，春季者則在11月舉行。WASC要求當年度所有參與訪評的委員，包含小組召集人、副召集人、評鑑委員等，都會受邀參加全天的訓練會。無法參加訓練會者，WASC要求其應參加時長兩個小時的網路研討會（webinar）。而副召集人則須另外參加時長一小時的網路研討會，以瞭解其自身特殊的角色與任務。

研習會之實施內容，乃是針對評鑑委員在進行實地訪評之各項工作時，應抱持的方法與原則，分別說明如下：

㈠ 檢視 2008 年《大學評鑑指標與標準》以及大學評鑑流程之修訂版

WASC於2008年修訂了《大學評鑑指標與標準》與評鑑流程，並自2009年起開始實施，所有受評的大學都必須採用新修訂的大學評鑑指標，依據「資格預備評鑑」（Capacity and Preparatory Review, CPR）之內容來準備評鑑工作，而系所依據的則是「教育效能評鑑」（Educational Effectiveness Review, EER），評鑑委員必須瞭解CPR與EER之內容，並依據此進行訪評工作。

(二) 對於 CPR 與 EER 之理解

大學在準備評鑑作業、評鑑委員進行實地訪評工作時，必須充分瞭解到，CPR與EER兩者內涵並不相同，即「兩種角度、兩種評鑑」（Two Lenses on Two Reviews）。

(三) 實地訪評時程安排之範例

過去實地訪評的安排較爲緊湊，WASC重新進行了修訂，鼓勵評鑑委員在實地訪評的前一天下午，事先在飯店進行工作會議，以便當日有更多時間進行其他工作。

(四) 進行系所評鑑之「教育效能評鑑」建議方式

教育效能評鑑訪評小組進行的是系所評鑑，此評鑑與大學評鑑及《大學評鑑指標與標準》並不相同，其著重於學生學習成果的評估，以及系所經費、資源運用的效能。藉由檢視系所評鑑的範例，WASC協助評鑑小組能以系統化的方法，進行系所評鑑與實地訪評。

(五) 大學自我評鑑報告之撰寫要求

WASC對於大學自我評鑑報告之格式有所更動，大學必須根據新的格式準備檔案與報告。

(六)「教育效能架構」之運用

不論訪評小組進行大學評鑑實施的「資格預備評鑑」訪評工作，或是「教育效能評鑑」訪評工作，訪評小組均可採用「教育效能架構」進行訪評工作。

(七) 評量指標

WASC目前提供評鑑委員五大指標面向，做爲進行大學運作與學生學習之品質與效能評估的準則。WASC於2008-2009年的評鑑工作新增了「教育指標面向」，並在2010年進行修訂。

「教育指標面向」包含了評估教育效能的五大指標，每個指標面向下都包含不同的細項，而各細項各有「初期雛形、發展中階段、已發展階段、成熟階段」之四大等級（initial, emerging, developed, and highly developed）定義，提供給評鑑委員撰寫報告時，可用於描述大學的教育效能發展等級。指標面向下包含的內容可能就是評鑑委員進行實地訪評時會詢問受評單位的問題，或是欲擷取的資訊。

(八) 訪評報告撰寫格式

WASC鼓勵訪評小組，尤其是副召集人，直接以WASC提供的格式以電子檔方式撰寫，以節省時間，並且可避免資訊的遺漏。

此外，訪評報告的撰寫是評鑑過程中十分重要的部分，因此WASC在此部分提出評鑑報告撰寫原則，有效能的訪評報告撰寫原則有下列四項：

1. 訪評小組提出的判斷都必須基於評鑑標準與《大學評鑑指標與標準》中列出的指標內容進行。
2. 訪評報告必須引用《大學評鑑指標與標準》。
3. 訪評小組做出的評鑑結果決定必須根據《大學評鑑指標與標準》。
4. 《大學評鑑指標與標準》乃未來受評單位進行品質改進的準則。

而如何完成有效能的訪評報告，WASC則有下列原則：

1. 訪評報告針對大學的資格內容與教育效能進行徹底的評估。
2. 以事證為基礎。
3. 小組對評鑑結果的決定，建立在堅實的基礎之上。
4. 指出受評大學中應特別注意的重要部分。

由上述可知，WASC這套委員培訓課程，屬於較為完整、實用且有系統的制度，而且還增加副召集人的角色及任務，值得國內參考。

第二節 校務評鑑人員的專業倫理

專業倫理是各專業領域的核心價值，對教育評鑑而言，屬精神層次，是評鑑的道德規範。校務評鑑的實施與執行，評鑑人員皆需特別注意評鑑的倫理。我國教育評鑑專業倫理尚無制度化的發展，故諸多學者呼籲研訂教育評鑑專業倫理，以作為評鑑實務的專業規範（吳清山、林天祐，2004；林進材，2008；曾淑惠，2008a；鄭崇趁，2007），茲將其意義與內涵析論如后。

壹、評鑑人員的專業倫理

評鑑專業倫理極其重要，在於評鑑人員的專業倫理將影響評鑑結果的信服度與客觀性，評鑑倫理規範若無法建立，將使評鑑人員對事物的價值判斷產生偏差，評鑑結果的專業性亦無法獲得大眾認同（高等教育評鑑中心，2006a）。此外，評鑑工作係從事一項專業判斷，為確保評鑑品質，除有賴設計良好的評鑑指標和機制外，更重要的是評鑑委員的專業知能和專業倫理，它是確保評鑑公信力關鍵所在（吳清山，2006）。再者，評鑑是一門學問，縝密的評鑑計畫與執行，是評鑑能否成功的關鍵。但評鑑倫理的建立，更是重要的一個環節，不僅能確保評鑑的公正與客觀，更是能否樹立評鑑公信力的要素。因此，評鑑倫理的建立不可輕忽，更是目前臺灣進行評鑑時，最需建立的制度（曾美惠，2006）。因之，為維護教育評鑑的專業性及公信力，專業倫理的建立與貫徹，是未來努力的方向之一（鄭珮琳，2006）。

評鑑專業若未具「倫理」規範會導致紊亂，因此在評鑑專業發展過程中，共同訂定評鑑專業倫理準則，作為評鑑實施的專業規範，以規範評鑑人員，提升評鑑品質，是主要國家評鑑專業化過程中，各級各類評鑑機制不可或缺的要素（高等教育評鑑中心，2006b）。因之，評鑑過程中，若發生違背評鑑倫理之事，必定使結果遭到質疑，試以過去評鑑亂象傷害評鑑倫理的事例作爲強調評鑑專業倫理必要性之借鑑。評鑑過程違反評鑑倫理之事中外有之，陳漢強指出，美國一所小型私立大學SyUabi接受評鑑時，其中一位評鑑委員有私心，想到該校擔任校長，便利用評鑑時私下與校長談事情，評鑑後不久，他被推選爲該校校長，大家才發現他所做的評鑑結果不公正，而受到社會撻伐。臺灣也有過這樣的事，陳漢強過去擔任幼稚園評鑑委員時，有幼稚園園長私下表示，曾有擔任委員的大學教授在評鑑期間，表達希望擔任幼稚園顧問並每月支領顧問費，幼稚園爲了評鑑，只好付了。「評鑑委員品德差，根本無法勝任，也讓評鑑公信力大打折扣，」陳漢強說：「委員個人的私心確實無法掌握，制度僅是最基本的規範，其他都必須靠委員遵守評鑑倫理。」（引自曾美惠，2006）

此外，過去高等教育評鑑訪評時曾發生違反倫理的事，王保進（2012b）指出，有少數評鑑委員在執行評鑑工作時，確實有出現違反評鑑專業或評鑑倫理之情事。例如：委員遲到、早退，走馬看花，敷衍了事；不照規定參加行前說明會，結果邊訪視、邊向其他委員惡補；委員認爲自己扮演「官兵抓強盜」的角色，對學校的態度不甚尊重、友善；受評學校相互打聽，送委員的禮物，一份比一份大，有討好委員之嫌；甚至有評鑑委員跟學校推銷電腦，以及與受評學校當場敲定演講的事情發生，使評鑑結果公信力受到質疑。會發生這些事，就是過去臺灣的評鑑制度不夠完善，委員未接受專業訓練，評鑑沒有一致標準，「委員們心中各有一把尺，還各吹各的號，各有一個調。」（曾美惠，2006）

由上述違反評鑑專業倫理之事例，可見其影響評鑑形象頗鉅。因之，專業社群爲了維持其專業地位與權威，都會訂定專屬的準則以作爲社群成員共同遵守的規範，而由評鑑專業社群訂定以供評鑑專業人員遵守的行爲準則，稱爲評鑑倫理（ethics of evaluation）（林天祐，2006）。建立評鑑倫理首要之務，便是建立規範與準則（曾美惠，2006）。倫理是道德的準繩，規範人與人間相處互動關係的行爲準則，評鑑倫理係指評鑑人員在執行評鑑工作，與人相處、互動、應對進退，所須共同遵守的行爲準則，旨在規範評鑑人員和他人的關係，以彰顯評鑑行爲的專業素養（吳清山、林天祐，2004）。評鑑行爲牽涉到評鑑者本身、與被委託者、與受評鑑者、評鑑者之間，以及與社會大衆之間的關係，必須加以規範（林天祐，2006）。

專業倫理爲評鑑專業化的要件之一，指評鑑人員運用專業知能時應遵循的一套價值規範，係專業人員透過專業工作實現專業理想，達致個人能力的卓越與良好關係之建立（曾淑惠，2008a），可見評鑑倫理關係卓越評鑑品質，爲達到優質評鑑必然的依歸。評鑑人員應謹守評鑑專業倫理，包括評鑑者與委託人之間的倫理，評鑑者與受評對象間的倫理，評鑑者間的倫理，評鑑過程的倫理，評鑑報告的倫理問題，以及專業評鑑者應謹守的分際和公正、誠實、客觀的基本原則，以確保評鑑的品質（林進材，2008；曾淑惠，2002）。然而，遺憾的是，近來仍有少數評鑑委員自我本位主觀意識過強或違反評鑑專業倫理之情事（王保進，2012a）。因之，更應重視評鑑專業倫理，以求評鑑委員評鑑行爲之專業化與公正性。

確保評鑑委員皆具有高度的評鑑倫理，以維護評鑑結果之公正性，乃專業評鑑機構必須堅持的立場。提升評鑑小組委員之評鑑倫理有其策略，具體策略可透過相關的研習、見習、實習及認證制度，建立評鑑委員的評鑑資格。對於違反評鑑倫理之評鑑委員，除了免除其再度擔任評鑑委員之資格外，亦可進一步訂定相關處置條款（李政翰，2015）。

貳、評鑑人員專業倫理的內涵

他山之石可以攻錯，國外教育評鑑在邁向專業化發展的過程中，多數國家皆建立一套評鑑的專業倫理準則，作爲評鑑委員在評鑑過程中的判斷依據，且其評鑑制度本身均能因應社會需求而改進，值得作爲國內教育評鑑建構評鑑專業倫理內涵之參考。茲探述美國、澳洲、加拿大、英國等四國五機構評鑑專業倫理內涵如下：（鄭珮琳，2006）

一、美國評鑑學會（American Evaluation Association，簡稱 AEA）

由Peter Rossi於1992年架構出評鑑學會的評鑑標準與倫理守則，內容主要包括五大層面：

㈠ 系統調查：評鑑人員評鑑時應使用系統性與資料庫的調查。

㈡ 勝任稱職：評鑑人員應呈現執行的能力。

㈢ 廉正誠實：評鑑人員在評鑑過程中應確保自己的誠實與廉正。

㈣ 展現尊重：評鑑人員應尊重對於安全、尊嚴與自我價值的回應，以及與其互動的方案參與者、委託人與其他利益關係者。

㈤ 社會大衆福利之責任：評鑑人員的興趣與價值觀可能會影響大衆的福利。

二、澳洲評鑑學會（Australasian Evaluation Society，簡稱 AES）

澳洲評鑑學會於1997年制訂屬於此評鑑學會的評鑑守則，並在2000年合併於澳洲評鑑學會的倫理守則（AES Code of Ethic）中，作爲評鑑學會人員參考遵循的依據，2002年又重新修正，主要包含兩大層面：

㈠ 在評鑑領域與對社會大衆的責任：倫理的引導、大衆的興趣、品質的工作、勝任愉快、禮貌、正直、誠實、合理的批評、保密原則、承認、正式化的工作。

㈡ 對社會與同事的責任：社會聲望與目標、使用社會性的名字、多樣化興趣、成員的隱私、管理、興趣的衝突、與社會責任結合。

三、加拿大評鑑學會（Canadian Evaluation Society，簡稱 CES）

加拿大評鑑學會爲了規範成員的行爲及確保評鑑品質，也提出其學會的倫理指導守則，內容包括三大層面：

㈠ 勝任稱職：評鑑人員對於其所提供的服務能勝任愉快。

㈡ 廉正誠實：評鑑人員在處理與所有利害關係人之間的關係時，應以廉正誠實爲行動原則。

㈢ 責任原則：評鑑人員應對他們的表現與產生的結果負起責任。

四、英國評鑑學會（United Kingdom Evaluation Society，簡稱 UKES）

英國評鑑學會在2003年訂定「優良評鑑實務準則」（Guidelines for Good Practice in Evaluation），提供評鑑人員、評鑑委員、評鑑參與者及自我評鑑參與者一個簡單清晰、具體可行的評鑑實務準則，包含：

(一) 評鑑人員應該做到的事項。

(二) 評鑑人員在實務中應做到的事。

五、全美師範教育評鑑委員會（National Council for Accreditation of Teacher Education，簡稱 NCATE）

全美師範教育評鑑委員會爲增進評鑑的客觀性與可靠性，所訂定的專業倫理指導原則如下：

(一) 評鑑小組成員不得擔任被評鑑學校任何與決策有關的職務。

(二) 一個人不得擔任兩種以上角色。

(三) 一個人不得同時擔任兩個評鑑團體的職務。

(四) 與被評鑑學校有親密關係的個人、或專業關係的人，不得擔任評鑑小組委員。

(五) 曾經接受過學校特別禮物、費用、金錢的報酬、榮譽、或其他特別報酬的人，不得參與該校是否被認可的決議。

鄭珮琳（2006）將上述幾個先進國家教育評鑑專業倫理的內涵，歸結爲「基本信念」、「工作倫理」、「人際倫理」及「社會倫理」等四大類。美國評鑑學會（AEA）與加拿大評鑑學會（CES）的評鑑專業倫理包括：「基本信念」、「工作倫理」及「社會倫理」等三大類。澳洲評鑑學會（AES）和英國評鑑學會（UKES）的評鑑專業倫理包涵上述四類。全美師範教育評鑑委員會（NCATE）的評鑑專業倫理則僅包括「工作倫理」一類。

評鑑倫理關係評鑑的實施至深且鉅，評鑑宜有詳細、明確、嚴謹的倫理信條規範評鑑的實施。然而其內涵爲何？曾淑惠（2002）認爲，評鑑倫理的內涵可從下列三方面加以說明：

(一) 評鑑倫理在於規範使用合理，合法的方法蒐集資料，並對所呈現的資料負責。

(二) 參與評鑑須確認制度的重要性高於個人好惡之上，個人的價值須建構於倫理上。

(三) 評鑑倫理的責任由評鑑關係人共同負擔，包括評鑑人員、評鑑贊助者、財物提供者、參與者，以及閱聽者等評鑑關係人。

爲確保評鑑的專業權威，建立有品質的保證機制，宜有評鑑倫理信條。林天佑（2004）認爲，評鑑人員在評鑑過程中，應謹守的專業倫理信條，包括如下：

(一) 利益與關係迴避原則。

(二) 公平、誠實的撰寫評鑑報告

(三) 評鑑過程爲求一致，並真誠、尊重對待受評學校與個人。

(四) 降低對受評學校運作的干擾，並優先考量受評學校的最大利益。

(五) 與受評鑑者建設性對話，清楚與坦誠的溝通評鑑者的評鑑判斷。

(六) 尊重受評鑑者個人及其工作的隱私權。

此外，吳清山與林天祐（2004）、林天祐（2006）指出，評鑑者本身須秉持不遲到、不早退、不缺席、不偏見，以及持續成長的基本信念；而在評鑑者與被評鑑者間之關係，要求評鑑者保守秘密，對被評鑑者負責，在承諾的時間內完成、利益迴避、尊重對方、公正客觀、保護資料的原則、不洩露他人的評鑑紀錄等；與社會大眾關係方面，則有確保評鑑報告正確性，對報告負責，促進社會福祉等。

評鑑倫理既然如此重要，其內涵爲何？Bayles提出六項評鑑倫理的內涵：誠實、坦白（candor）、能力、勤奮（diligence）、忠誠（loyalty）、謹慎（discretion）。此外，美國評鑑學會在其出版之《評鑑指導原則》（*Guiding Principles for Evaluation*）一書中，指出：(一)系統探究（systematic inquiry），(二)能力（competence），誠實（honesty）及正直（integrity），(三)尊重被評鑑者（respect for people），(四)爲社會福祉負責（responsibility for general and public welfare）等四個評鑑倫理原則，Mathison認爲此四原則是評鑑者必須遵守的評鑑行爲準則（引自吳和堂，2007）。

由上述可知評鑑專業倫理重要性之一斑，評鑑專業倫理宣示評鑑行爲的道德準繩，呈現評鑑的核心價值，確保優質評鑑不可或缺的要素，爲評鑑專業化不可或缺之一環，亦是校務評鑑專業化的核心礎石。

參、校務評鑑人員專業倫理規範的實例

我國現今教育評鑑專業倫理雖尚無制度化的發展，但在評鑑實務上已有專業倫理之規範，例如教育部的大學校院系所評鑑，科技大學評鑑，以及高級中等學校評鑑，皆訂有評鑑委員專業倫理，茲析述如下：

一、大學校院系所評鑑

根據大學校院系所評鑑目的，財團法人高等教育評鑑中心提出下列評鑑

專業倫理規範（2006），作爲評鑑委員進行實地訪評的工作準則：

(一) 評鑑倫理七大準則

1. 評鑑委員應認同系所評鑑的理念與精神。

2. 評鑑委員應遵守本中心有關本次系所評鑑相關注意事項的規範，並參加評鑑講習會，確保評鑑「專業」與學術「同儕」的「專業同儕」認可。

3. 評鑑委員應全程參與後續的系所申復意見討論會議與評鑑確認相關會議。

4. 評鑑委員在實地訪評前應確實做好身分保密，並在行前詳閱受評系所的相關資料。

5. 評鑑委員對訪評過程中使用過的資料或獲取的資訊，應確實做到保密原則。

6. 評鑑委員在二天實地訪評期間，應全程出席，避免遲到、早退，或私下商洽訪評代理人。

7. 評鑑委員在評鑑過程中，應盡力排除政治因素干擾，避免政治力量介入，影響評鑑的公平正義。

除上述七項評鑑倫理外，大學校院系所評鑑的評鑑委員遇下列情事者，應事先主動迴避，並簽署利益迴避保證書，確保評鑑公平、公正之原則：

(二) 訪評工作八大迴避

1. 過去三年曾在受評系所擔任專任或兼任職務。
2. 過去三年內曾申請受評系所的專任教職。
3. 最高學歷爲受評系所畢（結）業。
4. 接受受評大學校院頒贈的榮譽學位。
5. 直系三親等爲受評系所的在學生。
6. 擔任受評大學校院有給或無給職之任何職務，例如董事會成員。
7. 擔任受評系所自我評鑑的外部委員。

8. 與受評系所有任何形式的商業利益往來。

二、科技大學評鑑

科技大學的評鑑係由教育部委託社團法人台灣評鑑協會（2012）辦理，其規範評鑑委員評鑑行為之準則計有下列七項：（頁29-30）

(一) 評鑑委員請務必認同「技職教育理念」，並尊重受評單位辦學理念。

(二) 評鑑期間，請勿接受受評學校任何形式之招待、餽贈、邀宴或代購紀念品。

(三) 實地評鑑等第僅為初步參考，非最後之等第；等第尚需透過相關評鑑會議審議並經教育部核定正式通知，評鑑委員對於評鑑過程及結果應負保密之責。

(四) 評鑑相關密件資料務請親簽確認，相關會議將進行錄音，確保會議紀錄之完整性。

(五) 為使評鑑工作能公平、公正、公開，以昭公信，請務必遵守保密、客觀、公正與利益迴避原則。

(六) 請確實詳讀同意書內容，簽署「應聘同意書」，並遵守同意書之協定。

(七) 依教育部規定，在計畫期間內擔任評鑑委員，如有洩密或將應保密資料散失或公示或交付他人，或違反利益迴避原則等情事者，經檢舉查證屬實，應對承辦機關及該案之委託機關負損害賠償及民、刑事上之法律責位。

針對科技大學評鑑委員專業倫理之要點，計有下列七項：

(一) 強調評鑑委員須瞭解技職教育政策主軸和重點，以認同技職教育理念，並尊重受評單位辦學理念，以彰顯技職教育不同於一般教育之務實致用的特殊性。

(二) 強調在評鑑期間，評鑑委員不得與受評學校有任何形式之利益互動，以確保評鑑委員保持客觀、公正之立場。

(三) 評鑑委員須知曉評鑑報告並非最終結果，評鑑委員非評鑑等第最終的決定者，尚須經相關評鑑委員會之審議，並經教育部核定後才是最後之評鑑等第。此外，評鑑委員不得對外言之有關評鑑過程及結果之情形，以避免不必要之困擾。

(四) 強調評鑑之眞實性，故一切評鑑行為不得由他人代理，須由評鑑委員親自爲之，且實況錄音相關會議內容，作爲必要時之對照。

(五) 強調評鑑委員的社會責任，評鑑委員爲社會公器，因之，有其應負遵守之義務，應公平、正義的行事以昭公信，並不得有損及個人、承辦機關及委託機關之權益。

(六) 評鑑委員應簽署應聘同意書，並遵守同意書之協定，因此，評鑑委員進行評鑑係一種契約行爲，係準公務人員之性質。

(七) 揭櫫評鑑行爲之損害賠償原則，評鑑委員若於評鑑期間違反保密或利益迴避等約定行爲，經查證屬實，須負損害賠償，以及民、刑事上之法律責任。

爲強調評鑑專業倫理，科技大學評鑑要求評鑑委員確實親自簽署應聘同意書，以正式化各單位及人員之權利與義務，評鑑委員應聘同意書之內容如表7-2。

表7-2　科技大學綜合評鑑評鑑委員應聘同意書

「○○○學年度科技大學綜合評鑑」評鑑委員應聘同意書
一、評鑑委員應贊同技專校院之辦學理念。
二、評鑑委員任務與職責
（一）訪評前參與評鑑委員說明會、小組行前會議，並審閱受評學校之評鑑資料。
（二）配合出席所參與組別之各校實地訪視活動。
（三）訪評當日撰寫評鑑意見表並給予評鑑建議成績。
（四）參與後續檢討會議與申覆會議，協助檢閱及修訂所屬類組之評鑑報告。
三、評鑑委員於「○○○學年度科技大學評鑑計畫」之評鑑期間，請避免受邀至各受評科技大學專題演講或其他相關之活動。
四、評鑑委員於實地評鑑前應善加保密其委員身分。
五、受評學校之相關評鑑結果，將由教育部正式行文通知，委員請勿當場告知或暗示結果。

（續上表）

六、實地評鑑當天請勿遲到、早退或缺席，並請勿私下商洽代理人。

七、請勿接受受評學校任何形式之招待、餽贈或邀宴。

八、基為使評鑑工作能公平、公正、公開，以昭公信，請務必遵守保密、客觀、公正與利益迴避原則。

九、依據「○○○學年度科技大學受評學校一覽表」確認是否有迴避事項，並勾選確認

○○○學年度科技大學受評學校一覽表		
○○科技大學 ○○科技大學 ○○科技大學 ○○科技大學	○○科技大學 ○○科技大學 ○○科技大學 ○○科技大學	○○科技大學 ○○科技大學 ○○科技大學

迴避項目（請逐一勾選）	是	否	需迴避學校
本人於○○○年○月○日起在受評學校擔任專任或兼任授課及職務。			
本人於○○○年○月○日起與受評學校有建教合作或其他服務關係。			
本人於○○○年○月○日起曾擔任受評學校自我評鑑委員者。			
本人最高學歷為受評學校畢（結）業。			
本人曾接受受評學校頒贈之榮譽學位。			
本人之配偶或二親等為受評學校之教職員或在學生。			
本人曾擔任受評學校有給或無給職之任何職務，例如董事會成員。			
本人於與受評學校有任何形式之商業利益往來者。			
其他迴避事項	□否　　□是（請說明）：		

十、依教育部規定，在計畫期間內擔任評鑑委員，對於「○○○學年度科技大學評鑑計畫」之評鑑結果願負保密之責。如有洩密或將應保密資料散失或公示或交付他人等情事者，願對貴協會及該案之委託機關負損害賠償及民、刑事上之法律責任。

※ 我已經讀畢並瞭解上述同意書內容，並且同意遵守所有協定。

此致

社團法人台灣評鑑協會

同意人：

中　　華　　民　　國　　　　年　　　　月　　　　日

三、高級中等學校評鑑委員專業倫理

在高級中學學校評鑑方面，教育部委託國立高雄師範大學（2014）辦理，爲使評鑑達到眞實性及專業化的理想，規範評鑑委員的評鑑行爲準則有下列九端：（頁21-22）

(一) 爲使評鑑工作能公平、公正、公開，以昭公信，請務必遵守保密、客觀、公正與利益迴避原則（如：任受評學校董事會組織成員等）。

(二) 評鑑委員行應聘擔任評鑑委員後至評鑑結果公布前請勿接受受評學校之招待、饋贈、或邀宴，亦請避免受邀至各受評學校專題演講或其他相關活動。

(三) 請評鑑委員撰寫評鑑報告時避免置入性行銷或於評鑑當日向受評學校推銷教科書、教具及教材，以免圖利特定廠商或出版社。

(四) 檢視受評學校評鑑事實，不受過去名聲或媒體報導之影響。

(五) 對訪評過程中使用過之資料或獲取之資訊，請確實做到保密原則。

(六) 評鑑旨在發現問題，請注意避免無意中挑起受評學校教師、家長及學生之間矛盾與衝突。

(七) 評鑑相關報告及成績務請親自簽名確認。

(八) 實地訪評當日所給予之建議、成績、等第僅爲初步參考，非爲最後之等第；尚需透過相關評鑑會議審議並經教育部核定正式通知，委員對於評鑑過程及結果應負保密之責。

(九) 請評鑑委員確實親自簽署應聘同意書，並遵守協議書之協定。

104年度起實施之第三期程高級中等學校評鑑，爲確保評鑑品質，訂定評鑑委員專業倫理準則，包括有下列五項：1.評鑑委員注意通則；2.訪評委員間互動注意事項；3.評鑑委員與受評學校間互動注意事項；4.訪評過程注意事項；5.訪談注意事項（國立高雄師範大學，2015）。

在高中評鑑委員專業倫理方面，除上述要點外，尚強調下列三項重點：

(一) 進一步規範評鑑委員，避免置入式行銷或推銷等有關行爲，以免圖利特定廠商。

(二) 強調評鑑委員應客觀、公正的確認受評學校的評鑑事實，就其實況進行價值判斷，不受過去各聲或媒體報導之影響。

(三) 強調評鑑委員合宜之應對行為，評鑑在於判斷學校辦學績效優劣得失之評估，評鑑委員應避免無意中挑起受評單位相關人員間之矛盾與衝突。

為強調評鑑專業倫理，高級中學學校評鑑亦要求評鑑委員確實親自簽署應聘同意書，以正式化各單位及人員之權利與義務，評鑑委員應聘同意書之內容如表7-3所示：（國立高雄師範大學，2014，頁41）

表7-3　高級中等學校評鑑委員應聘同意書

○○○年度高級中學學校評鑑

評鑑委員應聘同意書

一、評鑑委員認同高級中學學校評鑑之理念。

二、評鑑委員任務與職責：（一）訪評前參與評鑑委員行前專業研習、小組會議，並審閱受評學校之評鑑資料；（二）配合出席所參與組別之各校實地訪評活動；（三）訪評當日撰寫評鑑項目統整表、量化成績表及學校特色總評表，並給予評鑑質性建議與量化成績。

三、評鑑委員於「○○○年度高級中學學校評鑑計畫」之評鑑期間，請避免受邀至各受評學校專題演講或其他相關之活動。並請勿接受受評學校任何形式之招待、餽贈或邀宴。

四、評鑑委員於到校評鑑前應善加保密其委員身分。

五、實地訪評當天應全程參與並請勿遲到、早退、缺席，或私下商洽代理人。

六、受評學校之相關評鑑內容、過程與結果，將由教育部國民及學前教育署正式行文通知，委員務必保密，不得告知或暗示結果。

七、為使評鑑工作能公平、公正、公開，以昭公信，請務必遵守保密、客觀、公正與利益迴避原則。

八、評鑑當日所評定之初稿，授權評鑑召集人進行後續報告之修訂。

※ 本人已經讀畢且瞭解上述同意書內容，並同意遵守所有協定。

此致

國立高雄師範大學「○○○年度高級中學學校評鑑」評鑑研究及工作小組

同意人：

中　華　民　國　　　年　　　月　　　日

綜上可知，評鑑專業倫理之重要，其影響是深遠的。國內大學評鑑由教育部委託評鑑專業團體：財團法人高等教育評鑑中心及社團法人台灣評鑑協會辦理，該兩團體訂有評鑑專業倫理信條，要求評鑑委員遵守之。再者，高級中等學校評鑑由教育部委託國立高雄師範大學辦理，亦訂有專業倫理準則，規範評鑑委員之行誼，符應評鑑專業化的需求，以增進評鑑的公信力與客觀性。若有評鑑委員違反其相關規定，應免除其再擔任評鑑委員，且因其執行公務係準公務人員，故若違反相關規定情節重大者得依民法、刑法之有關規定辦理。然而，國內爲數最多的國民中小學評鑑，大體上未建立評鑑專業倫理規範，宜由地方主管教育行政機關訂定之，以促進評鑑結果之公信力。

第三節　校務評鑑人員的任務

評鑑的目的在於改進，而不在於證明，可見改進目的比證明方案良窳還重更要。校務評鑑在於判斷學校辦學績效優劣得失，並研提改進之道，因之，評鑑人員以專業服務、專業對話及專業分享，扮演著良師益友之角色。評鑑人員本身沒有什麼目的，他們扮演著教育策略的執行者，目的在於促進教育發展，因此，其任務有必要探討之。茲將評鑑人員的任務依評鑑前、評鑑中及評鑑後，以科技大學評鑑及高級中等學校評鑑爲例，分別析論如下：（社團法人台灣評鑑協會，2012；國立高雄師範大學，2014）

壹、科技大學評鑑人員的任務

科技大學評鑑委員分爲行政類、專業類學院及專業類系所委員。評鑑委員主要職責在於實地訪評前審閱受評學校之評鑑相關資料與出席相關會議。科技大學評鑑委員尚分爲召集委員與評鑑委員，其主要任務如下：

一、召集委員之主要任務

(一) 評鑑前

1. 於實地訪評前審閱受評學校之各項評鑑相關資料，包括：評鑑資料表、基本資料表、統計分析表、問卷調查彙整資料（教師、行政人員、學生之問卷調查）、前次評鑑報告及等第，以及受評學校網站評鑑資料等。

2. 參與並主持所擔任分組之評鑑相關會議，以商討、確認該分組之各項評分準則與評鑑結果，相關會議內容如下：

(1) 評鑑委員說明會：瞭解評鑑實施作業。

(2) 召集委員策略共識會議：凝聚評鑑共識，整體考量各類組評鑑標準，協調各分組提出評鑑等第。

(3) 類組行前會議：代爲宣導並凝聚小組評鑑共識，確保評鑑標準之一致性。

(4) 評鑑委員研習活動：提升評鑑委員評鑑知能。

(二) 評鑑中

召集委員於實地訪評當天，參觀教學設施與觀察教學活動、晤談與查閱資料等綜合觀察及建議，於資料查證與確保時就評鑑資料、實地訪評及晤談情形，針對內容有疑義者，與受評單位進行溝通、釐清，完成評鑑意見表撰寫（包括對受評學校提出初步「評等」、「特色及優點」及「建議事項」）。

各類組專業類系所加集委員於實地訪評當天依據該分組進行之初步結論撰寫建議事項，提供第二天專業類學院、行政類委員應注意之事項。

提醒評鑑委員於實地訪評時，勿接受受評學校任何形式之招待、餽贈、邀宴或紀念品。

(三) 評鑑後

1. 分組評鑑報告檢討會議：係於實地訪評後一段時日於評鑑執行單位

辦理之會議，以詳細檢閱及修訂該類組評鑑報告。

2. 申復處理暨評鑑等第討論會議：處理學校申復，提出評鑑等第初步建議。

 二、評鑑委員之主要任務

(一) 評鑑前

1. 於實地訪評前審閱受評學校之各項評鑑相關資料，包括：評鑑資料表、基本資料表、統計分析表、問卷調查彙整資料（教師、行政人員、學生之問卷調查）、前次評鑑報告及等第，以及受評學校網站評鑑資料等。

2. 出席評鑑相關會議，以商討、確認該分組之各項評分準則與評鑑結果，相關會議內容如下：

(1) 評鑑委員說明會：瞭解評鑑實施作業。

(2) 分組行前會議：凝聚小組共識，確保評鑑標準之一致性。

(3) 評鑑委員研習活動：提升評鑑委員評鑑知能。

(二) 評鑑中

第五評鑑世代爲行動研究，因之，評鑑委員於實地訪評時在於蒐集與處理評鑑資料，以作價值判斷。

於實地訪評當天，參觀教學設施與觀察教學活動、晤談與查閱資料等綜合觀察及建議，於資料查證與確保時就評鑑資料、實地訪評及晤談情形，針對內容有疑義者，與受評單位進行溝通、釐清，完成評鑑意見表撰寫（包括對受評學校提出初步「評等」、「特色及優點」及「建議事項」）。

(三) 評鑑後

評鑑後評鑑委員之任務，在於撰寫、解釋，甚至協助處理學校申復。

1. 分組評鑑報告檢討會議：係於實地訪評後一段時日於評鑑執行單位

辦理之會議，以詳細檢閱及修訂該類組評鑑報告。

2. 申復處理暨評鑑等第討論會議：處理學校申復，提出評鑑等第初步建議。

貳、高級中等學校評鑑人員的任務

高級中等學校評鑑委員分爲：分組召集委員及評鑑委員，玆將其主要任務依評鑑前、評鑑中及評鑑後分別說明之。

一、分組召集委員之主要任務

(一) 評鑑前

分組召集委員之主要任務在於參與並主持所擔任分組之評鑑相關會議，以商討、確認該組之各項評鑑準則與評鑑結果，相關會議內容如下：

1. 評鑑委員行前專業研習

瞭解評鑑作業實施與流程，並決定各評鑑項目負責之主副評委員。

2. 實地訪評前審閱受評學校之各項評鑑相關資料，包括：受評學校評鑑表、受評學校網站評鑑資料，以及評鑑委員手冊。

(二) 評鑑中

1. 出席所參與組別之各校實地訪評活動，實地訪評當日：

(1)凝聚小組共識，確保評鑑標準之一致性。

(2)協調、掌握組內各評鑑場次出席人員。

(3)協調、安排該組每位委員負責評鑑項目、評鑑準則與工作項目。

(4)預先勾選當日訪談名單，包括：

①學生、教師、職員及家長等。

②除家長外，可視學校規模酌予調整訪談人數。

2. 實地訪評當日，經共同討論，完成評鑑意見撰寫及評分，包括評鑑項目統整表、量化成績表及學校特色總評表，並給予評鑑質性建議與量化成績。

3. 宣布請所有委員對評鑑之過程內容與結果均應遵守保密之規定。

4. 強調評鑑期間，避免邀至各受評學校專題演講或其他相關之活動，並於實地訪評當日勿接受受評學校任何形式之招待、餽贈或邀宴。

㈢ 評鑑後

分組召集委員於實地訪評後須參與下列三項會議：

1. 分區評鑑委員會議

詳細檢閱及修訂各項目評鑑報告，針對本年度所有場次之評鑑報告、成績、等第及指標與同組評鑑委員達成共識，並作確認。

2. 召集委員會議

整體性考量各項目評鑑標準，完成各區評鑑報告初稿。

3. 申復暨定稿會議

處理學校申復，並根據申復審查後結果，修正評鑑報告初稿。

二、評鑑委員之主要任務

㈠ 評鑑前

評鑑委員之主要任務在於出席評鑑相關會議，以商討、確認該組之各項評分準則與評鑑結果，相關會議內容如下：

1. 評鑑委員行前專業研習：為瞭解評鑑作業實施與流程，確保評鑑標準之一致性，進行為時一日之評鑑委員行前專業研習、諮詢暨協調會。每位評鑑皆須參與行前專業研習，研習後，教育部再發予評鑑委員聘書。

2. 實地訪評前審閱受評學校之各項評鑑相關資料，包括：受評學校評鑑表、受評學校網站評鑑資料，以及評鑑委員手冊。

㈡ 評鑑中

1. 實地訪評當日，依小組共識，掌握評鑑準則，確保評鑑標準之一致性。

2. 實地訪評當日，經共同討論，完成評鑑意見撰寫及評分，包括評鑑項目統整表、量化成績表及學校特色總評表，並給予評鑑質性建議與量化成績。

㈢ 評鑑後

1. 分區評鑑委員會議：詳細檢閱及修訂各項目評鑑報告，針對本年度所有場次之評鑑報告、成績、等第及指標與同組評鑑委員達成共識，並作確認。

2. 協助處理學校申復事宜，受評學校若不服評鑑初稿意見，應於初稿送達後十四日內向評鑑小組提出申復，申復表格如表7-4，評鑑小組將請原評鑑委員填寫、回應意見。

3. 評鑑委員審閱受評學校申復案之申復理由及說明，審閱後填寫意見，若保留原改善意見即駁回其申復，須撰寫駁回理由；反之，若接受申復，則有刪除原意見或修正部分文意之選項。

4. 經認定申復有理由時，評鑑小組應修正評鑑報告初稿，完成評鑑報告書或評鑑結果。經認定申復無理由時，維持評鑑報告初稿，並完成評鑑報告書及評鑑結果。

表7-4　高級中學學校評鑑申復案

<table>
<tr><td colspan="3">○○高級中學申復案
申復項目：○○○○
項目等第：○等　　評鑑委員：</td></tr>
<tr><td>改善意見原文</td><td>申復理由及說明
（請對照條列敘述）</td><td>檢附資料說明</td></tr>
<tr><td></td><td></td><td></td></tr>
<tr><td colspan="3">評鑑委員審閱後意見</td></tr>
<tr><td colspan="3">□保留原意（駁回申復）
駁回理由：

□接受申復
□刪除原意見　□修正部分文意</td></tr>
</table>

本章小結

本章第一節探討校務評鑑專業能力；評鑑專業經驗與心態；評鑑人員的資格；以及評鑑人員的培訓。評鑑人員的資格條件關係其專業能力、專業精神及專業倫理等。專業能力與專業知識、專業技能及專業態度關係密切；專業精神與專業經驗及專業心態有關；而專業倫理則爲評鑑的核心道德，此三者建構評鑑的核心價值。我國目前尚未建立評鑑人員認證制度，透過培訓可望增進評鑑人員的專業能力、專業精神及專業倫理之專業素養。

第二節首先析論評鑑人員的專業倫理，專業倫理爲評鑑專業化的要件之一。專業倫理爲評鑑核心價值，屬精神層次，是評鑑的道德規範，評鑑人員需特別注意評鑑倫理，以提升評鑑的品質。其次，探討評鑑人員專業倫理的內涵，評鑑專業倫理宣示評鑑行爲的道德準繩，呈現評鑑的核心價值，確保優質評鑑不可或缺之要素，爲評鑑專業化不可或缺的一環。再次，以教育部科技大學評鑑及高級中等學校評鑑爲例，說明校務評鑑人員專業倫理的內涵與規範。

第三節探析校務評鑑人員的任務，依評鑑前、評鑑中及評鑑後，以科技大學評鑑及高級中等學校評鑑爲例，說明評鑑人員的任務。評鑑人員在於以專業服務、專業對話及專業分享，扮演著良師益友之角色，其本身沒有什麼目的，他們扮演著教育策略的執行者，目的在於促進教育革新與發展。

第八章

校務評鑑實證研究評析

第一節　校務評鑑實證研究結論析論

壹、關於評鑑標準、指標之認同度方面

貳、自我評鑑認同度方面

參、對整體校務評鑑及各面向意見、實施方式的認同度方面

肆、是否認同評鑑方式方面

伍、關於訪評時間方面

陸、關於認同度是否因背景變項而不同方面

柒、關於是否作為補助經費參考方面

捌、關於是否認同將校務評鑑作為校長遴選、教職員考核依據方面

玖、關於對評鑑委員的認同度方面

拾、其他

第二節　校務評鑑實證研究建議評析

壹、對主管教育行政機關的建議方面

貳、對受評學校的建議方面

參、對評鑑人員的建議方面

第三節　校務評鑑實證研究結論與建議

壹、結論

貳、建議

本章小結

「有幾分證據說幾分話，有七分證據不能說八分話；證據到哪裡，立論才到哪裡。」

～胡適

證據是校務評鑑的立論。

本章旨在探討校務評鑑的實徵性研究，從校務評鑑實證研究的結論與建議之歸結統整，可知前人有哪些努力的成果，以及應興應革之處。從空間橫斷面來看，可獲取校務評鑑的資料；從時間縱切面來看，可知曉進步的狀況。在綜合比較後，可找出校務評鑑成果之異同，並取其優缺點，作爲自身檢核與他山之石之借鑑。

第一節　校務評鑑實證研究結論析論

校務評鑑自2000年以後逐漸普及，2002年後有關校務評鑑的研究論文亦逐漸增加（鄭崇趁，2006），由臺灣博碩士知識加值系統顯示有關中小學校務評鑑之研究論文，自2000至2012年，歸納整理其研究，在總數32篇的研究論文中（見表8-1），就評鑑地區而言，新北市校務評鑑研究進行得最多，有5篇，而同爲五都的高雄市明顯落後，只有1篇。臺中市爲4篇，位居第二；屏東縣與宜蘭縣各有3篇，位居第三，而臺南縣、臺南市及臺中縣皆爲2篇，居末的有高雄縣、新竹市、苗栗縣、南投縣、雲林縣、嘉義縣、嘉義市及花蓮縣，則沒有任何有關校務評鑑的研究論文；就評鑑學校而言，以研究國小最多有26篇，研究國中者有2篇，研究國中小者有3篇，完全中學者有1篇，最少的是高中職爲0篇。

表8-1　臺灣各縣市中小學進行校務評鑑研究一覽表（2000-2012）

縣市別＼學校層級	國小	國中	國中小	完全中學	高中職	總數
臺北市	3	0	0	0	0	3
臺北縣	3	1	0	1	0	5
臺北縣市	1	0	0	0	0	1
宜蘭縣	3	0	0	0	0	3
基隆市	1	0	0	0	0	1
桃園縣	1	0	0	0	0	1
新竹縣	1	0	0	0	0	1
臺中市	2	0	2	0	0	4
臺中縣	2	0	0	0	0	2
彰化縣	1	0	0	0	0	1
臺南縣	1	0	0	0	0	1
臺南市	2	0	0	0	0	2
屏東縣	2	0	1	0	0	3
澎湖縣	1	0	0	0	0	1
臺東縣	1	0	0	0	0	1
大都會區	1	0	0	0	0	1
高雄市	0	1	0	0	0	1
高雄縣	0	0	0	0	0	0
新竹市	0	0	0	0	0	0
苗栗縣	0	0	0	0	0	0
南投縣	0	0	0	0	0	0
雲林縣	0	0	0	0	0	0
嘉義縣	0	0	0	0	0	0
嘉義市	0	0	0	0	0	0
花蓮縣	0	0	0	0	0	0
總數	26	2	3	1	0	32

匯整中小學校務評鑑研究論文，探討其研究發現與建議，發現與中小學校務評鑑相關之研究，在排除後設評鑑後，共有32筆，以下分別依研究題目、研究結論及建議依序歸納如表8-2、表8-3所示。統整32篇校務評鑑研究論文，其研究結論可歸結如下十類：

壹、關於評鑑標準、指標之認同度方面

關於評鑑標準、指標之認同度方面分爲三大類，分別如下：

(一) **評鑑標準、項目、指標宜確立、修訂**（認同度不足）者，共有12篇如下：陳盈君（2010）研究臺北縣市國小、吳妙娟（2009）研究澎湖縣國小、魏川淵（2008）研究基隆市國小、張秋鶯（2006）研究臺北縣、陳恩茂（2005）研究宜蘭縣國中小、黃坤忠（2005）研究宜蘭縣國小、劉麗卿（2005）研究臺中市國中小、林雅娟（2005）研究宜蘭縣國小、莊忠儒（2004）研究臺北縣國小、洪梓祥（2003）研究臺中縣國小、潘俊程（2003）研究臺中縣國小，以及陳劍賢（2002）研究臺東縣國小。

(二) 認同**評鑑指標能涵蓋校務、結合學校課程教學與教育政策**者，共有下列5篇：張文潔（2009）研究屏東縣國小、吳妙娟（2009）研究澎湖縣國小、李達平（2010）研究屏東縣國中小、莊忠儒（2004）研究臺北縣國小，以及洪梓祥（2003）研究臺中縣國小。

(三) 認爲**評鑑指標宜彈性，評鑑方法、項目多元化、具多樣性，以發展學校特色**者有7篇：陳盈君（2010）研究臺北縣市國小、李達平（2010）研究屏東縣國中小、張文潔（2009）研究屏東縣國小、張秋鶯（2006）研究臺北縣、李有在（2006）研究臺中市國小、陳恩茂（2005）研究宜蘭縣國中小，以及陳憲傳（2005）研究臺北縣國中。

貳、自我評鑑認同度方面

關於自我評鑑認同度的結論分為兩大類，分別如下：

(一) 肯定自我評鑑與訪視評鑑的重要性者，共有11篇如下：陳盈君（2010）研究臺北縣市國小、魏川淵（2008）研究基隆市國小、李有在（2006）研究臺中市國小、陳恩茂（2005）研究宜蘭縣國中小、薛又綸（2005）研究臺中市國小、陳憲傳（2005）研究臺北縣國中、劉智云（2005）研究大都會區國小、洪梓祥（2003）研究臺中縣國小、陳坤松（2003）研究臺南市國小、陳劍賢（2002）研究臺東縣國小，以及王睿君（2000）研究高雄市86學年度國中。

(二) 認為**自我評鑑機制尚未完善，必須加強**者，共有4篇：陳盈君（2010）研究臺北縣市國小、張牡丹（2009）研究臺中市國中小、張秋鶯（2006）研究臺北縣，以及洪梓祥（2003）研究臺中縣國小。

參、對整體校務評鑑及各面向意見、實施方式的認同度方面

對整體校務評鑑及各面向意見、實施方式的認同度方面之結論有二：

(一) 對整體校務評鑑及各面向的意見、實施方式反映持正向認同者有15篇，分別為：陳盈君（2010）研究臺北縣市國小、郭懷升（2010）研究臺南市國小、李達平（2010）研究屏東縣國中小、吳妙娟（2009）研究澎湖縣國小、曹開寧（2008）研究屏東縣國小、張鍾榮（2008）研究臺北市國小（專業知能與發展）：效用性最高，可行性最低、吳金玉（2008）研究彰化縣國小、柯雅菱（2007）研究臺北縣完全中學、林淑芬（2007）研究桃園縣國小、張秋鶯（2006）研究臺北縣、黃坤忠（2005）研究宜蘭縣國小、劉智云（2005）研究大都會區國小、莊筱玲（2004）研究臺北市91學年度國小（消費者導向）：需求評估佳、後設評鑑應用較差、陳坤松（2003）研究臺南市國小，以及黃韻寧（2003）研究新竹縣國小。

(二) 對整體校務評鑑及各面向的意見、實施方式反映持中度認同者有4

篇：何芳錫（2009）研究臺北市國小、魏川淵（2008）研究基隆市國小、薛又綸（2005）研究臺中市國小，以及郭玲如（2004）研究臺北縣90學年度國小。

肆、是否認同評鑑方式方面

是否認同評鑑方式有下列兩種結論：

(一) **評鑑方式應修正、走入電子化、實地評鑑**（較不認同）者有3篇：張牡丹（2009）研究臺中市國中小、劉智云（2005）研究大都會區國小，以及洪梓祥（2003）研究臺中縣國小。

(二) **認同現在的評鑑方式**者有2篇：莊忠儒（2004）研究臺北縣國小及林淑芬（2007）研究桃園縣國小。

伍、關於訪評時間方面

關於對訪評時間的結論有二：

(一) 認爲**訪評時間需要延長、配合校長評鑑時程**者有6篇：張牡丹（2009）研究臺中市國中小、魏川淵（2008）研究基隆市國小、李有在（2006）研究臺中市國小、薛又綸（2005）研究臺中市國小、陳憲傳（2005）研究臺北縣國中，以及黃韻寧（2003）研究新竹縣國小。

(二) 認爲**訪評時間充足**者僅有1篇：莊忠儒（2004）研究臺北縣國小。

陸、關於認同度是否因背景變項而不同方面

關於認同度是否因背景變項而有不同結論者有下列兩種：

(一) 認爲**校務評鑑認同度不因背景變項而不同**者有2篇：吳妙娟（2009）研究澎湖縣國小：性別、學校規模、學校所在，以及莊忠儒

（2004）研究臺北縣國小：性別、學校規模。

(二) 認爲**背景變項會影響校務評鑑的認同度**者有22篇：陳盈君（2010）研究臺北縣市國小：服務年資、中型學校、男性、教育程度、兼職（尤其校長）、年齡高者；郭懷升（2010）研究臺南市國小；張文潔（2009）研究屏東縣國小：男性、小型、校長認同度高；何芳錫（2009）研究臺北市國小：年齡、年資、職務、學校規模、校齡；吳妙娟（2009）研究澎湖縣國小：校長、年長、資深者、學歷高者認同度高；曹開寧（2008）研究屏東縣國小；魏川淵（2008）研究基隆市國小：男性、校長、中型學校認同度高；張鍾榮（2008）研究臺北市國小（專業知能與發展）；吳金玉（2008）研究彰化縣國小：男性、職務、年資、學歷高；柯雅菱（2007）研究臺北縣完全中學：年齡、規模小者認同度高；林淑芬（2007）研究桃園縣國小：環境、人口變項；林淑芬（2007）研究桃園縣國小；黃坤忠（2005）研究宜蘭縣國小：是否曾參加評鑑、職務、年資、學校規模；薛又綸（2005）研究臺中市國小：性別、年齡、職務、年資、教育程度、學校規模；劉麗卿（2005）研究臺中市國中小；陳憲傳（2005）研究臺北縣國中：兼職；莊忠儒（2004）研究臺北縣國小：學歷低、年齡、年資、校長、新學校、板橋區；莊筱玲（2004）研究臺北市91學年度國小（消費者導向）：資深者認同度高、規模小的學校擔心自評能力不足；郭玲如（2004）研究臺北縣90學年度國小：學歷、地區、職務；黃韻寧（2003）研究新竹縣國小：職務別；潘俊程（2003）研究臺中縣國小：職務別、年資、教育程度；以及王睿君（2000）研究高雄市86學年度國中：兼任與否。

柒、關於是否作爲補助經費參考方面

關於是否作爲補助經費參考的結論者有二種：

(一) 認同以評鑑結果作爲補助經費參考的研究只有：陳憲傳（2005）研究臺北縣國中。

(二) 不認同以評鑑結果作爲補助經費參考的研究有4篇：曹開寧（2008）研究屏東縣國小、柯雅菱（2007）研究臺北縣完全中學、劉智云（2005）研究大都會區國小，以及莊忠儒（2004）研究臺北縣國小。

捌、關於是否認同將校務評鑑作爲校長遴選、教職員考核依據方面

關於是否認同將校務評鑑作爲校長遴選、教職員考核依據的結論有三：

(一) 不認同以評鑑結果作爲教職員考核的依據有2篇：劉智云（2005）研究大都會區國小及洪梓祥（2003）研究臺中縣國小。

(二) 不認同以評鑑結果作爲校長遴選的參考有3篇：柯雅菱（2007）研究臺北縣完全中學、張秋鶯（2006）研究臺北縣，以及林雅娟（2005）研究宜蘭縣國小。

(三) 贊成以評鑑結果作爲校長遴選的參考依據之一者有2篇：李有在（2006）研究臺中市國小及薛又綸（2005）研究臺中市國小。

玖、關於對評鑑委員的認同度方面

對於評鑑委員的認同度之結論有下列二種：

(一) 認同評鑑委員專業超然，所蒐集的資料者有4篇：張牡丹（2009）研究臺中市國中小、陳恩茂（2005）研究宜蘭縣國中小、劉智云（2005）研究大都會區國小，以及莊忠儒（2004）研究臺北縣國小。

(二) 認爲**應加強訪評委員的多元組成、共識、客觀、對校務瞭解、專業趨勢**者有15篇：陳盈君（2010）研究臺北縣市國小、郭懷升（2010）研究臺南市國小、張文潔（2009）研究屏東縣國小、吳妙娟（2009）研究澎湖縣國小、魏川淵（2008）研究基隆市國小、李有在（2006）研究

臺中市國小、薛又綸（2005）研究臺中市國小、劉麗卿（2005）研究臺中市國中小、莊忠儒（2004）研究臺北縣國小、林文榮（2004）研究臺南縣國小、莊筱玲（2004）研究臺北市91學年度國小（消費者導向）、洪梓祥（2003）研究臺中縣國小、陳坤松（2003）研究臺南市國小、陳劍賢（2002）研究臺東縣國小，以及王睿君（2000）研究高雄市86學年度國中。

拾、其他

有關其他校務評鑑實證研究的結論計有下列十五項：

(一) 認爲**應正式追蹤、輔導評鑑的落實、評鑑結果之運用、作爲下次評鑑依據並提升辦學功能，作爲後設評鑑**者有11篇：陳盈君（2010）研究臺北縣市國小、林淑芬（2007）研究桃園縣國小、黃坤忠（2005）研究宜蘭縣國小、劉麗卿（2005）研究臺中市國中小、陳憲傳（2005）研究臺北縣國中、劉智云（2005）研究大都會區國小、林文榮（2004）研究臺南縣國小、陳坤松（2003）研究臺南市國小、黃韻寧（2003）研究新竹縣國小、潘俊程（2003）研究臺中縣國小，以及陳劍賢（2002）研究臺東縣國小。

(二) 認爲**評鑑單位應該與受評學校達成共識、審慎辦理說明會、研習、加強其認知並減壓**者有11篇：陳盈君（2010）研究臺北縣市國小、郭懷升（2010）研究臺南市國小、黃坤忠（2005）研究宜蘭縣國小、劉麗卿（2005）研究臺中市國中小、陳憲傳（2005）研究臺北縣國中、劉智云（2005）研究大都會區國小、林文榮（2004）研究臺南縣國小、陳坤松（2003）研究臺南市國小、黃韻寧（2003）研究新竹縣國小、潘俊程（2003）研究臺中縣國小，以及陳劍賢（2002）研究臺東縣國小。

(三) 認爲**評鑑已影響學校教學與行政**者有10篇：張文潔（2009）研究屏東國小、陳恩茂（2005）研究宜蘭縣國中小、劉智云（2005）研究大都會區國小、林文榮（2004）研究臺南縣國小、陳盈君（2010）研究臺北縣市國小、張牡丹（2009）研究臺中市國中小、李有在（2006）研究臺中市國小、林雅娟（2005）研究宜蘭縣國小、劉智云（2005）研究大都會區國小，以及潘俊程（2003）研究臺中縣國小。

(四) 認爲**教育人員對校務評鑑目的、功能之認同與達成程度有落差**者有6篇：陳盈君（2010）研究臺北縣市國小、張文潔（2009）研究屏東國小、魏川淵（2008）研究基隆市國小、薛又綸（2005）研究臺中市國小、劉麗卿（2005）研究臺中市國中小，以及莊忠儒（2004）研究臺北縣國小。

(五) 認爲**評鑑宜常設、工作平時就應該落實**者有5篇：張牡丹（2009）研究臺中市國中小、魏川淵（2008）研究基隆市國小、張秋鶯（2006）研究臺北縣、薛又綸（2005）研究臺中市國小，以及陳劍賢（2002）研究臺東縣國小。

(六) 認爲**應補助評鑑經費**者有3篇：吳妙娟（2009）研究澎湖縣國小、李有在（2006）研究臺中市國小，以及洪梓祥（2003）研究臺中縣國小。

(七) 認爲**應整合評鑑**者有3篇：魏川淵（2008）研究基隆市國小、薛又綸（2005）研究臺中市國小，以及潘俊程（2003）研究臺中縣國小。

(八) **不認同評鑑結果公正客觀**者有3篇：李有在（2006）研究臺中市國小、林雅娟（2005）研究宜蘭縣國小，以及潘俊程（2003）研究臺中縣國小。

(九) 認爲**應修改評鑑報告的呈現方式，在公布前提供說明或申辯**者有3篇：陳盈君（2010）研究臺北縣市國小、張牡丹（2009）研究臺中市國中小，以及林雅娟（2005）研究宜蘭縣國小。

(十) 認爲**自評小組人員應專業**者有2篇：薛又綸（2005）研究臺中市國小，以及陳憲傳（2005）研究臺北縣國中。

(十一) 認爲**評鑑應朝向形成性評鑑發展**者有2篇：李達平（2010）研究屏東縣國中小，以及劉智云（2005）研究大都會區國小。

(十二) **不認同抽樣訪談具代表性**者有1篇：曹開寧（2008）研究屏東縣國小。

(十三) **擔心評鑑結果標籤作用**者有1篇：莊筱玲（2004）研究臺北市91

學年度國小（消費者導向）。

(十四) 認爲**評鑑結果應擇優公布**者也有1篇：陳劍賢（2002）研究臺東縣國小。

(十五) 認爲**校務評鑑不是唯一考核績效的方法**者有1篇：魏川淵（2008）研究基隆市國小。

表8-2　校務評鑑之研究論文結論整理表

類　別		研究者、年代及範圍
一、標準、指標認同度	1. 評鑑標準、項目、指標宜確立、修訂	1. 陳盈君（2010）——臺北縣市國小 2. 吳妙娟（2009）——澎湖縣國小 3. 魏川淵（2008）——基隆市國小 4. 張秋鶯（2006）——臺北縣 5. 陳恩茂（2005）——宜蘭縣國中小 6. 黃坤忠（2005）——宜蘭縣國小 7. 劉麗卿（2005）——臺中市國中小 8. 林雅娟（2005）——宜蘭縣國小 9. 莊忠儒（2004）——臺北縣國小 10. 洪梓祥（2003）——臺中縣國小 11. 潘俊程（2003）——臺中縣國小 12. 陳劍賢（2002）——臺東縣國小
	2. 認同評鑑指標，能涵蓋校務、結合學校課程教學與教育政策	1. 張文潔（2009）——屏東縣國小 2. 吳妙娟（2009）——澎湖縣國小 3. 李達平（2010）——屏東縣國中小 4. 莊忠儒（2004）——臺北縣國小 5. 洪梓祥（2003）——臺中縣國小
	3. 評鑑指標宜彈性、評鑑方法、項目多元化，評鑑內容具多樣性，以發展學校特色	1. 陳盈君（2010）——臺北縣市國小 2. 李達平（2010）——屏東縣國中小 3. 張文潔（2009）——屏東國小 4. 張秋鶯（2006）——臺北縣 5. 李有在（2006）——臺中市國小 6. 陳恩茂（2005）——宜蘭縣國中小 7. 陳憲傳（2005）——臺北縣國中

（續上表）

二、自我評鑑認同度	1. 肯定進行自我評鑑與訪視評鑑的重要性	1. 陳盈君（2010）——臺北縣市國小 2. 魏川淵（2008）——基隆市國小 3. 李有在（2006）——臺中市國小 4. 陳恩茂（2005）——宜蘭縣國中小 5. 薛又綸（2005）——臺中市國小 6. 陳憲傳（2005）——臺北縣國中 7. 劉智云（2005）——大都會區國小 8. 洪梓祥（2003）——臺中縣國小 9. 陳坤松（2003）——臺南市國小 10. 陳劍賢（2002）——臺東縣國小 11. 王睿君（2000）——高雄市國中 86 學年度
	2. 自我評鑑機制尚未完善	1. 陳盈君（2010）——臺北縣市國小 2. 張牡丹（2009）——臺中市國中小 3. 張秋鶯（2006）——臺北縣 4. 洪梓祥（2003）——臺中縣國小
三、整體認同度	1. 對整體校務評鑑及各面向的意見、實施方式反映持正向認同	1. 陳盈君（2010）——臺北縣市國小 2. 郭懷升（2010）——臺南市國小 3. 李達平（2010）——屏東縣國中小 4. 吳妙娟（2009）——澎湖縣國小 5. 曹開寧（2008）——屏東縣國小 6. 張鍾榮（2008）——臺北市國小（專業知能與發展）：效用性最高，可行性最低 7. 吳金玉（2008）——彰化縣國小 8. 柯雅菱（2007）——臺北縣完全中學 9. 林淑芬（2007）——桃園縣國小 10. 張秋鶯（2006）——臺北縣 11. 黃坤忠（2005）——宜蘭縣國小 12. 劉智云（2005）——大都會區國小 13. 莊筱玲（2004）——臺北市 91 學年度國小（消費者導向）：需求評估佳、後設評鑑應用較差 14. 陳坤松（2003）——臺南市國小 15. 黃韻寧（2003）——新竹縣國小

（續上表）

	2. 對整體校務評鑑及各面向的意見、實施方式反映持中度認同	1. 何芳錫（2009）——臺北市國小 2. 魏川淵（2008）——基隆市國小 3. 薛又綸（2005）——臺中市國小 4. 郭玲如（2004）——臺北縣 90 學年度國小
四、是否認同評鑑方式	1. 評鑑方式應修正、走入電子化、實地評鑑	1. 張牡丹（2009）——臺中市國中小 2. 劉智云（2005）——大都會區國小 3. 洪梓祥（2003）——臺中縣國小
	2. 認同現在的評鑑方式	1. 莊忠儒（2004）——臺北縣國小 2. 林淑芬（2007）——桃園縣國小
五、訪評時間	1. 訪評時間需要延長、配合校長評鑑時程	1. 張牡丹（2009）——臺中市國中小 2. 魏川淵（2008）——基隆市國小 3. 李有在（2006）——臺中市國小 4. 薛又綸（2005）——臺中市國小 5. 陳憲傳（2005）——臺北縣國中 6. 黃韻寧（2003）——新竹縣國小
	2. 訪評時間充足	1. 莊忠儒（2004）——臺北縣國小
六、認同度是否因背景變項而不同	1. 不因背景變項而不同	1. 吳妙娟（2009）——澎湖縣國小：性別、學校規模、學校所在 2. 莊忠儒（2004）——臺北縣國小：性別、學校規模
	2. 因背景變項差異而看法不同	1. 陳盈君（2010）——臺北縣市國小：服務年資、中型學校、男性、教育程度、兼職（尤其校長）、年齡高者 2. 郭懷升（2010）——臺南市國小 3. 張文潔（2009）——屏東國小：男性、小型、校長認同度高 4. 何芳錫（2009）——臺北市國小：年齡、年資、職務、學校規模、校齡 5. 吳妙娟（2009）——澎湖縣國小：校長、年長、資深者、學歷高者認同度高 6. 曹開寧（2008）——屏東縣國小 7. 魏川淵（2008）——基隆市國小：男性、校長、中型學校認同度高

（續上表）

		8. 張鍾榮（2008）——臺北市國小（專業知能與發展） 9. 吳金玉（2008）——彰化縣國小：男性、職務、年資、學歷高 10. 柯雅菱（2007）——臺北縣完全中學：年齡、規模小者認同度高 11. 林淑芬（2007）——桃園縣國小：環境、人口變項 12. 林淑芬（2007）——桃園縣國小 13. 黃坤忠（2005）——宜蘭縣國小：是否曾參加評鑑、職務、年資、學校規模 14. 薛又綸（2005）——臺中市國小：性別、年齡、職務、年資、教育程度、學校規模 15. 劉麗卿（2005）——臺中市國中小 16. 陳憲傳（2005）——臺北縣國中：兼職 17. 莊忠儒（2004）——臺北縣國小：學歷低、年齡、年資、校長、新學校、板橋區 18. 莊筱玲（2004）——臺北市 91 學年度國小（消費者導向）：資深者認同度高、規模小的學校擔心自評能力不足 19. 郭玲如（2004）——臺北縣 90 學年度國小：學歷、地區、職務 20. 黃韻寧（2003）——新竹縣國小：職務別 21. 潘俊程（2003）——臺中縣國小：職務別、年資、教育程度 22. 王睿君（2000）——高雄市國中 86 學年度：兼任
七、是否作為補助經費參考	1. 認同以評鑑結果作為補助經費的參考	1. 陳憲傳（2005）——臺北縣國中

	2. 不認同以評鑑結果作為補助經費的參考	1. 曹開寧（2008）——屏東縣國小 2. 柯雅菱（2007）——臺北縣完全中學 3. 劉智云（2005）——大都會區國小 4. 莊忠儒（2004）——臺北縣國小
八、是否作為校長遴選、教職員考核依據	1. 不認同評鑑結果作為教職員考核的依據	1. 劉智云（2005）——大都會區國小 2. 洪梓祥（2003）——臺中縣國小
	2. 不認同評鑑結果作為校長遴選的參考	1. 柯雅菱（2007）——臺北縣完全中學 2. 張秋鶯（2006）——臺北縣 3. 林雅娟（2005）——宜蘭縣國小
	3. 贊成以評鑑結果作為校長遴選的參考依據之一	1. 李有在（2006）——臺中市國小 2. 薛又綸（2005）——臺中市國小
九、對評鑑委員認同度	1. 認同評鑑委員專業超然、所蒐集的資料	1. 張牡丹（2009）——臺中市國中小 2. 陳恩茂（2005）——宜蘭縣國中小 3. 劉智云（2005）——大都會區國小 4. 莊忠儒（2004）——臺北縣國小
	2. 加強訪評委員的多元組成、共識、客觀、對校務瞭解、專業趨勢	1. 陳盈君（2010）——臺北縣市國小 2. 郭懷升（2010）——臺南市國小 3. 張文潔（2009）——屏東縣國小 4. 吳妙娟（2009）——澎湖縣國小 5. 魏川淵（2008）——基隆市國小 6. 李有在（2006）——臺中市國小 7. 薛又綸（2005）——臺中市國小 8. 劉麗卿（2005）——臺中市國中小 9. 莊忠儒（2004）——臺北縣國小 10. 林文榮（2004）——臺南縣國小 11. 莊筱玲（2004）——臺北市 91 學年度國小（消費者導向） 12. 洪梓祥（2003）——臺中縣國小 13. 陳坤松（2003）——臺南市國小 14. 陳劍賢（2002）——臺東縣國小 15. 王睿君（2000）——高雄市國中 86 學年度

（續上表）

十、其他	1. 正式追蹤、輔導評鑑的落實、評鑑結果之運用、作為下次評鑑依據、提升辦學功能、後設評鑑	1. 陳盈君（2010）——臺北縣市國小 2. 林淑芬（2007）——桃園縣國小 3. 黃坤忠（2005）——宜蘭縣國小 4. 劉麗卿（2005）——臺中市國中小 5. 陳憲傳（2005）——臺北縣國中 6. 劉智云（2005）——大都會區國小 7. 林文榮（2004）——臺南縣國小 8. 陳坤松（2003）——臺南市國小 9. 黃韻寧（2003）——新竹縣國小 10. 潘俊程（2003）——臺中縣國小 11. 陳劍賢（2002）——臺東縣國小
	2. 評鑑單位與受評學校達成共識、審慎辦理說明會、研習、加強認知、減壓	1. 陳盈君（2010）——臺北縣市國小 2. 郭懷升（2010）——臺南市國小 3. 黃坤忠（2005）——宜蘭縣國小 4. 劉麗卿（2005）——臺中市國中小 5. 陳憲傳（2005）——臺北縣國中 6. 劉智云（2005）——大都會區國小 7. 林文榮（2004）——臺南縣國小 8. 陳坤松（2003）——臺南市國小 9. 黃韻寧（2003）——新竹縣國小 10. 潘俊程（2003）——臺中縣國小 11. 陳劍賢（2002）——臺東縣國小
	3. 評鑑已影響學校教學與行政	1. 張文潔（2009）——屏東國小 2. 陳恩茂（2005）——宜蘭縣國中小 3. 劉智云（2005）——大都會區國小 4. 林文榮（2004）——臺南縣國小 5. 陳盈君（2010）——臺北縣市國小 6. 張牡丹（2009）——臺中市國中小 7. 李有在（2006）——臺中市國小 8. 林雅娟（2005）——宜蘭縣國小 9. 劉智云（2005）——大都會區國小 10. 潘俊程（2003）——臺中縣國小

（續上表）

	4. 教育人員對校務評鑑目的、功能之認同與達成程度有落差	1. 陳盈君（2010）——臺北縣市國小 2. 張文潔（2009）——屏東國小 3. 魏川淵（2008）——基隆市國小 4. 薛又綸（2005）——臺中市國小 5. 劉麗卿（2005）——臺中市國中小 6. 莊忠儒（2004）——臺北縣國小
	5. 評鑑常設、工作平時就落實	1. 張牡丹（2009）——臺中市國中小 2. 魏川淵（2008）——基隆市國小 3. 張秋鶯（2006）——臺北縣 4. 薛又綸（2005）——臺中市國小 5. 陳劍賢（2002）——臺東縣國小
	6. 補助評鑑經費	1. 吳妙娟（2009）——澎湖縣國小 2. 李有在（2006）——臺中市國小 3. 洪梓祥（2003）——臺中縣國小
	7. 整合評鑑	1. 魏川淵（2008）——基隆市國小 2. 薛又綸（2005）——臺中市國小 3. 潘俊程（2003）——臺中縣國小
	8. 不認同評鑑結果公正客觀	1. 李有在（2006）——臺中市國小 2. 林雅娟（2005）——宜蘭縣國小 3. 潘俊程（2003）——臺中縣國小
	9. 修改評鑑報告的呈現方式、公布前提供說明或申辯	1. 陳盈君（2010）——臺北縣市國小 2. 張牡丹（2009）——臺中市國中小 3. 林雅娟（2005）——宜蘭縣國小
	10. 自評小組人員應專業	1. 薛又綸（2005）——臺中市國小 2. 陳憲傳（2005）——臺北縣國中
	11. 朝向形成性評鑑發展	1. 李達平（2010）——屏東縣國中小 2. 劉智云（2005）——大都會區國小
	12. 不認同抽樣訪談具代表性	1. 曹開寧（2008）——屏東縣國小
	13. 擔心評鑑結果標籤作用	1. 莊筱玲（2004）——臺北市 91 學年度國小（消費者導向）
	14. 評鑑結果應擇優公布	1. 陳劍賢（2002）——臺東縣國小
	15. 不是唯一考核績效的方法	1. 魏川淵（2008）——基隆市國小

第二節 校務評鑑實證研究建議評析

校務評鑑實證研究建議可分爲三大部分，分別是：(一)對主管教育行政機關的建議，共有十五點建議；(二)對受評學校的建議，共有四點建議；(三)對評鑑人員的建議，共有三點，以下依研究論文建議的篇數排序說明，如表8-3所示。

壹、對主管教育行政機關的建議方面

校務評鑑實證研究對主管教育行政機關的建議共有下列十五點：

一、加強宣導校務評鑑，評鑑前進行知能研習

持此觀點者，在32篇論文之中高達29篇，因可藉此進行教育訓練並建立學校人員正確評鑑觀念，積極看待評鑑並視之爲經常事務、建立共識、事先計畫，擴大參與對象、建立合作模式、增加溝通、減輕受評者壓力，其功用不可忽略。

二、重視評鑑結果之運用

可藉此進行獎懲、列管、追蹤改善與輔導、增加評鑑成本效益、提供績優學校經驗分享、進行後設評鑑，公布評鑑結果及細項分數，並提供評鑑學校檢討、申復、具體改革面向或提供他校標竿模範，在評鑑結果公告方式，能多元、善用媒介散播、做爲補助參據，因此共有27篇研究論文提供此建議。

三、整合學校各級各類評鑑、視導及訪視

持此觀點者，共有22篇，學校評鑑種類太多，整合各種評鑑不僅可節省準備評鑑與接待評鑑委員的時間，也可使整體性評鑑更具效益與效率。

四、加強評鑑委員的代表性

提此建議的研究論文有14篇，可藉由建立不同學校類型評鑑人員資料庫與遴選、試評機制，並採取認證機制，提升其專業性、可靠性及評鑑倫理。

五、適時修正評鑑標準與指標細項

提此建議者有12篇，建議評鑑指標宜多元、彈性，兼顧利益關係者與不同身分者看法、學校特色、規模、學制及學生表現。

六、發展校務評鑑明確規則與辦法

提此建議者有9篇，認為應該建立適宜的校務評鑑標準模式、流程與完整評鑑機制，在校務評鑑過程公平、公開、多元、專業、客觀。

七、建立校務評鑑專責機構

提此建議的研究論文有6篇，評鑑事務專業而繁重，可以建立校務評鑑專責機構負責。

八、暢通評鑑訊息

提此建議的研究論文有4篇，可藉此提早告知評鑑項目、配合學校作息、增進服務導向，轉為溝通協調者，或委請評鑑單位提供諮詢服務。

九、建議寬編校務評鑑經費、提供實質資源協助、資源平均分配者有3篇。

十、與校長遴選脫鉤之建議者有2篇。

十一、建議延長／縮短／調整評鑑週期

建議延長／縮短／調整評鑑週期者有2篇，分別為：黃坤忠（2005）研究宜蘭縣國小時認為應在校長任期第三年時實施，而林文榮（2004）研究臺南縣國小時則建議應改為三年評鑑1次。

十二、視為校長遴選參考之一的研究有2篇。

十三、建議以質性描述學校優缺點，不公布等第排名者有2篇。

十四、建議分區評鑑，並交互評鑑者有1篇。

十五、建議評鑑結果不公開者有1篇。

貳、對受評學校的建議方面

對受評學校的建議，共有下列四點：

一、落實學校本位評鑑及自我評鑑機制

藉此發展學校本位評鑑，追求永續創新、發展學校特色、擬訂校務發展計畫並階段性落實，提此建議的研究論文者有20篇。

二、建立學校評鑑 SOP 流程及評鑑資料 e 化建檔系統

提此建議的研究論文有19篇，建置學校資料系統，提供傳承，進行知識管理，建立學校評鑑SOP流程，評鑑常態化，並e化、規範書面審閱之資源浪費，多實地參觀考察。

三、爭取利益關係者、社區、家長的支持與資源

提此建議的研究論文有4篇，將學校活動納入社區、家長期望，提升參與度，以運用其資源。

四、明訂各處室權責分工、工作規劃及建立團隊機制

提出明訂各處室權責分工、工作規劃與建立團隊機制的研究論文有3篇。

參、對評鑑人員的建議方面

對評鑑人員的建議，共有下列三點：

一、增加訪評時間、彈性分配（可分次）並掌控訪評時間與流程

提出增加訪評時間、彈性分配（可分次）並掌控訪評時間和流程建議的研究論文有10篇。

二、尊重受評者差異，廣納各方意見，增加觀察及晤談時間

提此建議的研究論文有4篇，評鑑人員宜彈性看待評鑑指標，自行研發適合之評鑑模式並廣納多元意見、增加觀察晤談時間，訪談對象也應該有代表性。

三、評鑑時質量並重，評鑑方式宜多元彈性

提此建議的研究論文有3篇，藉由多元評鑑、交叉檢核的方式，同時實施形成性與總結性評鑑。

表8-3　校務評鑑之研究論文建議整理表

類　　別		研究者、年代及範圍
一、對教育主管單位的建議	1. 加強全校宣導、評鑑前研習、進修：進行教育訓練並建立全校正確評鑑觀念與素養，積極看待評鑑並視之為經常事務、建立共識、事先計畫，擴大參與對象、建立合作模式、增加溝通、減輕受評者壓力、弭平不同變項認知差異	1. 陳盈君（2010）——臺北縣市國小 2. 郭懷升（2010）——臺南市國小 3. 李達平（2010）——屏東縣國中小 4. 張文潔（2009）——屏東國小 5. 何芳錫（2009）——臺北市國小 6. 吳妙娟（2009）——澎湖縣國小 7. 曹開寧（2008）——屏東縣國小 8. 魏川淵（2008）——基隆市國小 9. 張鍾榮（2008）——臺北市國小（專業知能與發展） 10. 吳金玉（2008）——彰化縣國小 11. 柯雅菱（2007）——臺北縣完全中學 12. 張秋鶯（2006）——臺北縣 13. 李有在（2006）——臺中市國小 14. 陳恩茂（2005）——宜蘭縣國中小 15. 黃坤忠（2005）——宜蘭縣國小 16. 薛又綸（2005）——臺中市國小 17. 劉麗卿（2005）——臺中市國中小

（續上表）

		18. 陳憲傳（2005）——臺北縣國中 19. 林雅娟（2005）——宜蘭縣國小 20. 劉智云（2005）——大都會區國小 21. 莊忠儒（2004）——臺北縣國小 22. 林文榮（2004）——臺南縣國小 23. 莊筱玲（2004）——臺北市 91 學年度國小（消費者導向） 24. 郭玲如（2004）——臺北縣 90 學年度國小 25. 陳坤松（2003）——臺南市國小 26. 黃韻寧（2003）——新竹縣國小 27. 潘俊程（2003）——臺中縣國小 28. 陳劍賢（2002）——臺東縣國小 29. 王睿君（2000）——高雄市國中 86 學年度
	2. 重視評鑑結果之運用：進行獎懲、列管、追蹤改善與輔導、增加評鑑成本效益、提供績優學校經驗分享、進行後設評鑑，公布評鑑結果及細項分數，可提供評鑑學校檢討、申復、具體改革面向、提供他校標竿模範，評鑑結果公告方式多元、善用媒介散播、作為補助參據	1. 陳盈君（2010）——臺北縣市國小 2. 郭懷升（2010）——臺南市國小 3. 李達平（2010）——屏東縣國中小 4. 張文潔（2009）——屏東國小 5. 張牡丹（2009）——臺中市國中小 6. 吳妙娟（2009）——澎湖縣國小 7. 曹開寧（2008）——屏東縣國小 8. 魏川淵（2008）——基隆市國小 9. 吳金玉（2008）——彰化縣國小 10. 柯雅菱（2007）——臺北縣完全中學 11. 張秋鶯（2006）——臺北縣 12. 李有在（2006）——臺中市國小 13. 黃坤忠（2005）——宜蘭縣國小 14. 薛又綸（2005）——臺中市國小 15. 劉麗卿（2005）——臺中市國中小 16. 陳憲傳（2005）——臺北縣國中 17. 林雅娟（2005）——宜蘭縣國小 18. 劉智云（2005）——大都會區國小 19. 莊忠儒（2004）——臺北縣國小

（續上表）

		20. 林文榮（2004）——臺南縣國小 21. 莊筱玲（2004）——臺北市 91 學年度國小（消費者導向） 22. 郭玲如（2004）——臺北縣 90 學年度國小 23. 洪梓祥（2003）——臺中縣國小 24. 陳坤松（2003）——臺南市國小 25. 黃韻寧（2003）——新竹縣國小 26. 潘俊程（2003）——臺中縣國小 27. 陳劍賢（2002）——臺東縣國小
	3. 整合學校各級各類評鑑、視導及訪視	1. 郭懷升（2010）——臺南市國小 2. 李達平（2010）——屏東縣國中小 3. 張文潔（2009）——屏東國小 4. 何芳錫（2009）——臺北市國小 5. 張牡丹（2009）——臺中市國中小 6. 吳妙娟（2009）——澎湖縣國小 7. 魏川淵（2008）——基隆市國小 8. 張鍾榮（2008）——臺北市國小（專業知能與發展） 9. 林淑芬（2007）——桃園縣國小 10. 李有在（2006）——臺中市國小 11. 陳恩茂（2005）——宜蘭縣國中小 12. 黃坤忠（2005）——宜蘭縣國小 13. 薛又綸（2005）——臺中市國小 14. 劉麗卿（2005）——臺中市國中小 15. 陳憲傳（2005）——臺北縣國中 16. 林雅娟（2005）——宜蘭縣國小 17. 劉智云（2005）——大都會區國小 18. 莊忠儒（2004）——臺北縣國小 19. 林文榮（2004）——臺南縣國小 20. 洪梓祥（2003）——臺中縣國小 21. 黃韻寧（2003）——新竹縣國小 22. 潘俊程（2003）——臺中縣國小

（續上表）

	4. 加強評鑑委員的專業性與代表性：建立不同學校類型評鑑人員資料庫與遴選、試評機制，並採取認證機制，提升其專業性、可靠性與評鑑倫理	1. 郭懷升（2010）——臺南市國小 2. 吳妙娟（2009）——澎湖縣國小 3. 魏川淵（2008）——基隆市國小 4. 林淑芬（2007）——桃園縣國小 5. 張秋鶯（2006）——臺北縣 6. 薛又綸（2005）——臺中市國小 7. 劉麗卿（2005）——臺中市國中小 8. 陳憲傳（2005）——臺北縣國中 9. 林雅娟（2005）——宜蘭縣國小 10. 林文榮（2004）——臺南縣國小 11. 郭玲如（2004）——臺北縣 90 學年度國小 12. 陳坤松（2003）——臺南市國小 13. 黃韻寧（2003）——新竹縣國小 14. 陳劍賢（2002）——臺東縣國小
	5. 適時修正評鑑標準與指標細項：指標多元彈性，兼顧利益關係人與不同身分者看法、學校特色、規模、學制、學生表現	1. 陳盈君（2010）——臺北縣市國小 2. 李達平（2010）——屏東縣國中小 3. 張牡丹（2009）——臺中市國中小 4. 張鍾榮（2008）——臺北市國小（專業知能與發展） 5. 吳金玉（2008）——彰化縣國小 6. 李有在（2006）——臺中市國小 7. 黃坤忠（2005）——宜蘭縣國小 8. 劉麗卿（2005）——臺中市國中小 9. 林雅娟（2005）——宜蘭縣國小 10. 洪梓祥（2003）——臺中縣國小 11. 陳坤松（2003）——臺南市國小 12. 潘俊程（2003）——臺中縣國小
	6. 發展校務評鑑明確規則與辦法：建立適宜的校務評鑑標準模式、流程與完整評鑑機制、評鑑過程公平、公開、多元、專業、客觀	1. 李達平（2010）——屏東縣國中小 2. 何芳錫（2009）——臺北市國小 3. 張牡丹（2009）——臺中市國中小 4. 吳妙娟（2009）——澎湖縣國小 5. 魏川淵（2008）——基隆市國小 6. 李有在（2006）——臺中市國小 7. 洪梓祥（2003）——臺中縣國小

（續上表）

		8. 黃韻寧（2003）——新竹縣國小 9. 潘俊程（2003）——臺中縣國小
	7. 建立校務評鑑專責機構	1. 張牡丹（2009）——臺中市國中小 2. 吳妙娟（2009）——澎湖縣國小 3. 柯雅菱（2007）——臺北縣完全中學 4. 劉麗卿（2005）——臺中市國中小 5. 林雅娟（2005）——宜蘭縣國小 6. 林文榮（2004）——臺南縣國小
	8. 暢通評鑑訊息：提早告知評鑑項目、配合學校作息、增進服務導向，轉為溝通協調者，或委請評鑑單位提供諮詢服務	1. 張秋鶯（2006）——臺北縣 2. 林文榮（2004）——臺南縣國小 3. 莊筱玲（2004）——臺北市 91 學年度國小（消費者導向） 4. 王睿君（2000）——高雄市國中 86 學年度
	9. 寬編校務評鑑經費、提供實質資源協助、資源平均分配	1. 陳盈君（2010）——臺北縣市國小 2. 何芳錫（2009）——臺北市國小 3. 劉麗卿（2005）——臺中市國中小
	10. 與校長遴選脫鉤	1. 張秋鶯（2006）——臺北縣 2. 陳恩茂（2005）——宜蘭縣國中小
	11. 延長／縮短／調整評鑑週期	1. 黃坤忠（2005）——宜蘭縣國小：校長任期第三年 2. 林文榮（2004）——臺南縣國小：三年一次
	12. 視為校長遴選參考之一	1. 郭懷升（2010）——臺南市國小 2. 薛又綸（2005）——臺中市國小
	13. 以質性描述學校優缺點，不公布等第排名	1. 劉麗卿（2005）——臺中市國中小 2. 林文榮（2004）——臺南縣國小
	14. 分區評鑑，並交互評鑑	1. 洪梓祥（2003）——臺中縣國小
	15. 評鑑結果不公開	1. 陳坤松（2003）——臺南市國小

（續上表）

二、對受評學校的建議	1. 落實學校本位及自評機制：藉此發展學校本位評鑑，追求永續創新、發展學校特色、擬訂校務發展計畫並階段性落實	1. 陳盈君（2010）——臺北縣市國小 2. 郭懷升（2010）——臺南市國小 3. 張文潔（2009）——屏東國小 4. 魏川淵（2008）——基隆市國小 5. 柯雅菱（2007）——臺北縣完全中學 6. 林淑芬（2007）——桃園縣國小 7. 張秋鶯（2006）——臺北縣 8. 李有在（2006）——臺中市國小 9. 薛又綸（2005）——臺中市國小 10. 劉麗卿（2005）——臺中市國中小 11. 陳憲傳（2005）——臺北縣國中 12. 林雅娟（2005）——宜蘭縣國小 13. 林雅娟（2005）——宜蘭縣國小 14. 莊忠儒（2004）——臺北縣國小 15. 林文榮（2004）——臺南縣國小 16. 莊筱玲（2004）——臺北市 91 學年度國小（消費者導向） 17. 洪梓祥（2003）——臺中縣國小 18. 黃韻寧（2003）——新竹縣國小 19. 陳劍賢（2002）——臺東縣國小 20. 王睿君（2000）——高雄市國中 86 學年度
	2. 評鑑資料 e 化建檔：建置學校資料系統，提供傳承，進行知識管理，建立學校評鑑 SOP 流程，評鑑常態化，並 e 化、規範書面審閱之資源浪費，多實地參觀考察	1. 郭懷升（2010）——臺南市國小 2. 李達平（2010）——屏東縣國中小 3. 張文潔（2009）——屏東國小 4. 張牡丹（2009）——臺中市國中小 5. 曹開寧（2008）——屏東縣國小 6. 魏川淵（2008）——基隆市國小 7. 柯雅菱（2007）——臺北縣完全中學 8. 林淑芬（2007）——桃園縣國小 9. 張秋鶯（2006）——臺北縣 10. 李有在（2006）——臺中市國小 11. 陳恩茂（2005）——宜蘭縣國中小

（續上表）

		12. 薛又綸（2005）——臺中市國小 13. 劉麗卿（2005）——臺中市國中小 14. 陳憲傳（2005）——臺北縣國中 15. 劉智云（2005）——大都會區國小 16. 莊忠儒（2004）——臺北縣國小 17. 洪梓祥（2003）——臺中縣國小 18. 陳坤松（2003）——臺南市國小 19. 黃韻寧（2003）——新竹縣國小
	3. 爭取利益關係者、社區、家長的支持與資源：將學校活動納入社區、家長期望，提升參與度，以運用其資源	1. 張秋鶯（2006）——臺北縣 2. 劉智云（2005）——大都會區國小 3. 莊忠儒（2004）——臺北縣國小 4. 莊筱玲（2004）——臺北市 91 學年度國小（消費者導向）
	4. 明定各處室權責分工、工作規劃及建立團隊機制	1. 何芳錫（2009）——臺北市國小 2. 曹開寧（2008）——屏東縣國小 3. 陳憲傳（2005）——臺北縣國中
三、對評鑑人員的建議	1. 增加訪評時間、彈性分配（可分次）並掌控訪評時間與流程	1. 郭懷升（2010）——臺南市國小 2. 曹開寧（2008）——屏東縣國小 3. 魏川淵（2008）——基隆市國小 4. 柯雅菱（2007）——臺北縣完全中學 5. 張秋鶯（2006）——臺北縣 6. 薛又綸（2005）——臺中市國小 7. 劉麗卿（2005）——臺中市國中小 8. 黃韻寧（2003）——新竹縣國小 9. 陳劍賢（2002）——臺東縣國小 10. 王睿君（2000）——高雄市國中 86 學年度
	2. 尊重受評者差異、溝通廣納各方意見：評鑑人員宜彈性看待評鑑指標，自行研發適合之評鑑模式並廣納多元意見、增加觀察晤談時間、訪談對象有代表性	1. 張牡丹（2009）——臺中市國中小 2. 曹開寧（2008）——屏東縣國小 3. 陳坤松（2003）——臺南市國小 4. 王睿君（2000）——高雄市國中 86 學年度

（續上表）

	3. 評鑑時質量並重、方式彈性：藉由多元評鑑、交叉檢核的方式，同時實施形成性與總結性評鑑	1. 莊筱玲（2004）——臺北市 91 學年度國小（消費者導向） 2. 陳坤松（2003）——臺南市國小 3. 陳劍賢（2002）——臺東縣國小

第三節　校務評鑑實證研究結論與建議

校務評鑑實證研究之結論與建議來自其研究問題，其研究方法大都以問卷調查校務的各種滿意度、認同度及相關問題，以進行探討與提出建議，研究者多具行政實務經驗，因此能賦予校務評鑑研究具體意義。本文統整實徵性校務評鑑研究後（見附錄五），歸結下列結論與建議：

壹、結論

校務評鑑實證研究結論與建議有十項結論，茲依照所有實證性研究結論之篇數次序敘寫如后。

一、修訂評鑑標準、指標，使之更為明確

許多研究（32篇中有12篇）皆認爲評鑑標準及指標需更加明確，因此認爲有必要進一步修訂後再確立評鑑標準及指標，諸多學校行政人員在進行校務評鑑後，對目前的評鑑標準及指標的認同度尚且不足。

二、肯定自我評鑑的重要，宜加強自我評鑑機制

關於自我評鑑認同度的結論分爲兩大類，分別是：

(一) 肯定進行自我評鑑與訪視評鑑的重要性。

(二) 認為自我評鑑機制尚未完善，必須加強。

持這兩種結論者分別有11篇與4篇，可見在肯定自我評鑑的功能性之外，尚有改善的空間。

三、正向認同整體校務評鑑及其實施方式

對整體校務評鑑及實施方式等面向的認同度持正向認同者有15篇，持中度認同者有4篇，可見在整體校務評鑑及其實施的認同度頗高，即使不能全然正向認同，也具有一定程度的肯定。

四、宜減少書面評鑑，加強電子化及實地訪評

在認同評鑑方式方面有兩種結論：

(一) 認為評鑑方式應修正，走入電子化、多進行實地評鑑，因此較不認同目前的評鑑方式者有3篇。

(二) 認同現在的評鑑方式者有2篇，因此可知現在的評鑑方式雖已能得到部分學校的認同，但仍可朝電子化、減少書面評鑑而多進行實地評鑑的方向努力。

五、增加訪評時間，並配合校長評鑑時程

關於對訪評時間的結論有兩種：

(一) 認為訪評時間需要延長、配合校長評鑑時程者有6篇。

(二) 認為訪評時間充足者僅有1篇。

可見多數研究指出訪評時間仍不足，應該增加評鑑時間，甚至配合校長評鑑時程，方能眞正充分瞭解學校現況。

六、校務評鑑的認同度因不同背景變項而有不同

關於認同度是否因背景變項而不同的結論有兩種：

(一) 認爲校務評鑑認同度不因背景變項而影響者有2篇，這2篇分別是研究澎湖縣及臺北縣之國小之不同性別、學校規模。

(二) 認爲背景變項會影響校務評鑑認同度者有22篇，這些研究者發現會影響的背景變項包含了不同學校類型（國小、完全中學、國中）、不同地區與縣市（臺北縣市、臺南市、屏東縣、澎湖縣、基隆市、彰化縣、桃園縣、宜蘭縣、臺中縣市）、不同背景（服務年資、學校大小、性別、教育程度、兼職情況、年齡、校齡、學歷、是否曾參加評鑑）。

可見多數研究發現在現今一體適用的評鑑制度之下，認同度會因背景變項而有所不同。

七、校務評鑑結果不宜作為補助經費參考之依據

關於校務評鑑的結果是否宜作爲補助經費參考的結論者有二種：

(一) 認同以評鑑結果作爲補助經費參考的研究只有1篇。

(二) 不認同以評鑑結果作爲補助經費參考的研究有4篇。

可見多數學校人員認爲，既然校務評鑑的定位在於爲學校做健康檢查，用意在於幫助學校，就不宜以補助經費作爲評鑑結果是否理想的手段。

八、不宜將校務評鑑結果作為校長遴選、教職員考核之參據

關於是否認同將校務評鑑作爲校長遴選、教職員考核依據的結論有三種：

(一) 不認同以評鑑結果作爲教職員考核的依據者有2篇。

(二) 不認同以評鑑結果作爲校長遴選的參考者有3篇。

(三) 贊成以評鑑結果作爲校長遴選的參考依據之一者有2篇。

可見在此部分，不論是將校務評鑑作爲校長遴選或教職員考核依據與否，認同度意見兩極，尚有爭議，但基於與第七點相同之理由，多數人仍不願意有被迫的壓力。

九、認同評鑑委員專業超然，宜加強訪評委員的多元組成

對於評鑑委員的認同度之結論有二種：

(一) 認同評鑑委員專業超然，所蒐集的資料者有4篇。

(二) 認爲應該加強訪評委員的多元組成、共識、客觀、對校務瞭解、專業趨勢者有15篇。

可見研究者雖認同評鑑委員如今的專業能力，但對其組成的專業結構比例、彼此間橫向溝通的共識及其對校務的瞭解程度仍尚未具備足夠信心。

十、其他

其他並未具備相對性的研究結論中，依照結論所提及的總篇數依次如下：

(一) 認爲應該正式追蹤、輔導評鑑的落實、評鑑結果之運用、作爲下次評鑑依據並提升辦學功能，作爲後設評鑑者有11篇。

(二) 認爲評鑑單位應該與受評學校達成共識、審愼辦理說明會、研習、加強其認知並減壓者有11篇。

(三) 認爲評鑑已影響學校教學與行政者有10篇。

(四) 認爲教育人員對校務評鑑目的、功能之認同與達成程度有落差者有6篇。

(五) 認爲評鑑常設、工作平時就應該落實者有5篇。

(六) 認爲應該補助評鑑經費者、應該整合評鑑者、不認同評鑑結果公正客觀者、應修改評鑑報告的呈現方式，在公布前提供說明或申辯者有3篇。

(七) 認爲自評小組人員應更專業、評鑑應該朝向形成性評鑑發展者有2篇。

(八) 不認同抽樣訪談代表性、擔心評鑑結果標籤作用、認爲評鑑結果應擇優公布、認爲校務評鑑不是唯一考核績效的方法者各有1篇。

貳、建議

校務評鑑實證研究建議經整理後，可分爲三大部分，分別是：(一)對主管教育行政機關的建議，(二)對受評學校的建議，(三)對評鑑人員的建議。

一、對主管教育行政機關的建議方面

(一) 評鑑前

1. 加強校務評鑑宣導，評鑑前進行知能研習

多數研究對主管教育行政機關的建議（高達29／32篇）皆與加強宣導、評鑑前研習有關，因爲可藉此進行教育訓練並建立學校人員正確評鑑觀念，減輕受評者壓力，其功用不可忽略。

2. 遴選評鑑委員時，宜加強其代表性

加強評鑑委員的代表性（提此建議的研究論文有14篇），可藉由建立不同學校類型評鑑人員資料庫與遴選、試評機制，並採取認證機制等方式，提升其專業性、可靠性與評鑑倫理。

3. 發展校務評鑑明確規則與辦法

發展校務評鑑明確規則與辦法之建議者有9篇，認爲應該建立適宜的校務評鑑標準模式、流程及完整評鑑機制，以促進校務評鑑過程在公平、公開、多元、專業、客觀下進行。

4. 建立校務評鑑專責機構，暢通評鑑訊息

提及應該建立評鑑專責機構建議的研究論文有6篇，提及宜暢通評鑑訊息建議的研究論文有4篇，評鑑事務專業而繁重，可建立評鑑專責機構負責，以強調評鑑事務的重要性，更可藉此專責機構提早告知評鑑項目、配合學校作息、增進服務導向，轉爲溝通協調者，或委請評鑑單位提供諮詢服務，暢通評鑑訊息。

5. 寬編校務評鑑經費，並提供實質資源協助

有3篇論文認爲在進行校務評鑑方面耗費人力及物力，主管教育行政機關應另外提供實質資源協助，在此方面也應將資源作平均分配。

㈡ 評鑑中

1. 整合各級各類學校評鑑、視導及訪視

在整合學校各級評鑑與視導、訪視的建議方面，共有22篇，學校評鑑種類太多，整合各種評鑑不只可節省準備評鑑與接待評鑑委員的時間，亦可使整體性評鑑更具效益與效率。

2. 評鑑結果宜增加質性描述，且不公布學校等第排名

有2篇研究建議在評鑑結果中增加質性描述，學校優缺點以質性描述更能細部深入的敘寫。此外，質性描述不會有像量化分數那樣明顯的排行，畢竟，未經過標準化的排行分數不見得公允。

3. 宜進行分區評鑑與交互評鑑，以增進評鑑的公平性

有1篇研究建議進行分區與交互評鑑，認爲這樣可以增進公平性。

㈢ 評鑑後

1. 評鑑結果之運用宜妥爲規劃

評鑑結果宜妥善運用（有27／32篇提及），認爲可藉此進行獎懲、列管、追蹤改善與輔導、增加評鑑成本效益、提供績優學校經驗分享、進行後設評鑑，並提供評鑑學校檢討、申復、具體改革面向或提供他校標竿模範，在評鑑結果公告方式，多元、善用媒介散播，對學校也有宣傳效果，甚至可在公布評鑑結果及細項分數之後以此作爲補助參據。

2. 適時修正評鑑標準與指標，使指標具多元、彈性

在評鑑前、後不斷循環修正標準與指標細項，建議指標宜多元、彈性，兼顧利益關係者與不同身分者看法、學校特色、規模、學制及學生表現，提此建議者有12篇。

3. 校務評鑑與校長遴選脫鉤或參考者尚須考量

研究論文中建議與校長遴選脫鉤或爲校長遴選參考各有2篇，可見此建議至今觀點不一，顯見其中決策之立足點以何者爲重尚需考量。

二、對受評學校的建議方面

(一) 發展學校本位評鑑及自我評鑑機制

提此建議的研究有20篇，藉由校務評鑑可發展學校本位評鑑，追求永續創新、發展學校特色、擬定校務發展計畫並依照計畫進行階段性落實與自評。

(二) 建立校務評鑑 SOP 流程，評鑑資料 e 化建檔

提此建議的研究有19篇，若能在環保的考量下建置學校電子化資料系統，不只可以提供傳承，更可以跨單位進行知識管理，建立學校評鑑SOP流程，使評鑑常態化，以及規範書面審閱資料之資源浪費。

(三) 爭取利益關係者、社區人士及家長的支持與資源

提此建議的研究論文有4篇，若能將學校活動納入社區人士及家長之期望，使其更加瞭解學校行政與評鑑之內容，除可提升社區及家長的參與度外，更可充分運用其資源。

㈣ 宜明訂各處室權責分工，建立團隊機制，加強橫向聯繫

提此建議的研究論文有3篇，各處室若能在工作分配之後，進行工作規劃與權責分工，方能發揮團隊功能，加強各處室之橫向聯繫。

三、對評鑑人員的建議方面

㈠ 增加訪評時間、彈性分配並掌控訪評時間與流程

提此建議的研究論文有10篇，評鑑人員往往在書面評鑑之後即面臨時間壓力，因此有研究建議宜增加訪評時間，甚至可以彈性、分次評鑑，以免在時間太過緊湊下，看不到學校的眞正面貌。

㈡ 尊重受評者差異，廣納各方意見，增加觀察及晤談時間

提此建議的研究論文有4篇，不僅是因爲學校規模、類型各有不同，現今教育政策正鼓勵學校各自發展特色的情形下，評鑑人員宜彈性看待評鑑指標，自行研發適合之評鑑模式並廣納多元意見、增加觀察晤談時間，並找尋具有代表性的訪談對象。

㈢ 評鑑方式宜多元、彈性，質量並重

提此建議的研究論文有3篇，藉由多元評鑑、交叉檢核的方式，同時實施形成性與總結性評鑑。此外，藉由增加質性評鑑方式，除了可深度剖析學校狀態，亦可避免不同評鑑人員導致的不同評鑑標準，以及未標準化的分數所帶來的排名結果被濫用。

本章小結

本章第一節探討校務評鑑實證研究的結論，歸納校務評鑑的實徵性研究，可知目前校務評鑑的現況與努力成果，以及應興應革之處。從空間橫斷

面來看，可獲取校務評鑑的資料；從時間縱切面來看，可知曉其進步的狀況，在綜合比較後，可找出校務評鑑成果之異同，並取其優缺點，作爲自身檢核與他山之石的借鑑。

第二節析論校務評鑑實證研究，首先，對(一)主管教育行政機關的建議，共有下列十三項：1.加強宣導、評鑑前研習；重視評鑑結果之運用；2.整合學校各級評鑑與視導、訪視；3.加強評鑑委員的代表性；4.適時修正評鑑標準與指標細項；5.發展校務評鑑明確規則與辦法；6.建立評鑑專責機構等。其次，對(二)受評學校的建議有下列四項：7.落實學校本位及自評機制；8.評鑑資料e化建檔；9.爭取利益關係者、社區、家長支持與資源；以及10.明訂各處室權責分工、工作規劃與建立團隊機制。再次，對(三)評鑑人員的建議，共有下列三點：11.增加訪評時間、彈性分配（可分次）並掌控訪評時間、流程；12.尊重受評者差異、廣納各方意見；13.評鑑時質量並重、方式彈性。

第三節探析校務評鑑實證研究的結論與建議，校務評鑑實證研究結論有下列九點：(一)修訂評鑑標準、指標，使之更爲明確；(二)肯定自我評鑑的重要，宜加強自我評鑑機制；(三)正向認同整體校務評鑑及其實施方式；(四)宜減少書面評鑑，加強電子化及實地訪評；(五)增加訪評時間，並配合校長評鑑時程；(六)校務評鑑的認同度因不同背景變項而有不同；(七)校務評鑑結果不宜作爲補助經費參考之依據；(八)不宜將校務評鑑結果作爲校長遴選、教職員考核之參據；(九)認同評鑑委員專業超然，訪評委員宜多元組成。

第九章

校務評鑑的後設評鑑

「卻顧所來徑，蒼蒼橫翠微。」

～李白《下終南山過斛斯山人宿置酒》

校務評鑑的後設評鑑在於確保評鑑品質。

校務評鑑的後設評鑑爲評鑑品質不可或缺之要件，因唯有經過評鑑的評鑑之探討，評鑑的效益，方能被衆人認可。評鑑本身若有任何偏頗，在解讀評鑑結果時，皆是一種假評鑑，若評鑑結果被誤用、推論、宣傳，後果有其嚴重性。後設評鑑在於透過評鑑的評鑑以瞭解評鑑是否有效，以及在評鑑後是否能眞正改善組織狀況。本章重點在於探討後設評鑑的基本概念、標準與方案規劃和指導原則，以及歸納統整校務評鑑後設評鑑之有關研究。

第一節　校務評鑑後設評鑑的基本概念

1940年，Orata即提出必須進行「評鑑的評鑑」（evaluating evaluation），1960年代起，評鑑學者也隨之開始投入「後設評鑑」（meta-evaluation）或「評鑑的評鑑」（evaluation of evaluations）的研究。例如，Scriven（1972）從評鑑的方法論，探討後設評鑑的概念；Stufflebeam（1974）則區分「形成性後設評鑑」與「總結性後設評鑑」之異，並提出34項判斷評鑑優缺點的標準，以及64項後設評鑑實施原則；Cook與Gruder（1978）研究後設評鑑的模式，提出七種途徑，由此皆能看出「後設評鑑」受到高度重視。本節將釐清後設評鑑的基本概念，分爲後設評鑑的定義、型態及理論說明之。

壹、後設評鑑的定義

隨著評鑑的發展，有關後設評鑑的意涵，許多學者對其定義皆能與時俱進，茲將其整理、臚列如表9-1。

表9-1後設評鑑的定義

年代	提出者	對後設評鑑的詮釋
1940	Orata	評鑑的評鑑
1972	Scriven	後設評鑑就是第二級評鑑（second-order evaluation），評鑑的評鑑，是評鑑者評估方法論後用來評價特定評鑑表現的評鑑。
1974	Cook	若原來的評鑑稱為原級評鑑（primary evaluation），後設評鑑就是二級評鑑（secondary evaluation）。次級評鑑即：(1) 試圖經由檢核研究資料及其解釋和啓示，重新評估特定評鑑研究與潛在政策的相關性；(2) 試圖利用基礎研究或評鑑的現有資料，評估當前措施或變通方案的主要假定，及其對未來政策的實證性支持程度。
1978	Stufflebeam	後設評鑑是「較高層級評鑑」（higher-order evaluation），針對一項評鑑之適當性、利用性、倫理性和實用性，進行優缺點描述與判斷的過程，其概念必須和評鑑概念相互契合。
1978	Cook & Gruder	將後設評鑑限定在對總結性評鑑進行評鑑。
1983	Scriven	由另一位評鑑者去評鑑一項以計畫或已完成的評鑑，也就是將原來的評鑑者置於受評者的位置，對該評鑑者及其評鑑活動之表現進行價值判斷。
1990	Straw & Cook	針對某項評鑑的技術品質及其結果進行評鑑的各項活動。
2001	蘇錦麗等人	針對評鑑工作加以評鑑的藝術與科學，可提供後續實施評鑑時的改進、參考。
2004	Gale	從州教育改革角度切入，後設評鑑是對原級評鑑進行改革之前的診斷措施，可據以找出改革的方向。
2004	曾淑惠	對評鑑、評鑑系統或評鑑機制的評鑑。
2009	王天苗	針對評鑑的設計、實施歷程和結果進行的評鑑。

從上述中外學者對後設評鑑的看法，可知後設評鑑是對評鑑的評鑑，是次級評鑑，不對人、事、物直接評鑑，評鑑的客體是原級評鑑，以「評鑑」爲受評對象，進行科學性診斷，以發現評鑑歷程與結果之優缺點與價值，並藉此提供評鑑整體之改良。進一步而言，從評鑑對象詮釋定義、價值、可能性而言，藉由後設評鑑，可確保評鑑之品質。

貳、後設評鑑的基本架構

後設評鑑的整體工作雖然複雜，但仍有其基本架構可循。Stufflebeam（1974）提供後設評鑑的邏輯架構（logical structure），該架構包含三個向度，分別爲後設評鑑的角色功能、評鑑步驟及評鑑對象：(一)角色功能可區分爲形成性後設評鑑與總結性後設評鑑；(二)後設評鑑步驟方面可分爲描述資訊要件、獲得所需資訊，以及應用所獲資訊三部分；(三)評鑑對象可分爲評鑑目標、評鑑設計、評鑑過程，以及評鑑結果四部分。

游家政與曾祥榕（2004）修改Stufflebeam的內容，整理後設評鑑的功能與對象如表9-2所示。從表9-2可知，後設評鑑的任務有二：其一爲「做決定」（decision making），由內部人員所實施的「形成性後設評鑑」；另一爲「績效責任」（accountability），由外部人員對已完成的評鑑工作，提出「總結性後設評鑑」，藉以確認評鑑的績效和結果的可靠性（張國保、陳俊

表9-2 後設評鑑的功能與對象

後設評鑑功能	後設評鑑的對象			
	評鑑目的	評鑑設計	評鑑過程	評鑑結果
為「評鑑決策」服務的形成性後設評鑑	設計 (1) 評鑑目的之形成性評估	設計 (2) 評鑑設計之形成性評估	設計 (3) 評鑑實施之形成性評估	設計 (4) 評鑑結果的品質與利用之形成性評估
為「評鑑績效服務」的總結性後設評鑑	設計 (5) 整體評鑑工作的優缺點之總結性評估			

資料來源：出自游家政、曾祥榕（2004：8）。

臣，2011）。換言之，後設評鑑可以針對其目的、設計、過程及結果分別進行形成性評估，或對其整體評鑑的優缺點進行總結性評估。

此外，潘慧玲（2007）參酌中外後設評鑑相關文獻後，對後設評鑑標準的論述，分爲「人員後設評鑑標準」與「方案後設評鑑標準」論述之。「人員後設評鑑標準」以D. L. Stufflebeam於2000年6月根據其引領之西密西根大學評鑑中心所研發的人員評鑑標準（personnel evaluation standards）（The Joint Committee, 1988），所研發之「人員評鑑之後設評鑑檢核表」爲準（personnel evaluations meta-evaluation checklist）（Stufflebeam, 2000a）。該檢核表以適切性（propriety）、效用性（utility）、可行性（feasibility）、精確性（accuracy）爲核心概念，發展出22項後設評鑑標準，其後又於每一標準下各衍伸六個檢核點（checkpoints），以作爲人員評鑑之後設評鑑的判準。此外，根據方案評鑑標準研發「方案評鑑之後設評鑑檢核表」（Stufflebeam, 1999）。「方案後設評鑑標準」檢核表亦以適切性、效用性、可行性、精確性爲核心概念，發展出30項後設評鑑標準，其後又於每一標準下各衍伸十個檢核點，以作爲方案評鑑之後設評鑑的判準。

不論是人員或是方案之後設評鑑檢核表，皆依據上述四個核心概念：適切性、效用性、可行性、精確性，而其下標準與檢核點才依實際檢核項目而有異同，這四個準則日後成爲美國「教育評鑑標準聯合委員會」JCSEE的評鑑四大面向。以後設評鑑的型態來看，在進行後設評鑑時，皆可以在前人（如D. L. Stufflebeam）所擬定的核心概念下，再因應其過程（形成性或總結性）與對象（人或方案）或訴求的不同來進行設計，如潘慧玲（2007）在國教司的委託下設計四類後設評鑑模組：描述性（後改爲診斷性）、改進性、結論性及因果性（後改爲解釋性）後設評鑑，此四類後設評鑑模組，可作爲各式後設評鑑的法則，提供後設評鑑在不同研究領域之研擬、運用。

第二節　校務評鑑後設評鑑的實施

我國有關校務評鑑後設評鑑之研究並不多，全面性的校務評鑑後設評鑑有待加強。在大學方面的校務評鑑後設評鑑部分有5篇（王明源，2008；胡悅倫，陳漢強，1997；黃曙東，蘇錦麗，2005；楊瑩、楊國賜、劉秀曦，黃家凱，2014；蘇錦麗，2000）；在大學系所評鑑後設評鑑方面有7篇（丁怡仕，2011；邱子葳，2007；陳信翰，2007；楊瑩、楊國賜、侯永琪，2006；楊瑩、楊國賜、黃家凱、許宗仁，2012；楊瑩、楊國賜、劉秀曦、黃家凱，2012；盧思妤，2009）；在科技校院評鑑後設評鑑方面有3篇（周明華，2009；康聿岑，2012；曾淑惠，1996）。

此外，在技專校院後設評鑑方面，教育部於民國99年4至12月間委託「財團法人臺灣高等教育學會」進行「技專校院評鑑後設評鑑計畫」，此爲技專校院評鑑史上第一次政府委辦之後設評鑑計畫，其中含括「94-97年度科技大學綜合評鑑後設評鑑」、「95-98年度技術學院綜合評鑑後設評鑑」及「95-96年度專科學校護理科評鑑後設評鑑」等三個子計畫，且均以問卷調查及焦點團體之專家諮詢座談爲後設評鑑之主要方法（張國保、陳俊臣，2011）。至於中小學校務評鑑之後設評鑑方面自2001至2012年共有28篇，而幼兒園基礎評鑑後設評鑑則有陳瑩芳（2014）一篇。

壹、校務評鑑後設評鑑標準的建構

校務評鑑後設評鑑標準的建構，可由後設評鑑三大範疇11項標準、原則性的步驟、後設評鑑實施種類與途徑，以及後設評鑑檢核表之意義及種類之探討得知。

一、後設評鑑的三大範疇 11 項標準

Stufflebeam於1974年提出後設評鑑的三大範疇11項標準（吳清山、林天祐，2005），分別為：(一)技術適當性範疇：內含標準包括：1.內在效度、2.外在效度、3.信度、4.客觀性；(二)效用性標準：內含標準有5.相關性、6.重要性、7.範圍、8.公信力、9.適時性，以及10.普遍性；(三)成本效益標準：內含標準為11.評鑑符合成本效益卻不危害品質。

二、後設評鑑實施原則與途徑

Schwandt與Halpern（1998）的研究指出，後設評鑑有兩種研究原則：(一)必須檢驗分析員及評鑑的方法論是否適當，(二)評鑑結論報告是否良好與正確；其中良好與正確的結論報告具有以下特質：（黃曙東、蘇錦麗，2005）

(一) 中肯性：資料、證據與評鑑目的有直接相關。

(二) 信度：具備值得信賴之證據，且可以作為價值判斷之依據。

(三) 充分性：在合理誤差內，價值判斷應有充足的證據。

(四) 代表性：樣本的資料蒐集可以合理推論到受考驗的母群體。

(五) 時效性：應有效衡量資料蒐集之成本與時間的限制。

此外，Scriven（2004）指出可透過下列途徑進行後設評鑑之資訊蒐集，作為檢驗原級評鑑之優缺點、限制及運用：

(一) 運用關鍵評鑑檢核表（Key Evaluation Checklist, KEC）檢核評鑑過程。

(二) 使用後設評鑑專門檢核表（Special Meta-evaluation Checklist）。

(三) 重複實施評鑑並比較其結果產出。

(四) 以不同評鑑方法論實施評鑑，並比較其結果產出。

(五) 對照AEA方案評鑑標準。

從上述可知，後設評鑑應秉持AEA方案評鑑標準，並在中肯、具有信

度、充分性、代表性與時效性的原則下，運用各式符合需求的檢核表進行形成性與總結性評鑑，以期達到公正的訴求。

 三、後設評鑑檢核表之意義及其範例

評鑑檢核表爲能快速蒐集有關實施資料的一種方法（曾淑惠，2002），同時在評鑑使用上是一種有用的方法（Stufflebeam, 2001a），而後設評鑑檢核表則是一種可以快速、容易、精確地蒐集資訊，引導評鑑程序，並對照評鑑專業標準，最後整體判斷原級評鑑之優缺點及價值的有效方法。評鑑研究學會的標準委員會（1982）主張，後設評鑑標準是一套指引方案評鑑的規劃、設計和實施的準則（Gale, 2004）。游家政（1994）認爲，後設評鑑標準是評鑑專業人員共同認可的一道最低表現水準的指引或準則。林劭仁（2001）指出後設評鑑標準就是一套針對評鑑工作所有過程進行評量的準則，而最主要的功用在於指引及改進評鑑規劃、設計，並用以判斷評鑑方案的品質與價值，爲進行後設評鑑不可缺少的重要工具。以下爲近年來學者們所發展之後設評鑑檢核表內容：

(一) Stufflebeam（1974）後設評鑑檢核表

Stufflebeam（1974）提出之後設評鑑檢核表內容，大致分爲評鑑技術的適當性、效用性及效率性標準三大項。檢核標準詳述如下：1.適當性規準：包括：(1)內在效度，(2)外在效度，(3)可靠性，(4)客觀性。2.效用性標準：包含：(1)相關性，(2)重要性，(3)範圍，(4)公信力，(5)適時性，(6)普遍性。3.效率性標準：評鑑結果是否符合成本效益性。

(二) 線上評鑑資源圖書館（OERL, 2001）發展之評鑑資源準則（Quality Criteria for Evaluation Resources）檢核表

OERL在國家科學基金會（National Science Foundation, NSF）的經費資助下，根據教育評鑑標準聯合委員會（JCSEE）發展的標準，設計了一套評鑑資源之品質準則檢核表，包括計畫、工具及結論報告等三方面的準則，每

方面的準則又包括若干項目。

㈢ Scriven（2004）關鍵評鑑檢核表

關鍵評鑑檢核表係Scriven於1991年開始發展，並經多次修正後定稿，內容包括三部分：1.序言：包括執行摘要、前言、評鑑方法論等；2.評鑑基礎：包括背景與脈絡、描述與定義、消費者、資源、價值等；3.評鑑分項：包含過程、結果、成本、可概括性、比較性等。

㈣ 黃曙東、蘇錦麗（2005）後設評鑑檢核表

黃曙東、蘇錦麗（2005）依據方案評鑑標準（Program Evaluation Standards）且針對被廣泛引用的四類檢核表（Program Evaluations Metaevalution Checklist）：適切性、效用性、可行性、精確性分項提出檢核要點之數目（6或10條），並區分為長、短條文兩種版本。以長條文版為例，每個檢核要點均為1分，每一分項總分為10分，若評定9-10分係表示傑出，7-8分係指十分良好，5-6分為良好，3-4分為普通，0-2分則為不佳。在分項項目中認為「服務導向」、「有效資訊」、「證明為正常的結論」及「公平客觀的報導」格外重要，若這些項目評定為不佳者，該評鑑係屬失敗之評鑑實施。

綜觀這些後設評鑑檢核表，發現後設評鑑檢核表可根據美國教育評鑑標準聯合委員會（JCSEE）所制定的四大標準：適切性、效用性、可行性、精確性進行發展，視其評鑑目的與重點發展適合自身評鑑要求的檢核表，現今學者多以文件分析法、專家座談法、問卷調查法等進行檢核表之擬定，可供研究者或評鑑單位參考之。

貳、校務評鑑後設評鑑指標的建構

目前我國中小學校務評鑑之後設評鑑指標並無一致性，但在查閱碩博士論文後，發現有四篇關於建構校務評鑑之後設評鑑指標之研究，分別為國小指標、高中指標、特教指標及評鑑標準，以下分別論述其研究結論與建議。

辜敏郎（2008）所進行的國民小學學校自我評鑑之後設評鑑指標建構研究，除文獻分析外，採模糊得爾菲法，以專家小組爲研究對象，得出結論：五個向度內含有10項指標，34項規準。五個向度包括如下：(一)「外部支援」向度。(二)「學校願景及策略」向度。(三)「關鍵輸入的評鑑及改進」向度。(四)「關鍵流程的評鑑及改進」向度。(五)「成果的評鑑及影響」向度，其研究建議爲：

一、對主管教育行政機關之建議

(一) 主管教育行政機關應提供學校統計標竿作爲效標參照。

(二) 主管教育行政機關應發展出有共識的自我評鑑指標來讓學校運用。

(三) 提供學校自我評鑑方法的訓練。

(四) 提供學校公正、獨立的外部評鑑機構實施定期學校視導。

(五) 對於學校的自評結果回應，加以協助與疑難解決。

(六) 編列及支援自我評鑑相關預算。

二、對國民小學自我評鑑之後設評鑑指標運用之建議

(一) 學校的自我評鑑活動要透過後設評鑑來驗證效益。

(二) 隨時蒐集事證以檢視自我評鑑結果之有效性。

(三) 運用國民小學自我評鑑之後設評鑑指標的方式。

薛瑞萍（2007）進行之學校評鑑的後設評鑑標準建構之研究，採用文獻分析法與德懷術，得出結論：

(一) 在「評鑑的規劃」標準中，包含二個評鑑層面：「評鑑規劃者資格」及「評鑑規劃」，共計有十五個評鑑標準。

(二) 在「評鑑的輸入」標準中，包含四個評鑑層面：「評鑑指標」、「溝通會議」、「學校自我評鑑」及「評鑑者資格」，共計有十四個評鑑標準。

(三) 在「評鑑的過程」標準中，包含三個評鑑層面：「評鑑資料蒐集與分析」、「資料管理」，以及「評鑑者與受評者互動」，共計有十三個評鑑標準。

(四) 在「評鑑的結果」標準中，包含三個評鑑向度：「評鑑報告內容」、「評鑑報告的公布」及「評鑑結果的運用」，共計有十五個評鑑標準。

其建議包括主管教育行政機關與學校兩部分：

(一) 對主管教育行政機關的建議：1.使學校評鑑朝向評鑑專業化發展。2.針對學校評鑑進行後設評鑑。3.建立評鑑者的評鑑專業訓練。4.提供學校推行自我評鑑所需諮詢或支援。

(二) 對學校的建議：1.引進推行自我評鑑所需技術支援。2.運用評鑑建議，改善學校辦學現況。

許韡穎（2002）進行之特殊教育後設評鑑指標之建構研究，建構完成的「特殊教育後設評鑑指標」系統，採半結構式訪談法、德懷術，結論共包含五項一級指標，按權重大小依序是：「特殊教育評鑑功用」、「特殊教育評鑑者」、「特殊教育評鑑項目」、「特殊教育評鑑結果」和「特殊教育評鑑形式」，這五大項一級指標又分別下轄若干二級或三級指標，茲析述如下：

(一)「特殊教育評鑑者」下轄兩項二級指標，按權重大小依序是：「足以勝任評鑑工作的評鑑者」和「評鑑者安排與職責權限的規劃」，這兩項二級指標又分別下轄若干三級指標：1.「評鑑者安排與職責權限的規劃」下轄三項三級指標，按權重大小依序是：「多元背景的評鑑者」、「相同的評鑑者全程參與」和「評鑑者的職責與權限」。2.「足以勝任評鑑工作的評鑑者」下轄六項三級指標，按權重大小依序是：「多元評鑑資料的蒐集檢核」、「尊重受評者」、「對受評者的瞭解」、「評鑑者與人的互動」、「克服評鑑問題的技巧」和「能被信賴與認同」。

(二)「特殊教育評鑑項目」下轄六項二級指標，按權重大小依序是：「依法擬定而爲平時努力方向」、「包含成效評鑑項目」、「具體而明確」、「個別化精神」、「受評者認同」和「掌握重點」。

(三)「特殊教育評鑑功用」下轄五項二級指標，按權重大小依序是：「促進進步」、「瞭解眞實情況」、「使學校人員重視」、「傳達心聲」和「肯定優良表現」。

(四)「特殊教育評鑑形式」下轄六項二級指標，按權重大小依序是：「評鑑時間足夠」、「評比方式嚴謹」、「與受評相關人員互動的機會」、「常態化」、「鼓勵自我評鑑」和「考慮負面影響」。

(五)「特殊教育評鑑結果」下轄六項二級指標，按權重大小依序是：「建設性的建議」、「可信的評鑑結果」、「討論後具體呈現」和「追蹤輔導或下回評鑑依據」。

其建議爲：(一)掌握指標系統與時俱進的特性。(二)思考指標達成的途徑。

林劭仁（2001）進行之我國高級中學後設評鑑指標之研究，採用文獻分析、德懷術、問卷調查及因素分析法，得出結論如下：

(一)「我國高級中學後設評鑑指標之權重體系」中，一級指標包括「評鑑規劃階段」，權重值.204；「評鑑設計階段」，權重值.226；「評鑑實施階段」，權重值.233；「評鑑結果階段」，權重值.220；「結果利用與檢討階段」，權重值.228。

(二) 一級指標中之「評鑑規劃階段」，下轄「評鑑目的」、「評鑑計畫」、「規劃人員」等三個二級指標，其權重值依序爲.391、.402、.379，二級指標下共有十一個三級後設評鑑指標，亦各有其權重。

(三) 一級指標中之「評鑑設計階段」，下轄「評鑑方式」、「評鑑表與評鑑標準」、「評鑑組織及人員」等三個二級指標，其權重值依序爲.373、.378、.371，二級指標下共有十二個三級後設評鑑指標，亦各有其權重。

(四) 一級指標中之「評鑑實施階段」，下轄「溝通與協調」、「評鑑資料蒐集方法」、「學校自評過程」、「訪視評鑑過程」等四個二級指標，其權重值依序爲.286、.298、.280、.296，二級指標下共有十七個三級後設評鑑指標，亦各有其權重。

(五) 一級指標中之「評鑑結果階段」，下轄「評鑑資料分析」、「評鑑報告」、「評鑑結果公布」等三個二級指標，其權重值依序爲.358、.362、.359，二級指標下共有十三個三級後設評鑑指標，亦各有其權重。

(六) 一級指標中之「結果利用與檢討階段」，下轄「評鑑結果的利用」、「評鑑結果的檢討」等二個二級指標，其權重值皆爲.523，二級指標下共有十個三級後設評鑑指標，亦各有其權重。

林劭仁（2001）進行之我國高級中學後設評鑑指標研究之建議如下：

(一) 根據本研究結果發展「我國高級中學後設評鑑指標實施手冊」。

(二) 重視形成性及總結性後設評鑑之相互運用。

(三) 彈性調整後設評鑑指標以符合實務運用。

(四) 重視「評鑑實施階段」效能的提升。

(五) 實地於高中評鑑中進行後設評鑑措施，並成立專責機構負責推動。

(六) 擴展後設評鑑指標的研究與應用層面。

(七) 進行後設評鑑的建議流程。

參、後設評鑑的方案規劃

後設評鑑爲對評鑑方案進行價值判斷的歷程，因此至少應與原級評鑑相同，包含事前規劃、目標確立、資料蒐集、評鑑運作、結果呈現及事後檢討等，根據不同的後設評鑑工作內容各自有不同指導原則，以下分爲後設評鑑基本原則、實施步驟，以及實施內容分別說明之。

一、後設評鑑基本原則

Brinkerhoff、Brrethower、Hluchyj及Nowakowski（1983）認爲後設評鑑需注意的基本原則有下列五項：

(一) 後設評鑑的內容應設既成評鑑進行前、評鑑進行中及評鑑完成後三個部分。

(二) 後設評鑑結合較複雜的設計與呈現正式的書面報告，可以得到較高的外在效度，其評鑑方法可用正式與非正式的方法進行。

(三) 後設評鑑爲求公允並獲致客觀的看法，常雇用外部評鑑人員進行。

(四) 後設評鑑可使評鑑者及所有參與者從中獲取經驗。

(五) 後設評鑑對原級評鑑提供的建議，亦可提供後續評鑑或其他評鑑工作參考。

二、後設評鑑的實施步驟

Stufflebeam（2000）建議後設評鑑過程的主要步驟有下列五項：

(一) 確認委託人與合適的讀者群。

(二) 委託人必須委任合格的後設評鑑者協商後設評鑑的契約，包含後設評鑑的議題或問題的澄清、判斷評鑑系統的專業標準、確保取得必要的資訊、報告的內容與時機、後設評鑑報告的編輯與公布，以及必要資訊的提供。

(三) 彙編和分析可利用的相關資訊，內容包含當前可用的相關資訊與任何必要的額外資訊，例如，實地訪談與觀察和檔案研究。

(四) 分析取得的資訊和寫下後設評鑑的結果，完成最後的後設評鑑報告，提交委託人。

(五) 如果需要，後設評鑑小組需協助委託或其他關係人解釋評鑑結果。

游家政、曾祥榕（2004）分析蘇錦麗、黃政傑、李隆盛、游家政等、Brinkerhoff等人、Worthen和Sanders、Stufflebea等人之觀點，發現後設評鑑與原級評鑑的規劃程序具有共通性，其步驟可歸納爲以下16項原則性的步驟（邱子葳，2007）：

(一) 確認後設評鑑對象和理由。

(二) 成立後設評鑑小組。

(三) 釐清後設評鑑的目的與問題。

(四) 選擇後設評鑑系統或模式。

(五) 選擇或建立後設評鑑標準。

(六) 協商及訂定後設評鑑的契約。

(七) 確認後設評鑑資訊需求和來源。

(八) 選擇或發展後設評鑑方法與工具。

(九) 說明後設評鑑資料分析方法與步驟。

(十) 編列後設評鑑經費。

(十一) 定義後設評鑑程序和時間表。

(十二) 蒐集及檢證資訊的可靠性和正確性。

(十三) 分析結果並判斷評鑑符合所選定評鑑標準程度。

(十四) 撰寫後設評鑑報告。

(十五) 協助委託者及其他利害關係人解釋及應用後設評鑑結論。

(十六) 檢討與回饋。

趙康伶（2006）根據相關文獻分析，認爲一個後設評鑑可以分爲以下十個步驟（見圖9-1）：

(一) 決定後設評鑑的利害關係人且安排與之互動。

(二) 建立一個合格的後設評鑑小組。

(三) 界定後設評鑑的問題。

(四) 議決評鑑系統或特定評鑑的判斷標準。

(五) 協商後設評鑑的契約。

(六) 蒐集和檢視恰當可用的資訊。

(七) 必要時蒐集資訊包含實地訪談、觀察及問卷調查。

(八) 分析質性與量化資訊且判斷評鑑符合所選定評鑑標準的程度。

(九) 準備和提出必要的報告。

(十) 協助委託人與其他利害關係人詮釋及應用評鑑結果。

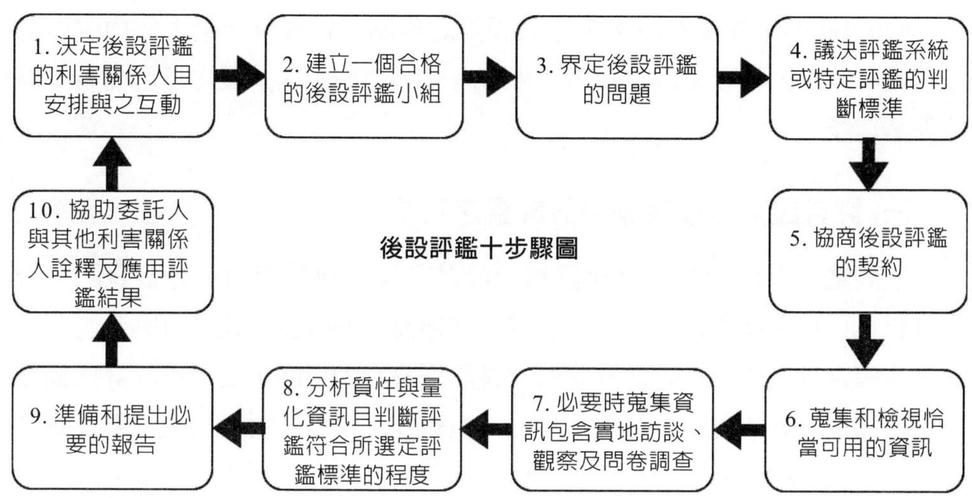

圖 9-1　後設評鑑十步驟圖

資料來源：出自趙康伶（2006：101-102）。

由上述文獻可知，後設評鑑的步驟雖繁瑣，但都脫離不了：(一)決定進行後設評鑑主要範疇；(二)謀定評鑑的標準與工具；(三)實際進行後設評鑑並確定資訊的信度、效度；(四)分析結果；以及(五)溝通及改進。由此可知，一開始找出最迫切需要解決的問題後、擬定策略、重視診斷過程中的精確度與眞實性，最後達到「知行合一」，其過程皆具有科學精神。

三、後設評鑑的實施內容

Brinkerhoff等人認爲後設評鑑工作內容可分爲下列六項：(一)聚焦評鑑（focusing evaluation）；(二)設計評鑑（designing evaluation）；(三)蒐集資訊（collecting information）；(四)分析資訊（analyzing informaion）；(五)報導資訊（reporting information）；(六)管理評鑑（managing evaluation）。其進行時機又可分爲三個階段：(一)評鑑設計階段；(二)評鑑過程階段；(三)評鑑完成階段。將此三個不同評鑑階段，依六項評鑑內容，可呈現出如表9-3之內容（Brinkerhoff, Brethower, Hluchyj, & Nowakowski, 1983）。

表9-3為不同評鑑階段實施後設評鑑之焦點，在後設評鑑工作內容與評鑑階段參照後，將發現後設評鑑的內容會依其不同評鑑階段之任務而有不同的評鑑功能。

(一) 評鑑設計階段實施後設評鑑之功能

在評鑑設計階段時，聚焦評鑑、設計評鑑、蒐集資訊、分析資訊、報告資訊，以及管理評鑑之功能分別為：評估及協助改善評鑑之目的及對象，調查及確定受評對象、評估及協助改良評鑑設計的策略，並提供設計所需之訊息及選擇、評估及協助選擇工具及資訊蒐集之策略、引導出及評鑑者選擇合適之分析策略，並考慮資訊之呈現及說明、評估評鑑報告之呈現形式及內容，以及評估與改良評鑑工作的管理計畫、經費及協議。

(二) 評鑑過程階段實施後設評鑑之功能

在評鑑過程階段時，聚焦評鑑、設計評鑑、蒐集資訊、分析資訊、報告資訊，以及管理評鑑之功能分別為：確定是否對所選之問題及目的進行評鑑，並評估其價值、評估評鑑設計實施的效果，並在必要時提供監控及修正、觀察及評估資料蒐集的工作、評估資料分析的過程是否有效率的分析、整合、分類、詳讀並評估評鑑報告的初稿，討論及提供改進成專業性報告之建議，以及評估評鑑工作的管理計畫、經費及協議之適切性。

(三) 評鑑完成階段實施後設評鑑之功能

在評鑑完成階段時，聚焦評鑑、設計評鑑、蒐集資訊、分析資訊、報告資訊，以及管理評鑑之功能分別為：評估評鑑目的及問題的健全和價值程度、確定評鑑設計是完美的，並透過適當的實施而對參與者產生助益、評估資料蒐集的資訊和所使用方法之品質相關性、評估資料分析方法使用的適切性及精確性、評估評鑑報告是否平衡、有時效性的報導和正確與正當的引用，以及評估評鑑工作是否有效的管理，並是否合乎成本價值。

表9-3　不同評鑑階段實施後設評鑑之功能

功能＼階段	設計階段	過程階段	完成階段
聚焦評鑑	評估及協助改善評鑑之目的及對象，並調查及確定受評對象	確定是否對所選之問題及目的進行評鑑，並評估其價值	評估評鑑目的及問題的健全和價值程度
設計評鑑	評估及協助改良評鑑設計的策略，並提供設計所需之訊息及選擇	評估評鑑設計實施的效果，並在必要時提供監控及修正	確定評鑑設計是完美的，並透過適當的實施對參與者產生助益
蒐集資訊	評估及協助選擇工具及資訊蒐集之策略	觀察及評估資料蒐集的工作	評估資料蒐集的資訊和所使用方法之品質相關性
分析資訊	引導出及評鑑者選擇合適之分析策略，並考慮資訊之呈現及說明	評估資料分析的過程是否有效率的分析、整合、分類	評估資料分析方法使用的適切性及精確性
報告資訊	評估評鑑報告之呈現形式及內容	詳讀並評估評鑑報告的初稿，討論及提供改進成專業性報告之建議	評估評鑑報告是否平衡、有時效性的報導和正確與正當的引用
管理評鑑	評估及改良評鑑工作的管理計畫、經費及協議	評估評鑑工作的管理計畫、經費及協議之適切性	評估評鑑工作是否有效的管理，並是否合乎成本價值

資料來源：修改自 Brinkerhoff, Brethower, Hluchyj, & Nowakowski（1983:110）。

後設評鑑實際進行的內容程序可分爲評鑑前、評鑑過程及評鑑後。評鑑前著重問題之擬定、對象的確認及計畫之籌備須儘量完善。在評鑑過程中，除現實經費問題與計畫之對照與修正外，更須確認其來源之眞實、可靠度，方能完成之後的資訊整合與分析出有效用的數據。最後，評鑑完成後，並非讓一切石沉大海，而是要不斷改善、不斷追蹤，期能精益求精，永續經營。近年來，在進行每四年一次的校務評鑑時，評鑑委員皆會先行審視前次評鑑待改進事項的缺點是否改善，儼然具有後設評鑑之精神。

第三節 校務評鑑後設評鑑研究評析

1975年後，我國校務評鑑相關研究逐年增加，但有關後設評鑑的研究卻不多。茲以2001至2012年，我國中小學校務評鑑後設評鑑研究爲例探析之。本書針對博碩士論文進行整理與評析，在臺灣博碩士論文知識加值系統以後設評鑑爲關鍵字進行搜查後，共有57筆，擷取與中小學校務評鑑有關之後設評鑑論文後，共有28筆，其類別分爲十類，如表9-4所示。

從表9-4可知，在總數28篇的校務後設評鑑研究中，就評鑑地區而言，以臺北市與不指定地區的校務評鑑研究最多，共有6篇，桃園縣爲5篇居次，而同爲五都的高雄市有4篇，位列第三。宜蘭縣及新北市皆爲2篇，居四，而基隆市、新竹市、臺中市、彰化縣、澎湖縣、臺南市及高雄縣皆爲1篇，位居第五。就評鑑學校而言，以單獨研究國小者最多，超過1／3，總數28篇之中就有10篇。單獨研究幼稚園者有5篇，位居第二，研究國中小及國小特教者有3篇，國中小特教者有2篇，最少的是國中小、高職及高中實技學程、優質學校、國中特教，皆爲1篇。

表9-4　臺灣各縣市中小學進行校務評鑑後設評鑑研究一覽表（2001-2012）

類別＼縣市別	臺北市	高雄市	宜蘭縣	基隆市	新北市	桃園縣	新竹市	臺中市	彰化縣	澎湖縣	臺南市	高雄縣	不指定	總數
幼稚園	1	2	0	0	0	2	0	0	0	0	0	0	0	5
國小	1	1	1	1	1	2	1	0	0	0	1	1	0	10
國中	2	0	0	0	0	1	0	0	0	0	0	0	0	3
國中小	0	0	0	0	0	0	0	0	0	1	0	0	0	1
高中實技學程	0	0	0	0	0	0	0	0	0	0	0	0	1	1
高職	1	0	0	0	0	0	0	0	0	0	0	0	0	1
優質學校	1	0	0	0	0	0	0	0	0	0	0	0	0	1

（續上表）

國小特教	0	1	1	0	0	0	0	0	0	0	0	0	1	3
國中特教	0	0	0	0	1	0	0	0	0	0	0	0	0	1
國中小特教	0	0	0	0	0	0	0	1	1	0	0	0	0	2
總數	6	4	2	1	2	5	1	1	1	1	1	1	2	28

在這28篇研究的結論中，茲分別依照幼稚園、國小、國中、國小中、高中、高職與特教之順序，分爲四部分，按照研究年代、研究縣市條列，將其研究主題、年代、研究結論及建議依序整理，如附錄六所示。再將此28篇論文之結論與建議整理後，分爲「校務評鑑後設評鑑論文結論之歸納」與「校務評鑑後設評鑑研究建議之歸納」論述之，並分別整理爲表9-5與表9-6。

壹、校務評鑑後設評鑑研究結論之歸納

從28篇論文的研究結論，可以歸納出14點結論，茲析述如下：

一、後設評鑑評鑑標準方面

就後設評鑑評鑑標準而言，有研究認爲應保持彈性（蔡文賢，2005、陳淑樺，2008）；或者在確立評鑑標準時尚有爭議（蔡宜蓁，2006）。

二、不同背景受評者對評鑑的認同度方面

不同背景受評者對評鑑的認同度如下：

(一) 在學校類別來說

楊琬湞（2012）發現臺北市國中私立高於公立；陳玉瑩（2011）發現

澎湖縣國中小中國小認同度高於國中；羅文全（2004）則發現臺北市高職認同度高於附設高職，適切性方面公立高於私立。

(二) 學校規模部分

有研究認爲會影響認同度，如：潘雅惠（2006）發現高雄市幼稚園小學校認同度高於大學校；張銘堅（2010）發現臺南市國小有差異；李瑞剛（2008）發現新竹市國小49班以上認同度最低；紀寶惠（2007）發現桃園縣國小的大、小型高於中型；蔡錦庭（2007）發現基隆市國小12班以下最高，25-36班最低；陳怡璇（2006）發現桃園縣國小在可行性有差異；蔡宜蓁（2006）發現宜蘭縣國小以25班以上認同度最高；蔡文賢（2005）及馮怡萍（2011）發現高雄縣國小及高雄國小特教有差異。但有研究卻發現學校規模並不會影響評鑑認同度，如：林錫輝（2007）研究高雄市國小；楊琬湞（2012）研究臺北市國中；鄧茜榕（2008）研究桃園縣國中；朱筱婷（2011）研究臺北市優質學校；以及蔡淑娟（2009）研究臺中縣國中小特教之後設評鑑時皆無差異。

(三) 受評者性別部分

分別有男教師認同度高於女教師與無差異兩種結論：發現性別上男教師認同度高於女教師者，有張銘堅（2010）研究臺南市國小；蔡錦庭（2007）研究基隆市國小；李瑞剛（2008）研究新竹市國小；蔡宜蓁（2006）研究宜蘭縣國小；鄧茜榕（2008）研究桃園縣國中；李忠霖（2011）研究桃園國中特教；以及蔡淑娟（2009）研究臺中縣國中小特教。無差異的則有羅文全（2004）研究臺北市高職；以及馮怡萍（2011）研究高雄國小特教。

(四) 服務年資部分

除張銘堅（2010）研究臺南市國小時無差異外，其他如蔡錦庭（2007）研究基隆市國小；林錫輝（2007）研究高雄市國小；李瑞剛

（2008）研究新竹市國小；蔡宜蓁（2006）研究宜蘭縣國小；陳怡璇（2006）研究桃園縣國小；蔡文賢（2005）研究高雄縣國小；羅文全（2004）研究臺北市高職；朱筱婷（2011）研究臺北市優質學校；以及馮怡萍（2011）研究高雄國小特教普遍都發現年資多者認同度較高。

(五) 年齡部分

普遍都發現年長者較年輕者高：如紀寶惠（2007）研究桃園縣國小；鄧茜榕（2008）研究桃園縣國中；以及蔡淑娟（2009）研究臺中縣國中小特教。

(六) 所在區域部分

只有蔡淑娟（2009）研究臺中縣國中小特教發現認同度無差異，其他如蔡宜蓁（2006）研究宜蘭縣國小；陳怡璇（2006）研究桃園縣國小；蔡文賢（2005）研究高雄縣國小；以及馮怡萍（2011）研究高雄國小特教時皆發現有差異。

(七) 行政經歷部分

只有羅文全（2004）研究臺北市高職及馮怡萍（2011）研究高雄國小特教發現無差異，其餘如蘇慧雯（2003）研究臺北市幼稚園；張銘堅（2010）研究臺南市國小；李瑞剛（2008）研究新竹市國小；紀寶惠（2007）研究桃園縣國小；林錫輝（2007）研究高雄市國小；李淑慧（2007）研究臺北縣國小；蔡宜蓁（2006）研究宜蘭縣國小；陳怡璇（2006）研究桃園縣國小；蔡文賢（2005）研究高雄縣國小；楊琬湞（2012）研究臺北市國中；陳玉瑩（2011）研究澎湖縣國中小；鄧茜榕（2008）研究桃園縣國中；朱筱婷（2011）研究臺北市優質學校；胡斯淳（2003）研究國小特教；李忠霖（2011）研究桃園國中特教；以及蔡淑娟（2009）研究臺中縣國中小特教大多認為有差異，且大多會依照職務高低影響對評鑑的認同度。

(八) 學歷部分

張銘堅（2010）研究臺南市國小；蔡錦庭（2007）研究基隆市國小；羅文全（2004）研究臺北市高職都發現無差異。而有差異的部分，如蔡文賢（2005）研究高雄縣國小；李瑞剛（2008）研究新竹市國小發現師範體系最低；紀寶惠（2007）研究桃園縣國小及鄧茜榕（2008）研究桃園縣國中皆發現專科以下高於學士以上；而林錫輝（2007）研究高雄市國小；蔡宜蓁（2006）研究宜蘭縣國小，以及朱筱婷（2011）研究臺北市優質學校皆發現研究所以上較高。

(九) 不同評鑑年度部分

只有李忠霖（2011）研究桃園縣國中特教時認為有差異，其他如林錫輝（2007）研究高雄市國小；陳怡璇（2006）研究桃園縣國小，以及楊琬湞（2012）研究臺北市國中皆認為無差異。

(十) 擔任課發委員與否

李瑞剛（2008）研究新竹市國小認為有擔任者認同度大於無擔任者。

(十一) 參與評鑑範疇與否

羅文全（2004）研究臺北市高職時則發現無差異。

三、對評鑑者的認同度方面

對評鑑者的認同度方面，蔡宜蓁（2006）研究宜蘭縣國小與穆慧儀（2002）研究臺北市國中時予以肯定。而李瑞剛（2008）研究新竹市國小與李淑慧（2007）研究臺北縣國小時認為組成者缺實務經驗，胡斯淳（2003）研究國小特教時則反對督學和無教學經驗的學者，因此對評鑑者認同度低。

四、不同背景評鑑對評鑑認同方面

研究者在探討不同背景評鑑者對評鑑認同度時，發現高雄市國小評鑑者之不同性別、身分（林錫輝，2007）與臺北市高職評鑑者之有無教學經驗（羅文全，2004）皆無差異。

五、對訪評結果公告方面

對於訪評結果公告與否則有不同意見：蔡文賢（2005）研究高雄縣國小與陳淑樺（2008）研究彰化縣國中小特教時認為應該公開，但邱錦興（2004）研究臺北市國小時則認為應該保密。

六、在認同 JCSEE 四大標準方面

在認同JCSEE四大標準部分：張釋心（2006）研究桃園縣幼稚園；趙康伶（2006）研究高雄市幼稚園；潘雅惠（2006）研究高雄市幼稚園；曹榕浚（2004）研究桃園縣幼稚園；以及李淑慧（2007）研究臺北縣國小時皆予以全面肯定。

七、對 JCSEE 四大標準僅予以部分肯定方面

對JCSEE四大標準僅予以部分肯定的研究：如潘雅惠（2006）研究高雄市幼稚園發現幼教人員認為效用性最高，精確性最低，評鑑者則認為適切性最高，精確性最低；蘇慧雯（2003）研究臺北市幼稚園認為適切性（正確性）最高；李瑞剛（2008）研究發現新竹市國小認為效用性最高，可行性最低；紀寶惠（2007）研究桃園縣國小認為效用性最高，可行性最低；林錫輝（2007）研究高雄市國小認為效用性最高；陳怡璇（2006）研究桃園縣國小認為可行性最高；楊琬湞（2012）研究臺北市國中認為可行性、適

切性（正確性）最高，效用性最低；鄧茜榕（2008）研究桃園縣國中認爲（效用性最高，可行性最低）；陳玉瑩（2011）研究澎湖縣國中小認爲妥適性（精確性）最高，效用性最低；朱筱婷（2011）研究臺北市優質學校認爲可行性、效用性高；馮怡萍（2011）研究高雄國小特教認爲效用性最高；李忠霖（2011）研究桃園國中特教認爲適切性（正確性）最高，可行性最低，可以發現在這些研究中，可行性和效用性的極端值出現的次數最多。

八、肯定評鑑工作方面

肯定評鑑工作的研究很多，有11篇研究在結論中明示之。例如潘雅惠（2006）研究高雄市幼稚園；曹榕浚（2004）研究桃園縣幼稚園；蘇慧雯（2003）研究臺北市幼稚園；李淑慧（2007）研究臺北縣國小；蔡文賢（2005）研究高雄縣國小（中等以上）；楊琬湞（2012）研究臺北市國中；陳玉瑩（2011）研究澎湖縣國中小；許榮麟（2012）研究高中實技學程；朱筱婷（2011）研究臺北市優質學校、胡斯淳（2003）研究國小特教；以及李忠霖（2011）研究桃園國中特教。

九、對評鑑工作持中等認同度方面

對評鑑工作持中等認同度的研究也不少，有5篇。例如張銘堅（2010）研究臺南市國小；蔡錦庭（2007）研究基隆市國小，而蔡宜蓁（2006）研究宜蘭縣國小時對評鑑工作部分認同；羅文全（2004）研究臺北市高職認爲評鑑工作四大標準均「尚可」；陳正偉（2012）研究宜蘭縣國小特教時認爲評鑑工作容易造成挫折感與壓力。

十、對評鑑時間方面

對於評鑑時間而言，有3篇研究認爲時間太短。例如李瑞剛（2008）研究新竹市國小；李淑慧（2007）研究臺北縣國小；以及穆慧儀（2002）研究臺北市國中時，針對大型學校時，有此發現。

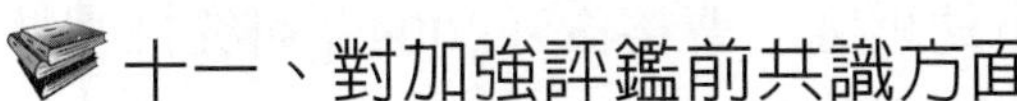

十一、對加強評鑑前共識方面

蘇慧雯（2003）研究臺北市幼稚園和蔡文賢（2005）研究高雄縣國小後設評鑑之研究時，發現評鑑應該要加強評鑑前共識，亦可以評鑑前校內研習的方式加強。

十二、對運用評鑑結果方面

運用評鑑結果，進行獎懲或追蹤方面，只有蔡宜蓁（2006）研究宜蘭縣國小時予以肯定，其餘皆認爲需要加強。例如張釋心（2006）研究桃園縣幼稚園；蔡錦庭（2007）研究基隆市國小；李淑慧（2007）研究臺北縣國小；蔡文賢（2005）研究高雄縣國小；陳正偉（2012）研究宜蘭縣國小特教；胡斯淳（2003）研究國小特教；蔡淑娟（2009）研究臺中縣國中小特教；以及陳淑樺（2008）研究彰化縣國中小特教時皆認爲不足，需要檢討。

十三、對需加強教師參與度方面

研究中發現需要加強課程與教學（教師參與度）的研究有4篇，分別爲李瑞剛（2008）研究新竹市國小；李淑慧（2007）研究臺北縣國小；蔡文賢（2005）研究高雄縣國小；以及陳淑樺（2008）研究彰化縣國中小特教。

十四、對評鑑者對評鑑的認同度高於受評者方面

研究中發現對評鑑之認同度方面，評鑑者高於受評者的研究也有4篇，分別爲蘇慧雯（2003）研究臺北市幼稚園；曹榕浚（2004）研究桃園縣幼稚園；潘雅惠（2006）研究高雄市幼稚園精確性標準方面；以及羅文全（2004）研究臺北市高職之時，皆有此發現。

茲將28篇論文的研究結論中的14點結論歸納於後，如表9-5所示。

表9-5 校務評鑑之後設評鑑研究論文結論匯整表

類別		研究者、年代及範圍
1. 後設評鑑標準	彈性	1. 蔡文賢（2005）——高雄縣國小 2. 陳淑樺（2008）——彰化縣國中小特教
	彈性或確立尚有爭議	1. 蔡宜蓁（2006）——宜蘭縣國小
2. 不同背景受評者對評鑑的認同度	(1) 學校類別	1. 楊琬湞（2012）——臺北市國中（私立高於公立） 2. 陳玉瑩（2011）——澎湖縣國中小（國小高於國中） 3. 羅文全（2004）——臺北市高職（高職高於附設高職） 4. 羅文全（2004）——臺北市高職（適切性公立高於私立）
	(2) 學校規模	1. 潘雅惠（2006）——高雄市幼稚園（小學校認同度高於大學校） 2. 張銘堅（2010）——臺南市國小（有差異） 3. 李瑞剛（2008）——新竹市國小（49 班以上最低） 4. 紀寶惠（2007）——桃園縣國小（大、小型高於中型） 5. 蔡錦庭（2007）——基隆市國小（12 班以下最高，25-36 班最低） 6. 林錫輝（2007）——高雄市國小（無差異） 7. 陳怡璇（2006）——桃園縣國小（可行性有差異） 8. 蔡宜蓁（2006）——宜蘭縣國小（25 班以上最高） 9. 蔡文賢（2005）——高雄縣國小（有差異） 10. 楊琬湞（2012）——臺北市國中（無差異） 11. 鄧茜榕（2008）——桃園縣國中（無差異）

（續上表）

		12. 朱筱婷（2011）——臺北市優質學校（無差異） 13. 馮怡萍（2011）——高雄國小特教（有差異） 14. 蔡淑娟（2009）——臺中縣國中小特教（無差異）
	(3) 性別	1. 張銘堅（2010）——臺南市國小（有差異） 2. 李瑞剛（2008）——新竹市國小（男高於女） 3. 蔡錦庭（2007）——基隆市國小（男高於女） 4. 蔡宜蓁（2006）——宜蘭縣國小（男高於女） 5. 鄧茜榕（2008）——桃園縣國中（男高於女） 6. 羅文全（2004）——臺北市高職（無差異） 7. 馮怡萍（2011）——高雄國小特教（無差異） 8. 李忠霖（2011）——桃園國中特教（有差異） 9. 蔡淑娟（2009）——臺中縣國中小特教（男高於女）
	(4) 服務年資	1. 張銘堅（2010）——臺南市國小（無差異） 2. 李瑞剛（2008）——新竹市國小（21 年以上最低） 3. 蔡錦庭（2007）——基隆市國小（26 年以上最高） 4. 林錫輝（2007）——高雄市國小（21 年以上最高） 5. 蔡宜蓁（2006）——宜蘭縣國小（11-15 年最高） 6. 陳怡璇（2006）——桃園縣國小（21 年以上最高） 7. 蔡文賢（2005）——高雄縣國小（有差異） 8. 羅文全（2004）——臺北市高職（11-20 年高於 10 年以下） 9. 朱筱婷（2011）——臺北市優質學校（年資多者在效用性及可行性認同度較高） 10. 馮怡萍（2011）——高雄國小特教（適切性及精確性有差異）
	(5) 年齡	1. 紀寶惠（2007）——桃園縣國小（年長者高於年輕者） 2. 鄧茜榕（2008）——桃園縣國中（年長者高於年輕者） 3. 蔡淑娟（2009）——臺中縣國中小特教（51 歲以上高於其他各組）
	(6) 所在區域	1. 蔡宜蓁（2006）——宜蘭縣國小（市區較高） 2. 陳怡璇（2006）——桃園縣國小（精確性偏遠地區較鄉鎮地區高） 3. 蔡文賢（2005）——高雄縣國小（有差異） 4. 馮怡萍（2011）——高雄國小特教（有差異） 5. 蔡淑娟（2009）——臺中縣國中小特教（無差異）

（續上表）

	(7) 行政經歷	1. 蘇慧雯（2003）——臺北市幼稚園（依次由職務高大於低） 2. 張銘堅（2010）——臺南市國小（有差異） 3. 李瑞剛（2008）——新竹市國小（校長、主任認同度高） 4. 紀寶惠（2007）——桃園縣國小（校長認同度最高） 5. 林錫輝（2007）——高雄市國小（校長認同度最高） 6. 李淑慧（2007）——臺北縣國小（有兼行政高於未兼職） 7. 蔡宜蓁（2006）——宜蘭縣國小（校長認同度最高） 8. 陳怡璇（2006）——桃園縣國小（校長、主任認同度高） 9. 蔡文賢（2005）——高雄縣國小（有差異） 10. 楊琬湞（2012）——臺北市國中（主任高於組長、教師） 11. 陳玉瑩（2011）——澎湖縣國中小（有兼行政高於未兼職） 12. 鄧茜榕（2008）——桃園縣國中（校長高於組長、教師） 13. 羅文全（2004）——臺北市高職（無差異） 14. 朱筱婷（2011）——臺北市優質學校（校長、主任認同度較高） 15. 馮怡萍（2011）——高雄國小特教（無差異） 16. 胡斯淳（2003）——國小特教（依次由職務高大於低） 17. 李忠霖（2011）——桃園國中特教（有差異） 18. 蔡淑娟（2009）——臺中縣國中小特教（有兼行政高於未兼職）
	(8) 學歷	1. 張銘堅（2010）——臺南市國小（無差異） 2. 李瑞剛（2008）——新竹市國小（師範體系最低） 3. 紀寶惠（2007）——桃園縣國小（專科以下高於學士以上） 4. 蔡錦庭（2007）——基隆市國小（無差異） 5. 林錫輝（2007）——高雄市國小（研究所以上高於師院或師大）

（續上表）

		6. 蔡宜蓁（2006）——宜蘭縣國小（研究所以上最高） 7. 蔡文賢（2005）——高雄縣國小（有差異） 8. 鄧茜榕（2008）——桃園縣國中（專科以下高於學士以上） 9. 羅文全（2004）——臺北市高職（無差異） 10. 朱筱婷（2011）——臺北市優質學校（研究所以上較高）
	(9) 不同評鑑年度	1. 林錫輝（2007）——高雄市國小（無差異） 2. 陳怡璇（2006）——桃園縣國小（無差異） 3. 楊琬湞（2012）——臺北市國中（無差異） 4. 李忠霖（2011）——桃園國中特教（有差異）
	(10)擔任課發委員與否	1. 李瑞剛（2008）——新竹市國小（有大於無擔任）
	(11)參與評鑑範疇與否	1. 羅文全（2004）——臺北市高職（無差異）
3. 對評鑑者的認同度	肯定	1. 蔡宜蓁（2006）——宜蘭縣國小 2. 穆慧儀（2002）——臺北市國中
	不肯定	1. 李瑞剛（2008）——新竹市國小（組成者缺實務經驗） 2. 李淑慧（2007）——臺北縣國小（組成認同度低） 3. 胡斯淳（2003）——國小特教（反對督學和無教學經驗的學者）
4. 不同背景評鑑者對評鑑認同度	性別	1. 林錫輝（2007）——高雄市國小（無差異）
	身分	1. 林錫輝（2007）——高雄市國小（無差異）
	教學經驗	1. 羅文全（2004）——臺北市高職（無差異）
5. 訪評結果	公告	1. 蔡文賢（2005）——高雄縣國小 2. 陳淑樺（2008）——彰化縣國中小特教
	保密	邱錦興（2004）——臺北市國小
6. 認同 JCSEE 四大評鑑標準	1. 張釋心（2006）——桃園縣幼稚園 2. 趙康伶（2006）——高雄市幼稚園 3. 潘雅惠（2006）——高雄市幼稚園 4. 曹榕浚（2004）——桃園縣幼稚園 5. 李淑慧（2007）——臺北縣國小	

（續上表）

7. 部分認同JCSEE四大評鑑標準	1. 潘雅惠（2006）——高雄市幼稚園（幼教人員認為效用性最高，精確性最低；評鑑者認為適切性最高，精確性最低） 2. 蘇慧雯（2003）——臺北市幼稚園（適切性最高） 3. 李瑞剛（2008）——新竹市國小（認為效用性最高，可行性最低） 4. 紀寶惠（2007）——桃園縣國小（效用性最高，可行性最低） 5. 林錫輝（2007）——高雄市國小（效用性最高） 6. 陳怡璇（2006）——桃園縣國小（可行性最高） 7. 楊琬湞（2012）——臺北市國中（可行性、適切性最高，效用性最低） 8. 鄧西榕（2008）——桃園縣國中（效用性最高，可行性最低） 9. 陳玉瑩（2011）——澎湖縣國中小（妥適性最高，效用性最低） 10. 朱筱婷（2011）——臺北市優質學校（可行性、效用性高） 11. 馮怡萍（2011）——高雄國小特教（效用性最高） 12. 李忠霖（2011）——桃園國中特教（適切性最高，可行性最低）
8. 肯定評鑑工作	1. 潘雅惠（2006）——高雄市幼稚園 2. 曹榕浚（2004）——桃園縣幼稚園 3. 蘇慧雯（2003）——臺北市幼稚園 4. 李淑慧（2007）——臺北縣國小 5. 蔡文賢（2005）——高雄縣國小（中等以上） 6. 楊琬湞（2012）——臺北市國中 7. 陳玉瑩（2011）——澎湖縣國中小 8. 許榮麟（2012）——高中實技學程 9. 朱筱婷（2011）——臺北市優質學校 10. 胡斯淳（2003）——國小特教 11. 李忠霖（2011）——桃園國中特教
9. 對評鑑持中等認同度	1. 張銘堅（2010）——臺南市國小 2. 蔡錦庭（2007）——基隆市國小 3. 蔡宜蓁（2006）——宜蘭縣國小（部分認同） 4. 羅文全（2004）——臺北市高職（四大標準均「尚可」） 5. 陳正偉（2012）——宜蘭縣國小特教（容易造成挫折感與壓力）
10. 評鑑時間太短	1. 李瑞剛（2008）——新竹市國小 2. 李淑慧（2007）——臺北縣國小 3. 穆慧儀（2002）——臺北市國中（針對大型學校）

（續上表）

11. 評鑑前加強共識	1. 蘇慧雯（2003）——臺北市幼稚園後設評鑑之研究 2. 蔡文賢（2005）——高雄縣國小
12. 運用評鑑結果進行獎懲、輔導或追蹤	1. 張釋心（2006）——桃園縣幼稚園（加強） 2. 蔡錦庭（2007）——基隆市國小（加強） 3. 李淑慧（2007）——臺北縣國小（加強） 4. 蔡宜蓁（2006）——宜蘭縣國小（肯定） 5. 蔡文賢（2005）——高雄縣國小（加強） 6. 陳正偉（2012）——宜蘭縣國小特教（加強） 7. 胡斯淳（2003）——國小特教（加強） 8. 蔡淑娟（2009）——臺中縣國中小特教（加強） 9. 陳淑樺（2008）——彰化縣國中小特教（加強）
13. 加強課程與教學（教師參與度）	1. 李瑞剛（2008）——新竹市國小 2. 李淑慧（2007）——臺北縣國小 3. 蔡文賢（2005）——高雄縣國小 4. 陳淑樺（2008）——彰化縣國中小特教
14. 評鑑者對評鑑的認同度高於受評者	1. 蘇慧雯（2003）——臺北市幼稚園 2. 曹榕浚（2004）——桃園縣幼稚園 3. 潘雅惠（2006）——高雄市幼稚園（精確性） 4. 羅文全（2004）——臺北市高職

貳、校務評鑑之後設評鑑研究建議之歸納

校務評鑑後設評鑑研究建議經匯整後，可分為三大部分，包括：(一)對主管教育行政機關的建議，共有十三點建議；(二)對受評學校的建議，共有四點建議；(三)對評鑑人員的建議，共有五點，以下依照研究論文建議的篇數排序析論之，如表9-6所示。

一、對主管教育行政機關的建議方面

對主管教育行政機關的十三點建議，建議次數多寡依序如下：

(一) **加強宣導、評鑑前進行研習**：在28篇論文之中高達22篇，因可藉此進行教育訓練並建立學校人員正確評鑑觀念，積極看待評鑑並視之爲經常事務、建立共識、事先計畫，擴大參與對象、建立合作模式、增加溝通、減輕受評者壓力，其功用不可忽略。

(二) **重視評鑑結果之運用**：可藉此進行獎懲、列管、追蹤改善與輔導、增加評鑑成本效益，共有21篇研究論文提供此建議。

(三) **整合學校各級各類評鑑**：共有10篇，學校評鑑種類太多，整合各種評鑑不只可節省各種人員準備評鑑與接待評鑑委員的時間，也可使整體性評鑑更具效益與效率。

(四) **加強評鑑委員的代表性**：提此建議的研究論文有7篇，可以藉由建立評鑑人員資料庫與試評機制，並採取認證機制，提升其專業性、可靠性與評鑑倫理。

(五) **建立校務評鑑專責機構**：提此建議的研究論文有7篇，評鑑事務專業而繁重，可以建立評鑑專責機構負責。

(六) **建構後設評鑑網路平臺**：提此建議的研究論文有6篇，藉此可暢通評鑑訊息、提早告知評鑑項目、增進服務導向或委請評鑑單位提供諮詢服務。

(七) **善用媒介散播評鑑結果**：提此建議的研究論文有6篇，彙整評鑑結果後公布細項分數，可提供具體改革面向、評鑑結果公告方式宜多元、儘早，可提供他校標竿模範。

(八) **增進教學評鑑、檢討師培方式**：提此建議的研究論文有6篇，藉由執行教學輔導，提升教師自我成長、建立系統化教學檔案，或提供誘因激勵教師進修。

(九) **發展校務評鑑明確規則、建立公平、適宜的校務評鑑標準模式**：提此建議的研究論文有3篇，希望校務評鑑的規準更加明確，方便遵循。

(十) **建議寬編校務評鑑經費、提供實質資源協助**有兩篇研究論文。

(十一) **區位集中評鑑方式**有一篇。

(十二) **延長評鑑週期**有一篇。

(十三) **與校長遴選脫鉤**有一篇。

二、對受評學校的建議方面

對受評學校的建議，共有下列四點建議：

(一) **加強評鑑之後設評鑑機制、規準**：提此建議的研究論文有15篇。

(二) **建立學校自評機制**：藉此發展學校本位評鑑，追求永續創新、發展學校特色，提此建議的研究論文有12篇。

(三) **評鑑資料e化建檔**：提此建議的研究論文有12篇，學校資料系統建置宜進行知識管理，建立學校評鑑SOP流程，並e化以減少書面審閱之資源浪費。

(四) **爭取社區、家長的支持與資源**：提此建議的研究論文有2篇，將學校活動納入社區、家長期望，提升參與度，以運用其資源。

三、對評鑑人員的建議方面

對評鑑人員的建議，共有下列五點：

(一) **尊重受評者差異、廣納各方意見**：提此建議的研究論文有15篇，評鑑人員宜彈性看待評鑑指標，自行研發適合之評鑑模式並廣納多元意見。

(二) **評鑑時質量並重、方式彈性**：提此建議的研究論文有8篇，藉由多元評鑑、交叉檢核的方式，同時實施形成性與總結性評鑑。

(三) **增加訪評時間、彈性分配並掌控訪評時間與流程**，提此建議的研究論文有6篇。

(四) **增加報告之清晰性、公正性，提供申復機會與回應學校意見**：提此建議的研究論文有4篇。

(五) **評鑑委員事先建立共識、提升多元晤談之客觀公正性**：提此建議的研究論文有3篇。

表9-6　校務評鑑之後設評鑑研究論文建議匯整表

類別		研究者、年代及範圍
一、對教育主管單位的建議	1. 加強宣導、評鑑前進行研習：進行教育訓練並建立學校人員正確評鑑觀念，積極看待評鑑並視之為經常事務、建立共識、事先計畫，擴大參與對象、建立合作模式、增加溝通、減輕受評者壓力	1. 張釋心（2006）——桃園縣幼稚園 2. 曹榕浚（2004）——桃園縣幼稚園 3. 趙康伶（2006）——高雄市幼稚園 4. 潘雅惠（2006）——高雄市幼稚園 5. 蘇慧雯（2003）——臺北市幼稚園 6. 張銘堅（2010）——臺南市國小 7. 李瑞剛（2008）——新竹市國小 8. 林錫輝（2007）——高雄市國小 9. 李淑慧（2007）——臺北縣國小 10. 蔡宜蓁（2006）——宜蘭縣國小 11. 陳怡璇（2006）——桃園縣國小 12. 蔡文賢（2005）——高雄縣國小 13. 邱錦興（2004）——臺北市國小 14. 楊琬湞（2012）——臺北市國中 15. 穆慧儀（2002）——臺北市國中 16. 陳玉瑩（2011）——澎湖縣國中小 17. 鄧茜榕（2008）——桃園縣國中 18. 許榮麟（2012）——高中實技學程 19. 羅文全（2004）——臺北市高職 20. 馮怡萍（2011）——高雄國小特教 21. 蔡淑娟（2009）——臺中縣國中小特教 22. 陳淑樺（2008）——彰化縣國中小特教

（續上表）

	2. 重視評鑑結果之運用：進行獎懲、列管、追蹤改善與輔導、增加評鑑成本效益	1. 曹榕浚（2004）——桃園縣幼稚園 2. 趙康伶（2006）——高雄市幼稚園 3. 潘雅惠（2006）——高雄市幼稚園 4. 蘇慧雯（2003）——臺北市幼稚園 5. 張銘堅（2010）——臺南市國小 6. 紀寶惠（2007）——桃園縣國小 7. 蔡錦庭（2007）——基隆市國小 8. 林錫輝（2007）——高雄市國小 9. 李淑慧（2007）——臺北縣國小 10. 蔡宜蓁（2006）——宜蘭縣國小 11. 蔡文賢（2005）——高雄縣國小 12. 穆慧儀（2002）——臺北市國中 13. 陳玉瑩（2011）——澎湖縣國中小 14. 鄧茜榕（2008）——桃園縣國中 15. 許榮麟（2012）——高中實技學程 16. 羅文全（2004）——臺北市高職 17. 陳正偉（2012）——宜蘭縣國小特教 18. 馮怡萍（2011）——高雄國小特教 19. 胡斯淳（2011）——國小特教 20. 蔡淑娟（2009）——臺中縣國中小特教 21. 陳淑樺（2008）——彰化縣國中小特教
	3. 整合學校各級評鑑	1. 林錫輝（2007）——高雄市國小 2. 蔡宜蓁（2006）——宜蘭縣國小 3. 蔡文賢（2005）——高雄縣國小 4. 邱錦興（2004）——臺北市國小 5. 陳玉瑩（2011）——澎湖縣國中小 6. 鄧茜榕（2008）——桃園縣國中 7. 羅文全（2004）——臺北市高職 8. 馮怡萍（2011）——高雄國小特教

（續上表）

		9. 胡斯淳（2003）——國小特教 10. 蔡淑娟（2009）——臺中縣國中小特教
	4. 加強評鑑委員的代表性：建立評鑑人員資料庫與試評機制，並採取認證機制，提升其專業性、可靠性與評鑑倫理	1. 張釋心（2006）——桃園縣幼稚園 2. 趙康伶（2006）——高雄市幼稚園 3. 潘雅惠（2006）——高雄市幼稚園 4. 蘇慧雯（2003）——臺北市幼稚園 5. 楊琬湞（2012）——臺北市國中 6. 陳正偉（2012）——宜蘭縣國小特教 7. 胡斯淳（2011）——國小特教
	5. 建立評鑑專責機構	1. 張釋心（2006）——桃園縣幼稚園 2. 曹榕浚（2004）——桃園縣幼稚園 3. 潘雅惠（2006）——高雄市幼稚園 4. 李淑慧（2007）——臺北縣國小 5. 蔡文賢（2005）——高雄縣國小 6. 邱錦興（2004）——臺北市國小 7. 羅文全（2004）——臺北市高職
	6. 建構後設評鑑網路平臺：暢通評鑑訊息、提早告知評鑑項目、增進服務導向或委請評鑑單位提供諮詢服務	1. 張釋心（2006）——桃園縣幼稚園 2. 趙康伶（2006）——高雄市幼稚園 3. 李瑞剛（2008）——新竹市國小 4. 紀寶惠（2007）——桃園縣國小 5. 楊琬湞（2012）——臺北市國中 6. 胡斯淳（2011）——國小特教
	7. 善用媒介散播評鑑結果：公布細項分數，可提供具體改革面向、評鑑結果公告方式宜多元、儘早，可提供他校標竿模範	1. 曹榕浚（2004）——桃園縣幼稚園 2. 趙康伶（2006）——高雄市幼稚園 3. 蔡宜蓁（2006）——宜蘭縣國小 4. 楊琬湞（2012）——臺北市國中 5. 鄧茜榕（2008）——桃園縣國中 6. 陳正偉（2012）——宜蘭縣國小特教

（續上表）

	8. 增進教學評鑑、檢討師培方式：執行教學輔導，提升教師自我成長、建立系統化教學檔案，提供誘因激勵教師進修	1. 張釋心（2006）——桃園縣幼稚園 2. 趙康伶（2006）——高雄市幼稚園 3. 李淑慧（2007）——臺北縣國小 4. 蔡宜蓁（2006）——宜蘭縣國小 5. 胡斯淳（2011）——國小特教 6. 蔡淑娟（2009）——臺中縣國中小特教
	9. 發展校務評鑑明確規則、建立公平、適宜的校務評鑑標準模式	1. 邱錦興（2004）——臺北市國小 2. 穆慧儀（2002）——臺北市國中 3. 鄧茜榕（2008）——桃園縣國中
	10. 寬編校務評鑑經費、提供實質資源協助	1. 楊琬湞（2012）——臺北市國中 2. 蔡淑娟（2009）——臺中縣國中小特教
	11. 區位集中評鑑方式	1. 曹榕浚（2004）——桃園縣幼稚園
	12. 延長評鑑週期	1. 陳淑樺（2008）——彰化縣國中小特教
	13. 與校長遴選脫鉤	1. 張銘堅（2010）——臺南市國小
二、對受評學校的建議	1. 加強評鑑之後設評鑑機制、規準	1. 曹榕浚（2004）——桃園縣幼稚園 2. 趙康伶（2006）——高雄市幼稚園 3. 張銘堅（2010）——臺南市國小 4. 李瑞剛（2008）——新竹市國小 5. 紀寶惠（2007）——桃園縣國小 6. 林錫輝（2007）——高雄市國小 7. 李淑慧（2007）——臺北縣國小 8. 蔡宜蓁（2006）——宜蘭縣國小 9. 陳怡璇（2006）——桃園縣國小 10. 蔡文賢（2005）——高雄縣國小 11. 邱錦興（2004）——臺北市國小 12. 楊琬湞（2012）——臺北市國中 13. 陳玉瑩（2011）——澎湖縣國中小 14. 馮怡萍（2011）——高雄國小特教

（續上表）

		15. 陳淑樺（2008）——彰化縣國中小特教
	2. 建立學校自評機制：藉此發展學校本位評鑑，追求永續創新、發展學校特色	1. 張釋心（2006）——桃園縣幼稚園 2. 曹榕浚（2004）——桃園縣幼稚園 3. 張銘堅（2010）——臺南市國小 4. 李瑞剛（2008）——新竹市國小 5. 林錫輝（2007）——高雄市國小 6. 蔡宜蓁（2006）——宜蘭縣國小 7. 陳怡璇（2006）——桃園縣國小 8. 蔡文賢（2005）——高雄縣國小 9. 邱錦興（2004）——臺北市國小 10. 穆慧儀（2002）——臺北市國中 11. 鄧茜榕（2008）——桃園縣國中 12. 馮怡萍（2011）——高雄國小特教
	3. 評鑑資料 e 化建檔：學校資料系統建置宜進行知識管理，建立學校評鑑 SOP 流程，並 e 化以減少書面審閱之資源浪費	1. 蘇慧雯（2003）——臺北市幼稚園 2. 紀寶惠（2007）——桃園縣國小 3. 林錫輝（2007）——高雄市國小 4. 李淑慧（2007）——臺北縣國小 5. 蔡宜蓁（2006）——宜蘭縣國小 6. 陳怡璇（2006）——桃園縣國小 7. 蔡文賢（2005）——高雄縣國小 8. 楊琬湞（2012）——臺北市國中 9. 陳玉瑩（2011）——澎湖縣國中小 10. 鄧茜榕（2008）——桃園縣國中 11. 馮怡萍（2011）——高雄國小特教 12. 陳淑樺（2008）——彰化縣國中小特教
	4. 爭取社區、家長的支持與資源：將學校活動納入社區、家長期望，提升參與度，以運用其資源	1. 蔡錦庭（2007）——基隆市國小 2. 邱錦興（2004）——臺北市國小

（續上表）

三、對評鑑人員的建議	1. 尊重受評者差異、廣納各方意見：評鑑人員宜彈性看待評鑑指標，自行研發適合之評鑑模式並廣納多元意見	1. 趙康伶（2006）——高雄市幼稚園 2. 曹榕浚（2004）——桃園縣幼稚園 3. 蘇慧雯（2003）——臺北市幼稚園 4. 李瑞剛（2008）——新竹市國小 5. 林錫輝（2007）——高雄市國小 6. 李淑慧（2007）——臺北縣國小 7. 陳怡璇（2006）——桃園縣國小 8. 蔡文賢（2005）——高雄縣國小 9. 陳玉瑩（2011）——澎湖縣國中小 10. 許榮麟（2012）——高中實技學程 11. 羅文全（2004）——臺北市高職 12. 陳正偉（2012）——宜蘭縣國小特教 13. 馮怡萍（2011）——高雄國小特教 14. 蔡淑娟（2009）——臺中縣國中小特教 15. 陳淑樺（2008）——彰化縣國中小特教
	2. 評鑑時質量並重、方式彈性：藉由多元評鑑、交叉檢核的方式，同時實施形成性與總結性評鑑	1. 張釋心（2006）——桃園縣幼稚園 2. 曹榕浚（2004）——桃園縣幼稚園 3. 林錫輝（2007）——高雄市國小 4. 蔡文賢（2005）——高雄縣國小 5. 陳正偉（2012）——宜蘭縣國小特教 6. 胡斯淳（2003）——國小特教 7. 蔡淑娟（2009）——臺中縣國中小特教 8. 陳淑樺（2008）——彰化縣國中小特教

（續上表）

	3. 增加訪評時間、彈性分配並掌控訪評時間、流程	1. 林錫輝（2007）——高雄市國小 2. 蔡宜蓁（2006）——宜蘭縣國小 3. 蔡文賢（2005）——高雄縣國小 4. 楊琬湞（2012）——臺北市國中 5. 蔡淑娟（2009）——臺中縣國中小特教 6. 陳淑樺（2008）——彰化縣國中小特教
	4. 增加報告之清晰性、公正性，提供申復機會與回應學校意見	1. 趙康伶（2006）——高雄市幼稚園 2. 陳怡璇（2006）——桃園縣國小 3. 蔡淑娟（2009）——臺中縣國中小特教 4. 楊琬湞（2012）——臺北市國中
	5. 評鑑委員事先建立共識、提升多元晤談之客觀公正性	1. 曹榕浚（2004）——桃園縣幼稚園 2. 蔡宜蓁（2006）——宜蘭縣國小 3. 穆慧儀（2002）——臺北市國中

參、校務評鑑後設評鑑研究結語

藉由校務評鑑後設評鑑研究結論與建議之探討，可供研究者瞭解現今校務評鑑後設評鑑之研究現況與成果，以及身為實務工作者在經歷校務評鑑後的改進建議，意對校務評鑑進行評鑑，以提升校務評鑑的水平及認同度。後設評鑑研究除問卷調查法外，尚有許多研究係藉由深度訪談方式，以瞭解一般量化研究所不能及的問題。

一、校務評鑑後設評鑑論文之結論

校務評鑑後設評鑑研究論文結論，可分為三大部分，分別是：(一)關於進行後設評鑑前的結論，(二)關於進行後設評鑑中的結論，以及(三)關於後設評鑑完成後的結論。

㈠ 後設評鑑進行前的結論

1. 評鑑標準彈性或確立尚有爭議

就評鑑標準而言，有研究認為應該保持彈性，或者在確立評鑑標準時尚有爭議。可見在學校特色、規模、大小不一的情形下，評鑑標準若要一體適用實有其難度，但若保持彈性，對評鑑規劃、準備及評鑑的人員來說，亦是一項挑戰。

2. 以研習方式加強評鑑前共識

臺北市幼稚園與高雄縣國小後設評鑑之研究，發現評鑑應該要加強評鑑前共識，亦可以評鑑前校內研習的方式加強。

㈡ 後設評鑑進行中的結論

1. 評鑑認同度因不同背景對象而有不同

在學校類別來說，臺北市國中私立高於公立，高職認同度高於附設高職，適切性公立高於私立，而澎湖縣國中小之中國小認同度高於國中。

在學校規模方面則是結論不一，高雄市幼稚園小學校認同度高於大學校，臺南市、高雄縣國小及高雄國小特教有差異，新竹市國小49班以上認同度最低，桃園縣國小（大、小型高於中型），在可行性也有差異，基隆市國小（12班以下最高，25-36班最低），宜蘭縣國小以25班以上認同度最高；但也有研究卻發現學校規模並不會影響評鑑認同度，例如，高雄市國小、臺北市國中、桃園縣國中、臺北市優質學校、臺中縣國中小特教之後設評鑑時皆無差異。

受評者性別部分，分別有男教師認同度高於女教師與無差異兩種結論，多數研究發現性別上面男教師認同度高於女教師者，國小部分如臺南市、基隆市、小、蔡宜蓁（2006）研究蘭縣國小；國中部分如桃園縣及其特教、臺中縣國中小特教；無差異的則有臺北市高職與高雄國小特教。

服務年資部分，除了針對臺南市國小之研究無差異，其他國小部分如基隆市、高雄縣市、新竹市、宜蘭縣、桃園縣；高職部分如臺北市高職與其優質學校及特教部分的高雄國小特教，普遍都發現年資多者認同度較高。

年齡部分，普遍都發現年長者較年輕者高，如針對桃園縣國小、國中及臺中縣國中小特教之研究。

所在區域部分，只有針對臺中縣國中小特教之研究發現認同度無差異，其他如宜蘭縣、桃園縣、高雄縣國小及其特教皆發現有差異。

行政經歷部分，只有針對臺北市高職及高雄國小特教之研究發現無差異，其餘幼稚園部分如臺北市幼稚園，國小部分如臺南市、新竹市、桃園縣、高雄縣市、臺北縣、宜蘭縣、澎湖縣，國中部分如臺北市、澎湖縣、桃園縣，優質學校部分如臺北市，特教部分如針對國小特教、桃園國中特教與臺中縣國中小特教之研究，大多認為有差異，且大多會依照職務高低影響對評鑑的認同度。

學歷部分，在國小部分如臺南市、基隆市，高職部分如臺北市皆無差異；在有差異的部分，國小部分除了桃園縣國中小發現專科以下高於學士以上，其他如高雄縣市、新竹市、宜蘭縣與臺北市優質學校皆發現學歷較高者認同度也較高。

不同評鑑年度部分，只有2011年研究桃園國中特教時認為有差異。其他如2007年針對高雄市國小、2006年針對桃園縣國小，以及2012年針對臺北市國中之研究皆認為無差異。

擔任課發委員與否，針對新竹市國小之研究認為有擔任者認同度大於無擔任者；參與評鑑範疇與否，針對臺北市高職之研究則發現無差異。

2. 對評鑑者的認同度不一

針對宜蘭縣國小與臺北市國中之研究對評鑑者的認同度予以肯定，而新竹市與臺北縣國小之研究則認為組成者缺實務經驗，針對國小特教之研究則反對督學和無教學經驗的學者，對評鑑者之認同度較低。

3. 對不同背景評鑑者之認同度並無差異

針對高雄市國小之研究發現不同性別、身分之評鑑者，以及臺北市高職評鑑者之有無教學經驗者對評鑑之認同度皆無差異。

4. 全面認同JCSEE四大評鑑標準

在認同JCSEE四大標準部分，針對桃園縣、高雄市幼稚園及臺北縣國小之研究皆予以全面肯定。

5. 不同背景受試者對四大評鑑標準之重視程度不同

在各縣市的研究論文中，對於四大標準的可行性和效用性的極端值出現最多次。如針對高雄市幼稚園的研究中，發現幼教人員認爲效用性最高，精確性最低，而評鑑者則認爲適切性最高，精確性最低；針對新竹市和桃園縣國小之研究則認爲可行性及效用性最高，可行性最低；針對高雄市國小之研究則認爲效用性最高；針對臺北市國中之研究認爲可行性、適切性（正確性）最高，效用性最低；針對桃園縣國中之研究認爲效用性最高，可行性最低；針對澎湖縣國中小之研究認爲妥適性（精確性）最高，效用性最低；針對臺北市優質學校之研究認爲可行性、效用性高；針對高雄國小特教之研究認爲效用性最高；針對桃園國中特教之研究認爲適切性（正確性）最高，可行性最低；針對臺北市幼稚園之研究認爲適切性（正確性）最高。

6. 正面肯定評鑑工作的貢獻

幼稚園方面如針對高雄市、桃園縣、臺北市之研究；國小方面如針對臺北縣、高雄縣、澎湖縣之研究；國中方面如針對臺北市及澎湖縣之研究；特教方面如國小及桃園國中之研究；以及針對高中實技學程與臺北市優質學校之研究皆十分正面肯定評鑑工作的貢獻。

7. 部分教師對評鑑工作持中等認同度

對評鑑工作認同度中等的研究也不少，如針對臺南市及基隆市國小之研究，而針對宜蘭縣國小之研究則對評鑑工作則予以部分認同；針對臺北市高職之研究認爲對於評鑑四大標準之認同度均「尚可」，而針對宜蘭縣國小特教之研究，則認爲評鑑工作容易造成挫折感與壓力。

8. 宜延長大型學校之評鑑時間

對於評鑑時間而言，針對新竹市及臺北縣國小與臺北市國中之研究，都發現在訪評大型學校時，應該延長時間。

9. 宜加強課程與教學，增進教師參與度

針對新竹市國小、臺北縣國小、高雄縣國小及彰化縣國中小特教之研究皆發現需要加強課程與教學（教師參與度）。

10. 評鑑者對精確性評鑑標準的認同度高於受評者

針對臺北市幼稚園、桃園縣幼稚園、高雄市幼稚園精確性標準方面及研究臺北市高職之研究中，皆發現評鑑者對評鑑之認同度高於受評者。

㈢ 後設評鑑完成後的結論

1. 對訪評結果是否公告之看法不一

研究論文對訪評結果是否應該公告則不同意見，針對高雄縣國小與彰化縣國中小特教之研究認爲應該公開，但針對臺北市國小之研究則認爲應該保密。

2. 加強評鑑結果之運用

對於評鑑結果進行獎懲或追蹤，只有宜蘭縣國小時予以肯定，其餘皆認爲需要加強。例如針對桃園縣幼稚園、基隆市國小、臺北縣國小、高雄縣國小、宜蘭縣國小特教、國小特教、臺中縣國中小特教與彰化縣國中小特教之研究，皆認爲應該加強對於評鑑結果的應用程度。

二、建議

校務評鑑後設評鑑研究論文建議，可分爲三大部分，分別是：(一)對主管教育行政機關的建議，(二)對受評學校的建議，以及(三)對評鑑人員的建議。

(一) 對主管教育行政機關的建議方面

對主管教育行政機關的建議，可分為後設評鑑進行前、評鑑進行中及評鑑進行後。

1. 後設評鑑進行前

(1) 加強校務評鑑宣導，評鑑前進行研習活動

可藉此進行教育訓練並建立學校人員正確評鑑觀念，積極看待評鑑並視之為經常事務、建立共識、事先計畫，擴大參與對象、建立合作模式、增加溝通、減輕受評者壓力，其功用不可忽略。

(2) 整合學校各級各類評鑑，使評鑑更具效益與效率

學校評鑑種類太多，整合各種評鑑不只可節省各種人員準備評鑑與接待評鑑委員的時間，也可使整體性評鑑更具效益與效率。

(3) 加強評鑑委員的代表性，以提升其專業性、可靠性及評鑑倫理

可以藉由建立評鑑人員資料庫與試評機制，並採取認證機制，提升其專業性、可靠性及評鑑倫理。

(4) 建立評鑑專責機構與建構後設評鑑網路平臺

評鑑事務專業而繁重，可建立評鑑專責機構負責，藉此暢通評鑑訊息，提早告知評鑑項目，增進服務導向或委請評鑑單位提供諮詢服務。

(5) 強調教學評鑑，以提升教師專業成長

評鑑前執行教學輔導，提升教師自我成長，建立系統化教學檔案，或提供誘因激勵教師進修。

(6) 發展校務評鑑明確規則，建立公平、適宜的評鑑標準模式

訂定更加明確的校務評鑑規準，以建立公平、適宜、方便遵循的評鑑模式。

(7) 建議寬編校務評鑑經費，提供實質資源協助。

(8) 延長評鑑週期。

(9) 將校務評鑑之規劃與校長遴選脫鉤。

2. 後設評鑑進行中

部分研究建議可以區位集中評鑑方式，以增加評鑑之經濟度與效率。

3. 後設評鑑完成後

(1) 重視評鑑結果之運用

可藉此進行獎懲、列管、追蹤改善與輔導，增加評鑑的成本效益。

(2) 善用媒介散播評鑑結果

彙整後設評鑑結果後公布細項分數，可提供具體改革面向，評鑑結果公告方式宜多元、儘早，可提供標竿模範。

(二) 對受評學校的建議方面

對受評學校的建議，共有四點：

1. 加強評鑑之後設評鑑機制、規準。

2. 建立學校自評機制，藉此發展學校本位評鑑，追求永續創新、發展學校特色。

3. 評鑑資料e化建檔：學校資料系統建置宜進行知識管理，建立學校評鑑SOP流程，並e化以減少書面審閱方式之資源浪費。

4. 爭取社區、家長的支持與資源：將學校活動納入社區人士、家長期望，提升參與度，以運用其資源。

(三) 對評鑑人員的建議方面

對評鑑人員的建議，共有五點：

1. 尊重受評者差異、廣納各方意見：評鑑人員宜彈性看待評鑑指標，自行研發適合之評鑑模式並廣納多元意見。

2. 評鑑時質量並重、方式彈性：藉由多元評鑑、交叉檢核的方式，同時實施形成性與總結性評鑑。

3. 增加訪評時間、彈性分配並掌控訪評時間與流程。

4. 增加報告之清晰性、公正性，提供申復機會與回應學校意見。

5. 評鑑委員宜事先建立共識，以提升多元晤談之客觀性。

本章小結

本章在於探討後設評鑑的基本概念、標準與方案規劃及指導原則，以及歸納統整校務評鑑後設評鑑之有關研究。第一節探討後設評鑑的定義及其基本架構，後設評鑑是對評鑑的評鑑，是次級評鑑，不對人、事、物直接評鑑，評鑑的客體是原級評鑑，以「評鑑」爲受評對象，以發現評鑑歷程與結果之優缺點與價值，並藉此提供評鑑整體之改良。後設評鑑的邏輯架構包含三個向度，分別爲後設評鑑的角色功能、評鑑步驟及評鑑對象：(一)角色功能可區分爲形成性後設評鑑與總結性後設評鑑；(二)後設評鑑步驟方面可分爲描述資訊要件、獲得所需資訊及應用所獲資訊三部分；(三)評鑑對象可分爲評鑑目標、評鑑設計、評鑑過程及評鑑結果四部分。

第二節析論校務評鑑後設評鑑的實施，其實施可根據美國聯合教育評鑑標準聯合委員會制定的四大標準：適切性、效用性、可行性、精確性，視其評鑑目的與重點發展適合自我評鑑要求的後設評鑑檢核表。目前學者多以文件分析法、專家座談法、問卷調查法等進行檢核表之擬定，可供研究者或評鑑單位參考之。後設評鑑的方案規劃工作內容有下列六項：(一)聚焦評鑑；(二)設計評鑑；(三)蒐集資訊；(四)分析資訊；(五)報導資訊；(六)管理評鑑。其進行時機又可分爲如下三個階段：(一)評鑑設計階段；(二)評鑑過程階段；(三)評鑑完成階段。

第三節探析校務評鑑後設評鑑的有關研究，藉由探討校務評鑑後設評鑑研究之結論與建議，歸納現今校務評鑑後設評鑑之研究現況與成果，以及實務工作者在校務評鑑後，對其進行評鑑以提升校務評鑑的水平及認同度。後設評鑑研究除問卷調查法外，尚有許多研究係藉由深度訪談方式瞭解量化研究所不及之處。

附　錄

附錄一　新北市國中小學校評鑑向度、項目及評鑑指標

附錄二　教育部幼兒園基礎評鑑類別、項目及細項

附錄三　技術及職業教育法

附錄四　職業訓練機構辦理職業繼續教育及評鑑辦法

附錄五　學校校務評鑑博碩士論文之結論與建議

附錄六　校務評鑑後設評鑑博碩士論文之結論與建議

附錄一　新北市國中小學校評鑑向度、項目及評鑑指標

評鑑向度	評鑑項目	評鑑指標
一、校長領導與董事會經營	1. 校長辦學理念與專業素養	1-1 校長辦學理念與教育專業素養
		1-2 校長對教育政策之理解、轉化與執行能力
		1-3 校長行政素養
	2. 校務規劃與管理	2-1 校務發展計畫內容、推動績效與管考檢討機制
		2-2 學校團隊組成與績效
		2-3 校務行政與決策過程及成效
	3. 領導作為與表現	3-1 校長的領導方式
		3-2 課程與教學領導作為
		3-3 校長領導績效
	4. 董事會經營（私立學校適用）	4-1 董事會之組成與運作
		4-2 董事會與學校經營
		4-3 財務管理
二、行政管理	1. 校務計畫、制度、規章與組織	1-1 校務重要計畫、制度、規章與標準流程訂定
		1-2 校務重要計畫、制度、規章、標準流程之執行、檢討與精進
		1-3 校務重要組織之設立與運作
	2. 行政運作	2-1 行政人員教育專業與行政素養
		2-2 行政運作機制
		2-3 行政運作績效
	3. 安全維護與危機管理	3-1 校園安全與危機管理之組織與運作
		3-2 校園安全暨危機預防與宣導
		3-3 危機事件的處理

（續上表）

三、課程	1. 課程組織與規劃	1-1 課程發展組織的組成與運作
		1-2 課程目標與實施
		1-3 學校課程整合機制的建立與運作
		1-4 彈性課程、校本課程與多元課程設計
	2. 課程設計與實施	2-1 教材的選/編/用
		2-2 教材與學生需求
	3. 課程評鑑	3-1 課程評鑑機制與作法
		3-2 課程評鑑結果之回饋
四、教學與評量	1. 教學計畫與實施	1-1 教學計畫之編擬
		1-2 教學活動之實施與改進
	2. 適性教學	2-1 多元適性教學活動的設計
		2-2 依據學生性向與能力進行輔導與教學
	3. 學習評量	3-1 學習評量之實施
		3-2 評量工具之開發
		3-3 評量結果的分析與運用
五、教師專業發展	1. 專業素養	1-1 教師專業知識與能力
		1-2 教師專業形象之塑造
		1-3 教師專業發展之實踐
	2. 教學精進	2-1 教師專業社群之建構
		2-2 教師教學品質保證與回饋機制之建立
		2-3 教學創新與績效
	3. 班級經營與輔導	3-1 班級經營
		3-2 班級輔導
		3-3 導師效能
六、學生事務	1. 學生事務計畫與實施	1-1 學務計畫、辦法、組織之擬定與運作
		1-2 活動競賽
		1-3 學生參與
		1-4 學生社團

（續上表）

	2. 德育與群育	2-1 德育與群育之規劃與實施
		2-2 個人生活及品德教育
		2-3 公民及人權法治教育
		2-4 性別平等教育
	3. 衛生保健與健康體能促進	3-1 校園餐飲管理
		3-2 師生健康與疾病預防工作之實施
		3-3 師生體能與良好運動休閒習慣
七、學生輔導	1. 學生輔導計畫與實施	1-1 輔導相關計畫、辦法、組織與人力
		1-2 輔導工作之推動與實施
		1-3 輔導資源與作業管理
	2. 生命教育	2-1 生命教育的規劃與執行
		2-2 憂鬱自傷防治三級輔導工作
	3. 特殊教育學生輔導	3-1 特教計畫、辦法、組織、人力與資源配置
		3-2 特殊教育課程與教學
		3-3 個別化教育計畫（身心障礙學生）、個別輔導計畫（資賦優異學生）的擬訂與實施
	4. 高風險學生輔導	4-1 中輟生追蹤通報與復學輔導
		4-2 高關懷課程運作
		4-3 高風險家庭學生之輔導
八、校園營造	1. 校園空間與環境	1-1 校園整潔、綠化、美化與境教
		1-2 教室與活動空間規劃
		1-3 安全與無障礙學習環境之建置
		1-4 永續校園之經營
	2. 教學設施與設備	2-1 教學設施與設備之規劃、更新與維護
		2-2 e化環境布置與資訊教育推動
		2-3 圖書館及其他生活空間之設備與維護
	3. 資源與經費	3-1 資源與經費之規劃籌措
		3-2 資源與經費之運用

（續上表）

九、社群關係	1. 家長與學校	1-1 家長會之運作與經營
		1-2 家長參與學校事務
		1-3 親師合作機制與親職教育
		1-4 學校與家長互動
	2. 外部經營	2-1 學校與社區互動
		2-2 策略聯盟與合作
		2-3 教育行銷
	3. 內部經營	3-1 學校核心價值營造
		3-2 學校文化
十、績效表現	1. 學校表現與聲望	1-1 學校聲望
		1-2 學校精進
	2. 師生表現	2-1 學習風氣
		2-2 師生參與各種競賽與服務學習活動的表現
		2-3 風氣與教養
	3. 政策推動成效	3-1 掌握政策精神
		3-2 政策轉化
		3-3 政策回饋
	4. 學校特色或重點發展方向（可以屬於以上任何面向，請勿超過三項，亦可從缺）	4-1 學校特色或重點之價值與規劃
		4-2 學校特色或重點之推動
		4-3 學校辦理特色或重點之成效

資料來源：新北市國民中小學校務評鑑，新北市國民中小學校務評鑑指標（2015）。

附錄二　教育部幼兒園基礎評鑑類別、項目及細項

類別	項目	細項
1. 設立與營運	1.1 設立名稱	1.1.1 招牌及對外銜稱應與設立許可證書所載名稱相符。
	1.2 設立地址	1.2.1 使用地址及樓層應與設立許可證書所載相符。
	1.3 師生比例	1.3.1 師生比例應符合幼兒教育及照顧法之規定。
	1.4 資訊公開	1.4.1 設立許可證書應懸掛於園內足資辨識之處所。
		1.4.2 教保服務人員之學歷證書或資格證書應懸掛於園內足資辨識之處所。
2. 總務與財務管理	2.1 接送制度	2.1.1 訂有幼兒接送辦法，並告知家長。
	2.2 收費規定	2.2.1 收退費基準及減免收費規定應於每學期開始前一個月公告，並告知家長。
		2.2.2 各項收費應列有明細，並開立收據，且未逾報送直轄市、縣（市）主管機關之數額。
	2.3 幼兒保險	2.3.1 每學期應依規定辦理幼兒團體保險。
	2.4 環境設備維護	2.4.1 每學期應至少實施一次全園環境消毒，並留有紀錄。
		2.4.2 每學期應至少自我檢核一次全園設施設備（包括遊戲設施）之安全性；對於不符安全，待修繕或汰換者，應留有處理情形之紀錄。
3. 教保活動課程	3.1 課程規劃	3.1.1 每學期應至少召開一次全園性教保活動課程發展會議。
		3.1.2 各班課程應採統整不分科方式進行教學。
		3.1.3 各班課程不得進行全日、半日或分科之外語教學。
		3.1.4 每日應規劃三十分鐘以上之幼兒出汗性大肌肉活動時間。
	3.2 幼兒發展篩檢及追蹤輔導	3.2.1 每學年應對全園幼兒實施發展篩檢，並留有紀錄。

（續上表）

	3.3 活動室環境	3.3.1 活動室之桌面照度應至少350勒克斯（lux）以上，黑板照度應至少500勒克斯（lux）以上。
		3.3.2 每名幼兒均有獨立區隔及通風透氣之棉被收納空間或每二週應清洗一次幼兒使用之棉被，並留有紀錄。
		3.3.3 二歲至未滿三歲幼兒之室內活動室應獨立設置，且不得與其他年齡幼兒混齡。
	3.4 午休	3.4.1 全日班應規劃適宜之午睡時間；二歲至未滿三歲幼兒之午睡時間不超過兩小時、三歲至入國民小學前幼兒不超過一小時三十分鐘。
4. 人事管理	4.1 津貼權益	4.1.1 教保服務人員之薪資所得未因領取政府所發導師津貼差額或教保服務津貼而調降。
	4.2 員工保險	4.2.1 教職員工均應辦理保險（勞保包括職災或公保、健保），且保費依規定分攤，投保薪資未有低報情形。
	4.3 退休制度	4.3.1 有依規定提繳勞工退休準備金。
5. 餐飲與衛生管理	5.1 餐飲管理	5.1.1 有公布每個月餐點表，並告知家長。
		5.1.2 點心與正餐之供應時間，規劃至少間隔二小時。
		5.1.3 幼兒園提供幼兒使用之餐具應為不銹鋼或瓷製材質。但幼兒自行攜帶之餐具不在此限。
		5.1.4 廚房之出入口應設置病媒防治設施，且無損壞。
		5.1.5 飲用水連續供水固定設備每個月至少維護一次，並留有紀錄。
		5.1.6 經飲用水連續供水固定設備處理後之水質，每三個月至少檢測一次大腸桿菌群，並留有紀錄。
	5.2 衛生保健	5.2.1 每學期應至少測量一次幼兒身高及體重，並留有紀錄。
		5.2.2 有建立幼兒託藥措施，並告知家長。
		5.2.3 配合衛生單位辦理視力檢查、口腔檢查及聽力等保健項目，對檢查結果有異常者通知其家長及進行後續追蹤，且留有紀錄。
		5.2.4 園內備有急救用品，且均在有效期限。
	5.3 緊急事件處理	5.3.1 訂有緊急事件處理機制。
		5.3.2 於教育部校園安全暨災害防救通報處理中心網站登載幼兒園緊急聯絡人資料。

（續上表）

6.安全管理	6.1 交通安全	6.1.1 幼童專用車應依交通管理相關法規所定期限接受定期檢驗，檢驗合格並留有紀錄。
		6.1.2 幼童專用車至少每半年應實施保養，並留有紀錄。
		6.1.3 幼童專用車之駕駛均應具備職業駕照，並應配有具教保服務人員資格或年滿二十歲以上之隨車人員。
		6.1.4 幼童專用車均應配置汽車專用滅火器，且在有效期限。
		6.1.5 幼童專用車之駕駛應於每日上、下午發車前均確實檢查車況，並留有紀錄。
		6.1.6 幼兒上下車時，均應依乘坐幼兒名冊逐一清點，並留有紀錄。
		6.1.7 每學期應至少辦理一次幼童專用車逃生演練，並留有紀錄。
	6.2 場地安全	6.2.1 有辦理消防安全設備檢修申報，查核合格且在有效期限。
		6.2.2 有辦理建築物公共安全檢查簽證申報，查核合格且在有效期限。
		6.2.3 設置於二樓或三樓露臺之室外活動空間及園內樓梯扶手，其欄杆間距不得大於十公分，且不得設置橫條。
		6.2.4 戶外遊戲場地面應無障礙物。
		6.2.5 戶外固定式遊戲設施應標示使用者年齡。

資料來源：教育部（2015c）。

附錄三　技術及職業教育法

民國104年1月14日公布

第一章　總則

第1條　爲建立技術及職業教育（以下簡稱技職教育）人才培育制度，培養國人正確職業觀念，落實技職教育務實致用特色，培育各行業人才，特制定本法。

第2條　本法之主管機關：在中央爲教育部；在直轄市爲直轄市政府；在縣（市）爲縣（市）政府。

本法所定事項，涉及各目的事業主管機關職掌者，由各該目的事業主管機關辦理。

第3條　本法用詞，定義如下：

一、職業試探教育：指提供學生對職業之認識、探索及體驗教育。

二、職業準備教育：指提供學生進入職場所需之專業知識、技術及職業倫理涵養教育，及建立技職專業之榮譽感。

三、職業繼續教育：指提供在職者或轉業者，再學習職場所需之專業技術或職業訓練教育。

四、技職校院：指技術型高級中等學校、普通型高級中等學校附設專業群科、綜合型高級中等學校專門學程、專科學校、技術學院及科技大學。

五、技專校院：指專科學校、技術學院及科技大學。

六、職業訓練機構：指依職業訓練法登記或許可設立之職業訓練機構。

第二章　技職教育之規劃及管理

第4條　爲培育符合國家經濟及產業發展需求之人才，制定宏觀技職教育政策綱領，行政院應定期邀集教育部、勞動部、經濟部、國家發展委員會及其他相關部會首長，召開技職教育審議會；其委員之遴聘、組織及運作辦法，由行政院定之。

前項綱領，至少每二年應通盤檢討一次並公告之。

第5條　中央主管機關應自行、委任或委託學校、法人、機關（構）或團體，進行技職教育相關資料之調查及統計。

中央目的事業主管機關應彙整所轄產業人才需求相關資料，並提供產業人才需求調查及推估報告，送中央主管機關。

中央主管機關應定期公告第一項技職教育統計資料與各級各類產業、職業發展及人力需求資訊。

第6條　直轄市、縣（市）主管機關應每三年向中央主管機關提出技職教育報告，由中央主管機關據以訂定技職教育發展報告。

第7條　主管機關應衡酌區域產業及個人就業需求，配合社會、經濟及技術發展，規劃所轄學校技職教育之實施。

直轄市、縣（市）主管機關辦理技職教育具有成效時，中央主管機關得提撥經費予以獎勵；其獎勵之條件、方式及其他應遵行事項之辦法，由中央主管機關定之。

第8條　主管機關應邀請政府相關單位、學者專家、社會人士、企業界代表、學校代表、教師團體代表、產業（職業）公會或工會等單位之代表，組成技職教育諮詢會，提供技職教育相關事項之諮詢。

前項技職教育諮詢會之組成，任一性別委員人數不得少於委員總人數之三分之一。

第三章　技職教育之實施

第一節　職業試探教育

第9條　高級中等以下學校應開設或採融入式之職業試探、生涯輔導課程，提供學生職業試探機會，建立正確之職業價值觀。

國民小學及國民中學之課程綱要，應納入職業認識與探索相關內容；高級中等學校及國民中學應安排學生至相關產業參訪。

第10條　國民中學為實施職業試探教育，得與技職校院或職業訓練機構合作辦理技藝教育；其實施辦法，由中央主管機關會商中央勞動主管機關定之。

國民中學與職業訓練機構間之權利義務關係，應以契約定之，並由學校報主管機關備查。

前項契約之格式、內容，中央主管機關應訂定定型化契約範本及其應記載及不得記載事項。

第二節　職業準備教育

第11條　高級中等以上學校（以下簡稱學校）辦理職業準備教育，其專業課程得由學校與產業共同設計，建構合宜之課程安排，且兼顧學生職業倫理之培養與職涯發展、勞動及技術法規之認識，並定期更新課程設計。

前項專業課程，學校得參採各中央目的事業主管機關所定之職能基準，進行規劃設計，提供學生就業所需之職能。

各中央目的事業主管機關依產業創新條例所定職能基準應視社會發展及產業變遷情況，至少每二年檢討更新、整併調整，並於專屬資訊平臺公告。

技專校院應依各中央目的事業主管機關所定之職能基準每年檢討課程內容。

第12條 學校得依科、系、所、學程之性質，開設相關實習課程。

前項實習課程，如爲校外實習時，其實施方式、實習場所、師資、學分採計、輔導及其他相關事項規定，除法令另有規定外，由學校定之。

學校辦理校外實習課程，需由政府機關（構）、公營事業機構提供實習名額時，依下列方式辦理：

一、政府機關（構）：由學校檢附校外實習課程計畫書，專案報學校主管機關會商相關政府機關（構）核定。

二、公營事業機構：學校主管機關得會商公營事業主管機關轉洽所屬事業機構，提供實習之名額、對象及方式，並由學校主管機關依會商結果彙總公告校外實習課程計畫及實習技術生之招募訊息，經評選或甄選決定之。

第13條 主管機關應就學校辦理實習課程實施績效評量；其評量之內容及其他應遵行事項之辦法，由中央主管機關定之。

辦理實習課程績優之學校、合作機構及其相關人員，主管機關得予獎勵。

學校辦理校外實習之合作機構，長期提供學校實習名額，且實習學生畢業後經一定程序獲聘爲該機構正式員工達中央主管機關所定一定比率者，主管機關應報經中央主管機關轉請中央目的事業主管機關予以獎勵。

第14條 學校得遴聘業界專家，協同教學。

前項業界專家之認定、權利義務、管理、學校開設課程及其他應遵行事項之辦法，由中央主管機關定之。

主管機關對有大量員工參與學校實務教學之企業，應予獎勵。

第15條 學校應鼓勵教師及學生參與技藝競賽或取得與所學及就業相關之證照，提升學生就業能力；辦理績效卓著之學校，主管機關得予獎勵。

各中央目的事業主管機關應彙整所轄產業之證照，送中央主管機關定期公告。

前二項證照之認定、第一項獎勵之條件、方式及其他應遵行事項之辦法，由中央主管機關會商中央目的事業主管機關定之。

第16條　技術型高級中等學校、普通型高級中等學校附設專業群科及綜合型高級中等學校專門學程爲培育特定產業基層技術人力，得專案擬訂計畫，報學校主管機關核定後辦理專班。

前項專班不受高級中等教育法第六章、第七章關於學生資格、入學方式、就學區劃分、課程及學習評量規定之限制。

第17條　專科以上學校爲辦理職業準備教育，得與產業合作開設專班。

前項專班之授課師資、課程設計、辦理方式、學分採計、職場實習及輔導等事項，由專科以上學校擬訂實施計畫，報經學校主管機關核定後辦理。

第18條　技專校院應強化職能導向課程，並與技術型高級中等學校、普通型高級中等學校附設專業群科、綜合型高級中等學校專門學程共同建立課程銜接機制，以利學生職能培養。

第19條　技專校院得優先招收具一定實務工作經驗之學生，並於招生相關章則增列實務工作經驗之採認及優惠規定，經招生委員會審議通過，報中央主管機關核定後實施。

第三節　職業繼續教育

第20條　職業繼續教育，得由學校或職業訓練機構辦理。

職業繼續教育依其辦理性質，由學校提供學位證書、畢業證書、學分證明或學習時數證明。

職業繼續教育應以開設在職者或轉業者職場所需課程爲主；其課程得參採各中央目的事業主管機關所定之職能基準，進行規劃設計，並定期更新。

前項職業繼續教育之招生對象、課程設計、學習評量、資格條件、招生方式及其他應遵行事項之辦法，由中央主管機關定之，必要時，得會商中央勞動主管機關，不受高級中等教育法第三十五條至第四十條入學方式、第七章課程及學習評量，專科學校法第三十一條第二項招生方式及大學法第二十四條第一項後段招生方式之限制。

第21條　學校辦理職業繼續教育，得安排學生至職場接受教育及訓練課程。

前項職場教育及訓練課程，應由學校及合作機構共同規劃、設計，並與學生簽訂職場教育訓練契約。

前項職場教育訓練契約應載明教育訓練內容、學校、合作機構及學生之權利義務、學習評量、畢業條件等。

前項契約之格式、內容，中央主管機關應訂定定型化契約範本及其應記載及不得記載事項。

學生依第一項規定至職場接受教育及訓練課程時，學校主管機關得視需要，進行實地訪視；其訪視結果，得作爲核定學校年度調整科、系、所、學程、班或經費獎勵之參考。

第22條　職業訓練機構辦理職業繼續教育時，應就授課師資、課程、辦理方式、學分採計等，擬訂職業繼續教育實施計畫，報主管機關核定後辦理。

前項職業繼續教育課程之認可、學習成就之採認及其他應遵行事項之辦法，由中央主管機關會商中央勞動主管機關定之。

第23條　職業訓練機構所辦職業繼續教育，主管機關得委託學術團體或專業評鑑機構辦理評鑑或訪視，並公告其結果；其評鑑、訪視及其他應遵行事項之辦法，由主管機關定之。

第四章　技職教育之師資

第24條　高級中等以下學校師資職前教育課程應將職業教育與訓練、生涯規劃相關科目列爲必修學分。

高級中等學校職業群科師資職前教育課程，應包括時數至少十八小時之業界實習，由師資培育大學安排之。

第25條　技職校院專業科目或技術科目之教師，應具備一年以上與任教領域相關之業界實務工作經驗。但本法施行前已在職之專任合格教師，不在此限。

前項與任教領域相關之業界實務工作經驗之認定標準，由中央主管機關定之。

第26條　技職校院專業科目或技術科目教師、專業及技術人員或專業及技術教師，每任教滿六年應至與技職校院合作機構或與任教領域有關之產業，進行至少半年以上與專業或技術有關之研習或研究。相關研習或研究之辦法，由中央主管機關定之。

前項研習或研究期間，技職校院應保留職務、支付薪給、給予公假，並事先簽訂契約書，約定研習或研究起迄年月日、服務義務、違反規定應償還費用之條件、核計基準及強制執行等事項。

技職校院因教學或業務需要，主動薦送、指派或同意教師、專業及技術人員或專業及技術教師至與技職校院合作機構或與任教領域有關之產業研習或研究，其辦理方式不受前二項規定之限制。

第一項產業研習或研究，由技職校院邀請合作機構或相關職業團體、產業，共同規劃辦理；必要時，得由主管機關協助之。

技職校院推動專業科目或技術科目教師、專業及技術人員或專業及技術教師定期至產業研習或研究，辦理績效卓著者，主管機關得予獎勵。

第五章　附則

第27條　私人或團體對於技職教育教學設備研發、捐贈學習或實驗設備、提供實習機會及對學生施以職業技能訓練著有貢獻者，中央主管機關得會商中央目的事業主管機關，予以獎勵。

第28條　本法施行細則，由中央主管機關定之。

第29條　本法自公布日施行。

附錄四　職業訓練機構辦理職業繼續教育及評鑑辦法

民國104年10月13日發布

第1條　本辦法依技術及職業教育法（以下簡稱本法）第二十條第四項、第二十二條第二項及第二十三條規定訂定之。

第2條　職業訓練機構辦理職業繼續教育，招生對象為十五歲以上或未滿十五歲依勞動基準法第四十五條規定得受僱從事工作之在職者或轉業者。

第3條　職業繼續教育分為高級中等教育階段及專科以上教育階段課程。但不包括碩士班以上課程。

前項課程，以學分課程為限；其學分及學分數之計算，規定如下：

一、每一學分至少修讀十八小時，上課週數至少二星期。

二、單科學分課程之學分數，最高為六學分；總學分課程之學分數，最高為二十學分。

第4條　職業訓練機構開設職業繼續教育課程，應與高級中等以上學校合作，共同規劃及設計。

第5條　職業訓練機構申請職業繼續教育課程認可，應填具申請書，並檢具與合作學校共同規劃之課程實施計畫（以下簡稱實施計畫），依合作學校之學校主管機關公告之程序、期間，向學校主管機關提出。

前項實施計畫，應載明下列事項：

一、合作學校名稱及合作內容。

二、開班名稱及時間。

三、招生對象之資格或條件。

四、招生人數。

五、教學科目名稱及內容。

六、師資。

七、教學場所。

八、設施及設備。

九、學習評量方式。

十、授予學分證明之條件。

十一、收費及退費規定。

十二、其他相關事項。

第6條　經學校主管機關認可之職業繼續教育課程，應發給課程認可證明書，其有效期間爲三年；期滿擬繼續開設者，應於認可有效期間屆滿三個月前，重新申請認可。

前項課程於認可有效期間內，有變更之必要者，職業訓練機構應擬具變更計畫，經學校主管機關核准後，始得辦理。

第7條　職業訓練機構應依核定後之實施計畫，於招生簡章載明開班名稱與時間、招生對象之資格或條件、招生人數、教學科目名稱與內容、收費與退費規定及相關事項。

第8條　職業繼續教育應依務實致用需要，採多元評量方式。

前項多元評量，得採筆試、作業、口試、實作、報告或其他方式辦理。

第9條　職業繼續教育學員修習期滿，經考核成績合格者，由職業訓練機構於課程結束後一個月內，發給學分證明。

持有職業訓練機構學分證明者，得申請採認作爲入學條件；入學後，得依相關規定，申請抵免學分。

持有職業訓練機構學分證明者，得依學校、機關、機構或團體之規定，申請列入進修時數，並作爲升遷或考核之參據。

第10條　職業訓練機構辦理職業繼續教育得收取學分費、雜費、代收代付費或代辦費；其收費基準，由職業訓練機構定之。

學員完成報名繳費後，因故申請退費者，職業訓練機構應依下列方式辦理：

一、代辦費：全額退還。但已購置成品者，發給成品。

二、前款以外其他費用：於報名繳費後至開班上課日前申請退費者，退還已繳各項費用百分之九十；自開班上課之日起算，其上課時間未逾全期三分之一者，退還已繳各項費用百分之五十；上課時間已逾全期三分之一者，不予退還。

職業訓練機構因故未能開班上課者，應全額退還已繳費用。

第11條　職業訓練機構辦理職業繼續教育，由其合作學校之學校主管機關自行或委託學術團體或專業評鑑機構（以下簡稱受託機構）辦理評鑑或訪視。

前項合作學校之學校主管機關爲直轄市、縣（市）政府者，其評鑑或訪視之相關規定，由直轄市、縣（市）政府依本法第二十三條規定定之。

第12條　學校主管機關辦理評鑑，應每三年辦理一次。但職業訓練機構經中央勞動主管機關依法令規定評核獲頒銅牌等級以上資格者，得向學校主管機關申請於該銅牌等級以上有效期間內，免接受評鑑。

第13條　學校主管機關或受託機構辦理評鑑，應擬定評鑑計畫，其內容包括評鑑程序、方式及評鑑項目。

學校主管機關或受託機構應於評鑑完成後，公告評鑑結果。

前項結果分爲通過、有條件通過及未通過。學校主管機關得依下列規定，辦理職業訓練機構課程審核及調整事宜：

一、通過者：得申請繼續開設課程。

二、有條件通過者：所列缺失事項未改善者，得調降招生人數至改善爲止。

三、未通過者：停止部分或全部班別之招生，並得廢止課程認可。

第14條　學校主管機關或受託機構得隨時派員對職業訓練機構進行訪視。

前項訪視，學校主管機關或受託機構得遴聘學者專家組成小組爲之。

學校主管機關對訪視結果不佳之職業訓練機構，應予限期改善；訪視結果得作爲學校主管機關課程審核或廢止課程認可之參據。

第15條　本辦法自發布日施行。

附錄五　校務評鑑博碩士論文之結論與建議

研究者（年代）／研究主題		結論與建議
1. 陳盈君（2010）／臺北縣市國民小學校務評鑑機制實施之研究	結論	一、臺北縣市校務評鑑的相同點為：(1)實施整體的校務評鑑；(2)訂定實施計畫或實施要點作為推展校務評鑑的依據；(3)皆進行自我評鑑與訪視評鑑；(4)重視受評者與評鑑者之間的溝通；(5)評鑑方法的多元化，評鑑內容的多樣性；(6)自我評鑑機制尚未完善；(7)後設評鑑沒有受到應有的重視。 二、臺北縣市校務評鑑的相異點為：(1)評鑑目的之差異；(2)評鑑對象略有不同；(3)評鑑組織組成不盡相同；(4)訪評委員的組成差異；(5)評鑑標準不完全一致；(6)評鑑報告的呈現方式；(7)正式追蹤評鑑的落實；(8)評鑑結果之運用與處理相異。 三、臺北縣市國民小學教育人員對整體校務評鑑及各面向的意見反映持正向認同。 四、臺北縣市男性之國小教育人員對校務評鑑機制之認同程度顯著高於女性之國小教育人員。 五、51歲以上之臺北市國小教育人員認同度較高；臺北縣則為41歲以上之國小教育人員較高。 六、服務年資5年以下及26年以上之臺北市國小教育人員認同程度較高；臺北縣則為服務年資越高則認同度越高。 七、兼行政職之臺北市國小教育人員認同度較高；臺北縣則為職務為校長之國小教育人員有最高的認同度。 八、臺北縣市皆顯示出教育程度越高之教育人員對校務評鑑有較高的認同度。 九、臺北縣市學校規模為中型學校之國小教育人員認同度較高。 十、臺北市與臺北縣之國民小學教育人員對於校務評鑑整體及各面向上看法大致相似。 十一、臺北縣市國民小學校務評鑑機制有共同性，但也因縣市特性而有獨特之規則設計與執行。

（續上表）

	建議	壹、對教育行政機關之建議 一、對臺北縣市教育行政機關之共同建議 (一)積極宣導校務評鑑相關資訊 (二)適時修正評鑑標準與指標，確保評鑑標準之妥適性 (三)評鑑過程加強對學校之深入瞭解 (四)建構校務評鑑回饋機制，提供評鑑績優學校經驗分享 二、對臺北市教育行政機關之建議 (一)資源宜平均分配 (二)強化「自我評鑑」的歷程與功能 (三)規劃正式之追蹤評鑑，建立輔導機制改善學校辦學困境。 貳、對國民小學之建議 一、對臺北縣市國民小學之共同建議 (一)暢通溝通管道互動平臺，加強宣導落實評鑑觀念。 (二)強化教師自我評鑑能力的提升。 (三)落實自我評鑑，使評鑑成為組織內建機制。 二、對臺北縣市國民小學之建議 三、落實校內校務評鑑宣導，弭平不同變項之認知差異。
2. 郭懷升（2010）／國民小學實施校務評鑑之研究-以臺南市為例	結論	一、填答者對於臺南市國民小學校務評鑑的各項議題均持中度正向肯定的看法。 二、填答者背景變項不同，對校務評鑑各項議題之看法，差異情形亦不同。 三、受訪者認為校務評鑑參與者應以全校參與為原則。 四、受訪者影響評鑑結果因素最多的為評鑑委員本身的專業素質。
	建議	壹、對教育行政機關的建議 教育主管機關應妥善規劃，使校務評鑑常態化。評鑑委員組成要兼顧專業性與代表性，並應加強教師校務評鑑專業素養，落實學校自我評鑑。評鑑時間最少一天以上或可分散多次或加強督學平時視導或評鑑功能。評鑑結果可依評鑑項目分項公布成績，獎勵應公平合理，並落實追蹤評鑑。校務評鑑結果應與校長遴選制度有效結合。教育評鑑與專案訪視等可整合於校務評鑑，以減輕學校工作負擔。 貳、對學校行政人員的建議 以正面的態度看待校務評鑑，肯定校務評鑑的價值。落實行政正常運作，而非為評鑑而做。養成整理資料的習慣，加強檔案管理。做好工作規劃，充分利用時間。建立團隊合作機制，互相鼓勵。

（續上表）

3. 李達平（2010）／屏東縣國中小學校務評鑑實施現況及指標建構之研究	結論	一、國中小校務評鑑朝向形成性評鑑發展之趨勢。 二、評鑑指標結合學校課程教學與教育政策趨勢。 三、教育人員對校務評鑑各項議題持正向肯定之看法。 四、評鑑指標系統應預留彈性供學校來經營辦學特色。
	建議	一、施行校務評鑑過程宜兼顧多元、公開與公平。 二、宣導評鑑指標多元彈性功能並兼顧學校特色。 三、訂定完善評鑑辦法並建立完整評鑑機制。 四、藉由校務評鑑可因應教育部統合視導訪視。 五、藉由校長與主任在職進修來提升學校經營知能。 六、評鑑對象應為學校全體而非僅侷限於行政人員。 七、不同學制應有不同的指標。 八、校務評鑑結果之應用與追蹤輔導應落實。 九、整合各項評鑑並落實環保。
4. 張文潔（2009）／屏東縣國民小學校務評鑑實施現況之研究	結論	一、屏東縣國小教育人員對校務評鑑目的之認同與達成程度有落差。 二、多數屏東縣國小教育人員認為校務評鑑訪視委員應多元。 三、部分教育人員認為評鑑已影響學校教學與行政。 四、大部分屏東縣國小教育人員認同評鑑採用的各種方式。 五、多數屏東縣國小教育人員認為評鑑指標適切，但仍應考量學校個別差異性。 六、男性教育人員對整體校務評鑑的認同度高於女性教育人員。 七、校長在校務評鑑各層面的認同情形多高於其他職務教育人員。 八、小型學校教育人員對評鑑實施方式的認同度高於中型以上學校。
	建議	壹、對教育評鑑決策單位之建議 一、教育處應加強宣導校務評鑑的目的與功能。 二、教育處可統整評鑑特優學校之校務相關資料以供他校參考。 三、教育處對評鑑結果不佳之學校要落實追蹤輔導功能。 四、教育處應整合縣內各式的評鑑工作，減少教育工作者的負擔及資源浪費。 貳、對受評學校之建議 一、學校領導者應加強評鑑觀念的宣導。 二、學校要落實學校本位評鑑的制度。 三、學校應確實做好校務與教學資料的建檔。

（續上表）

5. 何芳錫（2009）／臺北市國民小學校務評鑑之研究	結論	一、臺北市國民小學教育人員對於整體校務評鑑及各向度的意見反應持中度認同。 二、不同年齡的臺北市國民小學教育人員，對於「校務評鑑的項目及標準」、「校務評鑑的過程」、「校務評鑑的結果與運用」意見填答上均有顯著的差異情形。 三、不同服務年資的臺北市國民小學教育人員，對於「整體校務評鑑」、「校務評鑑之目的與功能」、「校務評鑑的項目及標準」、「校務評鑑的過程」、「校務評鑑的結果與運用」意見填答上均有顯著的差異情形。 四、擔任不同職務的臺北市國民小學教育人員，對於「整體校務評鑑」、「校務評鑑之目的與功能」、「校務評鑑的項目及標準」、「校務評鑑的結果與運用」及「校務評鑑遭遇之困境與問題」意見填答上均有顯著的差異情形。 五、不同學校規模的臺北市國民小學教育人員在「校務評鑑遭遇困境與問題」意見填答之差異達顯著差異。 六、不同學校校齡的臺北市國民小學教育人員在「校務評鑑遭遇困境與問題」意見填答之差異達顯著差異。
	建議	壹、對教育行政機關之建議 一、加強宣導校務評鑑之理念。 二、確實整合其他的訪視評鑑，有效減輕學校負擔。 三、評鑑結果宜有齊一標準。 四、資源宜平均分配。 貳、對國民小學之建議 一、劃分校務評鑑項目及標準，明確訂定各處室間之權責。 二、落實校內校務評鑑宣導，弭平不同變項之認知差異。
6. 張牡丹（2009）／臺中市國民中小學校務評鑑執行情形之研究	結論	壹、準備階段執行情形 一、校務評鑑咸認為系統完整、計畫周詳，基於目前現實環境考量，「學生學習成就與表現」、「自我評鑑機制」仍未見獨立列項。 二、受評學校說明會流於業務交辦，訪評委員行前說明會流於形式；兩者都需擴大參與對象，以研習訓練方式慎重辦理。 貳、校內自我評鑑執行情形 一、自我評鑑過程偏重備審資料的準備、學校硬體部分的美化，「自省與改進」部分，相對顯得不足。

（續上表）

		二、受評學校的自我評鑑報告，宣揚辦學成果的成分多，自我「評鑑」的意味淡，而且各校表現懸殊性、差異性很大。 三、備審資料能依據評鑑項目指標，但未能完全符合「計畫、執行、考核」架構，具有真實性、系統性與結構性；惟呈現方式，已走入電子化。 四、學校自我評鑑遭遇同仁評鑑素養不足、排斥心理、人事異動等困難，解決之道，需靠平時建立自我評鑑機制。 參、外部訪視評鑑執行情形 一、校務評鑑所聘請的訪視評鑑委員，具有評鑑專業水準，能把握評鑑重點，公正、客觀地執行評鑑，所得結果具有公信力。 二、訪視評鑑一天的流程安排合乎評鑑邏輯，若要提高評鑑效能，則需安排兩天以上。 三、訪視評鑑分四梯次二年完成，時間雖長，卻不致於造成立足點的不公，反而能帶動教育進步，達到發展性評鑑之目的。 四、親師分組座談時，不同角色人員是否安排在同一組，見仁見智，可視實際需要，由訪視委員當場共同決定分組方式。 肆、校務評鑑結果與運用 一、校務評鑑目的就績效性而言，達成比例八成以上；就發展性而言，需至學校落實改善，才有百分百達成。 二、受評學校需依據校務評鑑結果，將待改進事項，儘速列入短、中、長期校務發展計畫，並以此評鑑指標，順勢建立校內自我評鑑機制。 三、教育處需對評鑑結果設置健全的追蹤機制，協助學校盡速改善；並以本輪評鑑模式為基礎，發展常設性的校務評鑑機制。
	建議	一、成立評鑑專責單位，建立評鑑委員資料庫。 二、建立客觀性評鑑指標，提高評鑑信度效度。 三、佐證資料應加以規範，增加網路硬碟資料，減少紙本書面資料。 四、外部評鑑增加觀察晤談時間，以瞭解學校真實辦學情形。 五、指標應考慮到更深層的學生學習表現。 六、落實追蹤輔導，並提供楷模協助學校向上提升。 七、持續評鑑成效評估，落實後設評鑑工作。 八、繼續整合各項教育評鑑，整體規劃納入年度行事曆。

（續上表）

7. 吳妙娟（2009）／澎湖縣國民小學校務評鑑指標與實施方式之研究	結論	一、校務評鑑能順應時代趨勢，發展出新作為。 二、校務評鑑的學理能促發並豐富評鑑內涵。 三、校務評鑑之原理脈絡可拓展並促進教育專業發展。 四、校務評鑑之指標可結合理論與實務，創發新價值。 五、澎湖縣教育人員高度認同國民小學校務評鑑指標，確立指標的方向和領域。 六、澎湖縣教育人員認同國民小學校務評鑑二十四個分項、九十六個指標，為評鑑指標勾勒出架構和內涵。 七、澎湖縣教育人員高度認同國民小學校務評鑑的實施方式，為評鑑模式擬定了規準。 八、澎湖縣教育人員對於校務評鑑實施方式之認同度略高於評鑑指標，顯示期待值高於實務面。 九、校務評鑑指標之認同度依序為「師資教學」、「環境設施」、「行政效能」、「學生輔導」、「資源整合」及「課程發展」，顯示校務發展的困難度及未來性。 十、澎湖縣教育人員認同國民小學校務評鑑的實施方式，但對評鑑委員及經費問題仍較保留。 十一、澎湖縣國民小學校務評鑑可以跨越性別、學校規模及學校所在變項之限制。 十二、年長、資深之教育人員最認同國民小學校務評鑑指標與實施方式，未來可強化經驗的傳承分享。 十三、學歷較高者較認同國民小學校務評鑑指標與實施方式，顯示專業成長的必需性與必然性。 十四、校長及教育局人員較認同國民小學校務評鑑指標與實施方式，顯示出格局與視野的培養與價值。
	建議	壹、教育行政機關部分 一、建立全國性專業化、標準化的評鑑機制與指標，全面檢測評鑑。 二、設置校務評鑑研發專責機構，與時俱進。 三、落實評鑑委員的專業證照資格，提升專業尊榮。 四、整合視導機制，追求評鑑的更高價值。 五、善用評鑑結果，審酌決策參據。 貳、學校部分 一、強化統合力與執行力，提升整體效能。 二、落實賦權增能與績效責任，見證教育典範。 三、倡導學習與管理，創發知識價值。

（續上表）

8. 曹開寧（2008）／屏東縣國民小學實施校務評鑑之研究	結論	一、填答者對於屏東縣校務評鑑的各項議題均持中度正向肯定的看法。 二、填答者不認同對於行政人員、教師、學生、家長的抽樣訪談，能代表大多數人的看法與意見。 三、填答著不認同對於評鑑結果作為上級分配學校補助經費的參考。 四、填答者背景變項不同，對校務評鑑各項議題之看法，差異情形亦不同。
	建議	壹、對教育行政機關的建議 一、加強宣導校務評鑑的理念減少教師對評鑑的誤解。 二、應與評鑑委員做好溝通，於到校之前，做好準備工作。 三、善用到校訪視的時間，確實做好訪談工作，並增加訪談時間與成績比重。 四、針對校務評鑑缺失應提供支援與協助，並落實追蹤考核。 貳、對學校行政人員的建議 一、以正面的態度看待校務評鑑，肯定校務評鑑的價值。 二、落實行政正常運作，而非為評鑑而做。 三、養成整理資料的習慣，加強檔案管理。 四、做好工作規劃，充分利用時間。 五、建立團隊合作機制，互相鼓勵。
9. 魏川淵（2008）／基隆市國民小學校務評鑑實施狀況之研究	結論	一、基隆市國民小學教育人員對於校務評鑑整體意見反應，持中度的認同。 二、基隆市國民小學教育人員對於校務評鑑各個向度的意見看法，也持中度的認同。 三、基隆市國民小學教育人員對於「校務評鑑之自我評鑑」最為認同，其次是「校務評鑑之指標內容」。 四、基隆市國民小學教育人員對於「校務評鑑之目的與功能」認同程度最低。 五、基隆市國民小學男性教育人員對於「校務評鑑整體意見」比女性教育人員為高；校長對於「校務評鑑整體意見」較教師兼組長、一般教師為高；13-24班的教育人員對於「校務評鑑整體意見」較37班以上學校教育人員為高。 六、校務評鑑不被視為是考核與監督學校辦學績效的唯一方法。 七、校務評鑑的前置準備工作宜確實落實在平時的學校工作。

（續上表）

		八、學校要先自我評鑑，檢視學校本身的校務缺失及待改進項目。 九、訪評委員的組成未能多元以及對受評學校未能充分瞭解。 十、校務評鑑之一日訪視評鑑，無法確實瞭解與掌握學校的真實情形無法足以達成校務評鑑的目的。 十一、校務評鑑的指標內容無法呈現真實的概念及敘述明確。 十二、教育行政機關無法完全整合相關評鑑，簡化行政工作，減輕學校行政負擔，落實學校本位管理的內涵與精神。
	建議	壹、對教育行政機關的建議 一、教育行政機關宜透過說明會或研習，讓受評學校教育人員明白校務評鑑的意義和內涵。 二、教育行政機關對訪評委員的聘任與組成，宜顧及評鑑專業素養。 三、教育行政機關可以視學校狀況調整訪視評鑑的時間為一天半到二天。 四、教育行政機關宜將校務評鑑視為協助學校發現校務問題，但不宜將校務評鑑認為是考核與監督學校辦學績效的唯一方法。 五、教育行政機關，宜有效整合各項評鑑，並針對書面資料的呈現做明確的規範，以降低學校人員對校務評鑑的壓力與節省資源。 六、教育行政機關，在校務評鑑的實施上宜明確訂定評定辦法，避免評鑑結果受到表面效度的影響。 貳、對受評學校的建議： 一、受評學校之校長或教師兼主任人員，宜透過各項會議或說明會宣導校務評鑑的目的與意義，激起學校同仁參與校務評鑑的熱情與士氣。 二、受評學校宜組成「發現學校問題所在並加以改進」、「提升教育環境，促進學校效能發展」為導向的自我評鑑小組。 三、學校宜擬定具體可行的校務發展計畫，並排定階段性期程確實落實提升學校教育品質。

（續上表）

10. 張鍾榮（2008）／臺北市國民小學校務評鑑之研究——以專業知能與發展為例	結論	一、臺北市國民小學教育人員大致認同校務評鑑中「專業知能與發展」規準的合宜性，其中在「效用性」層面最為認同，「可行性」層面則認同度相對較低。 二、臺北市國民小學教育人員對校務評鑑中「專業知能與發展」規準合宜性的認同度會因擔任職務、服務年資及學校規模不同而有所差異。 三、臺北市國民小學教育人員在校務評鑑前對於學校推行教師專業發展措施大致認同，其中以「提供支持」層面認同度較高，「規劃與執行」層面則尚待努力。 四、臺北市國民小學教育人員在校務評鑑前對學校推行教師專業發展措施之看法會因擔任職務不同而有所差異。 五、臺北市國民小學教育人員在校務評鑑後對於學校推行教師專業發展措施大致認同，其中以「追蹤考核」層面最為認同，「規劃與執行」層面則尚待努力。 六、臺北市國民小學教育人員在校務評鑑後對學校推行教師專業發展措施之看法會因擔任職務及服務年資不同而有所差異。 七、臺北市國民小學教育人員認為校務評鑑對於教師專業知能與發展的助益程度大致認同，其中以「增進專業發展」層面認同度較高。 八、臺北市國民小學教育人員認為校務評鑑對於教師專業知能與發展的助益程度會因擔任職務及學校規模不同而有所差異。 九、臺北市國民小學校務評鑑中「專業知能與發展」規準及項目較偏重在專業發展部分，在專業知能部分則較為不足。
	建議	壹、對臺北市政府教育局之建議 一、提升規準的合宜性、重視學校的個殊性。 二、加強宣導規準的目的與內容，釐清教育工作者的疑慮。 三、結合優質學校評鑑，裨益學校申請獎勵。 四、借重校長影響力，踐行評鑑理念之宣導。 貳、對臺北市國民小學之建議 一、善用資深優秀的同仁，深化評鑑認同與傳承。 二、營造和諧的校園氛圍，激勵同仁共識之凝聚。 三、鼓勵教師參與進修決策，協助教師信行專業發展。 四、鼓勵教師參與研究與創造、增購研究與進修書刊及應用。 五、辦理促進教師專業知能活動、鼓勵教師參與專業發展活動。

（續上表）

11. 吳金玉（2008）／彰化縣國民小學校務評鑑現況之研究	結論	一、彰化縣國民小學教育人員對整體校務評鑑的認知情形達到中上程度。 二、男性教育人員對整體校務評鑑認知情形均高於女性教育人員。 三、擔任不同學校職務的國小教育人員對整體校務評鑑認同情形校長主任高於兼任組長、級任或科任教師。 四、服務年資二十一年以上的國小教育人員對整體校務評鑑情形認同度最高。 五、最高學歷研究所以上的教育人員對整體校務評鑑認同度最高。
	建議	一、教育行政機關應加強溝通學校成員充分瞭解及積極參與校務評鑑工作，尤其是未兼行政工作之級任教師或科任教師。 二、校務評鑑指標訂定宜考量學校特殊性並加以整合，減輕各處室資料彙整困難。 三、評鑑結果與運用除綜合報告外，對評鑑成績應予公布，供其他學校參考，並針對學校缺失進行追蹤或要求改進。 四、對評鑑方式、過程、指標、組織專業、結果與運用進行後設評鑑，以提升評鑑目標之達成。 五、提供評鑑績優學校獎勵機會，以提高學校接受校務評鑑之意願。
12. 柯雅菱（2007）／完全中學校務評鑑之研究─以臺北縣為例	結論	壹、有關校務評鑑目的和功能方面 一、不同背景變項之學校教育工作人員認為絕大部分能達成校務評鑑的目的和功能。 二、年齡越大之學校教育工作人員，越肯定能達成校務評鑑的目的和功能。 三、一般教師較不認為校務評鑑可以充分回應社會大眾對完全中學辦學之期望。 四、規模越小學校對於校務評鑑目的和功能之達成越肯定。 五、不同背景變項之學校教育工作人員對於作為校長遴選參考之目的和功能皆無特別的看法。 貳、有關校務評鑑實施過程與方式方面 一、不同背景變項之學校教育工作人員認為校務評鑑實施過程與方式大致符合評鑑要求及適切。 二、年齡越大之學校教育工作人員，越肯定校務評鑑實施過程與方式能達成評鑑要求及適切。

（續上表）

		三、一般教師較不認同校務評鑑實施過程與方式充分達到評鑑要求及適切。 四、規模越小學校對於校務評鑑實施過程與方式之達到評鑑要求及適切越肯定。 參、有關校務評鑑內容和指標方面 一、不同背景變項之學校教育工作人員認為校務評鑑的內容和指標大致適切。 二、年齡越大之學校教育工作人員，越肯定校務評鑑內容和指標的適切度，惟對是否達到評鑑要求則無顯著差異。 三、學校行政工作人員皆肯定校務評鑑的內容和指標，尤其主任的認同度最高。 四、規模越小，學校對於校務評鑑的內容和指標越肯定。 肆、有關校務評鑑結果報告與運用方面 一、不同背景變項之學校教育工作人員，普遍認為校務評鑑結果報告與運用尚能符合評鑑之要求。 二、年齡越大之學校教育工作人員，越肯定評鑑報告能反映學校辦學狀況。 三、一般教師較不認為校務評鑑結果報告與運用能充分達到評鑑之要求。 四、規模越小學校對於校務評鑑結果報告與運用越肯定。 五、對於作為經費補助之依據、向社會大衆傳達辦學績效之運用，學校教育工作人員未予高度之肯定。 六、對於評鑑報告公布前能提供受評學校更正說明機會和實施追蹤輔導，學校教育工作人員未予高度之肯定。 七、對於評鑑結果作為校長遴選之參考，學校教育工作人員未予特別的認同。 伍、就校務評鑑整體方面來說 一、不同背景變項之學校教育工作人員，對於校務評鑑的實施，一致持正面肯定的看法。 二、性別、學歷背景變項下的學校教育工作人員，對於校務評鑑實施各面向之看法，皆無顯著之差異。 三、年齡越大之學校教育工作人員，對於校務評鑑之實施越肯定。 四、一般教師對校務評鑑實施的肯定度最低。 五、規模越小學校對於校務評鑑實施的肯定度越高。

（續上表）

	建議	壹、對教育行政機關的建議 一、評鑑宜視學校規模，調整評鑑內容過程，增進校務評鑑效能。 二、成立評鑑專責機構，邀請學校主任參與，建構適當評鑑指標。 三、謹慎整理評鑑結果，提供學校更正說明，以求評鑑報告真實。 四、確實運用評鑑報告，協助學校校務發展，回應社會大衆期望。 五、建立追蹤評鑑制度，落實評後持續輔導，完整校務評鑑歷程。 貳、對受評學校的建議 一、宣導評鑑正確觀念，加強一般教師認知，達成評鑑目的功能。 二、規劃評鑑前置作業，強化分工經驗傳承，有助評鑑順利實施。 三、落實學校本位評鑑，提供自我檢思機會，增進自我評鑑效能。 四、建置標準作業程序，資料檔案e化管理，輕鬆準備持續評鑑。 五、虛心檢視評鑑結果，提升學校教學效能，開創學校教育新局。
13. 林淑芬（2007）／桃園縣國民小學校務評鑑之研究	結論	一、桃園縣國民小學校務評鑑的實施普遍良好值得肯定。 二、桃園縣國民小學普遍認同校務評鑑目的達成。 三、桃園縣國民小學普遍認同校務評鑑工具適切性。 四、桃園縣國民小學普遍認同校務評鑑實施方式。 五、桃園縣國民小學校務評鑑結果運用值得關注。 六、桃園縣國民小學校務評鑑就不同環境以及人口變項差異情形不一，值得關注。 七、桃園縣國民小學教育人員對「校務評鑑」改進策略建議。
	建議	壹、對主管教育行政機關之建議 一、落實校務評鑑實施目的。 二、建立評鑑機制並妥善規劃相關措施。 三、甄聘評鑑委員兼具多元、專業性及代表性。 四、明確指示受評鑑學校書面資料蒐集與彙整。 五、實施校務評鑑後應有配套措施。 六、整合相關教育評鑑工作。 貳、對受評學校之建議 一、瞭解校務評鑑的目的並以平常心看待。 二、落實相關資料彙整，並將學校行事與評鑑項目結合。 三、重視自我評鑑的實施協助校務發展。 四、以平常心看待評鑑結果及建議事項。

（續上表）

14. 張秋鶯（2006）／臺北縣校務評鑑實施狀況之研究	結論	一、評鑑所得各種資訊，作為縣府教育局檢視學校校務經營、校長辦學績效及輔導、補助學校之參考，不再作為提供校長遴選參考之用。 二、評鑑期程以四年為一週期，規定各校四年內一定要接受評鑑一次，不再配合校長任期選擇受評對象；不管是指定、自願、追蹤，學校有自主多元的選擇。 三、確立以學校為主體的評鑑原則，依評鑑向度完成應有的評鑑為重點，偏遠學校以半天～一天為限、中大型學校則以二天為限。 四、評鑑委員設置的組織與編配，從同儕團體中推選，兼顧專業性與客觀性，行前專業研習凝聚共識，依專長和興趣重點編配人選。 五、規定學校納入一般行政計畫辦理，透過「自評、初評、複評、訪評」，真正落實學校本位評鑑的制度，提升自我評鑑的能力。 六、校務評鑑指標，掌握核心基礎，以學校為主，涵蓋各種不同向度，建構「整體學校評鑑」的概念，整合現階段重要課題，因此變動性不大。 七、評鑑項目在不同的年度，經由整合增加或納入新的項目，讓校務評鑑的成效，得以真正掌握趨勢脈動與符應實際需求。 八、評鑑能針對校務發展做評核，以整體校務經營為考量，對重大情況做追蹤，以為往後辦學之參照，是臺北縣推動校務評鑑結果應用的一大突破。
	建議	壹、對教育行政機關的建議 一、應做全盤的瞭解與規劃，讓外部檢核的資源適時的引入學校。 二、訪評的時間點，可依循制度，設計彈性的實施方式。 三、強化「自我評鑑」的歷程與功能，列為年度督學視導重點。 四、書面資料網路化，降低「資料審查」的比重，多作實地參訪與對談。 五、委託教研中心辦理訓練，核頒證照，成立人才資源庫。 六、指標影響行政工作的方向，時程及重點要提早公布。 七、初評、複評、追蹤評鑑，在經費許可下，由同一批委員進行訪評。

（續上表）

		八、評鑑報告要限期發表，結合視導機制，給學校具體改進建議。 九、建構校務評鑑回饋機制，提供評鑑績優學校經驗分享。 十、內涵與實質效應不同，校務評鑑與校長專業評鑑，辦理模式應有所區隔。 貳、對學校的建議 一、暢通溝通管道互動平臺，加強宣導落實觀念的改變。 二、以強化內部評鑑為基礎，加速教師自我評鑑能力的提升。 三、讓利益關係者參與評鑑過程，對應策略以為改進。
15. 李有在（2006）／臺中市國民小學校務評鑑實施之研究	結論	一、國民小學教育人員對校務評鑑的意義與目的會主動去瞭解。 二、國民小學教育人員大都認為「自我評鑑」是重要的。 三、國民小學教育人員大都認為訪評時間一天不夠。 四、訪評委員不能瞭解國小真實辦學情形。 五、國民小學教育人員大都認同臺中市「校務評鑑指標」的項目是具體完整的。 六、評鑑指標沒有考慮到各校差異。 七、普遍對評鑑結果公正客觀存疑。 八、贊成以校務評鑑成績做校長遴選參考依據，但不是唯一依據。 九、發現校務評鑑實施的最大困難點在時間、經費、公平客觀與認知心態上。 十、對校務評鑑實施方式的具體建議意見很一致。
	建議	壹、對教師之建議 一、瞭解校務評鑑的意義與目的。 二、落實親師合作。 三、提升專業知能。 四、熟悉「校務評鑑指標」內容。 五、建立共識觀念。 貳、對學校行政人員之建議 一、以正面的觀念看待校務評鑑。 二、建立「自我評鑑」機制，落實績效責任觀念。 三、發揮學校辦學績效。 四、落實行政正常運作。 五、加強檔案管理。

（續上表）

		參、對教育行政機關的建議 一、加強宣導校務評鑑的理念。 二、落實追蹤考核。 三、積極規劃後設評鑑。 四、減少書面資料的評鑑項目。 五、依學校規模訂定評鑑指標。 六、整合其他訪視、考評、評鑑項目。 七、訂定一套標準化的訪談程序流程表。 八、重訂訪談人員代表名額。 九、重新評估評鑑績效。 十、重審評鑑目的。 十一、分項獎勵評鑑結果。
16. 陳恩茂（2005）／宜蘭縣國民中小學校務評鑑之實施成效研究	結論	一、國民中小學教育人員多數主張應按國中、國小訂定不同的評鑑指標。 二、校務評鑑初評以半天為原則，從初評到複評，以間隔一個月較適合。 三、評鑑委員專業背景齊全，公正客觀、立場超然。 四、大多數學校均能組成自評小組，確實進行自我評鑑，自評資料內容具真實性。 五、校務評鑑對學校教學與行政的正常運作會造成影響。 六、受評學校均以積極正面的態度，面對校務評鑑準備工作。 七、一百二十個評鑑指標，確實太多，應就內容重複及不符合學校現況部分，酌予刪除或修正。
	建議	一、召開校務評鑑改進小組會議；每年辦理校務評鑑說明會。 二、整合相關教育評鑑與專案訪視，納入校務評鑑，減輕學校工作負擔。 三、「資料審查的評分比重不宜太高，減少各校書面資料呈現的負擔，多做實地參訪與對談。 四、書面資料網路化，減少紙本資料，合乎環保要求，又可提供他校相互觀摩。 五、全校教師應共同體認，校務評鑑是協助學校改進校務、提升學校績效；而非專為校長遴選而評鑑，如此可減低老師們參與評鑑工作的疑慮。

（續上表）

17. 黃坤忠（2005）／宜蘭縣國民小學校務評鑑之調查研究	結論	一、宜蘭縣國民小學教育人員對於校務評鑑整體的認同度為「中度偏高」，其中以「校務評鑑的過程」及「校務評鑑的結果與運用」的認同度較高，而「校務評鑑的項目、內容及指標」認同度較低。 二、不同背景變項國民小學教育人員，在校務評鑑「整體意見」之填答差異性分析，受試者「是否曾參加評鑑」、「職務」、「服務年資」及「學校規模」皆達到顯著水準。
	建議	壹、對教育行政機關之建議 一、加強宣導校務評鑑理念。 二、將校務評鑑於校長任期的第三年辦理。 三、整合其他的訪視、考評，有效減輕學校負擔。 四、評鑑指標的數量應適度減少、整併，以避免重複。 五、重視評鑑結果，定期追蹤改進情形。 貳、對國民小學之建議 一、減輕各處室組長的壓力。 二、尋求學校全體師生的共識與合作。 三、以開闊的胸襟面對訪視。
18. 薛又綸（2005）／臺中市國民小學實施校務評鑑之研究	結論	一、臺中市國民小學教育人員對於校務評鑑整體意見反應，持中度的認同。 二、臺中市國民小學教育人員對於校務評鑑各個向度的意見反應，亦持中度的認同。 三、臺中市國民小學教育人員對於「校務評鑑之前置作業」最為認同，其次是「校務評鑑之自我評鑑」。 四、臺中市國民小學教育人員對於「校務評鑑之目的功能」認同程度最低。 五、教育行政機關未能有效整合各項方案評鑑。 六、不同性別、年齡、職務、服務年資、教育程度、學校規模臺中市國民小學教育人員對於「校務評鑑整體意見」有明顯的差異。 七、校務評鑑的前置準備工作應該落實於平時。 八、自評小組除了納入各方代表外，更要重視組成成員的專業與能力。 九、訪評委員的組成未能兼顧理論面與實務面。 十、一天的時間訪評委員並無法瞭解並掌握學校的真實情形。 十一、校務評鑑結果可做為校長遴選的參考依據，但不應該是結果運用的唯一用途。

（續上表）

	建議	壹、對教育行政機關的建議 一、教育行政機關應該透過說明會或研習，讓受評鑑學校教育人員明白校務評鑑的意義和內涵。 二、教育行政機關，在訪評委員的聘任方面，應該兼顧理論面與實務面。 三、教育行政機關可以調整訪視評鑑的時間為一天半到三天。 四、教育行政機關可以將校務評鑑的結果，做為校長遴選的參考依據之一，但不應該是唯一用途。 五、教育行政機關，應該落實追蹤輔導與後段評鑑。 六、教育行政機關，應該有效整合各項方案評鑑，並針對書面資料的呈現作規範，以免造成學校人員的過度壓力，浪費資源。 貳、對受評學校的建議 一、受評學校之校長或兼任主任人員，應該透過各項會議或說明會，倡導或喚醒所有同仁的參與熱情。 二、受評學校應該組成以「問題改善」、「教育發展」為導向的自我評鑑小組。 三、學校應擬定具體可行的校務發展計畫，並排定期程落實實施。
19. 劉麗卿（2005）／臺中市實施國民中小學校務評鑑之研究	結論	一、校務評鑑目的認同程度與達成程度有落差，顯示校務評鑑目的的功能在實際執行時還有改進的空間。 二、校務評鑑項目很難涵蓋學校校務的各個層面。 三、評鑑委員的專業性受肯定，但仍有努力空間。 四、評鑑方式適切性大致上都獲得認同，但訪評時間太短，所以無法瞭解學校實際辦學情形，因此評鑑方式部分仍有修正必要。 五、評鑑結果成效不彰，公信力不足，急待上級行政機關正視問題。 六、填答者背景變項不同，對校務評鑑各項議題之看法，差異情形亦有不同。
	建議	壹、對教育行政機關的建議 一、確立校務評鑑目的，決定評鑑方向，成立專門負責校務評鑑的機構，整合評鑑內容，協助改善學校。 二、讓利益關係者參與訂定評鑑項目，建構適切具體的評鑑指標，並隨時針對評鑑結果適時修正指標項目。

（續上表）

		三、籌組校務評鑑評鑑委員小組，建立專職化的評鑑機構，並強化評鑑委員專業訓練，提昇整體評鑑品質。 四、訪視評鑑時間不足，應延長時間為二天至三天，深入瞭解受評學校，並結合行政機關平日的視導評鑑。 五、評鑑結果應以積極鼓勵性為主，不公布等第排名，多以質化方式具體描述學校優缺點。 六、實施評鑑後的追蹤評鑑，協助學校改善，提供學校補助經費，落實評鑑的功能。 七、整合各類方案評鑑或訪視，將方案評鑑納入校務評鑑中，以減輕學校壓力及減少資源浪費。 貳、對受評學校的建議 一、加強對學校人員的觀念宣導，明白校務評鑑是需要全校共同參與，是藉以協助改善學校缺失、提升教育品質為目的。 二、學校應建立檔案建置系統，落實校務行政運作及教學資料保存，從容接受校務評鑑。 三、落實推動學校本位評鑑，加強學校自我內部評鑑機制，方能結合外部評鑑，達成改善校務的目的。
20. 陳憲傳（2005）／臺北縣國民中學校務評鑑現況之研究	結論	一、自我評鑑小組的成員，應由校務會議推舉產生。 二、自我評鑑小組除了行政人員和教師外不應加入學生和家長代表。 三、自我評鑑可以檢視本校所設定之目標是否達成。 四、現行訪評委員以五至九人為一組，在人數上是合宜的。 五、評鑑指標項目應顧及受評學校的個別差異，而有所增減。 六、評鑑指標項目應依各處室權責來劃分。 七、現行訪問評鑑的時間改為二天，比較能深入瞭解受評學校的現況。 八、評鑑的結果可以讓學校針對缺失提出說明或解釋。 九、評鑑的結果可以作為教育主管行政機關補助學校經費的依據。 十、學校主任或組長比較認同和接受自我評鑑工作。 十一、學校行政人員比較能認同訪問評鑑過程。 十二、學校行政人員比較能認同校務評鑑結果與運用。

（續上表）

	建議	壹、對教育行政機關之建議 一、加強對國民中學校務評鑑的宣導。 二、慎重遴選適合的訪問評鑑委員。 三、減少訪評委員審閱書面資料，增加實地參觀、考察時間。 四、統整各項考核、評鑑、訪視，減輕學校工作負擔。 五、妥善運用校務評鑑的結果。 貳、對國民中學之建議 一、鼓勵學校同仁，以積極正面的態度面對校務評鑑。 二、重視學校自我評鑑的過程，瞭解本校的優勢與劣勢。 三、責任分工，經驗傳承。 四、做好平時的行政與教學準備工作。 五、自我評鑑小組的成員，各校依實際需要組成。
21. 林雅娟（2005）／宜蘭縣國民小學校務評鑑實施現況之調查研究	結論	一、在協助學校改善教學品質上仍有改進空間，應與校長評鑑區隔，並貫徹績效責任制。 二、評鑑指標、表格、評鑑資料蒐集的方法應重新調整，賦予學校展示特色的空間。 三、與受評學校進行協商，達成共識，激發受評意願，真正落實評鑑。 四、評鑑應謹守客觀公正的原則，力求結果之公平。 五、評鑑報告須釐清學校問題之責任歸屬，結果公布前，應讓受評者有說明或申辯的機會。 六、學校人員與評鑑委員對校務評鑑的看法有落差。
	建議	一、加強評鑑理念的宣導，辦理評鑑研習或說明。 二、賦予指標的彈性訂定，落實學校本位發展。 三、強化評鑑委員的專業，建立評鑑機構的設置。 四、結合視導機制，善用評鑑結果。 五、追求評鑑工作精緻化，促進評鑑工作的整合。 六、建置後設評鑑的機制，進行成效顯示。 七、實施學校本位的評鑑，落實自我評鑑。 八、學校領導者宜加強教師評鑑觀念與自評之能。

（續上表）

22. 劉智云（2005）／大都會區國民小學校務評鑑	結論	一、大都會區國小學教育人員大多認同校務評鑑帶來正面積極的意義，但是認為校務鑑的方式必要修正，以免干擾學校教育正常運作或者評鑑不出真正的辦理績效。 二、大都會區國民小學教育人員均相當重視校務評鑑，在自我評鑑工作上大都能發揮團隊合作力量，做到盡善盡美，以爭取學校榮譽。 三、大都會區國民小學教育人員對於校務評鑑，均高度認同，認為校務評鑑中的自我評鑑也能積極投入。 四、校務評鑑訪視，不但被接受，外部人員所蒐集資料也接近真實性。 五、形成評鑑比總結評鑑較被肯定。 六、對於教育評鑑結果，應作為下次評鑑的參考依據。 七、辦理學校本位校校務評鑑之專業知能研習，有助於校務評鑑之推動。 八、比較不認同以評鑑成績可作為教職員考核、與核撥學校經費之依據。
	建議	一、藉著校務評鑑適度之壓力順勢提升教師專業能力與權威。 二、學習知識管理、運用團隊力量、引進家長參與教育、積極參與校務評鑑。 三、學校平時就該建立完善檔案資料。 四、整合學校各項評活動，把握辦學重心，兼顧普遍原則與特色原則。 五、積極規劃後設評鑑工作。 六、落實追蹤評鑑。 七、從事評鑑成效之評估。 八、整合年度內各項評鑑工作。 九、評鑑資料減到最少力求單純。 十、結果以整體及單項績效優異分別公布。
23. 莊忠儒（2004）／臺北縣國民小學校務評鑑實施狀況調查研究	結論	一、校務評鑑目的功能認同程度與達成度有落差，顯示校務評鑑目的功能實施狀況仍有改進空間。 二、學歷越低的教育工作者越認同校務評鑑目的功能及其達成度。 三、校務評鑑委員人選專業多元化趨勢為大多數人認同。 四、校務評鑑委員公正客觀、立場超然的專業知能受到肯定。 五、大多數教育工作者認為評鑑時間充足且評鑑方式能反映學校真實情形。

（續上表）

		六、臺北縣教育工作者對校務評鑑實施方式的適切性相當認同。 七、臺北縣校務評鑑之評鑑指標能涵蓋各個校務運作的層面。 八、評鑑指標能提供評鑑小組進行評鑑時的資訊及反映出學校工作內容，但評鑑指標仍有修訂改進的空間。 九、評鑑結果不宜作為教育行政機關經費資源補助分配之唯一依據。 十、板橋區的教育工作者對部分校務評鑑處理運用的認同程度高於其他區的教育工作者。 十一、不同性別的教育工作者對臺北縣校務評鑑的整體實施狀況抱持著正向肯定的態度。 十二、年齡五十一歲以上的教育工作者對校務評鑑實施的認同度最高。 十三、校長對校務評鑑實施的認同度最高。 十四、年資二十五年以上的教育工作者對校務評鑑實施的認同度最高。 十五、不同學校規模的教育工作者對臺北縣校務評鑑實施狀況之看法並無顯著性差異。 十六、年輕新型學校的教育工作者最能認同校務評鑑的實施。
	建議	壹、對教育行政機關的建議 一、規劃分項訪視工作，深入瞭解校務運作。 二、評鑑決策單位應辦理職前研習，提高評鑑小組成員的專業知能。 三、評鑑結果審慎酌量作為增減補助經費額度參據。 四、教育主管機關應加強宣導進行校務評鑑的目的與功能，尋求更多教育工作者的支持。 五、統整優良受評學校辦學方式之書面或電子資料，供縣內其他學校參考。 六、對評鑑結果成績不佳之學校，依照問題性質，委請相關領域學者專家、督學、國教輔導團教師進行輔導，以落實評鑑結果之追蹤輔導功能。 七、整合相關評鑑工作，減少教育工作者的負擔。 貳、對受評學校的建議 一、學校主政者應加強評鑑觀念的宣導，提升教師對評鑑內容的認知。 二、落實學校本位評鑑的制度，提升自我評鑑的能力。

（續上表）

		三、落實教學與業務資料的整理及保存，以減少進行校務評鑑時的衝擊。 四、與社區民眾及家長會建立良好溝通管道，並定期呈現教學成果，以避免其以評鑑結果報告作為審視學校辦學績效的唯一途徑。 五、轉化學校本位評鑑，委請督學蒞校複評。
24. 林文榮（2004）／臺南縣國民小學校務評鑑實施調查及整合之研究	結論	一、多外部評鑑，評鑑過多，增加學校及人員負擔。 二、評鑑人員彼此差異大，缺乏客觀，流於書面審查，無法有效評鑑。 三、校務評鑑對於提升學校辦學之功能有待加強。 四、眾多方案評鑑會干擾學校運作。
	建議	一、行政機關與各受評學校一起檢討校務評鑑缺失。 二、成立專門負責校務評鑑之機構，整合評鑑系統，以專業的角度協助學校。 三、評鑑應配合學校作息，主辦單位應提前公布並納入學校行事。 四、評鑑委員應由同儕團體中推選，並兼顧專業性與客觀性。 五、評鑑結果應增加質化方式以描述學校之優缺點。 六、將各類評鑑化整為零，減輕學校壓力，節省人力、物力之開銷。 七、評鑑以一天較為適當，週期三年一次為宜。 八、評鑑結果宜以文字敘述，但不公布排名，並作為補助依據。 九、應加強推動學校自我內部評鑑，並舉辦評鑑說明會與研習，推廣評鑑概念及作法。
25. 莊筱玲（2004）／臺北市91學年度國民小學校務評鑑進行研究——消費者導向評鑑觀點	結論	一、消費者導向評鑑在臺北市91學年度國小校務評鑑之整體應用良好，其中需求評估階段應用情形最佳，後設評鑑階段應用情形較低。 二、由學校依自由意願申請接受校務評鑑，會面臨各校不願意主動申請之困難。 三、校務評鑑的內容與規準，應更加深入瞭解學校的真實情形。 四、受評學校人員擔心校務評鑑的結果報告，會對學校造成標籤作用。 五、資深的受評學校人員對消費者導向評鑑在校務評鑑的整體應用上同意程度較高。 六、學校規模較小的受評學校人員較憂心學校實地進行自我評鑑能力不足。

（續上表）

	建議	一、以受評學校為基礎，協助學校永續發展。 二、詳盡規劃校務評鑑之評鑑內容與規準，並考量學校不同背景與個別差異。 三、不單純受評鑑目標之侷限，只要在教育上具有重要性，亦可加以參酌評鑑。 四、交叉使用多種評鑑方法，以求做出完整而正確的評估判斷。 五、對於評鑑結果確立一套持續追蹤改善的機制，以求持續不斷的改進。 六、透過校務評鑑，全面檢視學校以釐清校務運作的困難與問題。 七、強化專業知能，以瞭解校務評鑑精神內涵。 八、行政應整合教師與家長共同參與校務評鑑的執行。 九、依據評鑑結果提出校務發展改進計畫。
26. 郭玲如（2004）／臺北縣90學年度國民小學校務評鑑	結論	一、臺北縣90學年度國民小學校務評鑑在執行過程層面成效尚可。 二、臺北縣90學年度國民小學校務評鑑在執行績效層面成效尚可。 三、臺北縣90學年度國小學校務評鑑在執行過程層面與執行績效成面成效在不同背景的學歷、地區屬性、職務其情形有差異存在。
	建議	一、進行校務評鑑前，能召開相關會議，聽取學校人員意見，以尋求學校人員認同，俾便讓校務評鑑的實施順利推動。 二、進行校務評鑑後，能召開相關會議，進行檢討工作，俾便讓日後評鑑工作修正回饋。 三、進行校務評鑑前，安排評鑑委員參加有關評鑑知能進修或研習。 四、進行校務評鑑過程，能依受評鑑學校類型之不同，選派不同之評鑑人員。 五、評鑑流程應安排觀察學校辦學情形。 六、加強評鑑人員的專業知能與態度。 七、在校務評鑑過程中，讓受評學校有回饋說明之機會。 八、進行校務評鑑後，落實學校依據評鑑結果執行改進。

（續上表）

27. 洪梓祥（2003）／臺中縣國民小學實施校務評鑑	結論	一、「自我評鑑」具有省思的功能，但也有限制存在。 二、臺中縣國民小學校務評鑑內容與指標能涵蓋整個校務，但也有重疊與過於抽象的現象。 三、校務評鑑內容與指標的訂定，要教育行政人員、學者專家與學校人員的參與。 四、校務評鑑的內容偏重書面資料，忽略實地評鑑。 五、校務評鑑的過程太緊湊，未與學校實地運作結合，不能深入瞭解學校情形與做充分溝通，評鑑結果的公正性與客觀性受到質疑。 六、評鑑結果的運用不宜與考核結合，在經費上希望能補助不足，並適當的獎勵績優學校。
	建議	壹、對教育行政機關的建議 一、協助學校發展自我評鑑機轉，做好自我評鑑工作。 二、設立校務評鑑常設機會，整合學校評鑑，釐定明確具體的校務評鑑目標，制定合適的評鑑內容與指標。 三、善用評鑑結果，激勵學校人員士氣，並能落實追蹤輔導與後設評鑑，協助學校發展。 四、分區辦理校務評鑑，並實施交互評鑑。 貳、對學校的建議 一、釐定學校校務發展計畫確實執行，並做好建檔工作。 二、發展學校自我評鑑，建立績效責任觀念。
28. 陳坤松（2003）／臺南市國民小學行政人員對校務評鑑態度	結論	一、臺南市國民中小學校務評鑑可促使學校資源整合，強化領導和處室分層負責。 二、評鑑目的是學校改進校務、向社會大眾宣示學校辦學績效和促進教育人員的專業成長，但在規劃設計、資料整理蒐集階段和評鑑結果應用階段，尚有部分問題存在。 三、行政人員認為自我評鑑比訪問評鑑重要。 四、實施評鑑時，對於評鑑委員的遴聘、行前的共識、依專長和興趣分工、能否全程參與、可否落實評鑑精神等，以及訪問評鑑的時間、方法、學校感受、功能都要詳加注意，以使校務評鑑公平。
	建議	一、評鑑項目的細項可再簡化。 二、慎選評鑑委員並且委員能再行前凝聚共識。 三、針對學校背景擬訂評鑑標準，並事先公布，並舉辦學校行政人員說明會，讓全市學校瞭解。

（續上表）

		四、校內人員和家長不宜成為總結性評鑑委員。 五、質量並重，問卷設計宜簡化。 六、訪談對象宜有代表性，並且能和訪談對象深入晤談。 七、評鑑結果不宜公開，宜讓受評學校有申覆機會。 八、應強化評鑑結果的積極性回饋與追蹤輔導。 九、應養成隨時將資料建檔的習慣。 十、老師與家長應共同體認，評鑑是協助學校改進校務，以提升學校績效。
29. 黃韻寧（2003）／新竹縣國民小學校務評鑑實施狀況	結論	一、國內十一縣市自88學年度辦理之校務評鑑多屬績效與改進導向之校務評鑑。 二、新竹縣教育人員對校務評鑑多持正向肯定之態度，校務評鑑之實施情況大致良好。 三、評鑑委員對校務評鑑實施成效之肯定看法，但認為相關配套措施尚有許多檢討改進之處。 四、校長、兼任行政教師、專任、行政人員對校務評鑑目的之認同度與達成度、評鑑委員組成適切性與專業性評鑑項目與重點、評鑑過程與方式、評鑑結果處理情形之看法均有差異。 五、校務評鑑應配合校長任期實施或採取專業評鑑為宜，追蹤評鑑以隨機或評鑑後一年實施為宜。
	建議	一、教育主管機關應制定評鑑辦法，評鑑目的應包含診療、證明、改善、發展功能。 二、評鑑應常態化妥善研擬評鑑指標。具體描述指標內容、評分標準、評鑑過程、結果處理方式等，並將校務評鑑列入學校行事曆。 三、評鑑委員組成多樣化，兼顧專業性與代表性。名單應事先公布，可以要求更換但不得指定。 四、加強教師評鑑素養，落實學校自我評鑑。 五、評鑑時間至少一天，也可分次進行。 六、評鑑學校應與獎勵並協助改善。 七、校務評鑑應整合相關教育評鑑教師評鑑專案訪視，減輕學校負擔。 八、應瞭解評鑑為時代趨勢，培養樂觀心態坦然接受評鑑，並虛心接受結果，積極檢討改進。 九、重視平常資料之整理，並依據評鑑指標規劃學校教育活動，將學校教育與評鑑結合。

（續上表）

30. 潘俊程（2003）／臺中縣國民小學校務評鑑	結論	一、國民小學教育人員接受校務評鑑，會感受到很大的壓力和焦慮，尤其是主任和組長。 二、評鑑指標在評鑑後應參考各層面的改進建議，做適當的整合與修正。 三、各校對於接受校務評鑑相當重視，並且認為在評鑑的過程中受到尊重。 四、校務評鑑未整合訪視、考核，無法減輕學校負擔。 五、對於校務評鑑委員的建議，學校有信心可以針對缺失持續改進，但教育行政機關應繼續追蹤。 六、評鑑結果的公平性與客觀性受到質疑。 七、評鑑向度與單題認同度方面，校長最肯定，組長的認同度則偏低，職務別是造成受試者填答差異的最主要因素，服務年資與教育程度次之。
	建議	一、校務評鑑的理念應加強宣導。 二、整合其他的訪視、考評，有效減輕學校負擔。 三、強化評鑑結果的專業性與客觀性。 四、善用評鑑結果，納入例行的視導工作，持續後續追蹤檢核。 五、學校人員應以開闊的心面對評鑑，並給予學校支持性的協助。 六、對於校務評鑑所需提報的各項資料，大都為各處室組長的業務職掌，因此應關懷各處室組長的工作壓力。
31. 陳劍賢（2002）／臺東縣國民小學校務評鑑	結論	一、校務評鑑對學校校務之發展很重要，應納入學校一般行政計畫辦理。 二、臺東縣校務評鑑實施要點指標仍待溝通探討。 三、評鑑的重心已由外轉變為內在的自我評鑑，亦即由訪問評鑑價值轉變為自我評鑑決策的歷程，因之應加強學校自我評鑑。 四、慎選評鑑委員，最好是由專業素養公平公正之學者專家組成。 五、評鑑結果擇優公布，以鼓勵學校的士氣。 六、後續評鑑的追蹤管制，解決學校的困難。
	建議	一、確立校務評鑑之觀念與信心並積極研發臺東縣校務評鑑的指標及標準。 二、鼓勵學校自我評鑑，並辦理交互評鑑彼此觀摩成長。 三、評鑑委員應由具專業素養公正之人士擔任。 四、延長訪問評鑑的時間。 五、評鑑方式量化與質化彈性應用，並重視應用結果之處理。

（續上表）

32. 王睿君（2000）／國民中學校務評鑑之探討—以高雄市國民中學八十六學年度校務評鑑為例	結論	一、學校自我評鑑與專家的實地評鑑間呈現正相關。 二、兼任行政工作的教師與未兼任行政工作的教師在評鑑過程中，對於評鑑委員、訪問評鑑與評鑑結果會因兼任行政工作而具有差異。
	建議	壹、對高雄市國民中學實施校務自我評鑑的建議 一、採取積極主動態度實施學校的自我評鑑，應將學校的自我評鑑融入日常校務發展計畫中。 二、加強學校自我評鑑前的溝通，形成觀念的共識，平時即加強辦理評鑑的研習，使全體人員皆能具備正確的學校自我評鑑的觀念，形成一致性的共識。 貳、對於教育行政機關的建議 一、未來進行校務評鑑時，評分的標準除量化的分數之外，應增加訪談的機會，若在時間與經費的許可下也應增長評鑑的時間，以便有更多的機會瞭解學校的特色與該校面對校務問題時的處理態度。 二、教育行政機關的角色應由過去的監督管理者逐漸轉為溝通協調者，協助各校所需要的各項資源當教育機關賦予學校自主性的範疇之後，學校便能擁有增進學校自我管理、自我決定的能力，使各校在進行校務評鑑時達到一定評鑑標準，使學校自我評鑑方式為主要評鑑方式，落實客觀、民主化的評鑑效用。

附錄六　校務評鑑後設評鑑博碩士論文之結論與建議

研究者（年代）/研究主題	結論與建議	
1. 許榮麟（2012）/我國高級中等學校實用技能學程訪視後設評鑑	結論	一、輔導訪視委員普遍認同各校實用技能學程已有良好的辦學成效，肯定學校對於技藝教育之付出與投入。 二、受訪學校均能認同各項訪視指標對於辦學方針的引導功能。 三、輔導訪視委員相當認同訪視的政策和實施方式能夠提升實用技能學程的各項辦學功能。 四、訪視結果採行等第制固然可以產生正向的鼓勵效益，但希望未來能朝向認可制，有助於各校發展校本位特色。
	建議	壹、對於受訪學校之建議 一、建議學校宜檢視各類科之就業人才需求，規劃輔助課程或調整科系，以利產業和教育資源之互利性。 二、各校承辦人員應確實瞭解輔導訪視之重點，主動展現學校優勢及校本位特色。 貳、對於輔導訪視實施單位之建議 一、以整合性評鑑取代目前繁瑣之各學制輔導訪視。 二、加強宣導訪視之正向意義。 三、輔導訪視項目之規劃應有適當彈性指標，以適應各校之辦學特色。
2. 楊琬湞（2012）/臺北市國民中學校務評鑑之後設評鑑研究	結論	一、臺北市國民中學校務評鑑「符合」後設評鑑標準。 二、臺北市國民中學校務評鑑最符合「可行性」及「適切性」標準，其次依序為「績效性」、「精確性」、「效用性」。 三、臺北市國民中學校務評鑑實施成效高低互異，存有值得肯定與待改善之處。 四、不同學校種類之填答者，「私立學校」符合程度高於「公立學校」。 五、不同工作職務之填答者，「主任」符合程度均高於「組長」、「導師」及「科任教師」。

（續上表）

		六、不同服務年資之填答者，對整體及五大類標準符合程度看法較為不一致。 七、不同學校規模及受評學年度之填答者，對臺北市國民中學校務評鑑符合後設評鑑標準之看法較為一致。 八、受評國民中學教育人員對校務評鑑符合後設評鑑五大類標準及次標準之看法較為不一致。
	建議	壹、對教育行政機關之建議 一、寬編校務評鑑經費。 二、建立後社評鑑機制，持續改進校務評鑑。 三、辦理訪評委員培訓，設立專業認證制度。 四、檢視評鑑書面報告，作為未來參考依據。 貳、對評鑑業務承辦單位 一、彈性分配訪評時間，符合不同學校需求。 二、建構評鑑網路平臺，提供諮詢公布結果。 三、增加教學經驗委員，整合師資專業評鑑。 四、委員研習一併初審，分析瞭解學校資料。 五、提供說明申覆機會，避免報告流於主觀。 參、對學校之建議 一、舉辦講習統整分工，弭平不同變相差異。 二、善用知識管理策略，系統整理校務資料。
3. 朱筱婷（2011）／臺北市優質學校方案後設評鑑之研究	結論	一、整體填答者對臺北市優質學校方案符合後設評鑑標準的程度持正向與肯定看法。 二、臺北市優質學校方案的實施在可行性及效用性層面獲得高度的肯定。 三、進入複審的學校校長及主任者對臺北市優質學校方案符合後設評鑑各層面持較高的正向與肯定看法。 四、進入複審學校的教育人員擁有研究所學歷者，對臺北市優質學校方案符合後設評鑑效用性標準層面持較高的正向與肯定看法。 五、進入複審學校的教育人員服務年資高者，對臺北市優質學校方案符合後設評鑑效用性及可行性標準層面持較高的正向與肯定看法。 六、複審委員為校長及學者教授者，對臺北市優質學校方案符合後設評鑑效用性、適當性及精確性層面持良好看法。 七、學校規模大小及學校種類差異不影響進入複審的學校教育人員對臺北市優質學校方案符合後設評鑑標準的看法。

（續上表）

		八、不同教育程度的評審委員對臺北市優質學校方案符合後設評鑑標準皆持正向與肯定看法。 九、整體填答者對臺北市優質學校方案在後設評鑑之重視程度以可行性為第一層級。 十、進入複審的參選學校教育人員對於臺北市優質學校方案首重後設評鑑可行性層面，複審委員則為效用性層面。
	建議	一、深入瞭解利害關係人的需求以提供合宜資訊。 二、強化評選程序及內涵以促使優質展現。 三、謹慎考量優質成果編印成效以達透明公開節能化。 四、合法放寬獎金的運用範圍以活絡校本財政。 五、精確書寫評審意見以協助各校優質發展。 六、採納建言途徑可多樣以蒐集多元聲音。
4. 陳正偉（2012）／國民小學特殊教育評鑑制度的非意圖結果與後設評鑑研究：以宜蘭縣為例	結論	一、特教教師對特教評鑑制度的認知反應：認為特教評鑑容易造成挫折感與壓力，受評者與評鑑者之間對評鑑制度的反應有一些落差，後者持較樂觀的看法，但特教教師則有較多委屈感覺，且期待能獲得專業的追蹤輔導。 二、特教評鑑的非意圖結果：經由訪談資料分析發現特教評鑑制度可能會產生：(一)見識狹窄；(二)次優化；(三)聚合效應；(四)博奕策略；(五)不實陳述；(六)影響教學等幾個非意圖結果。
	建議	一、在評鑑制度方面：(一)建議公布評鑑分數與細項指標分數，讓受評者更加瞭解自己本身需要改善的具體項目為何；(二)在評鑑分組的設計上，按照學校特教班班級數、班級性質與城鄉差距來進行分組評鑑；(三)給予評鑑說明會實際的功能；(四)減少評鑑外部因素干擾評鑑結果，例如評鑑前評鑑委員會收到一些有關受評者的黑函，此類事件應予以減少；(五)增加評鑑委員評鑑倫理的教育訓練。 二、在評鑑過程方面：(一)加強評鑑委員與受評教師在評鑑過程中的互動；(二)評鑑委員在專業領域內對受評教師、學校做專業性的批判，應抱持對事而不對人的態度。 三、在評鑑結果方面：(一)提升評鑑後的輔導功能機制；(二)注重評鑑後的輔導機制比評鑑等第結果更重要；(三)評鑑為了追求客觀檢驗之標準，會有傾向量化評鑑指標之運用，但評鑑也應該重視質化的評鑑研究途徑；(四)應該多增進學校行政當局及普通班教師對特教班教育理念的認識及同情瞭解。

（續上表）

5. 馮怡萍（2011）／高雄地區國民小學特殊教育評鑑之後設評鑑研究	結論	一、符合後設評鑑標準部分：(一)整體而言，高雄地區國民小學特殊教育評鑑實施情形良好，其中以「效用性」標準的符合程度最高。(二)「可行性」標準中，以「務實的程序」向度符合程度最高；「成本效益」向度符合程度最低。(三)「適切性」標準中，以「服務的導向」向度符合程度最高；「正式的協議與財政的職責」向度符合程度最低。(四)「效用性」標準中，以「評鑑者的可靠性與報告的清晰性」向度符合程度最高；「評鑑指標與報告的及時性與傳播」符合程度最低。(五)「精確性」標準中，以「有效的資訊」符合程度最高，「可靠的資訊與無偏差的報導」符合程度最低。 二、不同背景變項之差異性分析：(一)不同性別、職務之國民小學特殊教育人員，對於評鑑標準四層面的看法未達顯著差異。(二)不同特教背景之國民小學特殊教育人員，對於「可行性」、「適切性」、「效用性」層面中符合程度看法不同。(三)不同服務年資的國民小學特殊教育人員，在「適切性」及「精確性」兩層面看法不同。(四)不同學校內身障類班級數之國民小學特殊教育人員，在「可行性」層面符合程度看法達顯著差異。(五)不同學校地點之國民小學特殊教育人員，在四層面中對於特殊教育評鑑之看法不同。(六)不同受評結果之國民小學特殊教育人員，對於特殊教育評鑑之看法不同。
	建議	壹、對教育行政機關之建議 一、建立學校特殊教育人員正確評鑑觀念，積極參與特殊教育評鑑工作。 二、評鑑指標的設計須更具彈性，能夠考量各校差異情形。 三、整合特殊教育工作，減輕評鑑負擔；e化評鑑資料，節能減碳做環保。 四、建立評鑑小組系統，齊一評鑑理念與標準，並深入做交叉檢核。 五、有效利用評鑑結果，積極改進特殊教育推動、運作。 六、建立後設評鑑機制，檢核與提升特殊教育評鑑實施成效。 貳、對學校特殊教育人員之建議 一、建立自發性的自我評鑑機制，達成自我改進之目的。 二、善用知識管理策略，做好資料建檔。 三、透過評鑑尋求學校發展策略，發展學校特色，方能達成事半功倍之效。

（續上表）

6. 陳玉瑩（2011）／澎湖縣國民中小學校務評鑑之後設評鑑研究	結論	一、澎湖縣國民中小學教育人員對校務評鑑實施方式符合後設評鑑標準之認同度，以妥適性標準最高、依序為準確性標準、可行性標準及效用性標準。 二、校務評鑑實施方式在「效用性標準」中屬高度認同，在各標準中以「評鑑者可信度」、「報告的處理」表現較佳。 三、校務評鑑實施方式在「可行性標準」中屬高度認同，以「實際的步驟」、「政治效應」表現較佳。 四、校務評鑑實施方式在「妥適性標準」中屬高度認同，以「事前的協議」、「人際的互動」表現較佳。 五、校務評鑑實施方式在「準確性標準」中屬高度認同，以「方案文件」、「說明目的與程序」表現較佳。 六、澎湖縣教育人員對99學年度校務評鑑指標妥適性予以高度認同。 七、兼任行政職務之教育人員對於評鑑實施方式及指標認同程度皆高於一般教師。 八、服務階段為國小之教育人員對於評鑑實施方式及指標認同程度皆高於國中之教育人員。
	建議	壹、對教育行政機關的建議 一、建立學校教育人員正確評鑑觀念。 二、依據學校型態訂定不同流程及指標。 三、整合相關課程或教學評鑑工作。 貳、落實追蹤評鑑及後設評鑑 一、對學校教育人員之建。 二、策劃並控管校務發展計畫績效。 三、激勵士氣共同參與關注校務運作。 四、發展學校行政標準化作業流程。 五、建立教學與業務資料的整理及保存。 六、落實教育工作避免為評鑑而評鑑。
7. 李忠霖（2011）／桃園縣國民中學特殊教育評鑑之後設評鑑研究	結論	一、特殊教育評鑑之後設評鑑標準整體知覺為「同意」程度，有中上的評價。 二、四層面後設評鑑標準之看法，依平均得分排序，以「適切性」最高，「精確性」與「效用性」次之，「可行性」最低。 三、特教評鑑在實施成效的部分，依平均得分排序，在「評鑑者的可靠性」、「書面的說明」及「評鑑目的與程序」受到肯定，而「評鑑報告的及時性與傳播」、「評鑑報告的影響」與「成本效益的符合」則為待改進之處。

（續上表）

		四、不同「性別」、「現任職務」、「評鑑年度」填答者在知覺效用性層面後設評鑑標準有差異。 五、不同「性別」、「現任職務」、「特教背景」、「學校規模」、「評鑑年度」填答者在知覺可行性層面後設評鑑標準有差異。 六、不同「性別」、「現任職務」、「特教背景」、「評鑑年度」填答者在知覺適切性層面後設評鑑標準有差異。 七、不同「性別」、「最高學歷」、「現任職務」、「特教背景」、「學校規模」、「評鑑年度」填答者在知覺精確性層面後設評鑑標準有差異。
	建議	校內五年後公開（2016年7月），校外永不公開。
8. 張銘堅（2010）／臺南市國民小學校務評鑑之後設評鑑研究	結論	一、臺南市國民小學教育人員對校務評鑑之整體認同度中等但未達滿意程度。 二、不同背景教育人員對臺南市國民小學校務評鑑之整體認同度差異情形不一：(一)不同性別、職務、學校規模的教育人員對臺南市國民小學校務評鑑之整體認同度有顯著差異。(二)不同學歷、服務年資及參與經驗的教育人員對臺南市國民小學校務評鑑之整體認同度均沒有顯著差異。 三、受訪者認為臺南市國小校務評鑑仍有許多改善空間：(一)「效用性」方面，肯定評鑑委員的可信度，但評鑑結果的運用太過狹隘。(二)「可行性」方面，自我評鑑不落實、評鑑時間太短及宣導溝通不足。(三)「適切性」方面、肯定評鑑計畫流程順暢合法，但教育人員對校務評鑑的認知較狹隘。(四)「精確性」方面，肯定評鑑結果能呈現現況，但追蹤輔導機制欠缺。
	建議	壹、對教育行政機關的建議 一、臺南市教育處應該研議將校務評鑑與校長遴選脫鉤。 二、臺南市教育處應該妥善運用校務評鑑的報告並建立輔導追蹤機制。 三、臺南市教育處應該建立校務評鑑之後設評鑑機制。 貳、對學校的建議 一、加強宣導建立校務評鑑之正確認知。 二、建立完備的自我評鑑機制。

（續上表）

9. 蔡淑娟（2009）／臺中縣國民中小學特殊教育後設評鑑之研究	結論	一、學校人員與評鑑委員對特殊教育評鑑的整體知覺程度，皆趨於正向，且屬於中上程度；兩組對於「評鑑人員看法」得分最高，得分最低為「特教科工作執行」；在總量表及各向度分數上，學校行政人員均顯著高於特教教師。 二、不同個人背景變項之學校人員在評鑑知覺量表差異情形：(一)男性在評鑑知覺之總量表及各向度得分上均顯著高於女性。(二)學校行政人員在評鑑知覺總量表及各向度得分上均顯著高於特教教師。(三)不同年齡在評鑑知覺量表之總量表與各向度得分有顯著差異，五十一歲以上之學校人員顯著高於其他各組。(四)在不同特教專業背景在評鑑知覺量表之「總量表」、「特教教師影響向度」、「評鑑流程適當性向度」、「項目內容標準向度」與「評鑑人員看法向度」得分上，曾修習特教十九學分以下之學校人員顯著高於具備合格特教教師。(五)不同任教階段學校人員（國中、國小）在評鑑知覺之總量表與各向度得分均未達顯著差異。 三、不同學校背景變項之學校人員在評鑑知覺量表差異情形：(一)不同班級類型及不同區域的學校人員在評鑑知覺之總量表與各向度之得分未達顯著差異。(二)不同學校規模之學校人員在評鑑知覺之總量表與大部分向度得分上未達顯著差異，僅在「項目內容標準向度」得分上，十九至三十六班學校人員得分顯著高於十八班以下人員得分。 四、評鑑委員在特殊教育評鑑知覺總量表及各向度得分上，顯著高於學校人員。 五、分析開放式問題的結果顯示學校教育人員與評鑑委員均肯定評鑑的目的與功能；在評鑑表方面則建議應針對不同班設計不一樣的評鑑表，評鑑細項應避免重複，而對於追蹤輔導的學校，需有效進行後續輔導。
	建議	壹、對教育主管單位之建議 一、評鑑表項應設計精簡，並能彈性調整、因地制宜。 二、評鑑前召開說明會、座談會，以建立正確評鑑觀念。 三、評鑑流程的掌握應更明確，並能回應學校意見。 四、落實追蹤輔導，提供實質資源與協助。 五、建議評鑑方式彈性、多元，或結合其他評鑑。 貳、對國中小之建議 一、營造無障礙的心理環境。 二、提供誘因激勵教師再進修的意願。

（續上表）

		三、協助特教教師紓解評鑑壓力。 四、對評鑑報告建議事項，應徹底檢討改善。 五、建立自我評鑑機制，落實平時考核。 參、對特教教師之建議 一、視特教評鑑為經常性的工作，適當紓解評鑑壓力。 二、重視建立系統化之教學檔案，蒐集及彙整平日教學資料。 三、教師應積極進修，提升自己的專業知能。
10. 鄧茜榕（2008）／桃園縣國民中學校務評鑑之後設評鑑研究	結論	一、校務評鑑實施的過程中，以學校自我評鑑階段認同度最高，評鑑報告結果處理與檢討階段認同度最低。 二、在後設評鑑標準中，以效用性得分最高，其次為適切性、精確性，最低為可行性。 三、不同性別填答者，只在評鑑內容規劃階段精確性中有顯著差異，男性認同度高於女性。 四、不同職務之填答者，在評鑑內容規劃階段中與自我評鑑階段效用性及評鑑結果處理階段可行性、精確性無顯著差異，其他階段與整體皆發生顯著差異，校長認同度高於組長、教師。 五、不同年齡之填答者，只在評鑑報告處理階段可行性中無顯著差異，在其他階段與整體皆有顯著差異，年紀較長者認同度高於年紀較輕者。 六、不同最高學歷之填答者，在評鑑內容規劃階段的效用性、訪評實施過程的精確性、評鑑結果處理階段的適切性與整體階段的效用性、精確性具有顯著差異，且均為專科或高中以下認同度高於學士。 七、不同學校規模之填答者，在各階段都沒有發生顯著差異，因此在這次校務評鑑中，學校的規模對校務評鑑的認同度並無影響。
	建議	對教育行政主管機關的建議 一、持續辦理校務評鑑宣導工作，建立學校人員正確評鑑觀念。 二、妥善規劃校務評鑑內容，建構適宜的評鑑標準。 三、有效整合相關評鑑，減輕學校評鑑負擔。 四、宣導學校勿準備過多書面資料。 五、及早公布評鑑報告結果掌握立即性。 貳、對學校的建議 一、激勵學校教師參與學校自我評鑑及建立自我評鑑小組。 二、善用知識管理，平時就做好資料建檔。 三、重視評鑑結果處理應用，建立學校改進原則。

（續上表）

11. 陳淑樺（2008）／彰化縣國民中小學身心障礙類特殊教育後設評鑑知覺之研究	結論	一、彰化縣特殊教育人員對94-95學年度特殊教育後設評鑑知覺程度屬於中等以上，以「學校準備評鑑的過程」向度的平均數最高，而「特殊教育評鑑對學校的影響」向度平均數最低。 二、彰化縣特殊教育人員對彰化縣未來的特殊教育評鑑知覺程度頗佳，以未來特教評鑑應納入「相關領域優秀之特教教師」這題項的平均數最高，而「評鑑結果不作任何獎勵」這題項的平均數最低。 三、彰化縣特殊教育人員對94-95學年度特殊教育後設評鑑知覺程度會因不同的背景變項而有所不同。四、特殊教育人員認同下列各點：(一)特殊教育評鑑對學校的影響為能瞭解學校特殊教育的現況問題與困難。(二)學校特教經費專款專用。(三)特教課有書面或公文通知各校評鑑事項。(四)「教學環境與設備」的評鑑項目及指標內容適當。(五)評鑑委員能以坦誠公開的態度與學校師生互動。(六)教育局特教課於評鑑後公開各校評鑑結果以供他校參考。(七)特殊教育評鑑後學校執行改善的項目為「課程與教學」。(八)「依據學校特色，彈性調整評鑑項目與標準」是未來最佳的特殊教育評鑑方式。(九)「相關領域優秀之特教教師」是未來最佳的評鑑小組成員。(十)未來理想的特殊教育評鑑應涵蓋的重點內容應是「課程與教學」的安排。(十一)未來的特殊教育評鑑結果應用與處理最佳方式應是「為評鑑績優學校提供獎勵措施」。
	建議	壹、對教育主管單位的建議 一、評鑑方式可彈性、多元化。 二、評鑑週期可再延長。 三、評鑑時間以半天至一天為原則。 四、更周詳的評鑑流程。 五、納入多元的評鑑委員。 六、精簡、具體與彈性的評鑑細項。 七、重視改進品質、獎勵辛苦工作者的評鑑結果處理方式。 八、增加與受評學校之溝通管道，鼓勵受評學校參與評鑑規劃之會議。 九、加強特殊教育評鑑理念之宣導，培養特殊教育之正確概念。 十、建立後設評鑑機制，以提升評鑑績效。

（續上表）

		貳、對學校單位的建議 一、確實落實特殊教育，加強行政支援與協助工作。 二、落實資料建檔，建立資料保存與移交制度。 參、對國中小特殊教育人員的建議 一、培養資料檔案管理技術，有效減輕評鑑之壓力。 二、積極看待評鑑，適時提出評鑑改善建議。
12. 李瑞剛（2008）／新竹市公立國民小學校務評鑑之後設評鑑研究	結論	壹、調查研究部分 一、新竹市國民小學教育人員對校務評鑑各類標準之認同度，以效用性標準最高、依序為適切性標準、精確性標準及可行性標準。(一)效用性：主任的認同度最高、依序為校長、教師及組長。(二)可行性：主任的認同度最高、依序為校長、教師及組長。(三)適切性：校長的認同度最高、依序為主任、教師及組長。(四)精確性：主任的認同度最高、依序為校長、教師及組長。 二、不同背景教育人員對新竹市公立國民小學校務評鑑之認同度差異情形不一。(一)不同性別的教育人員對後設評鑑四類標準的所有十三項標準的認同度均有顯著差異。(二)不同年資的教育人員對後設評鑑四類標準中的十項標準的認同度有顯著差異。(三)不同學歷的教育人員對後設評鑑兩類標準中的二項標準的認同度有顯著差異。(四)不同職務的教育人員對後設評鑑四類標準中的八項標準的認同度有顯著差異。(五)是否擔任課發委員的教育人員對後設評鑑兩類標準中的五項標準的認同度有顯著差異。(六)不同學校規模的教育人員對後設評鑑四類標準的所有十三項標準的認同度均有顯著差異。 貳、深度訪談部分 一、評鑑規準係由新竹市政府教育局訂定。 二、校內評鑑參與人員皆以行政人員為主。 三、報告定稿前未能知會受評學校並給予其說明或申覆之機會。 四、訪評時間僅有半天。 五、評鑑委員的遴聘以大學教授為主，較欠缺國小實務經驗之校長、主任及教師參與。
	建議	壹、對教育行政機關的建議 一、宜委請評鑑專業學會或相關學術單位提供諮詢服務。 二、宜舉辦校務評鑑說明或教育訓練，擴大參與對象。 三、宜邀集基層教育人員發展校務評鑑規準與內容，以符合專業性之要求。

（續上表）

		四、宜建立校務評鑑之後設評鑑機制。 五、宜改進其他評鑑作法。 貳、對學校的建議 一、校長宜與部屬建立良好關係，以及建立校內自我評鑑機制。 二、教師應隨時自我成長，以瞭解政府教育政策與時代脈動。
13. 林錫輝（2007）／高雄市國民小學學校評鑑之後設評鑑研究	結論	壹、學校評鑑及後設評鑑之理論與內涵部分 一、學校評鑑是校務運作的一項重要歷程，其目的在確保學校教育之品質。 二、學校評鑑的實施應訂定具體可行的目的，規劃周延詳盡的內容。 三、後設評鑑是檢視原先評鑑方案，是否發揮評鑑功能的一項重要機制。 四、後設評鑑是判斷評鑑活動價值之重要依據，其實施應選擇一套經專業評鑑人員普遍認同的後設評鑑標準。 貳、高雄市國民小學學校評鑑之實施，符合後設評鑑標準之程度，研究獲致以下結論 一、整體而言，高雄市國民小學學校評鑑實施情形良好，其中以「效用性」標準的符合程度最高。 二、「效用性」標準中，以「評鑑者的可信度」符合程度最高；「評鑑內容」符合程度最低。 三、「可行性」標準中，以「實際步驟」符合程度最高；「符合成本效益」符合程度最低。 四、「適切性」標準中，以「人員互動」符合程度最高；「結果處理」符合程度最低。 五、「精確性」標準中，以「說明目的與步驟」符合程度最高，「方案的書面記錄」與「評鑑報告的撰寫」兩個向度符合程度最低。 參、不同背景變項之國民小學教育人員及評鑑委員對於高雄市國民小學學校評鑑實施成效看法之差異，獲致以下結論 一、不同性別之國民小學教育人員，對於評鑑之「效用性」、「可行性」、「適切性」的符合程度看法較不一致。 二、不同學歷之國民小學教育人員，學歷為「研究所以上者」在「可行性」層面符合程度高於「師院或師大」。 三、不同職務之國民小學教育人員，校長在「效用性」、「可行性」、「適切性」及「精確性」四個層面中，符合程度最高，與其他職務之受調查者有顯著差異。

（續上表）

		四、不同服務年資之國民小學教育人員，服務「21年以上」之教育人員，在評鑑「效用性」、「可行性」、「適切性」及「精確性」四個層面中，符合程度之看法最高，與其他服務年資之受調查者有顯著差異。 五、不同學校規模之國民小學教育人員，對於學校評鑑之看法未達顯著差異。 六、不同評鑑年度之國民小學教育人員，對於學校評鑑之看法達顯著差異。 七、不同性別之評鑑委員，對於學校評鑑之看法未達顯著差異。 八、不同身分之評鑑委員，對於學校評鑑之看法未達顯著差異。
	建議	對教育行政機關之建議 一、建立學校教育人員正確評鑑觀念，積極參與學校評鑑工作。 二、評鑑指標的設計須更具彈性，能夠考量各校差異情形。 三、整合學校層級的評鑑，減輕學校評鑑負擔。 四、訪評時間要充裕，並深入做交叉檢核。 五、有效利用評鑑結果，積極改進校務運作。 六、建立後設評鑑機制，檢核與提升學校評鑑實施成效。 貳、對學校教育人員之建議 一、校長能有效引導，激勵學校成員共同參與學校評鑑。 二、建立自發性的自我評鑑機制，達成自我改進校務之目的。 三、善用知識管理策略，做好校務資料之建檔。 四、透過評鑑尋求學校發展策略，創新學校經營發展學校特色。
14. 李淑慧（2007）／臺北縣國民小學校務評鑑之後設評鑑研究	結論	一、未兼行政工作之教師對校務評鑑認同感不足。 二、校務評鑑複評時間不足應彈性處理。 三、臺北縣教育人員對校務評鑑實施的目的認同度最高。 四、臺北縣教育人員對校務評鑑委員的組成認同度最低。 五、臺北縣校務評鑑內容與指標應更加重課程與教學層面。 六、臺北縣校務評鑑實施的方式已影響學校校務運作。 七、臺北縣校務評鑑應建立結果運用與獎勵機制。 八、臺北縣教育人員對95學年度校務評鑑指標妥適性予以肯定。
	建議	壹、對教育行政機關的建議 一、宣導校務評鑑之重要性。 二、減少書面資料審閱機制。 三、依據學校型態訂定不同流程及指標。 四、重視教師教學與學生學習層面。

（續上表）

		五、推動教學評鑑、教師專業評鑑及教師分級制。 六、委託專業評鑑機構進行評鑑委員認證工作。 七、做好後設評鑑及追蹤輔導。 八、建立更實質之獎勵措施。 貳、對國民小學之建議 一、擬定並控管校務發展計畫成效。 二、規劃及執行學校本位評鑑機制。 三、建立學校行政標準化作業流程。 四、行政與教學相關資料應e化保存。 五、落實教育工作避免為評鑑而評鑑。
15. 紀寶惠（2007）／桃園縣國民小學校務評鑑後設評鑑之研究	結論	一、校務評鑑實施歷程中，以學校自我評鑑階段認同度最高，評鑑報告結果處理與檢討階段最低。 二、後設評鑑標準檢核，以效用性的得分最高，其次為適切性、精確性，最後為可行性。 三、不同職務之填答者，在各階段均有發生顯著差異，校長的認同程度高於主任、組長與教師。 四、不同年齡之填答者，在各階段均有發生顯著差異，年紀較長者認同程度高於年紀較輕者。 五、不同最高學歷之填答者，在內容規劃階段的效用性、訪評實施階段的可行性與整體的可行性具有顯著差異，且均為專科或高中以下的認同度大於博士、碩士與學士。 六、不同學校規模之填答者，在學校自評的可行性與結果處理可行性與適切性有顯著差異，大型學校與小型學校的認同度大於中型學校。
	建議	壹、對教育行政機關的建議 一、建構適宜的後設評鑑標準。 二、建置後設評鑑的網路平臺。 貳、對學校的建議 一、建置學校資料系統。 二、有效運用校務評鑑。

（續上表）

16. 蔡錦庭（2007）／基隆市國民小學校務評鑑之後設評鑑研究	結論	一、校務評鑑的效用性認同程度為3.47，顯示校務評鑑在效用性上實施狀況仍有改進空間。 二、校務評鑑的可行性認同程度為3.37，顯示校務評鑑在可行性上實施狀況需部分進行調整。 三、校務評鑑的適切性認同程度為3.48，顯示校務評鑑在適切性上實施狀況有改進空間。 四、校務評鑑的精確性認同程度為3.40，顯示校務評鑑在精確性上實施狀況需部分進行調整。 五、男性的教育工作者對校務評鑑的整體認同度最高。 六、學歷這個變項對校務評鑑的整體認同度沒有影響。 七、年資、學校規模這兩個變項對校務評鑑的整體認同度有影響 八、校務評鑑工作應有一套完整的追蹤輔導系統相互配合，基隆市校務評鑑工作的系統化期機制有待開發。
	建議	壹、對教育行政機關的建議 一、教育行政機關應該妥善運用校務評鑑的報告。 二、教育行政機關應該增加校務評鑑的成本效益。 三、教育行政機關應該落實校務評鑑的目的。 貳、對學校組織的建議 一、社區、家長的期望要納入學校活動中。 二、學校的活動要符合成本效益。 三、校長對學校工作之分派應依照學校規模並考量性別、服務年資作合理的分配。 參、對未來研究方向之建議 一、基隆市校務評鑑工作既然具有系統化需求，建議研究者能以行動研究或個案研究的方式，對基隆市校務評鑑工作系統化的歷程，進行翔實而深入的探究。 二、期望未來研究者能以個案研究或行動研究的方式來進行研究，以提供其他校務評鑑，或其他種類評鑑工作進行標準化時的參考。 三、可以站在比較教育的觀點上，將地區相近或殊異，或者辦理校務評鑑工作具有特色、成效卓著的縣市校務評鑑方案，與基隆市的校務評鑑方案進對比檢核。

（續上表）

17. 張釋心（2006）／桃園縣私立幼稚園後設評鑑之研究	結論	一、就後設評鑑標準而言，評鑑標準乃是有效執行評鑑工作的重要工具。 二、後設評鑑不僅提供評鑑工作品質保證，也提供後續評鑑實施的改進依據，是整個評鑑工作不可或缺的一環。 三、幼稚園評鑑未能夠真正達到輔導幼稚園優質成長，提升幼教品質之目標，仍被視為視導、查核的代名詞。 四、獲獎幼稚園比例偏低，為達成鼓勵幼稚園成長的目的，評鑑的實施有賴一套公正客觀的評鑑標準與項目。 五、評鑑委員在評鑑中應致力達成專業性與公正性。 六、受評幼稚園與評鑑人員應互為主體，以協商、溝通為核心。
	建議	一、建議教育行政主管機關辦理幼稚園評鑑宣導工作時，應建立正確評鑑觀念與信心。 二、應設立評鑑專責機構，確保教育品質。 三、宜加強評鑑委員的專業性及代表性。 四、建立有效的評鑑訊息傳播管道。 五、建議有關單位增設師資培育管道、協助在職教師取得合格教師資格。 六、建議幼稚園應建立自我評鑑機制，追求永續的專業發展。 七、積極爭取政府的補助，達到提升教育品質，造福幼兒的目標；藉由策略聯盟、創新學校經營，共享幼教資源。建議未來研究者探討輔導實施之成效以及選擇合適之訪談方式蒐集質性資料。
18. 趙康伶（2006）／高雄市幼稚園評鑑之後設評鑑研究	結論	一、整體「效用性」為好。 二、整體「可行性」為好。 三、整體「適切性」為好。 四、整體「精準性」為好。 五、整體性後設評鑑之價值性為「好」。 六、高雄市幼稚園評鑑之價值判斷：評鑑委員高於受評幼稚園。 七、幼稚園評鑑所面臨到的問題之一是評鑑課程與教學內容的差異。 八、多數幼兒家長未能取得有關幼稚園評鑑資訊。 九、高雄市幼稚園CIPP評鑑模式只取其名未符其實。 十、幼稚園評鑑報告與幼稚園進步關聯性的核心價值未被證實。

（續上表）

	建議	壹、四大標準之建議 一、增進評鑑者的可靠性、報告的清晰性之建議 二、增進成本效益之建議 三、增進服務導向、完整和公平的評鑑之建議 四、增進有效的資訊、可靠的資訊、後設評鑑 五、教學輔導工作的執行 六、幼稚園評鑑加入「圈外人」之意見 七、結合數種評鑑模式或自行研發適合該項評鑑的評鑑模式 貳、對高雄市幼稚園評鑑利害關係人之建議 一、對教育局 (一)與幼稚園保持密切的合作與聯繫 (二)評鑑指標之調整 (三)檢討師資培育過程 (四)幼稚園評鑑之專責單位之考量 (五)經費（獎勵金）回饋將是教育的過去，不是它的未來 (六)評鑑不應是以賽馬方式，比較幼稚園之間的優劣，而是以蒐集方式及紀錄資料的方式來協助幼稚園的發展 (七)針對幼稚園行政經營專業知能進行研習 (八)輔導機制的建立 (九)建立評鑑專業人員資料庫、並建立試評機制 (十)善用媒介散播幼稚園評鑑結果 (十一)後設評鑑機制之建立 二、對評鑑者 (一)瞭解評鑑者的定位 (二)持續強化評鑑專業知能 (三)對一些改變給予寬容 (四)具體可行的建議 (五)建立溝通平臺並持續理性對話 三、對受評幼稚園 (一)市場絕對不是唯一的考量 (二)從平時就落實評鑑 (三)幼教師身負終身進修之責 四、對幼稚園評鑑相關利害關係人 (一)重新省視教育品質的定義 (二)家長是重要的監督者

（續上表）

		參、整體性建議 一、理念的認同是幼稚園評鑑的不二法門 二、幼稚園評鑑的標準權威產生自它本身的邏輯性與實用 三、符應脈絡的需求是不變的原則
19. 蔡宜蓁（2006）／宜蘭縣國民小學校務評鑑之研究—以後設評鑑之觀點	結論	一、宜蘭縣國小校務評鑑有助於瞭解學校現況，並能引導學校決策與發展方向，但在觀念宣導、時間、評鑑內容與指標之規劃仍須加強與改進。 二、評鑑委員的專業知能與公正、客觀性以及評鑑實施程序最受肯定，而評鑑標準是否應一致仍有所爭議。 三、評鑑委員未能確實瞭解學校現況，宜逐一改善評鑑內容、實施方式與時間等問題，以提昇評鑑之效能。 四、評鑑委員對於相關資料能審慎求證，並能描述受評學校的優缺點，因此，評鑑委員應透過評鑑前的研習與溝通提升評鑑之公正、客觀性。 五、評鑑結果報告之敘述清晰易懂，且能包含正、負面發現，並保密涉及個人隱私的資料。 六、宜蘭縣國小能參考評鑑結果改進校務運作。教育行政機關除能督促受評學校檢討改進外，也能針對評鑑結果不理想的學校進行追蹤評鑑。 七、對於宜蘭縣校務評鑑持有較高認同度的為男性、服務總年資為11-15年、學歷為研究所、擔任職務為校長、學校規模在25班以上、學校所在地位於市區之學校教育人員。
	建議	壹、對教育行政機關之建議 一、辦理評鑑研習或說明會，建立學校教育人員正確評鑑觀 二、規劃完善評鑑制度與設計，健全校務評鑑機制 (一)依據校規模擬定評鑑指標 (二)增列教師教學之評鑑內容 (三)整合學校層級評鑑 三、改善評鑑實施之缺失，提升校務評鑑之成效 (一)延長訪評實施之時間 (二)確保多元晤談之公正與客觀性 (三)建立評鑑委員評分之共識 四、審慎運用評鑑結果，積極改善校務運作 (一)列管評鑑結果，做為未來施政之參考 (二)彙整評鑑優良學校之資料，作為他校標竿學習之模範

（續上表）

		五、建立後設評鑑機制，檢核與提升評鑑實施成效 貳、對學校教育人員之建議 一、校長應加強評鑑觀念之宣導，激勵學校成員共同參與校務評鑑 二、落實學校本位評鑑，建立自發性的自我評鑑機制 三、善用知識管理策略，徹底執行校務資料建檔
20. 潘雅惠（2006）／高雄市幼稚園評鑑之後設評鑑研究	結論	壹、不論是評鑑委員、幼教人員或教育局人員對於高雄市幼稚園評鑑工作之評價均持肯定、正向看法。其中，在「效用性」構面上給予最高評價，而以「適切性」最低。 貳、全體人員在後設評鑑標準各構面項目持肯定看法的有：一、以評鑑有助於受評園所的經營與服務品質的改進；二、評鑑工作說明會的舉辦能幫助園所更瞭解評鑑內容；三、評鑑報告敘述扼要、明確且易閱讀；四、能公正的客觀陳述。 參、評鑑委員與幼教人員對高雄市幼稚園評鑑皆抱持肯定、正向的看法。在後設評鑑標準各構面之看法上，評鑑委員在「精確性」構面上給予最高評價，而以「適切性」最低。幼教人員則在「效用性」構面上給予最高評價，而以「精確性」最低。二者在「精確性」構面中，看法有差異，其中評鑑委員持同意看法顯著高於幼教人員。 肆、不同服務園所性質、職務、服務年資、教育程度之幼教人員對高雄市幼稚園後設評鑑亦皆抱持肯定、正向的看法。在後設評鑑標準四個構面上看法，皆並未有顯著差異。 伍、不同園所規模之幼教人員對高雄市評鑑，也給予肯定、正向看法。在後設評鑑標準四個構面上，在「可行性」構面中有顯著差異。園所規模在「4-7班」者顯著高於「8班以上」。
	建議	壹、增加幼稚園評鑑之宣導，建立正確評鑑觀念 貳、建立專責評鑑機構，減少因人員更動力而影響品質 參、廣納不同團體參與評鑑制度的研擬，俾評鑑工作之進行 肆、重視評鑑結果之行銷

（續上表）

21. 陳怡璇（2006）／桃園縣國民小學校務評鑑之後設評鑑研究	結論	一、得懷術研究結論：(一)得懷術建構之「桃園縣國民小學校務評鑑之後設評鑑標準」分成四個層面：「效用性」標準、「可行性」標準、「適切性」標準及「精確性」標準。包含十四個評鑑向度，五十五個評鑑指標。(二)在「效用性」標準中，包含四個評鑑向度：「評鑑者的可性度」、「指標與內容」、「報告內容」及「報告處理」，共計有十八個評鑑指標。(三)在「可行性」標準中，包含三個評鑑向度：「實際步驟」、「政治影響」及「成本效益」，共計有十三個評鑑指標。(四)在「適切性」標準中，包含四個評鑑向度：「事前規劃」、「受評者權益」、「人員互動」及「結果處理」，共計有十三個評鑑指標。(五)在「精確性」標準中，包含三個評鑑向度：「方案的記錄」、「資訊處理」及「報告結果」，共計有十一個評鑑指標。 二、實證研究調查結論：(一)桃園縣國民小學校務評鑑實施情形良好，評鑑標準四個層面填答情形有顯著差異，其中以「可行性」標準的符合程度最高。(二)在「效用性」標準中，以「指標與內容」符合程度最高；「報告內容」符合程度最低。(三)在「可行性」標準中，以「實際步驟」符合程度最高；「成本效益」符合程度最低。(四)在「適切性」標準中，以「人員互動」符合程度最高；「結果處理」符合程度最低。(五)在「精確性」標準中，三向度的符合程度並無顯著差異，其中以「方案的記錄」表現較好。(六)不同職務之填答者，「校長」與「主任」在「可行性」及「適切性」層面認同程度高於組長與一般教師。(七)不同服務年資之填答者，服務「21年以上」之填達者，在評鑑「可行性」、「適切性」、「精確性」層面有顯現較高的認同感。(八)不同學校規模之填答者，「13-24班」與「25-48班」之學校教育人員，對於評鑑「可行性」的認同度看法較不一致。(九)不同學校所在地之填答者，僅於「精確性」層面稍有差異，「偏遠地區」之教育人員較「鄉鎮地區」認同度高。(十)不同評鑑年度之填答者，對於校務評鑑之看法未達顯著差異。
	建議	壹、對教育行政機關之建議 一、建構有系統的後設評鑑規準，提升校務評鑑品質。 二、公正持平的報告與處理，協助學校改善校務運作。 三、廣納受評學校人員之意見，參與評鑑制度的研擬。

（續上表）

		貳、對國民小學行政單位之建議 一、建立評鑑正確觀念，提升教育專業水準。 二、激勵學校團隊士氣，共同參與關注校務運作。 三、進行知識管理，建立各項資料妥善保存完整移交。 四、重視評鑑的過程與結果，避免流於形式。 五、評估學校內外條件，創新經營發展特色。
22. 蔡文賢（2005）／高雄縣國民小學校務後設評鑑之研究	結論	一、訪評委員及教育人員對高雄縣國民小學校務評鑑之評價均在中等以上，在「評鑑規劃」、「評鑑實施」層面中，訪評委員顯著高於教育人員。 二、不同學歷、職務、服務年資的教育人員在校務後設評鑑標準各層面看法有所差異。 三、不同學校規模、地理位置的教育人員在校務後設評鑑標準各層面看法有所差異。 四、校務評鑑目的應定位為改進學校缺失及考核學校辦學績效，並作為行政機關提供資源協助學校改進之重要參考依據。 五、高雄縣國民小學校務評鑑雖範圍偏重行政層面，應增加教學層面之評鑑，並依據學校性質彈性調整。 六、校務評鑑標準應依據學校性質採用彈性標準，以符應學校個別差異。 七、評鑑實施應以自評為主訪評為輔，學校自評要能增進教師的參與，訪視評鑑應能有效的交叉檢核。 八、學校應邀集同仁成立自評小組，辦理學校自評工作，並確實執行。訪評小組在評鑑前應接受適當的專業訓練，並做事前溝通以建立共識，事後檢討以改進評鑑實施。 九、評鑑報告及評鑑結果要能公布，以作為學校改進之參考依據。 十、評鑑縱有許多缺失，仍有其實施之必要，改進評鑑缺失，評鑑目的與功能才容易實現。 十一、校務評鑑具有教育性，教育人員若能以正確的態度面對評鑑、學校成員維持良好的互動、校長能有效引導，評鑑的教育性功能才得以提升。
	建議	壹、對教育行政機關之建議 一、加強評鑑理念宣導，建立學校教育人員正確的評鑑觀。 (一)校務評鑑與校長評鑑應做適度的釐清。 (二)建立正確評鑑觀念，激勵學校教育人員參與評鑑意願。

（續上表）

		二、妥善規劃評鑑設計，健全校務評鑑機制。 (一)評鑑目的要明確定位。 (二)廣納各方意見規劃評鑑，訂定適切評鑑手冊。 (三)評鑑範圍要增加教學評鑑並配合教育政策即時修訂。 (四)依據學校性質訂定具體、彈性的評鑑標準。 (五)有效整合相關評鑑，減輕學校評鑑負擔。 三、改進評鑑實施，確保評鑑公正客觀。 (一)訪評時間要充裕，並深入做交叉檢核。 (二)形成性與總結性評鑑要同步實施。 (三)成立專業的評鑑組織，或委託學術單位辦理評鑑。 四、公布評鑑報告，善用評鑑結果。 (一)評鑑報告要審慎處理，並做適當的公布。 (二)評鑑結果要有效利用，積極改進校務運作。 五、建立後設評鑑機制，改進校務評鑑實務。 貳、對學校教育人員之建議 一、校長能有效引導，激勵學校同仁以團隊合作方式共同參與。 二、建立自發性的自我評鑑機制，達成自我改進。 三、善用知識管理策略，做好平時資料建檔。
23. 曹榕浚（2004）／桃園縣幼稚園後設評鑑之研究	結論	一、後設評鑑是對原有之教育計畫、方案或評鑑，依教育評鑑的規準，來分析評鑑實施的情形。「教育評鑑標準」和「方案評鑑標準」雖適用領域與組織架構不同，但優良的評鑑必須具備效用性、可行性、適切性和精確性等標準是任何評鑑都必須具備的基本條件。 二、整體而言，桃園縣公私立幼稚園評鑑實施大致受到填答者認同，但對評鑑以「評鑑報告之處理」、「評鑑過程對相關人員的互動」、「受評者的權益」「評鑑目的與設計有其他單位進行客觀評量」同意程度最低。 三、評鑑委員與受評幼稚園對幼稚園評鑑實務看法上，評鑑委員是對於桃園縣公私立幼稚園評鑑的實施傾向於同意，而受評幼稚園則是以無意見或不同意居多。
	建議	一、對幼稚園的建議：(一)建立正確的評鑑觀念，透過自我評鑑的機制以真正提升幼稚園的品質。(二)重視評鑑結果與運用，建立幼稚園學習型的組織。(三)建立良好的幼教行政工作。(四)建立區位同儕合作模式。

（續上表）

		二、對教育行政主管機關的建議：(一)應加強宣導幼稚園評鑑之正確觀念。(二)設立專責單位或專人辦理評鑑工作。(三)評鑑結果公布方式應更多元。(四)評鑑結果應符合評鑑精神，輔以適當的獎勵制度。(五)對於評鑑結果不佳之幼稚園應確實進行追蹤輔導工作。 三、對幼稚園評鑑方案的建議：(一)結合輔導與評鑑的良性互動歷程。(二)評鑑制度應建立後設評鑑的機制。(三)評鑑委員的事前溝通，建立共識。(四)採取區位集中式的評鑑方式。(五)尊重幼稚園差異性，評鑑項目宜採質化量化並重。
24. 羅文全（2004）／臺北市高職校務評鑑之後設評鑑研究	結論	一、受評人員對臺北市高職校務評鑑之認同度在整體、各標準層面（效用性、可行性、適切性、精確性）均表「尚可」。 二、評鑑委員對臺北市高職校務評鑑之認同度在整體、各標準層面（效用性、可行性、適切性、精確性）均表「同意」。 三、受評人員的服務年資為11-20（含）年對評鑑的認同度顯著高於10（含）年以下。 四、受評人員的學校型態為「高職」對評鑑認同度顯著高於學校型態為「高級中學附設職業類科」。 五、「公立學校」的受評人員在評鑑「適切性」標準層面認同度顯著高於「私立學校」。 六、受評人員的性別、學歷、擔任職務及參與評鑑範疇對評鑑整體及各標準層面均無顯著差異。 七、評鑑委員參與不同評鑑範疇對評鑑整體及各標準層面達顯著差異。 八、評鑑委員有無「高職教學經驗」對評鑑整體及各標準層面均無顯著差異。 九、評鑑委員對校務評鑑之整體及各標準層面（效用性、可行性、適切性、精確性）認同度顯著高於受評人員。
	建議	壹、對於教育行政機關之建議 一、確立校務評鑑目的及運用。 二、成立專責的校務評鑑規劃及執行單位。 三、加強學校人員行政能力及評鑑觀念。 四、整合校務評鑑類別。 貳、對於學校之建議 一、建立學校人員評鑑觀念。 二、分別建立公私學校評鑑的標準。

（續上表）

25. 邱錦興（2004）／臺北市國民小學校務評鑑之後設評鑑研究	結論	一、校務評鑑之實施應訂定具體可行的目的、規劃詳盡周延的內容。 二、校務評鑑之實施應建立公正客觀的標準及確立適宜的結果處理應用方式。 三、後設評鑑係判斷評鑑活動價值之重要依據，應選經評鑑專家共同認可的後設評鑑標準。 四、校務評鑑之評鑑報告未能依限期發表，降低評鑑的效用。 五、評鑑報告若能提供學校申訴與獎勵，當能有效提升有效效能。 六、評鑑的宣導不足，過程引起校園不安。 七、評鑑報告的發布仍造成外界對學校批評。 八、評鑑資料的準備仍給學校人員帶來困擾。 九、未能延請其他人員針對校務評鑑的目的與步驟實施客觀的後設評鑑。
	建議	一、成立校務評鑑之專責單位，結合社會各類人員組成評鑑小組，負責校務評鑑的規劃與實施。 二、發展校務評鑑之明確規則。 三、整合評鑑類別，歸併各類評鑑內容。 四、建立校務評鑑後設評鑑。 五、建立學校人員對校務評鑑之正確認知。 六、統合校務評鑑資源，爭取教師社區家長的支持。 七、設立校務評鑑之自評機制。 八、擬定校務評鑑之詳實計畫。
26. 穆慧儀（2002）／國民中學後設評鑑之研究——以臺北市為例	結論	一、在效用性方面：(一)教育局編印校務評鑑手冊，辦理自評說明會，建立國中校務評鑑等網站等，能夠有效推展校務評鑑工作，學校配合亦順暢。(二)評鑑委員之組成方式素質與專業素養令人滿意。(三)校務評鑑報告的處理方式而言，報告能詳細描述及解釋評鑑所發生的觀點、程序和原因，使得評鑑的價值判斷的基礎更為清楚明白。 二、在可行性方面：(一)評鑑項目分為「組織與行政」、「課程與教學」、「訓導與輔導」、「環境與設備、「教師與專業」、「家長與社區」等六大項，指標足以反應受評學校一般表現程度。(二)訪評時間中小型學校尚稱充裕，大型學校稍有不足。(三)分為初評及複評對於學校之資料解讀有回饋說明及檢證的機會，減少評鑑結果之誤判。

（續上表）

		三、在適當性方面：(一)評鑑指標之分類能反映校務經營重要項目及理念。(二)評鑑實施方式對教育局、評鑑委員及受評學校人員均能認同接受，符合專業歷程。(三)評鑑委員訪評時，與校長、主任、教師、家長、學生之互動，皆能尊重人性的尊嚴和價值。 四、在精確性方面：(一)評鑑指標能適當並充分反應受評學校各處室的專業性及實際情況。(二)評鑑委員的評鑑建議及評鑑報告大體上皆能為受評學校所接受與正面回應。(三)訪評歷程中主要幹部均能適時陪同評鑑委員說明資料、回饋提問、精確反應學校辦學情形。
	建議	一、改進評鑑手冊內容程序，建立公平標準評鑑的模式。 二、做好評鑑委員事前溝通，建立公平客觀評鑑的過程。 三、辦理校務評鑑宣導工作，建立正確評鑑觀念與信心。 四、重視評鑑結果處理與應用，建立學校改進依據的原則。 五、提升校務評鑑系統水準，建立評鑑四個循環的機制。 六、發展學校本位評鑑制度，建立學校自我檢核的標準。
27. 胡斯淳（2003）／國民小學身心障礙特殊教育評鑑後設評鑑知覺研究	結論	一、有二成五以上的填答者是完全肯定特殊教育評鑑，約六成五的填答者是多數肯定，剩餘8%的填答者也有半數肯定。學校校長最肯定特殊教育評鑑，其次是主任，再其次是特教組長，教師最不肯定。 二、多變量變異數分析的結果為，學校職務是影響填答差異最主要的原因，造成性別、年齡、特教專業、特教年資，和評鑑影響教學上有差異。 三、逐步迴歸分析結果為，「學校評鑑情形」和「委員特教專業」二變項共同解釋52.3%的「評鑑對學校的影響」，「學校評鑑情形」與「評鑑對學校的影響」相關較高，其次是「委員特教專業」與「評鑑對學校的影響」的相關。 四、平均數分析結果為，多數教育人員認為理想的評鑑方式是「相同的評鑑項目和標準」、「評鑑融合教育」、「減少評鑑項目」、「評鑑結果文字化」、「公布評鑑結果並獎勵和追蹤」、「自我評鑑且評鑑在促進自我改進」，不同在於教學人員希望「增加行政評鑑」，行政人員希望「增加教學評鑑」。

（續上表）

		五、卡方百分比同質性考驗結果為，多數教育人員贊成教授、社團代表、教師、校長、學生家長、鑑安輔人員和特教課員，為理想的特教評鑑委員，但有半數以上的特教組長和教師反對督學為評鑑委員，而贊成督學為評鑑委員的行政人員多於教學人員，贊成校長為評鑑委員的特教組長多於教師。 六、多數學校會提出需求和解釋，少數才提出困難，學校資料和教學演示，有些與平時狀況不同，學校自評分數偏高，訪談的學生家長多數肯定學校特教經營，評鑑團隊多能全程參與和紀錄，評鑑態度和善誠懇，教授建議詳盡專業，但是督學和校長委員有時未查閱所有資料，督學建議通常不深入，校長委員建議不明確說明，社團代表關注學校某部分的資料。 七、學校行政主管理論上認為評鑑應有功效，但須建立良好的評鑑制度，提供各校公平比較的環境，和給予改善學校的資源，多數教師認為資料建檔是最常見的效果，學校行政仍有賴行政主管的主動改變，教學建議是小地方的提醒，對個案教學和行為處理幫助有限，而有些教師準備評鑑資料，已經影響了平日的教學，學校多數肯定評鑑委員態度和專業，但是教授若無教學經驗和未考量學校狀況，建議實用性低，若督學專業性不足，建議通常不深入，校長委員若與學校認識，建議通常較模糊。 八、受評者的評鑑知覺，會受到學校職務及受評者角色所影響，做為特教後設評鑑者時，可見到評鑑偏頗和認知失調的現象。 九、特教評鑑的成效，有部分受限於學校的評鑑狀況，後續應促使學校受評者的評鑑認知和行為能取得一致，讓評鑑者和受評者合作解決學校困難。 十、檢討特教評鑑實施之總結性評鑑和獎懲制度。
	建議	一、在學校評鑑資料的準備上：(一)行政和教學單位應明確劃分責任，如評鑑表分為行政和教學兩表，註明誰來填寫並簽名，分開給予評鑑分數，並告知學校。(二)特教課程提前告知學校評鑑項目，讓學校平時就準備資料，如前一學期給予評鑑項目草案，評鑑前三個月發給正式評鑑項目。(三)選出數個需優先推動且必要的評鑑項目評鑑即可，如特教推行委員會、融合教育，及學生IEP內容等。(四)明確列出各評鑑項目應準備的學校資料為何，例如學校的特教推行工作計畫。

（續上表）

		(五)減少重複類似的評鑑項目，可先分類出行政管理、融合教育和IEP實施等項目，再列出重要的次項目，如行政支援、特教宣導、提供諮詢、協同教學、IEP內容等。(六)審查學校現存已有的資料，學校不需另行準備。 二、以多元評鑑方式替代：(一)評鑑教學和訪談行政人員和學生家長，提高教學和訪談結果所占的分數比重。(二)親師互動、教師間的互動及空間規劃等，以攝影等其他方式呈現；(三)採用家長問卷、電話訪談……等方法，實地評鑑前廣泛蒐集學校的資料。 三、若是因為評鑑對教學的幫助有限所致，建議可以採用下列方式改善：(一)聘請專業的評鑑委員，如：具備特教專業又有豐富教學經驗的評鑑委員。(二)依據班級障礙類別，分配專業的評鑑委員，如視覺和聽覺障礙的班級，安排相關專業的評鑑委員，而資源班和在家教育班等，也能安排相關專業的評鑑委員。(三)實地評鑑時，依據評鑑委員的專業能力分配責任，如教授和教師委員針對班級的教學作評鑑，讓不同專業委員有更充裕的時間深入瞭解學校。(四)增加教學評鑑的時間，或教師提出個案報告，或評鑑委員挑選某一學生，深入瞭解教師使用的教學法之適當性和成效，再給予建議。(五)平時有教育局網路的線上及時輔導，評鑑後有專業的評鑑委員追蹤輔導。(六)增加教學評鑑的次數，如二次評鑑，或委員分開到校評鑑，就上一次的建議，瞭解學校改善狀況。 四、若因為教師較具備特教專業知能，評鑑未能提供所需的幫助，導致對特教評鑑的知覺最差，建議可以採用下列方法改善：(一)除上述所提的建議外，規劃時間讓教師與委員私下討論教學，教師有時間獲得及時充分的回饋。(二)加長座談會的時間，讓教師有充分的時間，提出個案教學與行為處理的疑難，直接獲得委員的幫助。
28. 蘇慧雯（2003）／臺北市幼稚園後設評鑑之研究	結論	一、後設評鑑的目的旨在判斷一項評鑑活動的價值或優缺點；焦點應放在評鑑目標的重要性、評鑑設計的合適性、評鑑實施的妥當性、以及評鑑結果的品質與重要性等四點；評鑑標準大抵以JCSEE的「教育評鑑標準」及評鑑研究學會的「方案評鑑標準」為依據，加以修訂而成。

（續上表）

		二、多數的填答者對於臺北市公、私立幼稚園評鑑抱持肯定與認同的態度，尤其是「適切性」的滿意度最高。以設評鑑標準而言，「評鑑報告之內容」、「評鑑報告之處理」、「實際步驟」、「政治上的可行性」、「事前規劃」、「人員的互動」、「方案的書面紀錄」、「評鑑報告的撰寫」等八項標準受到填答者的認同。 三、在各向度的填答結果，評鑑人員的填答傾向於同意與肯定臺北市公、私立幼稚園評鑑的規劃與實施，而受評者則傾向於普通。 四、不同職務的填答者對於臺北市公、私立幼稚園評鑑各向度、標準滿意度，評鑑人員的滿意度最高，其次為園長，教師的滿意度偏低。
	建議	壹、對教育行政機關的建議 一、實施幼稚園評鑑，應加強理念宣導，建立共識。 二、建立健全的幼稚園評鑑制度，落實公平、公正及客觀的評鑑。 三、廣納幼教人員參與評鑑制度的研擬，俾評鑑工作之進行。 四、針對不同的幼稚園，彈性訂定適切的評鑑標準。 五、注重受評者精神層面的問題，減少受評者負擔。 六、釐清評鑑目的，善用評鑑的結果。 貳、對公、私立幼稚園的建議 一、以開闊的胸襟，勇於接納評鑑，提升專業水準。 二、落實評鑑的過程和結果，排除未能落實的因素，避免流於形式。 三、平時資料建檔，妥善保存並落實移交，以減輕教師因評鑑所產生的壓力。 四、幼稚園評鑑應與幼稚園本位發展相結合。

參考文獻

第一章　校務評鑑的基本概念

王保進（2012）。第二週期系所之評鑑的重點與準備方向。**教育評鑑雙月刊，36**，3-9。

吳清山（2002）。校務評鑑的實施挑戰與因應策略。**教師天地，117**，6-14。

吳清山（2014）。**學校行政**。臺北市：心理。

吳清山、林天佑（2002）。教育名詞解釋：校務評鑑。**教育資料與研究，44**，132。

李緒武（1993）。教育評鑑的意義與發展。載於伍振鷟（主編），**教育評鑑**（頁 1-12）。臺北市：南宏。

林天佑（2002）。教育評鑑的理念與做法。**教師天地，117**，6-14。

林天佑、蔡菁芝（2001）。教育評鑑的理念分析。**教育研究月刊，91**，36-44。

金娣、王剛（2002）。**教育評價與測量**。北京市：教育科學。

秦夢群（1997）。**教育行政：理論部分與實務部分**。臺北市：五南。

郭昭佑（2000）。**學校本位評鑑**。臺北市：五南。

陳玉琨（2004）。**教育評鑑學**。臺北市：五南。

陳素秋（2006）。臺灣近三十年來教育評鑑研究生論文分析。**教育政策論壇，9**(3)，47-71。

郭昭佑（2006）。當評鑑遇上教育——教育評鑑意涵探究。**教育行政與評鑑月刊，2**，19-42。

張清濱（2007）。**學校經營**。臺北市：學校文化。

曾淑惠（2005）。**學校評鑑**。未出版手稿，國立臺北科技大學技術及職業教育研究所，臺北市。

張明輝（2009）。**學校經營與管理新興議題研究**。臺北市：學富文化。

曾淑惠（2008a）。**教育評鑑：理論與實務的對話**。臺北市：師大書苑。

游進年（2003）。中小學教育評鑑之評析——以校務評鑑爲例。**教育研究，112**，47-61。

楊振昇（2001 年，11 月）。**析論當前教育評鑑之困進與前瞻—鉅觀觀點之分析**。論文發表於國立新竹師範學院初等教育學系、國民教育研究所主辦，「第八次教育行政論壇」，新竹市。

鄭新輝（2002）。**國民中小學校長評鑑系統之研究**（未出版之博士論文）。國立政治大學教育研究所，臺北市。

鄭崇趁（2007）。**國民中校務評鑑指標與實施方法研究**。臺北市：心理。

潘慧玲（2002）。方案評鑑的緣起與概念。**教師天地，117**，26-31。

顏國樑（2003）。校務評鑑的基本理念、問題及因應做法。**學校行政雙月刊，24**，3-20。

蘇錦麗（2004年，5月）。**高等教育評鑑的趨勢與展望**。論文發表於國立臺灣師範大學教育研究中心主辦之「教育評鑑—回顧與展往學術研討會」，臺北市。

Borg, M. D., Borg, J. P., & Gall, W. R. (2007). *Educational research: An introduction* (8th ed.). Boston: Pearson Education, Inc.

McMillan, J. H., & Schumacher, S. (2006). *Research in education: Evidence-based Inquiry* (6th ed.). Boston: Allyn & Bacon.

Stufflebeam, D. L., & Shinkfield, A. J. *Systematic evaluation.* Boston: Kluwer NIjhoff.

第二章　校務評鑑的系統與模式

方炎明（1985）。**發展與改進國民教育六年計畫成果報告之十：國民中學教育評鑑之研究報告**。國立臺灣師範大學教育研究所專案報告。臺北市：教育部國民教育司。

朱筱婷（2012）。**臺北市優質學校方案後設評鑑之研究**（未出版之碩士論文）。臺北市立教育大學行政與評鑑研究所，臺北市。

吳和堂（2007）。**教師評鑑理論與實務**。臺北市：高等教育。

吳清山（1992）。**學校效能研究**。臺北市：五南。

吳清山（2004）。**學校行政**。臺北市：心理。

李隆盛（2008）。向企業學習：克伯屈的四層次評鑑。**評鑑雙月刊，13**，45-48。

卓秀冬（1995）。**臺灣省高級中等學校組織文化與組織效能之關係**（未出版之博士論文）。國立政治大學教育學研究所，臺北市。

林劭仁（2015）。**教育評鑑創意取向**。高雄市：黃金學堂。

林俊成（2003）。落實「校務評鑑」確保「學校品質」。**學校行政，28**，57-58。

邱子葳（2007）。大學校院系所評鑑之檢視—以後設評鑑觀點視之。**學校行政雙月刊，51**，222-234。

康自立（1992）。**教育方案之評鑑**。臺北市：行政院研究發展委員會。

張清濱（2005）。**教學視導與評鑑**。臺北市：五南。

張植珊（1979）。**教育評鑑**。臺北市：教育部。

郭昭佑（2000）。**學校本位評鑑**。臺北市：五南。

陳玉琨（2004）。**教育評鑑學**。臺北市：五南。

陳嘉彌等（譯）（2002）。T. R. Guskey著。**專業發展評鑑**（Professional development evaluation）。臺北市：五南。

曾淑惠（2008a）。**教育評鑑：理論與實務的對話**。臺北市：師大書苑。

曾淑惠（2008b）。**教育評鑑模式**（第二版）。臺北市：心理。

黃光雄（1989）。**教育評鑑的模式**。臺北市：師大書苑。

趙康伶（2006）。**高雄市幼稚園評鑑之後設評鑑研究**（未出版之碩士論文）。國立臺南大學教育經營與管理研究所，臺南市。

劉世閔（2005）。學校評鑑。**教育研究月刊，134**，144-146。

劉本固（2000）。**教育評價的理論與實踐**。浙江省：浙江教育。

劉春榮（1993）。**國民小學組織結構、組織承諾與學校組織效能關係研究**（未出版之博士論文）。國立政治大學教育研究所，臺北市。

蔡培村（1994）。**高級中學教師生涯發展能力之研究**。臺北市：教育部中教司。

蔡錫濤（2001）。訓練評鑑的焦點與模式。**人力資源發展月刊，156**，1-12。

鄭崇趁（2007）。**國民中小學校務評鑑指標及實施方式研究**。臺北市：心理。

蘇錦麗（譯）（2005）。G. F. Madaus, & D. L. Stufflebeam。方案評鑑：歷史的回顧（Program evaluation: Historical review）。載於蘇錦麗（審訂），**評鑑模式：教育及人力服務的評鑑觀點**（頁 3-22）。臺北市：高等教育。

Alkin, M. C., & Ellett, Jr., F. S. (1990). Development of evaluation models. In H. J. Walkerg, & G. D. Haertel (Eds.), *The international encyclopedia of educational evaluation* (pp.15-21). Goodyear, California: Maxwell Macmillan Pergamon Press.

Cheng. Y. C. (1996). A school-based management mechanism for school effectiveness and development. *School Effectiveness and School Improvement, 7*(1), 35-61.

Fitzpatrick, J. L., Sanders, J. R., & Worthen, B. R. (2004). *Origins and current trends in modern program evaluation program evaluation.* Boston: Pearson Education.

Gall, M. D., Gall, J. P., & Borg, W. R. (2007). Educational research: An introduction (8th ed.). Boston: Pearson.

Gallegos, A. M., Benjamin, R., Candoli, C., & Wegenke, G. (1993). *Consumer report on school evaluation models*. CREATE, The evaluation center, Western Michigan University. (ERIC document reproduction service No. ED364579).

Lewin, K. (1964). *Field theory in social science: Selected theoretical papers* (D. Cartwright, Ed.). New York, NY: Harper & Row.

Murphy, J., Hallinger, P., & Mesa, R. P. (1985). School effectiveness: Checking progress and assumptions and developing a role for state and federal government. *Teachers College*

Record, 86(4), 616-641.

Owen, J. M. (2007). *Program evaluation: Forms and approach* (3rd ed.). New York, NY: Guilford Press.

Oxford dictionary (2013). May 27, 2013, acquire from: http://oald8.oxfordlearnersdictionaries.com/dictionary/model.

Popham, W. J. (1975). *Educational evaluation*. Englewood Cliffs, New Jersey: Prentice-hall.

Scheerens, J. (1990). School effectiveness research and the development of process indicators of school functioning. *School Effectiveness and School Improvement, 1*(1), 73.

Seashore, S. E. (1983). *Assessing organizational change: A guide to methods, measures, and practices*. New York: Wiley.

Steer, R. M. (1975). *Organizational effectiveness: A behavioral view*. Santa Monica , California: Goodyear.

Stufflebeam, D. L., & Webster, W. J. (1983). An analysis of alternative approach to evaluation. In G. F. Madaus, M. S. Scriven, & D. L. Stufflebeam (Eds.), *Evaluation models: Viewpoint on educational and human services evaluation* (pp. 23-44). Boston: Kluwer Nijhoff.

Worthen, B. R., Sanders, J. R., & Fitzpatrick, J. L. (1997). *Program evaluation: Alternative approaches and practical guidelines* (2nded.). White Plains, NY: Longman.

第三章　校務評鑑的方法與指標

丁一顧（2004）。教育行政評鑑。載於林天佑主編，**教育行政學**（頁 323-348）。臺北市：心理。

王文科、王智弘（2004）。**教育研究法**。臺北：五南。

全國教保資訊網（2015）。**評鑑**。2015 年 12 月 05 日，取自 http://www.ece.moe.edu.tw/?page_id=156

技專校院評鑑資訊網（2014）。**103-108 學年度科技大學綜合評鑑項目效標**。2015 年 3 月 10 日，取自 http://tve-eval.twaea.org.tw/

吳清山（2014）。**學校行政**。臺北市：心理。

技專校院評鑑資訊網（2014）。**103-108 學年度科技大學綜合評鑑項目效標**。2015 年 3 月 10 日，取自：http://tve-eval.twaea.org.tw/

財團法人高等教育評鑑中心基金會（2010）。100 年度校務評鑑實施計畫。2015 年 3 月 10 日，取自 http://www.heeact.edu.tw/ct.asp?xItem=9839&ctNode=1370&mp=2

財團法人高等教育評鑑中心（2015）。**104 年度大學校院通識教育暨第二週期系所評鑑實施計畫**。2015 年 8 月 6 日，取自 http://www.ntpu.edu.tw/admin/a14/files/download/20140807153044.pdf

高級中學學校評鑑（2014）。**103 年度高級中學學校評鑑實施計畫**。2015 年 3 月 10 日，取自 http://140.127.56.7/front/bin/ptdetail.phtml?Part=13080001&Rcg=2

郭昭佑（2004）。學校評鑑的內與外—初探學校本位評鑑、自我評鑑與內部評鑑概念區隔。**教育資料集刊：教育評鑑專輯，29**，195-207。

張清濱（2007）。**學校經營**。臺北市：學富文化。

教育部（2015a）。高級中等學校第三期程學校評鑑實施計畫——普通型、綜合型、單科型高級中等學校。2015 年 8 月 8 日，取自 http://140.127.40.202/doc/%E9%AB%98%E4%B8%AD%E8%A8%88%E7%95%AB.pdf

教育部（2015b）。高級中等學校第三期程學校評鑑實施計畫——技術型高級中等學校。2015 年 8 月 8 日，取自 http://140.127.40.202/doc/%E9%AB%98%E8%81%B7%E8%A8%88%E7%95%AB.pdf

教育部（2015c）。**公告「一百零二學年至一百零六學年幼兒園基礎評鑑指標」**。2015 年 12 月 05 日，取自 http://gazette.nat.gov.tw/EG_FileManager/eguploadpub/eg018153/ch05/type3/gov40/num14/Eg.htm

教育部全球資訊網（2015）。**高職學校評鑑實施方案**。2015 年 3 月 10 日，取自 http://www.edu.tw/plan/detail.aspx?Node=1184&Page=20120&Index=1&WID=6635a4e8-f0de-4957-aa3e-c3b15c6e6ead

新北市國民中小學校務評鑑系統（2015）。**新北市國民中小學校務評鑑指標**。2015 年 7 月 28 日取自 https://ntcse.cher.ntnu.edu.tw/

臺北市政府教育局（2011）。**臺北市 100 學年度國民中學校務評鑑**。2015 年 7 月 28 日，取自 http://www.doe.gov.taipei/

臺北市政府教育局（2013）。**臺北市 102 至 106 學年度公私立國民小學校務評鑑實施計畫**。2015 年 7 月 28 日，取自 http://www.doe.gov.taipei/

臺北市政府教育局（2015）。**臺北市 102 學年度至 106 學年度公立幼兒園基礎評鑑指標自評表**。2015 年 7 月 29 日，取自 http://www.doe.gov.taipei/lp.asp?ctNode=38719&CtUnit=19270&BaseDSD=56&mp=104001

謝文全（2004）。**學校行政**。臺北市：五南。

Gall M. D. Gall, J. P., & Borg, W. R. (2007). *Educational research : An introduction* (8th ed.) Boston: Pearson Education, Inc .

第四章　校務評鑑的設計與實施

大學法（2011）。

大學評鑑辦法（2013）。

王保進（2003）。國民中小學校務評鑑現況與重要議題之省思。**教育資料與研究，50**，2-11。

私立學校法（2014）。

技術及職業教育法（2015）。

林天佑（2004）。教育評鑑實施過程與方法的專業化。**教育資料集刊，29**，27-52。

林天祐（2002）。校務評鑑的理論與作法。**教師天地，117**，15-20。

林文榮（2004）。**臺南縣國民小學校務評鑑實施現況調查及整合之研究**（未出版之碩士論文）。國立中正大學教育研究所，臺北市。

林俊成（2003）。落實「校務評鑑」、確保「教育品質」。**學校行政，28**，57-68。

吳清山（1995）。**學校行政**。臺北市：心理。

高級中學法（2010）。

高級中等學校評鑑辦法（2010）。

高級中學學校評鑑（2014）。**103年度高級中學學校評鑑實施計畫**。2015年3月10日，取自 http://140.127.56.7/front/bin/ptdetail.phtml?Part=13080001&Rcg=2

高等教育評鑑中心（2013）。**高等教育評鑑網**。2013年4月28日，取自 http://www.heeact.edu.tw/mp.asp?mp=2

特殊教育法（2014）。

國民教育法（2011）。

國民中小學教學正常化實施要點（2015）。**教育部**。2015年9月22日，取自 http://edu.law.moe.gov.tw/LawContentDetails.aspx?id=GL001120&KeyWordHL=%E6%95%99%E5%AD%B8%E6%AD

教育部（2015a）。高級中等學校第三期程學校評鑑實施計畫——普通型、綜合型、單科型高級中等學校。2015年8月8日，取自 http://140.127.40.202/doc/%E9%AB%98%E4%B8%AD%E8%A8%88%E7%95%AB.pdf

教育部（2015b）。高級中等學校第三期程學校評鑑實施計畫——技術型高級中等學校。2015年8月8日，取自 http://140.127.40.202/doc/%E9%AB%98%E8%81%B7%E8%A8%88%E7%95%AB.pdf

專科學校法（2014）。

專科學校評鑑實施辦法（2014）。教育部。2015 年 8 月 18 日，取自 http://edu.law.moe.gov.tw/LawContentDetails.aspx?id=FL032500&KeyWordHL=&StyleType=1

張鈿富（1999）。**教育政策與行政—指標發展與應用**。臺北市：師大書苑。

張鈿富（2001）。面對校務評鑑應有的理念與作法。**教育研究月刊**，**91**，30-35。

教育部（1979）。**國民中學評鑑標準及評鑑手冊**。臺北市：臺灣書店。

郭昭佑（2000）。**學校本位評鑑**。臺北市：五南。

郭昭佑（2007）。**教育評鑑研究：原罪與解放**。臺北市：五南。

游家政（1994）。**國民小學後設評鑑標準之研究**（未出版之碩士論文）。國立臺灣師範大學教育研究所，臺北市。

黃政傑（1994）。**國民小學教育評鑑之研究**。行政院國家科學委員會專題研究成果報告（編號：NSC83-0301-H003-011），未出版。

楊琬湞（2012）。**臺北市國民中學校務評鑑之後設評鑑研究**（未出版之碩士論文）。臺北市立教育大學教育行政與評鑑研究所，臺北市。

鄭崇趁（2006）。**國民中小學校務評鑑指標及實施方式研究**。臺北市：心理。

盧增緒（1993）。教育評鑑的問題與趨向。載於伍鎮驚主編，**教育評鑑**（頁 13-38）。臺北市：南宏。

顏國樑（2003）。校務評鑑的基本理念、問題及因應作法。**學校行政**，**24**，3-20。

職業訓練機構辦理職業繼續教育及評鑑辦法（2015）。

職業學校法（2010）。

蘇秀花（2002）。**臺北市國民小學校務評鑑實施成效及整合之研究**（未出版之碩士論文）。臺北市立師範學院教育行政與評鑑研究所，臺北市。

Johnson, N. S. (1989). Criteria for assessing the effectiveness of schools and principals. *Education Canada, 29*(2), 14-19.

Kells, H. R. (1995). *Self-study process: A guide to self-evaluation in higher education (4th ed.).* Phoenix, AZ: Onyx.

Nevo, D. (1995). *School-based evaluation: A dialogue for school improvement*. Tarrytown, NY: Elsevier Science.

Stufflebeam, D. L. (1994). Introduction: Recommendations for improving evaluations in U. S. public schools. *Studies in Educational Evaluation, 20*, 3-21.

第五章　校務評鑑準備的行動策略

平衡計分卡推廣協會（2015）。**什麼是SWOT分析法？**2015年11月11日，取自http://www.bsca.org.tw/?action-viewnews-itemid-21

林劭仁（2015）。**教育評鑑創意取向**。高雄市，黃金學堂。

黃秀媛（譯）（2005）。W. C. Kim, & R. Mauborgne著。**藍海策略—開創無人競爭的全新市場**（Blue ocean strategy: How to create uncontested market space and make competition irrelevant）。臺北市：天下遠見。

曾淑惠（2015）。**自我評鑑的推展**。2015年10月11日，取自www.heeact.edu.tw/public/Attachment/2931114666.pdf

劉姲妏（2012）。如何著手準備實地訪評資料：已識教育暨第二週期系所評鑑爲例。**評鑑雙月刊，36**，10-14。

顏國樑（2003）。校務評鑑的基本理念、問題及因應做法。**學校行政雙月刊，24**，3-20。

第六章　自我評鑑的設計與實施

丁文玲（2003）。學校自我評鑑之探討。**研習資訊，20**(3)，67-75。

大學自我評鑑結果及國內外專業評鑑機構認可要點（2009）。

王保進（譯）（2002）。H. R. Kells（著）。**大學自我評鑑**（Self-study processes: A guide for postsecondary and similar service-oriented institutions and programs）。臺北市：正中。

王保進（2012a）。100年校務評鑑之回顧與前瞻。**教育評鑑雙月刊，38**，10-17。

王保進（2012b）。第二週期系所之評鑑的重點與準備方向。**教育評鑑雙月刊，36**，3-9。

池俊吉（2015）。大學暨科技校院自我評鑑政策説明會紀實。**評鑑雙月刊，53**。2015年10月11日，取自http://epaper.heeact.edu.tw/archive/2015/01/01/6281.aspx

林天佑（2002）。校務評鑑的理念與作法。**教師天地，117**，15-20。

林海清（2012）。大學校務定位與發展的觀察省思。**教育評鑑雙月刊，36**，26-30。

林劭仁（2015）。**教育評鑑創意取向**。高雄市，黃金學堂。

周華琪（2015）。如何透過自我評鑑有效提升系所教育品質。**評鑑雙月刊，53**。2015年10月11日，取自http://epaper.heeact.edu.tw/archive/2015/01/01/6282.aspx

徐鳳禎（2002）。**大學校院主管推動學校自我評鑑態度之探討—以高屏地區大學校院爲例**（未出版之碩士論文）。國立高雄師範大學成人教育研究所，高雄市。

侯永琪（2013）。大學自我評鑑品保機制建立初探—以馬來西亞大學爲例。**教育評鑑雙**

月刊，**41**，1-6。

財團法人高等教育評鑑中心基金會（2015）。**104 年度大學校院通識教育暨第二週期系所評鑑實施計**。臺北市：同作者。

教育部試辦認定科技校院自我評鑑機制及結果審查作業原則（2013）。

教育部認可國內外專業評鑑機構審查作業原則（2013）。

陳漢強（1997）。大學評鑑之哲學省思。載於陳漢強（主編），**大學評鑑**（頁 3-22）。臺北市：五南。

陳劍賢（2002）。**國民中小學校務評鑑之研究—以臺東爲例**（未出版之碩士論文）。臺東師範學院教育研究所，臺東縣。

郭昭佑（2005）。學校自我評鑑可行性探討。**教育政策論壇**，**8**(1)，159-181。

教育部（2011）。**有關本部認可國外專業評鑑機構原則及相關程序案**。100、04、25，臺高（二）字第 1000068435 號函文。

張明輝（2009）。**學校經營與管理新興議題研究**。臺北市：學富文化。

張清濱（2007）。**學校經營**。臺北：學富文化。

曾淑惠（2006）。**自我評鑑之啓動與推展**。論文發表於社團法人臺灣評鑑協會主辦之「如何進行自我評鑑」研討會。臺北市：社團法人臺灣評鑑協會。

曾淑惠（2015）。**自我評鑑的推展**。2015 年 10 月 11 日，取自 www.heeact.edu.tw/public/Attachment/2931114666.pdf

湯堯（2011）。評鑑制度對臺灣高等教育的影響。**教育資料與研究雙月刊**，**103**，27-40。

楊國賜（2005）。我國大學自我評鑑機制與運作之探討。**臺灣教育**，**632**(2)，12。

鄭崇趁（2002）。校務評鑑與知識管理。**教師天地**，**117**，21-25。

鄭崇趁（2006）。**國民中小學校務評鑑指標及實施方式研究**。臺北市：心理。

潘慧玲（2002）。方案評鑑的緣起與概念。**教師天地**，**117**，26-31。

潘慧玲（2003）。從學校評鑑談到學校本位課程評鑑。**北縣教育**，**46**，32-36。

潘慧玲（2005）。美國大學認可制中的自我評鑑。**教育研究月刊**，**135**，136-145。

顏國樑（2003）。校務評鑑的基本理念、問題及因應作法。**學校行政雙月刊**，**24**，3-19。

蘇秀花（2003）。**臺北市國民校學校校務評鑑實施成效及整合之研究**（未出版之碩士論文）。臺北市立師範學院國民教育研究所，臺北市。

第七章　校務評鑑人員的專業素養

王保進（2012a）。第二週期系所之評鑑的重點與準備方向。**教育評鑑雙月刊**，**36**，3-9。

王保進（2012b）。100 年校務評鑑之回顧與前瞻。**教育評鑑雙月刊**，**38**，10-17。

江文雄（2004）。教育行政與管理評鑑的回顧與前瞻——一位教育行政老兵的見證與省思。**教育資料集刊：教育評鑑專輯，29**，271-291。

池俊吉（2010）。持續推動評鑑委員專業制度精進評鑑品質。**評鑑雙月刊，24**。2015 年 8 月 8 日，取自 http://epaper.heeact.edu.tw/archive/2010/03/01/2684.aspx。

林天佑（2004）。教育評鑑實施過程與方法的專業化。**教育資料集刊，29**，27-51。

林天佑（2006）。教育倫理。**評鑑雙月刊，4**，14-15。

林劭仁（2012）。析論評鑑委員評鑑之專業素養。**臺灣教育評論月刊，1**(8)，21-23。

吳和堂（2007）。**教育評鑑倫理與實務**。臺北市：高等教育。

林進財（2008）。**教學評鑑倫理與實施**。臺北市：五南。

李政翰（2015）。我國大學評鑑制度改革方向之探討。**評鑑雙月刊，53**。2015 年 10 月 11 日，取自 http://epaper.heeact.edu.tw/archive/2015/01/01/6280.aspx

吳清山（2010）。落實評鑑委員研習課程提升評鑑品質與效能。**評鑑雙月刊，24**(3)，9-14。

吳清山（2006）。嚴守評鑑倫理，確保評鑑公信力。**評鑑雙月刊，4**。2015 年 10 月 11 日，取自 http://epaper.heeact.edu.tw/archive/2006/11/08/97.aspx

吳清山、林天佑（2004）。評鑑倫理。**教育研究月刊，128**，152。

李珮如（2011）。評鑑委員培訓研習與評鑑實務。**評鑑雙月刊，33**。2015 年 8 月 8 日，取自 http://epaper.heeact.edu.tw/archive/2011/09/01/4817.aspx

社團法人台灣評鑑協會（2012）。**教育部 101 學年度科技大評鑑計畫—評鑑委員手冊**。臺北市：同作者。

侯永琪（2010）。亞洲高等教育評鑑委員專業訓練之剖析——以香港及澳洲爲例。**評鑑雙月刊，24**。2015 年 8 月 8 日，取自 http://epaper.heeact.edu.tw/archive/2010/03/01/2681.aspx

徐昊杲、曾淑惠（2008）。高職學校評鑑人員評鑑能力與角色之研究。**當代教育研究，16**(2)，101-131。

徐昊杲、饒達欽、黃采婕、張天民（2007）。高職學校自我評鑑能力建立策略之研究。**學校行政雙月刊，48**，151-167。

高等教育評鑑中心（2006a）。建立專業倫理迎向評鑑美麗新境界。**評鑑雙月刊，4**。2015 年 10 月 10 日，取自 http://epaper.heeact.edu.tw/archive/2006/11/08/95.aspx

高等教育評鑑中心（2006b）。做好大學系所評鑑評鑑委員專業倫理嚴把關。**評鑑雙月刊，4**。2015 年 10 月 10 日，取自 http://epaper.heeact.edu.tw/archive/2006/11/08/100.aspx

陳善德（2010）。評鑑員人格特質及其人際互動。**品質月刊，46**(2)，18-21。

國立高雄師範大學（2014）。**103 年下半年度高級中學學校評鑑委員手冊**。高雄市：同作者。

國立高雄師範大學（2015）。**104 年下半年度高級中學學校評鑑委員手冊**。高雄市：同作者。

鄭珮琳（2006）。先進國家教育評鑑專業倫理面面觀。**評鑑雙月刊，4**。2015 年 10 月 10 日，取自 http://epaper.heeact.edu.tw/archive/2006/11/08/96.aspx

曾美惠（2006）。建立評鑑倫理專家學者提建言。**評鑑雙月刊，4** 期。2015 年 10 月 10 日，取自 http://epaper.heeact.edu.tw/archive/2006/11/08/98.aspx

曾淑惠（2002）。**教育方案評鑑**。臺北市：師大書苑。

曾淑惠（2008a）。**教育評鑑：倫理與實務的對話**。臺北市：師大書苑。

曾憲政、陳善德（2008）。評鑑委員培訓是優質評鑑的關鍵。**評鑑雙月刊，13**，42-44。

黃曙東（2007）。教育評鑑規劃人員能力內涵之研究。**新竹教育大學教育學報，24**(1)，109-126。

蔡進雄（2009）。論教育評鑑人員應扮演的角色。**評鑑雙月刊，18**，61-62。

劉維琪（2011）。如何降低評鑑偏誤。**評鑑雙月刊，30**，6-7。

鄭崇趁（2007）。**國民中小學校務評鑑標及實施方法研究**。臺北市：心理。

謝文全（2004）。**學校行政**。臺北市：五南。

顏國樑（2003）。校務評鑑的基本理念、問題及因應做法。**學校行政雙月刊，24**，3-20。

第八章　校務評鑑實證研究評析

王睿君（2000）。**國民中學校務評鑑之探討—以高雄市國民中學 86 學年度校務評鑑爲例**（未出版之碩士論文）。高雄醫學大學行爲科學研究所，高雄市。

何芳錫（2009）。**臺北市國民小學校務評鑑之研究**（未出版之碩士論文）。臺北市立教育大學教育行政與評鑑研究所，臺北市。

吳妙娟（2009）。**澎湖縣國民小學校務評鑑指標與實施方式之研究**（未出版之碩士論文）。國立臺北教育大學教育政策與管理研究所，臺北市。

吳金玉（2008）。**彰化縣國民小學校務評鑑現況之研究**（未出版之碩士論文）。國立嘉義大學教育行政與政策發展研究所，嘉義縣。

李有在（2006）。**臺中市國民小學校務評鑑實施之研究**（未出版之碩士論文）。國立臺中師範學院國民教育研究所，臺中市。

李達平（2010）。**屏東縣國中小學校務評鑑實施現況及指標建構之研究**（未出版之碩士論文）。國立屏東教育大學教育行政研究所，屏東縣。

林文榮（2004）。**臺南縣國民小學校務評鑑實施調查及整合之研究**（未出版之碩士論文）。國立中正大學教育研究所，嘉義縣。

林淑芬（2007）。**桃園縣國民小學校務評鑑之研究**（未出版之碩士論文）。國立臺灣師範大學教育研究所，臺北市。

林雅娟（2005）。**宜蘭縣國民小學校務評鑑實施現況之調查研究**（未出版之碩士論文）。國立花蓮師範學院行政與領導研究所，花蓮縣。

洪梓祥（2003）。**臺中縣國民小學實施校務評鑑**（未出版之碩士論文）。國立臺中師範學院國民教育研究所，臺中市。

柯雅菱（2007）。**完全中學校務評鑑之研究—以臺北縣爲例**（未出版之碩士論文）。國立臺灣師範大學教育研究所，臺北市。

莊忠儒（2004）。**臺北縣國民小學校務評鑑實施狀況調查研究**（未出版之碩士論文）。國立臺北師範學院教育政策與管理研究所，臺北市。

莊筱玲（2004）。**臺北市 91 學年度國民小學校務評鑑進行研究—消費者導向評鑑觀點**（未出版之碩士論文）。臺北市立師範學院國民教育研究所，臺北市。

張文潔（2009）。**屏東縣國民小學校務評鑑實施現況之研究**（未出版之碩士論文）。國立屏東教育大學教育行政研究所，屏東縣。

張牡丹（2009）。**臺中市國民中小學校務評鑑執行情形之研究**（未出版之碩士論文）。國立臺中教育大學教育研究所，臺中市。

張秋鶯（2006）。**臺北縣校務評鑑實施狀況之研究**（未出版之碩士論文）。國立臺灣師範大學教育研究所，臺北市。

張鍾榮（2008）。**臺北市國民小學校務評鑑之研究—以專業知能與發展爲例**（未出版之碩士論文）。國立臺北教育大學教育政策與管理研究所，臺北市。

郭玲如（2004）。**臺北縣 90 學年度國民小學校務評鑑**（未出版之碩士論文）。國立臺北師範學院教育政策與管理研究所，臺北市。

郭懷升（2010）。**國民小學實施校務評鑑之研究 — 以臺南市爲例**（未出版之碩士論文）。南臺科技大學教育領導與評鑑研究所，臺南市。

陳坤松（2003）。**臺南市國民小學行政人員對校務評鑑態度**（未出版之碩士論文）。國立高雄師範大學教育研究所，高雄市。

陳盈君（2010）。**臺北縣市國民小學校務評鑑機制實施之研究**（未出版之碩士論文）。臺北市立教育大學教育行政與評鑑研究所，臺北市。

陳恩茂（2005）。**宜蘭縣國民中小學校務評鑑之實施成效研究**（未出版之碩士論文）。國立東華大學教育研究所，花蓮縣。

陳劍賢（2002）。**臺東縣國民小學校務評鑑**（未出版之碩士論文）。國立臺東師範學院教育研究所，臺東縣。

陳憲傳（2005）。**臺北縣國民中學校務評鑑現況之研究**（未出版之碩士論文）。國立政治大學學校行政研究所，臺北縣。

曹開寧（2008）。**屏東縣國民小學實施校務評鑑之研究**（未出版之碩士論文）。國立屏東教育大學教育行政研究所，屏東縣。

黃坤忠（2005）。**宜蘭縣國民小學校務評鑑之調查研究**（未出版之碩士論文）。國立花蓮師範學院學校行政研究所，花蓮縣。

黃韻寧（2003）。**新竹縣國民小學校務評鑑實施狀況**（未出版之碩士論文）。國立臺北師範學院國民教育研究所，臺北市。

劉智云（2005）。**大都會區國民小學校務評鑑**（未出版之碩士論文）。國立臺東大學教育研究所，臺東縣。

劉麗卿（2005）。**臺中市實施國民中小學校務評鑑之研究**（未出版之碩士論文）。國立暨南國際大學教育政策與行政研究所，南投縣。

潘俊程（2003）。**臺中縣國民小學校務評鑑**（未出版之碩士論文）。國立臺中師範學院國民教育研究所，臺中市。

薛又綸（2005）。**臺中市國民小學實施校務評鑑之研究**（未出版之碩士論文）。國立臺中師範學院國民教育研究所，臺中市。

魏川淵（2008）。**基隆市國民小學校務評鑑實施狀況之研究**（未出版之碩士論文）。國立臺北教育大學教育政策與管理研究所，臺北市。

第九章　校務評鑑的後設評鑑

丁怡仕（2011）。**97年度大學系所評鑑後設評鑑之研究—學生觀點**（未出版之碩士論文）。淡江大學教育政策與領導研究所，新北市。

王天苗、黃俊榮、邱筑君（2009）。中央對地方政府特殊教育行政績效評鑑實施之後設評鑑與改進意見研究。**特殊教育學報，30**，1-28。

王明源（2008）。**大學校務評鑑之後設評鑑研究：以教育部93年度大學校院校務評鑑爲例**（未出版之碩士論文）。國立臺北教育大學教育政策與管理研究所，臺北市。

朱筱婷（2011）。**臺北市優質學校方案後設評鑑之研究**（未出版之碩士論文）。臺北市立教育大學教育行政與評鑑研究所，臺北市。

吳清山、林天祐（2005）。**教育研究月刊，137**，159。

李忠霖（2011）。**桃園縣國民中學特殊教育評鑑之後設評鑑研究**（未出版之碩士論文）。

中原大學教育研究所，桃園縣。

李淑慧（2007）。**臺北縣國民小學校務評鑑之後設評鑑研究**（未出版之碩士論文）。國立臺北教育大學教育政策與管理研究所，臺北市。

李瑞剛（2008）。**新竹市公立國民小學校務評鑑之後設評鑑研究**（未出版之碩士論文）。國立新竹教育大學人資處教育行政研究所，新竹市。

周明華（2009）。**我國技術學院綜合評鑑之後設評鑑研究**（未出版之碩士論文）。國立臺灣師範大學工業教育研究所，臺北市。

林劭仁（2001）。**我國高級中學後設評鑑指標之研究**（未出版之博士論文）。國立政治大教育研究所，臺北市。

林錫輝（2007）。**高雄市國民小學學校評鑑之後設評鑑研究**（未出版之碩士論文）。國立中山大學教育研究所，高雄市。

邱子葳（2007）。大學校院系所評鑑之檢視—以後設評鑑觀點視之。**學校行政，51**，222-234。

邱錦興（2004）。**臺北市國民小學校務評鑑之後設評鑑研究**（未出版之碩士論文）。臺北市立師範學院國民教育研究所，臺北市。

紀寶惠（2007）。**桃園縣國民小學校務評鑑後設評鑑之研究**（未出版之碩士論文）。中原大學教育研究所，桃園縣。

胡悅倫、陳漢強（1997）。學年度大學綜合評鑑之後設評鑑研究。載於**海峽兩岸大學教育評鑑之研究**。臺北市：師大書苑。

胡斯淳（2003）。**國民小學身心障礙特殊教育評鑑後設評鑑知覺研究**（未出版之碩士論文）。屏東師範學院特殊教育研究所，屏東縣。

康聿岑（2012）。**我國99學年度科技大學專業類系所評鑑之後設評鑑—學生觀點的分析**（未出版之碩士論文）。淡江大學教育政策與領導研究所，新北市。

張國保、陳俊臣（2011）。我國技術學院綜合評鑑後設評鑑之實施與建議。**評鑑月刊，29**，34-37。

張銘堅（2010）。**臺南市國民小學校務評鑑之後設評鑑研究**（未出版之碩士論文）。南臺科技大學教育領導與評鑑研究所，臺南市。

張釋心（2006）。**桃園縣私立幼稚園後設評鑑之研究**（未出版之碩士論文）。中原大學教育研究所，桃園縣。

曹榕浚（2004）。**桃園縣幼稚園後設評鑑之研究**（未出版之碩士論文）。國立臺北師範學院教育政策與管理研究所，臺北市。

許榮麟（2012）。**我國高級中等學校實用技能學程訪視後設評鑑**（未出版之碩士論文）。

國立雲林科技大學技術及職業教育研究所，雲林縣。

陳正偉（2012）。**國民小學特殊教育評鑑制度的非意圖結果與後設評鑑研究：以宜蘭縣爲例**（未出版之碩士論文）。佛光大學公共事務學系碩士論文，宜蘭縣。

陳玉瑩（2011）。**澎湖縣國民中小學校務評鑑之後設評鑑研究**（未出版之碩士論文）。國立臺北教育大學教育經營與管理研究所，臺北市。

陳怡璇（2006）。**桃園縣國民小學校務評鑑之後設評鑑研究**（未出版之碩士論文）。臺北市立教育大學教育行政與評鑑研究所，臺北市。

陳信翰（2007）。**我國大學校院系所評鑑之後設評鑑研究**（未出版之碩士論文）。臺北市立教育大學教育行政與評鑑研究所，臺北市。

陳淑樺（2008）。**彰化縣國民中小學身心障礙類特殊教育後設評鑑知覺之研究**（未出版之碩士論文）。國立臺中教育大學特殊教育研究所，臺中市。

陳瑩芳（2014）。幼兒園基礎評鑑之後設評鑑。**臺灣教育評論月刊，3**(3)，130-135。

曾淑惠（1996）。我國專科學校後設評鑑之研究。**國立臺灣師範大學工業教育研究：教育評鑑的概念與發展，23**，23。

曾淑惠（2004）。**教育評鑑模式**。臺北市：心理。

游家政（1994）。**國民小學後設評鑑標準之研究**（未出版之博士論文）。國立臺灣師範大學教育研究所，臺北市。

游家政、曾祥榕（2004）。教育評鑑的後設評鑑。**教育資料集刊，29**，53-94。

馮怡萍（2011）。**高雄地區國民小學特殊教育評鑑之後設評鑑研究**（未出版之碩士論文）。國立中山大學教育研究所，高雄市。

黃曙東、蘇錦麗（2005）。後設評鑑研究：以 2001 年大學校院實施自我評鑑計畫成果報告書爲例。**教育研究集刊，51**(2)，31-65。

楊琬湞（2012）。**臺北市國民中學校務評鑑之後設評鑑研究**（未出版之碩士論文）。臺北市立教育大學教育行政與評鑑研究所，臺北市。

楊瑩、楊國賜、侯永琪（2006）。**年度大學校院系所評鑑後設評鑑研究報告**。臺北市：財團法人高等教育評鑑中心基金會委託研究。

楊瑩、楊國賜、黃家凱、許宗仁（2012）。96-98 年度大學校院系所評鑑後設評鑑研究—受評校院人員觀點之分析。**高教評鑑中文特刊**，1-40。

楊瑩，楊國賜，劉秀曦，黃家凱（2012）。**99 年大學校院系所評鑑後設評鑑暨 100 年大學校院校務評鑑後設評鑑先期計畫研究報告**。2015 年 9 月 18 日，取自 http://tkuir.lib.tku.edu.tw:8080/dspace/handle/987654321/75511

楊瑩、楊國賜、劉秀曦、黃家凱（2014）。100 年度大學校院校務評鑑後設評鑑研究之分析。**高教評鑑與發展，8**(1)，1-40。

趙康伶（2006）。**高雄市幼稚園評鑑之後設評鑑研究**（未出版之博士論文）。國立臺南大學教育經營與管理研究所，臺南市。

劉欽敏（2006）。**臺中市立中小學校務評鑑之後設評鑑**。臺中市：中市府。

潘雅惠（2006）。**高雄市幼稚園評鑑之後設評鑑研究**（未出版之碩士論文）。屏東科技大學幼兒保育研究所，屏東縣。

潘慧玲（2010）。**國立附設實驗國民小學試辦教師專業發展評鑑之後設評鑑報告**。國立臺灣師範大學：國立臺灣師範大學教育政策與行政研究所結案報告。

蔡文賢（2005）。**高雄縣國民小學校務後設評鑑之研究**（未出版之碩士論文）。屏東師範學院教育行政研究所，屏東縣。

蔡宜蓁（2006）。**宜蘭縣國民小學校務評鑑之研究—以後設評鑑之觀點**（未出版之碩士論文）。國立花蓮教育大學行政與領導研究所，花蓮縣。

蔡淑娟（2009）。**臺中縣國民中小學特殊教育後設評鑑之研究**（未出版之碩士論文）。國立彰化師範大學特殊教育研究所，彰化縣。

蔡錦庭（2007）。**基隆市國民小學校務評鑑之後設評鑑研究**（未出版之碩士論文）。國立臺北教育大學教育政策與管理研究所，臺北市。

鄧茜榕（2008）。**桃園縣國民中學校務評鑑之後設評鑑研究**（未出版之碩士論文）。中原大學教育研究所，桃園縣。

盧思妤（2009）。**大學校院系所評鑑之後設評鑑**（未出版之碩士論文）。國立嘉義大學教育行政與政策發展研究所，嘉義縣。

穆慧儀（2002）。**國民中學後設評鑑之研究—以臺北市爲例**（未出版之碩士論文）。國立臺北師範學院國民教育研究所，臺北市。

羅文全（2004）。**臺北市高職校務評鑑之後設評鑑研究**（未出版之碩士論文）。國立臺北科技大學技術及職業教育研究所，臺北市。

蘇慧雯（2003）。**臺北市幼稚園後設評鑑之研究**（未出版之碩士論文）。臺北市立師範學院國民教育研究所，臺北市。

蘇錦麗（2000）。**大學後設評鑑研究**。臺北市：揚智文化。

蘇錦麗、楊瑩、王偉中、呂鴻德、詹惠雪（2001）。86 學年度大學綜合評鑑試辦計畫成效評估之研究。**新竹師院學報，14**，127-162。

Brinkerhoff, R. O., Brethower, D. M., Hluchyj T., & Nowakowski, J. R. (Eds.), (1983). *Program evaluation: A practitioner's guide for trainers and educators.* Heidelberg, Berlin: Springer Science & Business Media.

Cook T. D. (1974). The potential and limitations of secondary evaluation. In M. W. Apple, M. J. Subkoviak, & H. S. Lufler, Jr. (Eds.), *Educational evaluation: Analysis and responsibility* (pp.155-235). Berkeley, CA: MrCutrhan.

Cook, T. D., & Gruder, C. (1978). Meta-evaluation research. *Evaluation Quarterly, 2*(1), 5-51.

Fitzpatrick, J. L., Sanders, J. R. & Worthen, B. R. (2004). *Origins and current trends in modern program evaluation program evaluation.* Boston: Pearson Education.

Gale, P. S. (2004). *A summative meta-evaluation synthesis: State education agency evaluation of the comprehensive school reform program.* Unpublished Doctorate dissertation, The State University of New Jersey, New Brunswick Rutger.

Gale, P. S. (2004). A summative meta-evaluation synthesis: State education agency evaluations of the comprehensive school reform program. *Humanities and social sciences, 65*(6-A), pp.20-87.

Scriven, M. (1972). An introduction to meta-evaluation. In P. A. Taylor, & D. M. Cowley (Eds.), *Readings in curriculum evaluation.* Dubuque, Iowa: Brown.

Straw, R. B., & Cook, T. D. (1990). Meta evaluation. In H. J. Walberg, & G. D. Haertel (Eds.), *International encyclopedia of educational evaluation* (pp. 58-60). NY: Pergamon Press.

Stuffbeam, D. L. (1974). *Toward a technology for evaluating evaluation*. EDRS ED 090319.

Stufflebeam, D. L. (1978). Meta evaluation: An overview. *Evaluation and the Health Profession, 1*, 9-10.

您，按讚了沒？
趕緊加入我們的粉絲專頁喲！

教育人文 & 影視新聞傳播～五南書香　等你來挖寶

【五南圖書 教育 / 傳播網】粉絲專頁提供——

- 書籍出版資訊（包括**五南**教科書、知識用書，**書泉**生活用書等）
- 不定時小驚喜（如贈書活動或書籍折扣等）
- 粉絲可詢問 / 訂購書籍或出版寫作、留言分享心情或資訊交流

【五南圖書 教育 / 傳播網】臉書粉絲專頁

網址：http://www.facebook.com/wunan.t8

■ 其他相關粉絲專頁

五南圖書 法律 / 政治 / 公共行政
五南財經異想世界
五南圖書中等教育編輯室
五南圖書 史哲 / 藝術 / 社會類
五南圖書 科學總部
台灣書房
富野由悠季《影像的原則》台灣版　10月上市！！
魔法青春旅程—4 到 9 年級學生性教育的第一本書

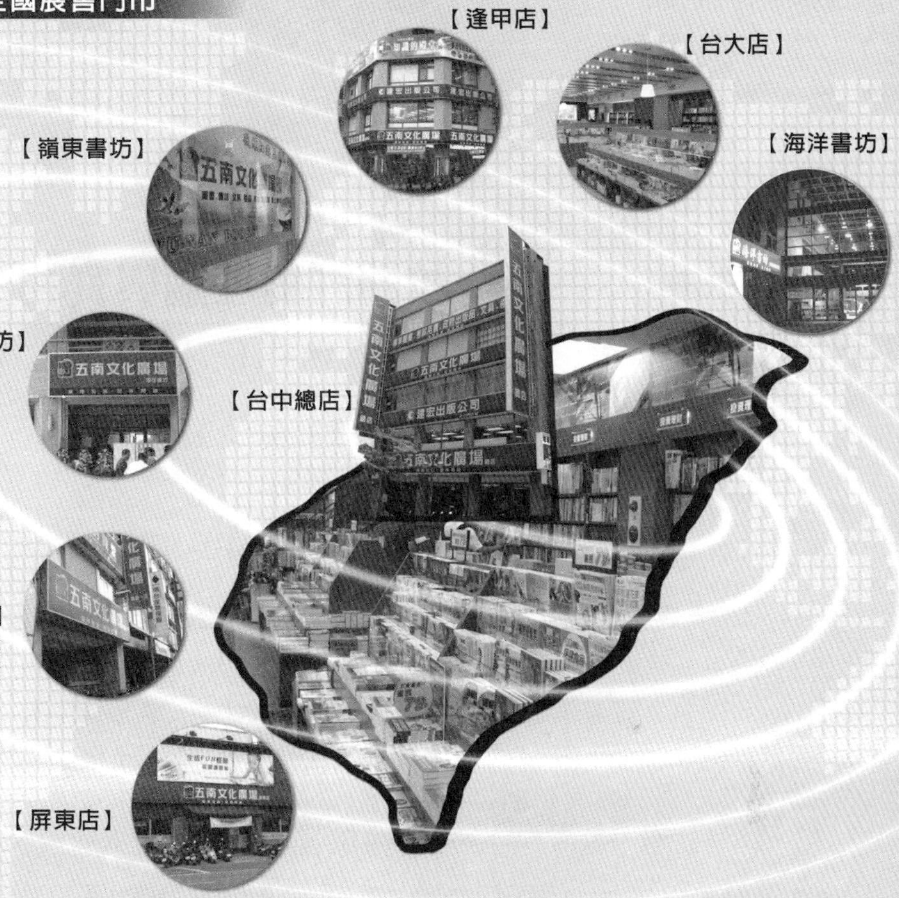

國家圖書館出版品預行編目資料

校務評鑑理論與實務／謝文英著. 一一初版.
一一臺北市：五南，2016.03
面； 公分
ISBN 978-957-11-8495-1（平裝）

1.學校行政 2.學校評鑑

527 105000830

1IJ8

校務評鑑理論與實務

作　　者 — 謝文英（396.2）
發 行 人 — 楊榮川
總 編 輯 — 王翠華
主　　編 — 陳念祖
責任編輯 — 李敏華
封面設計 — 陳翰陞
出 版 者 — 五南圖書出版股份有限公司
地　　址：106台北市大安區和平東路二段339號4樓
電　　話：(02)2705-5066　傳　真：(02)2706-6100
網　　址：http://www.wunan.com.tw
電子郵件：wunan@wunan.com.tw
劃撥帳號：01068953
戶　　名：五南圖書出版股份有限公司

法律顧問　林勝安律師事務所　林勝安律師

出版日期　2016年3月初版一刷
定　　價　新臺幣700元

凝煉知識品味閱讀